江苏航道职工培训教材丛书
（第二版）

航道基础知识

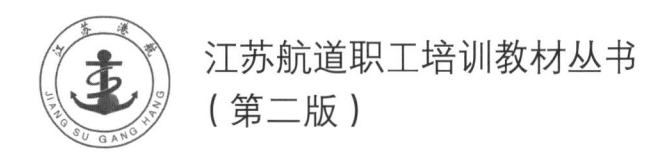

江苏省交通运输厅港航事业发展中心　编著

郑红娟　主编

河海大学出版社
·南京·

图书在版编目(CIP)数据

航道基础知识/江苏省交通运输厅港航事业发展中心编著. -- 南京：河海大学出版社，2023.5
（江苏航道职工培训教材丛书：第二版）
ISBN 978-7-5630-7997-1

Ⅰ.①航… Ⅱ.①江… Ⅲ.①航道—职工培训—教材 Ⅳ.①U612.32

中国国家版本馆 CIP 数据核字(2023)第 019936 号

书　　名	航道基础知识
书　　号	ISBN 978-7-5630-7997-1
责任编辑	吴　淼
特约编辑	程晓霞
特约校对	丁　甲
封面设计	徐娟娟
出版发行	河海大学出版社
地　　址	南京市西康路 1 号(邮编：210098)
电　　话	(025)83737852(总编室)　(025)83722833(营销部)
经　　销	江苏省新华发行集团有限公司
排　　版	南京布克文化发展有限公司
印　　刷	南京玉河印刷厂
开　　本	787 毫米×1092 毫米　1/16
印　　张	26.25
字　　数	491 千字
版　　次	2023 年 5 月第 1 版
印　　次	2023 年 5 月第 1 次印刷
定　　价	129.00 元

《江苏航道职工培训教材丛书》
（第二版）

编写委员会

主 任 委 员 梅正荣
副主任委员 陈胜武　吴丽华
委　　　员 杨　栋　杨　本　张爱华　高　莉　邓国权
　　　　　　　杨先华　徐业庄　徐向荣　赵苏政

《航道基础知识》编写组

主　　编 郑红娟
副 主 编 吴丽华
编　　审 吉顺莉　吴　灿　虞　冰　陆建新
　　　　　　毛　宁　刘步景　王成之

序

习近平总书记指出,"劳动者素质对一个国家、一个民族发展至关重要","技术工人队伍是支撑中国制造、中国创造的重要基础,对推动经济高质量发展具有重要作用"。新时代赋予了交通"中国现代化开路先锋"的重任。江苏省交通运输厅始终把建设高素质交通运输技能队伍作为事关交通运输行业现代化、事关交通强省建设和事关"国之大者"的重要工作牢牢抓稳抓实。2021年12月,江苏省交通运输厅与江苏省人才工作领导小组办公室联合印发了《江苏省"十四五"交通运输人才发展规划》,将"高技能人才强基行动"纳入"十四五"时期交通运输系统人才发展五大行动之一,进一步加强规划设计,强化工作部署。

江苏省交通运输厅港航事业发展中心一直以来都高度重视港航人才培养,多年来一直坚持针对航标工、潜水员、航闸技术工等主要工种开展培训,为港航事业发展输送了大量技术技能型人才。近年来,面对智慧港航、绿色港航发展新需求,面对港航新技术、新工艺的快速发展,航道职工原有的知识技能体系亟需补充提升。而随着工考管理体制改革,也需要对原有培训考试机制和知识教育体系重构。因此,江苏省交通运输厅港航事业发展中心与江苏航运职业技术学院协作,集中力量完成了《江苏航道职工培训教材》的修订工作,形成一套四本职业技能培训教材丛书。

《江苏航道职工培训教材丛书(第二版)》,紧扣江苏航道人才培养需求,围绕航闸技术工、内河航标工、内河潜水员等高素质技术技能型人才培养目标,以实用为要,能够满足一线航道技能职工岗位培训和管理人员知识培训需求。希望全省港航系统各单位用好教材,进一步加强技能人才培训工作,不断提升队伍素质,为推动港航事业现代化、加快交通运输现代化示范区建设、建设"强富美高"新江苏,提供强有力的人才支撑、智力保障。

2022 年 12 月

前 言

"十三五"以来,江苏航道教育培训进一步贯彻落实"科教兴航"和"队伍强航"战略,着眼于港航事业的长远发展,围绕专业型职工队伍建设和复合型管理干部的能力提升,突出岗位培训和后学历教育两大重点,加强培训教材和培训基地两大建设,教育培训工作得到全面加强,职工队伍素质不断提高,为全省航道事业的跨越式发展提供了重要的智力支持和人才保障。

《江苏航道职工培训试用教材》于2006年5月面世试用,在全省航养费征稽人员转岗培训、全省航道系统技术工人技术等级升级考核培训等方面发挥了重要的作用。随着时代的发展,江苏航道系统建设、运行、养护等新技术、新工艺不断出现,在2014年,原江苏省交通运输厅航道局与原南通航运职业技术学院,结合当时迫切需要一套系统规范化培训教材的需要,共同组织专家完成了《江苏航道职工培训教材》编写,并由河海大学出版社公开出版发行。随着江苏航道事业的快速发展,围绕航道建、管、养、修的新技术、新工艺、新材料不断出现,对原出版教材修订整合的需求日益迫切。为此,2020年7月,江苏航运职业技术学院与江苏省交通运输厅港航事业发展中心联合启动《江苏航道职工培训教材》修订工作,将教材整合为《航道基础知识》《航闸技术》《内河航标》《内河潜水》。经过基层调研、资料收集、大纲审定、教材内审等艰苦努力,新版教材于2022年12月定稿交付。

《航道基础知识》是江苏航道职工培训系列教材之一。本书根据江苏省航道工作培训的需要,把三本2014年版江苏航道职工培训教材《公共基础》《航道知识》《船闸知识》的部分内容进行重新整合,编写成江苏航道、航道工程建设与养护、船闸基础、航道职业道德与法治四个部分,并对所选取内容进行了修订和增补,删除了原来单列的专业基础知识部分及部分已经淘汰的技术,增加了江苏航道"十四五"建设目标和中长期发展目标、船闸维护、船闸识图、BIM技术及应用、船闸水工建筑物观测、船闸工程概预算、船闸大修案例、"十四五"规划等船闸维护与建设管理的相关知识。全书阐述了航道发展概况和江苏航道的现状及发展方向;航道的建设管理、疏浚、养护及一些新技术;运河及船舶结构基础知识;船闸的组成、类型、有效尺度、高程、引航道、锚地、通过能力、耗水量、结构型式、输水系统、闸阀门、助航设施、维护、识图、工程概预算;航道职业道德与发展等基础知识。

全部教材共分为江苏航道、航道工程建设与养护、船闸基础、航道职业道德与法治四个部分,其中第一部分江苏航道部分包括航道发展概况、江苏航道现状与发展共两个章节;第二部分航道工程建设与养护包括概述、航道工程建设管理、航道疏浚、运河航道、航道护岸、航道养护、船舶结构简介共七个章节;第三部分船闸基础包括船闸概述、船闸水工结构型式及其特点、船闸的输水系统、船闸的闸门和阀门、船闸的助航设施、船闸维护、船闸建设管理基础共七个章节;第四部分航道职业道德与法治包括航道职业道德、法律法规共两个章节。

本教材适用于江苏航道一线初级工、中级工、高级工、技师等各个层面的技术工人培训,也适用于航道站长和船闸所长以及新进人员的岗位培训,也可供港口与航道、水利类专业相关工程技术人员参考。

本教材由郑红娟担任主编,吴丽华担任副主编,其他参与编写与审定人员包括:吉顺莉、吴灿、虞冰、陆建新、毛宁、刘步景、王成之。

本教材在编写过程中,得到江苏省港航事业发展中心、省工考办、省交通运输厅政治处、河海大学、东南大学、南京水利科学研究院、华设设计集团股份有限公司、苏交科集团股份有限公司、长江航道局以及全省航道系统专家和领导的大力支持和帮助,在此一并表示感谢。

由于知识经济时代江苏航道各种新知识新技术不断出现,本教材的知识体系和对新知识点涵盖的疏漏和不足在所难免,欢迎各位专家、教师和学员在使用过程中指正,以便今后进一步修订完善。

编者

2022 年 12 月

目 录

第一篇 江苏航道

第一章 航道发展概况

第一节 水运的特点 …………………………………………………… 002
一、水运的优势 ………………………………………………………… 002
二、水运的局限性 ……………………………………………………… 003
第二节 我国航道建设概况 …………………………………………… 004
一、古代航道发展历史 ………………………………………………… 004
二、近现代航道发展历史 ……………………………………………… 005
第三节 国外航道发展概况 …………………………………………… 007
一、欧洲航道发展概况 ………………………………………………… 007
二、巴西、阿根廷航道发展概况 ……………………………………… 009
三、美国航道发展概况 ………………………………………………… 010
思考题 …………………………………………………………………… 011

第二章 江苏航道现状与发展

第一节 江苏航道建设情况 …………………………………………… 012
一、水运规划体系更趋完善 …………………………………………… 012
二、内河航道建设养护成效显著 ……………………………………… 013
三、运输服务水平显著提升，货物运输量稳定增长 ………………… 014
四、航道绿色智慧安全发展稳步推进 ………………………………… 015
五、行业治理能力稳步提升 …………………………………………… 016
第二节 江苏航道发展展望 …………………………………………… 017

一、"十四五"建设目标 017
二、江苏航道中长期发展目标 019
思考题 022
参考文献 022

第二篇　航道工程建设与养护

第一章　概述

第一节　航道概述 026
一、航道的基本概念 026
二、航道分类 027
三、航道尺度 030
四、通航保证率 034
五、通航标准 035
第二节　航道工程概述 035
一、航道工程定义 035
二、航道工程分类 035
三、航道工程介绍 036
第三节　智慧航道 039
思考题 041

第二章　航道工程建设管理

第一节　航道工程建设程序 043
一、项目前期阶段 043
二、项目实施阶段 045
三、竣工验收阶段 046
第二节　工程监理制 046
一、监理依据 047
二、监理的宗旨与准则 047
三、施工期监理 047
四、交工验收及保修期监理 047
第三节　质量监督制 048
一、航道工程质量监督的内容 048
二、航道工程质量监督的程序 048

第四节　其他管理制度 …………………………………………… 049
一、验收管理制度 …………………………………………………… 049
二、政府投资项目的建设资金管理制度 …………………………… 050
三、工程信息及档案管理制度 ……………………………………… 050
思考题 ………………………………………………………………… 051

第三章　航道疏浚

第一节　概述 …………………………………………………… 052
一、航道疏浚工程及其特点 ………………………………………… 052
二、航道疏浚工程的分类及原则 …………………………………… 054
第二节　挖槽设计 ……………………………………………… 055
一、挖槽设计的原则 ………………………………………………… 055
二、挖槽尺度 ………………………………………………………… 056
三、抛泥方法及抛泥区选择 ………………………………………… 057
四、疏浚土综合利用 ………………………………………………… 059
五、疏浚工程量计算 ………………………………………………… 060
第三节　疏浚机械 ……………………………………………… 064
一、挖泥船的基本分类 ……………………………………………… 064
二、各类挖泥船的性能及施工方法 ………………………………… 066
三、挖泥船的选择 …………………………………………………… 071
第四节　疏浚工程质量检验 …………………………………… 076
一、基本规定 ………………………………………………………… 076
二、基建性疏浚工程 ………………………………………………… 077
三、维护性疏浚工程 ………………………………………………… 078
第五节　环保疏浚与疏浚环保 ………………………………… 079
一、概述 ……………………………………………………………… 079
二、环保疏浚的技术特点 …………………………………………… 079
三、环保挖泥船 ……………………………………………………… 080
四、疏浚环保 ………………………………………………………… 080
思考题 ………………………………………………………………… 081

第四章　运河航道

第一节　概述 …………………………………………………… 082
一、运河及其发展简况 ……………………………………………… 082

二、运河的分类 ··· 083
第二节　运河航道规划 ·· 084
一、运河航道选线原则 ··· 084
二、运河航道的平面设计 ·· 085
三、运河航道的纵断面设计 ·· 087
四、运河航道的横断面设计 ·· 088
第三节　运河航道设施与建筑物 ··· 093
一、临河建筑物 ·· 093
二、跨河建筑物 ·· 095
三、拦河建筑物 ·· 097
四、其他建筑设施 ··· 098
思考题 ··· 099

第五章　航道护岸

第一节　斜坡式护岸断面型式与尺度 ·· 102
第二节　直立式护岸断面型式与尺度 ·· 104
第三节　生态护岸 ·· 107
一、生态航道概念 ··· 107
二、生态设计 ··· 107
三、生态航道建设 ··· 108
第四节　其他型式的护岸 ··· 114
一、3D打印航道二级护岸及其施工工艺 ······································ 114
二、工厂化箱式装配护岸施工工艺 ··· 118
思考题 ··· 123

第六章　航道养护

第一节　概述 ·· 124
一、航道养护的基本任务 ·· 124
二、航道养护工作的分类 ·· 124
三、航道养护标准 ··· 125
第二节　航道维护性测量 ··· 128
一、航道维护性测量分类 ·· 128
二、航道维护性测量工作内容 ·· 130
第三节　养护工程 ·· 131

一、维护性疏浚工程 ··· 131
　二、整治建筑物的检查与维修 ··· 132
　三、过船建筑物的运行与维修 ··· 135
　四、引航道及其他辅助设施的维护 ··· 138
 第四节　养护计划和技术核查 ·· 139
　一、养护计划 ·· 139
　二、技术核查 ·· 140
 思考题 ·· 142

第七章　船舶结构简介

 第一节　船舶概述 ··· 143
　一、绪论 ··· 143
　二、我国船舶发展历程简述 ·· 143
　三、船舶分类 ·· 145
 第二节　船舶构成及尺度 ··· 153
　一、船舶方位 ·· 153
　二、船体部位 ·· 153
　三、船舶各部分名称 ··· 154
　四、船舶主要尺度、船型系数和尺度比 ·· 155
　五、船舶的吨位和标志 ·· 160
　六、船舶吨位丈量 ·· 164
 第三节　内河船舶航行规则 ·· 168
　一、内河船舶航行需具备的条件 ··· 168
　二、内河船舶航行避碰规则简介 ··· 169
 第四节　内河标准船型概述 ·· 170
　一、内河船型标准化发展历程 ·· 170
　二、主要做法及成果 ··· 171
　三、实例 1-1：长江干线实施内河船型标准化简介 ····································· 174
　四、实例 1-2：京杭运河船型标准化示范工程简介 ····································· 177
　五、实例 2-1：长江水系过闸干散货船、液货船标准船型主尺度系列 ············ 179
　六、实例 2-2：京杭运河、沙颍河—淮河干线过闸散货船、液货船标准船型主尺度系
　　　列 ·· 181
 第五节　新能源船舶 ··· 182
　一、新能源（清洁）船型分类 ··· 182

二、新能源(清洁)船舶的市场应用现状 …………………………………………… 186
三、新能源(清洁)船舶的基础设施支撑 …………………………………………… 186
四、新能源(清洁)船型及智能技术发展趋势 ……………………………………… 187
思考题 ……………………………………………………………………………………… 188
参考文献 …………………………………………………………………………………… 188

第三篇　船闸基础

第一章　船闸概述

第一节　船闸的组成和类型 ……………………………………………………………… 192
一、船闸的组成 ……………………………………………………………………… 192
二、船闸的类型 ……………………………………………………………………… 193
第二节　船闸的有效尺度 ………………………………………………………………… 199
一、闸室的有效长度 ………………………………………………………………… 199
二、闸室的有效宽度 ………………………………………………………………… 200
三、门槛最小水深 …………………………………………………………………… 200
第三节　船闸的设计水位和高程 ………………………………………………………… 201
一、船闸的设计水位 ………………………………………………………………… 201
二、船闸的高程 ……………………………………………………………………… 204
第四节　船闸的引航道 …………………………………………………………………… 205
一、引航道的平面布置 ……………………………………………………………… 205
二、引航道的尺度 …………………………………………………………………… 208
三、引航道与主航道的连接 ………………………………………………………… 212
第五节　船闸的锚地 ……………………………………………………………………… 213
第六节　船闸通过能力计算 ……………………………………………………………… 213
一、一次过闸平均吨位 ……………………………………………………………… 214
二、一次过闸时间 …………………………………………………………………… 214
三、日工作小时数 …………………………………………………………………… 216
四、日平均过闸次数 ………………………………………………………………… 216
五、年通航天数 ……………………………………………………………………… 216
六、运量不均衡系数 ………………………………………………………………… 216
七、船舶装载系数 …………………………………………………………………… 217
八、船闸年通过能力计算 …………………………………………………………… 217
第七节　船闸耗水量的计算 ……………………………………………………………… 218

一、常规计算方法 ……………………………………………………………… 218
二、规范方法 ……………………………………………………………………… 219
思考题 …………………………………………………………………………… 219

第二章　船闸水工结构型式及其特点

第一节　闸室结构型式及其特点 …………………………………………… 220
一、分离式闸室 ………………………………………………………………… 222
二、整体式闸室 ………………………………………………………………… 227
第二节　闸首结构型式及其特点 …………………………………………… 228
第三节　导航和靠船建筑物及护坡和护底结构型式及其特点 ………… 230
一、导航建筑物、靠船建筑物 ………………………………………………… 230
二、护坡和护底 ………………………………………………………………… 232
第四节　船闸防渗与排水 ……………………………………………………… 233
一、防渗和排水设施的布置 …………………………………………………… 233
二、防渗、排水的设计与构造 ………………………………………………… 235
思考题 …………………………………………………………………………… 238

第三章　船闸的输水系统

第一节　船闸输水系统概述 …………………………………………………… 239
一、船闸输水系统的组成及基本要求 ………………………………………… 239
二、船舶的停泊标准 …………………………………………………………… 240
第二节　集中输水系统 ………………………………………………………… 241
一、集中输水系统的水力特性 ………………………………………………… 241
二、集中输水系统的分类 ……………………………………………………… 246
第三节　分散输水系统 ………………………………………………………… 251
一、分散输水系统的水力特性 ………………………………………………… 251
二、分散输水系统的分类 ……………………………………………………… 252
三、分散输水系统的选择 ……………………………………………………… 256
思考题 …………………………………………………………………………… 256

第四章　船闸的闸门和阀门

第一节　闸阀门的组成及其主要型式 ……………………………………… 257
一、闸门和阀门的主要组成 …………………………………………………… 257
二、闸阀门的分类 ……………………………………………………………… 258

三、闸门的基本要求 258
四、闸阀门的选择 258
五、工作闸门的主要型式 259
第二节 常见闸门及阀门 261
一、人字闸门的构造 261
二、横拉闸门的构造 266
三、三角闸门的构造 267
四、平面阀门 270
第三节 闸门、阀门及启闭机械的选择 272
第四节 闸阀门防腐 272
一、内河钢闸门腐蚀的主要原因 272
二、水工钢闸门常用防腐方法 273
思考题 276

第五章 船闸的助航设施

第一节 系船设施 277
第二节 安全防护和检修设施 278
第三节 信号和标志 278
一、通行信号 278
二、航行标志 279
思考题 280

第六章 船闸维护

第一节 水工建筑物及附属设施维护 281
一、一般规定 281
二、水工建筑物及附属设施日常巡检 281
三、水工建筑物及附属设施保养 281
四、水工建筑物及附属设施修理 282
第二节 闸、阀门维护 283
一、闸门维护 283
二、阀门维护 284
思考题 286

第七章 船闸建设管理基础

第一节 船闸识图 287

一、水工图的分类 287
二、水工图的特点 289
三、水工图的表达方法 289
四、水工图纸识读方法与步骤 297
第二节 BIM 技术及其应用 297
一、BIM 技术的概念 297
二、技术的特征 298
三、BIM 标准 299
四、BIM 应用 301
五、BIM 技术的未来发展 304
第三节 船闸水工建筑物观测 306
一、一般规定 306
二、原型观测 306
第四节 船闸工程概预算 308
一、基本建设与工程概预算的概念 308
二、工程定额 312
三、工程量计算 314
四、概预算费用及项目组成 317
第五节 船闸大修案例 323
一、工程概况 323
二、大修工程设计内容 323
三、船闸特征水位及设计水位组合 326
四、阀门施工图设计说明 327
第六节 船闸现行规范 334
思考题 335
参考文献 335

第四篇 航道职业道德与法治

第一章 航道职业道德

第一节 职业道德的内涵及规范 338
一、道德的起源及内涵 338
二、职业道德的内涵及特征 339
三、职业道德规范 339

第二节　航道职工文明礼仪规范 ································· 341
一、仪表礼仪 ·· 341
二、语言规范 ·· 344
第三节　江苏航道职业道德 ·· 349
一、航道职业的特点 ·· 349
二、航道职业道德规范 ·· 350
思考题 ··· 359

第二章　法律法规

第一节　中国特色社会主义法律体系概述 ··························· 360
一、法律体系和中国特色社会主义法律体系的概念 ············· 360
二、中国特色社会主义法律体系的层次 ·························· 360
三、中国特色社会主义法律体系的内容 ·························· 362
第二节　刑法概述 ··· 364
一、刑法总则概述 ··· 364
二、刑法分则——部分职务犯罪介绍 ····························· 368
第三节　行政法概述 ·· 374
一、行政法的基本原则 ··· 374
二、行政许可 ·· 375
三、行政处罚 ·· 381
四、行政复议 ·· 386
五、行政诉讼 ·· 387
六、国家赔偿 ·· 387
第四节　航道行政管理法律体系 ······································ 388
一、航道行政管理法律体系概述 ··································· 388
二、航道法律规范和其他规范性文件 ····························· 389
思考题 ··· 396

附录

附录1：江苏省干线航道网布局规划方案表 ······················· 398
附录2：江苏省干线航道网规划调整示意图 ······················· 400
附录3：江苏省干线航道网规划布局示意图 ······················· 401

第一篇 江苏航道

第一章　航道发展概况

自人类有文字记载以来,就不断地有通过河道进行水上运输进行物资交流的历史,水上运输有力地促进了社会经济的发展。随着人类经济活动的增强,原始的、依靠天然河道进行水上人员与物品运输的状况,逐渐不能够满足人类社会的经济发展,于是出现了为满足水上运输而开凿的人工河道、运河等。发展到现代社会,水运依然是与公路运输、铁路运输、航空运输、管道运输并驾齐驱的运输类型。

第一节　水运的特点

一、水运的优势

与公路运输、铁路运输相比,水路运输最大的优势是运量大、成本低、污染小、安全性高,利用的江、海、河等都是自然资源,占地少。

1. 运能大

能够运输数量巨大的货物。例如一条密西西比河的运量相当于 10 条铁路的运量,一条莱茵河的运量抵得上 20 条铁路的运量;一条苏南运河一年承载的年货运量相当于 4 条单线沪宁铁路或 6 条沪宁高速公路的年货运量。运输 1 000 t 的货物,如由水运承担,只需要一艘 1 000 t 的大型驳船或两艘 500 t 的单船即可;如由火车来承担,则需要 60 t 的车皮 17 节;如果换成由公路运输来承担,则需要 10 t 的载重汽车 100 辆。

2. 运输成本低

能以最低的单位运输成本提供最大的货运量。尤其在运输大宗货物或散装货物时,采用专用的船舶运输,可以取得更好的技术、经济效益。目前内河航运的运输成本约为铁路的 1/2,公路的 1/10,是最经济的运输方式。在我国的货运总量中,水运所占的比重仅次于铁路和公路。

3. 污染小、安全性高

与公路、铁路运输相比,水运对环境的影响最小,噪声、振动、尘垢和散发有害物等较公路和铁路运输少。冯玥等研究提出,水路运输污染最少,安全性最高,详见表1.1-1。

表 1.1-1　公路、铁路和水运 3 种运输方式污染、安全性比较表

比较项	每 100 万 t·km 污染物排放量/t			每 10 亿 t·英里①死亡人数 (2003—2007 平均)/人
	颗粒物	氮氧化物	二氧化碳	
公路	0.119 1	3.019 3	229.8	2.54
铁路	0.017 9	0.674 7	28.96	0.39
水路	0.016 6	0.469 1	17.48	0.01

4. 占地少

占用自然资源较少。绝大多数航道建设都是在原有利用海洋、天然河道和人工运河的基础上进行改建、扩建,基本不需要大规模开挖,而且挖出的土方可以用来制砖、建筑公路路基等,与公路、铁路修建 1 km 约占地 3 hm² 而言,航道建设占地非常少。

二、水运的局限性

1. 受自然气象条件因素影响大

由于季节制约,受洪水、枯水、断流、水流湍急等自然因素影响,例如在中国的新疆、西藏、云南、贵州等地区,河流不像汽车、火车那样可以长年不分昼夜进行不间断的水路运输,因而一年中中断运输的时间可能会较长。

2. 运送速度慢,准时性差

汽车、火车行驶于陆地上,船舶必须在水中运行,航速受到流速、横流等多种因素制约,这一本质区别导致船舶航速较低,长期以来未能有大的突破,通常船舶航速仅为汽车速度的1/5～1/10。因此水运不能适应客运与时间要求严格的货运,目前仅适用于运量大且运期要求不高的货物运输。

3. 无法实现"门到门"运输

由于水运受航道流域限制,除沿江、沿海建设的工厂和仓储等客户外,水运只有与其他运输方式有效衔接,才能将货物运达最终用户,运输环节相对较多,无法像公路运输一样,实现"门到门"服务,导致二次搬运成本与装卸费用高。

4. 开发利用涉及面较广

天然河流涉及通航、灌溉、防洪排涝、水力发电、水产养殖,以及生产与生活用水的来

---

① 注:1 英里=1.61 千米(km)。

源等;海岸带与海湾涉及建港、农业围垦、海产养殖、临海工业和海洋捕捞等。水运规划建设过程中要综合考虑各方需求,科学规划建设。

随着科学技术的发展和现代化内河航道网的建设,大家已经意识到水运的优势和局限性,只有将水运与公路、铁路、航空、管道运输结合起来,构件立体化的交通运输网,才能不断提升运输效益,克服水运的部分缺点,充分发挥其优势,服务交通运输体系,促进交通事业的良性高质量发展。

第二节　我国航道建设概况

一、古代航道发展历史

(1) 我国由奴隶社会过渡到封建社会后,交通多恃水道,并始用木板造船。夏、商、周各代的国都,为便于诸侯朝贡和人员往来,均务求舟楫之至。另据史载,当时长江、黄河与淮河都已通船。如在黄河流域,船只可溯航至禹门口一带,并经汾水可通至山西曲沃,经渭水可通达秦都雍城(今陕西凤翔);在长江流域,船只西可通达四川的宜宾和成都(溯岷江),北经汉水转唐白河可抵河南的南阳,南分别经湘水及其支流来水可通到广西全州和湖南郴县。通过海运,同附近的日本和越南也时有往来。

(2) 春秋战国时期的南方,仍主要发展水运,先后开凿有沟通江、淮两大流域的邗沟运河(今苏北里运河的前身)和沟通黄、淮两大水系的鸿沟运河等,使我国东部形成有黄、淮、江三大水系相互连接的水运交通网,进而也推动了原经济文化较落后的吴、越等地的开拓与发展。

(3) 秦汉时期,在河运方面最著名的建设工程有:秦时开凿的沟通长江、珠江水系的灵渠,以及东汉末年曹操在河北修建的直通冀东北滦河下游的白沟、利漕渠、平房渠、泉州渠和新河等一系列运河。到了3世纪初,在我国东部广大地区及南北方之间,已形成了滦、海、黄、淮、江、珠六大水系相连通的伟大水运壮举。在海运方面也有了明显的发展,航船已利用舵来操纵航向,并出现了碣石(乐亭)、转附(芝罘岛)、琅琊(胶南)、吴(苏州)和番禺(广州)等有名港口。同日本、朝鲜的海上往来更多了,并开辟有通往东南亚和印度洋沿岸的航线。

(4) 隋唐时期,我国造桥技艺已达到很高水平,隋代所建的河北省赵州安济桥(亦称赵州桥),跨径长达37.02 m,气势雄伟,结构合理,在当时世界上是十分先进的,该桥至今仍相当完好,比欧洲同类型桥的出现要早千余年。此外,在沿海地区,除广州港外,扬州、华亭(松江)、杭州、明州、温州、福州、泉州、潮州、密州、登州、楚州、平州(卢龙)、都里(旅顺口附近)等港口与城镇,也都发展到了一定的规模。我国同海外通商的地域范围逐渐扩大。内河水运已建成有以洛阳为中心的,东北至涿郡,东南到余杭,总长超2 700 km的南北大运河:隋朝大运河。

(5) 宋元明清时,我国交通运输业又有了十分显著的进步与发展。如内河水运,通过济州河、会通河和通惠河等的开发,将北起北京、南达杭州的举世闻名的京杭大运河建成通航。再如海上交通,我国指南针的发明和海图的出现及其应用,为发展我国远洋国际航行提供了更加有利的条件。因而便出现有明代郑和率领庞大船队七下西洋,远及非洲东海岸的索马里和肯尼亚等地,遍访了30多个国家和地区,大大促进了我国同这些国家与地区之间的政治、经济、文化和技术的交流,从而也成为世界航海史上具有划时代意义的伟大创举。由于海运事业的辉煌成就,早在宋、元时期,我国广州、泉州和明州等港,就已成为国际上著名的海港,特别是泉州港,还曾成为当时世界上最大与最著名的海港。正是宋、元时期倡导的开放政策和鼓励海外贸易的做法,加上设置管理机构市舶司实行有效管理,使得泉州港等成为国际性贸易大港,中国对外贸易欣欣向荣,蓬勃发展。在南宋年间,市舶司的收入一度占国家总财政收入的1/50。明代的海禁和清代的"迁界"政策,尤其是顺治十八年(公元1661年)大规模强迫沿海民众内迁,严重阻碍了海外交通和海外贸易的发展。其后果则造成私商贸易蔓延,并形成内地向东南亚的大规模移民。

二、近现代航道发展历史

1. 清末水路运输状况

1872年,清政府在长江创立招商局起,逐渐出现了帆船运输,均为客货兼运。民国初才开始有合股经营小轮客运,抗日战争爆发后,客货轮基本被军队征用,客运基本中断,至1949年中华人民共和国成立时,内河航运79%使用木帆船,长江的运输船舶总量不到20万t。

2. 中华人民共和国成立后水运情况

中华人民共和国成立后,沿海共开辟了90多条轮船航线,形成了一个以大连、天津、上海、广州为中心的,联结沿海各地港口的海上运输网。内河航运方面,1949年后,重点整治了重庆到宜昌段长江的险滩,改善了航道设施,大大提高了川江通航能力。长江干、支流航道同成昆、京广、川黔、成渝、焦枝等铁路干线相交,还通过运河和局部地段的水陆联运,与淮河、珠江及浙闽水系相连。中华人民共和国成立后,通过持续不断的江河治理,初步形成以长江、珠江、淮河、黄河、黑龙江、松花江、京杭大运河为主干的江海相通、干支相连的水上运输体系。

3. 改革开放后水路运输状况

改革开放初期,国家就出台了鼓励民营企业和个人从事船舶运输的政策。按照市场经济的要求和运作规则,积极推进水运投资和经营主体多元化,建立公平准入和竞争秩序,全面放开国内水路运输价格和港口内贸货物装卸作业价格,打破地区和部门封锁,在国际船舶代理、理货等服务领域引入竞争机制,深化管理体制改革,实行政企分开,推进国企改革,建立现代企业制度,实行规范的法人治理,以积极的姿态坚持对外开放。在认真履行"入世"承诺的同时,还拓展了对外开放的领域和程度,取消了货载保留政策,鼓励外国资本投资建设和经营港口业,水运业开放程度已达到相当高的水平。积极参与世贸组织、国际海事组织等多边活动,与世界主要海运国家和地区签订了海运协定。1978年后,经济改革不断深入,货运量逐步增大。1985年内河航程159 km,拖驳轮运货量达12.5万t,周转量3 349万t·km;木帆船运货量达2.9万t,周转量1 576万t·km。合计运货量15.4万t,周转量4 925万t·km,分别比1952年增加2.5倍、13.28倍。港口货物吞吐量,1966年进口9.8万t,出口5.7万t。最高年份1973年进口89.8万t,出口11万t。1985年,由于陆路交通发展,港口货物吞吐已有减少,是年,进口7.17万t,出口9.98万t。

坚持服务优先的发展理念。经过30年的快速发展,水路运输服务效率显著提升,港口配套设施不断完善,现代化水平明显提高,主要集装箱港口的装卸效率屡创世界新高,部分主要港口已达到世界先进水平。

江苏作为航运大省,拥有长江、淮河、京杭运河等国家主干内河航道,截至2018年5月,长江南京以下12.5 m深水航道开始运行,对国内外船舶开放航行,5万吨级集装箱船可以满载从江苏沿江港口直航到我国沿海地区和周边国家,进一步提升了素有"黄金水道"之称的长江黄金水道含金量。近年来素有"中国第二黄金水道"之称的京杭大运河水道,航运及文化功能得到进一步提升。京杭大运河起于北京,止于杭州,由以洛阳为中心的隋唐大运河、与"海上丝绸之路"相连的浙东运河组成,沟通海河、黄河、淮河、长江、钱塘江五大水系。2014年6月,作为世界上里程最长、最古老、工程最大的人工运河,京杭大运河入选世界文化遗产名录。2017年下半年,国家启动《大运河文化保护传承利用规划纲要》编制工作,大运河保护和利用工作进入"国家行动"阶段。2019年2月,《大运河文化保护传承利用规划纲要》出炉。2021年,《大运河国家文化公园建设保护规划》出台,同年,坐落于扬州运河三湾生态文化公园内的中国大运河博物馆开馆,提升了内河航运传承国家文化建设的功能。

截至2021年末,全国内河航道通航里程12.76万km,比上年末减少43 km。等级航道通航里程6.72万km,占总里程比重为52.7%,其中三级及以上航道通航里程1.45万km,占总里程比重为11.4%。

各等级内河航道通航里程分别为：一级航道 2 106 km，二级航道 4 069 km，三级航道 8 348 km，四级航道 11 284 km，五级航道 7 602 km，六级航道 16 849 km，七级航道 16 946 km。等外航道 6.04 万 km。

各水系内河航道通航里程分别为：长江水系 64 668 km，珠江水系 16 789 km，黄河水系 3 533 km，黑龙江水系 8 211 km，京杭运河 1 423 km，闽江水系 1 973 km，淮河水系 17 500 km。

全国拥有水上运输船舶 12.59 万艘，比上年末下降 0.7%。其中净载重量 28 432.63 万 t，比上年末增长 5.1%；载客量 85.78 万客位，同比下降 0.3%；集装箱箱位 288.43 万标准箱，较上年末下降 1.6%。

全年完成营业性货运量 82.40 亿 t，比上年增长 8.2%；完成货物周转量 115 577.51 亿 t·km，比上年增长 9.2%。其中，内河货运量 41.89 亿 t，增长 9.8%；内河货物周转量 17 735.99 亿 t·km，同比增长 11.3%。

第三节　国外航道发展概况

由于水运在综合运输体系中占有重要地位，许多国家都非常重视航道建设，特别是中国等发展中国家，近年来航道建设规模不断攀升。

截至 2021 年，全球各国内河航道通航里程排名上，中国以 12.76 万 km 排名第一，第二至第十位分别为俄罗斯 10.2 万 km，巴西 5 万 km，美国 4.1 万 km，巴基斯坦 2.5 万 km，哥伦比亚 2.47 万 km，印度尼西亚 2.15 万 km，越南 1.77 万 km，刚果（金）1.5 万 km，印度 1.45 万 km。

目前，世界上已形成四个规模较大的现代化内河航道网：一是以长江和京杭运河为主干的中国航道网；二是以伏尔加河、多瑙河和莱茵河为主干的欧洲航道网；三是以流经巴西的亚马孙河、流径阿根廷的巴拉那河流域为主干的南美洲航道网；四是以密西西比河为主干的美国航道网。

一、欧洲航道发展概况

20 世纪的苏联是世界面积最大的国家，其领土五分之三属于平原和低地，奔流其间的许多河流，以流程长、支流多、比降小为特点，有利于航行。早在十月革命前，全国通航里程即超过 6 万 km，后陆续进行整治、疏浚工程，通航里程不断增长，20 世纪 30 年代后期已超过 10 万 km（1940 年为 108 900 km），第二次世界大战后又有所增长，1965 年为 142 700 km，1970 年为 144 500 km，1975 年为 145 400 km，1980 年为 142 300 km（因河道裁弯取直,故有所缩短),通航里程之长,居世界第一,通航河段大部分集中在苏联西部地区,绝大部分内河运输集中于伏尔加河。

20世纪90年代初,苏联解体,大部分河道划入俄罗斯境内,航道网总里程在2020年也保持在10.2万km,仅次于中国。

伏尔加河(Volga River)是俄罗斯内河航运干道,也是欧洲最长的河流,同时还是世界上最长的内流河。伏尔加河发源于东欧平原西部瓦尔代丘陵中的湖沼间,流经森林带、森林草原带和草原带,在这个流域居住的6 450万人,约占俄罗斯人口的43%。它通过伏尔加—波罗的海运河(Volga-Baltic Waterway)连接波罗的海(Baltic Sea),通过北德维纳河(Northern Dvina River)连接白海(White Sea),通过伏尔加河—顿河运河(Volga-Don Canal)与亚速海(Sea of Azov)和黑海(Black Sea)沟通,注入里海(Caspian Sea)。所以有"五海通航"的美称。

伏尔加河及其支流是俄罗斯最重要的内河航道,除干流外,支流最重要的航运干线是谢克斯纳伏河、奥卡河、莫斯科河、卡马河、别拉亚河和乌法河。人工水道以莫斯科运河为最长,它将莫斯科河和伏尔加河连接在一起。上述河流的沟通连接,组成了俄罗斯欧洲地区的统一深水航道网,总长约6 600 km,最小航道保证水深3.65 m。

伏尔加河干流自上而下,建成了伊万科夫、乌格里奇、雷宾斯克、高尔基、切博克萨雷、古比雪夫、萨拉托夫和伏尔加格勒8座渠化枢纽,最大水位落差27 m,最小为11 m,除伊万科夫外,其他各站均建有双线船闸,尺寸为290 m×30 m。

卡马河通过古比雪夫、下卡马、沃特金斯克和卡马4座水库对河道的渠化,使该河形成1 180 km的深水航道。下卡马和沃特金斯克两座枢纽建有双线船闸,闸室尺寸为290 m×30 m,卡马枢纽双线船闸闸室尺寸为240 m×30 m。

奥卡河以莫斯科河河口为界,分为上、下段。下段为渠化河段,建有2座渠化枢纽,船闸尺寸为256 m×16.6 m。

伏尔加—卡马梯级船闸最小水头为14 m(伊万科夫船闸),最大水头29 m(古比雪夫船闸)。

伏尔加河通航约3 219 km,可通航的支流有70余条,它们可为俄罗斯装运很多建材,其他船货还有石油及石油产品、煤、粮食、盐、牵引机及农业机械、汽车、化工器具和肥料。主要港口有:特维尔、雷宾斯克、雅罗斯拉夫尔、下诺夫哥罗德、喀山、乌里扬诺夫斯克、萨马拉、萨拉托夫、卡梅申、伏尔加格勒和阿斯特拉罕。

伏尔加河由伏尔加—波罗的海水道连接,可通达波罗的海,而伏尔加—波罗的海水道,又可由白海—波罗的海运河连接,通过奥涅加湖(Lake Onega)通向白海;伏尔加河由莫斯科运河连接可通向莫斯科河,进而抵达莫斯科;伏尔加河又由伏尔加—顿河运河连接,可通向亚速海。因此,伏尔加河实际上已与整个东欧水道系统连接成为一体。

伏尔加河航道网建成通航后,对发展该地区内河航运事业起到了非常重要的作用,1988年货运量达5.95亿t,货物周转量达2 556亿t·km,分别占苏联全国内河货运量的1/2和货物周转量的2/3。截至2020年,伏尔加河水系可通航水道长达17 000余千米,货运量占俄罗斯河运总量的70%以上,结冰期11月末至次年4月,通航期为7~9个月,封冻期长对航运有较大影响。伏尔加河及运河年货运量总计7 000万t左右,占俄罗斯内河货运量的2/3左右,货物以石油、木材、粮食、机械为主。

多瑙河在欧洲长度仅次于伏尔加河,是欧洲第二长河。它发源于德国西南部,自西向东流,流经奥地利、斯洛伐克、匈牙利、克罗地亚、塞尔维亚、保加利亚、罗马尼亚、摩尔多瓦、乌克兰,最后注入黑海,河流全长2 850 km,流域面积81.7万km^2。

多瑙河干流为自由通航的国际航道,可通航里程2 742 km,可通航支流30多条,较重要者有左岸的蒂萨河、奥尔特河、普鲁特河,右岸的德拉瓦河、萨瓦河、摩拉瓦河、伊斯克尔河等。此外,德国在多瑙河上游凯尔海姆向北跨过分水岭,建170 km长的运河和一系列船闸,与莱茵河支流美因河相连,构成多瑙—美因—莱茵运河,东南至黑海,西北至北海,贯穿欧洲大陆。多瑙河全河航运总量保持在1亿~1.3亿t之间,受欧洲政治和航道本身因素等影响,货运量并未获得重大突破。

莱茵河是西欧第一大河,发源于瑞士境内的阿尔卑斯山北麓,西北流经列支敦士登、奥地利、法国、德国和荷兰,最后在鹿特丹附近注入北海,全长1 232 km。自1815年维也纳会议以来,莱茵河已成为国际航运水道,干线通航里程约为1 000 km,货运量约4.5亿t,主要运输货种为建材、石油、金属矿石、煤炭等,近年来集装箱运输、汽车滚装船运输发展迅速。

俄罗斯、德国、荷兰等欧洲国家都十分重视航道的规划和建设,从而形成了全球第二大规模的欧洲航道网。

二、巴西、阿根廷航道发展概况

巴西、阿根廷两国都非常重视航道网的规划与建设,国家决策层思想上重视水运发展。目前已经超越美国,内河航道通航里程为全球第三。

两国将水运发展上升到国家战略层面,出台了一系列扶持水运发展的政策和措施,如关于发展航运、支持本土造船业发展、港口建设的优惠政策等,鼓励多造船、造大船,提高航运效益和出口产品竞争力。重视水运规划,将水运规划纳入国民经济社会发展规划中,巴西专门制定了《交通物流远期规划》,远期规划水平年为2030年,水运、铁路是此规划中的重点内容。同时重视水运立法,巴西出台了《巴西水运法》,于2001年6月5日又通过了10233号法令等相关水运管理法律法规,内容全面具体。其他方面,重视水资源综合利用,巴西利用巴拉那河上游河滩多、水流急、水量大、落差大的特点,与巴拉圭一起建成了伊泰普等水电站,有利于防洪、航运、发电等,实现了水资源的综合利用,发挥各种运输方式的比较优势,宜水则水。两国的公路运输便利优势发挥得较为充分,铁路运输并不发达,水资源丰富的地区,内河水运发展正日益崛起,运量大、污染少、成本低等水运优势在农产品、矿产资源等大宗货物运输中的优势日益明显,海洋运输在对外物资运输中更是独占鳌头,有力地促进了两国经济的发展。

巴西江河纵横,水量丰富,为水路运输创造了良好的条件。巴西的河流分属于亚马孙河、巴拉那河、圣弗朗西斯科河三大水系。其中的亚马孙河是世界上流域面积最广,流量最大的河流,全长 6 437 km;支流长度在 1 000 km 以上的有 20 多条,水资源相当丰富,但尚未得到充分开发。巴西水运在相当长一段时期并不发达,直到 20 世纪 60 年代造船工业开始起步,航运船队运力逐步增加。巴西的农产品品种多、产量高,石油、矿产资源非常丰富,经济的活跃产生了大量的水运需求,这些因素促使巴西水运大发展。据巴西有关部门预测,到 2025 年,水运量占总货运量比例将提高到 29% 以上。这一方面是由于巴西农业发展空间大,目前巴西农产品主要依靠公路运输到海港,运输距离远、成本高,促使发展水运将作为重点。另一方面,则归功于 20 世纪 90 年代中期以来沿海石油、天然气成功投资开发,沿海的油气资源带长 800 km,宽 200 km。

阿根廷的河流湖泊众多,主要有巴拉那河、科罗拉多河等。巴拉那河是最重要的河流,全长 4 700 km,为南美第二大河,是南美洲中东部重要的内河航道。全年通航里程 2 700 km,圣菲以下可通海轮,小型船只可至巴拉圭河上游,承担阿根廷对外贸易 30% 和巴拉圭对外贸易 90% 的运输任务。巴拉那河入海口河段叫拉普拉塔河,长 320 km,宽度从西端两河汇集处的 48 km 逐渐扩大至东部与大西洋相交处的 220 km。阿根廷首都布宜诺斯艾利斯位于拉普拉塔河西南岸,乌拉圭首都蒙得维的亚则位于东北岸处。国内交通运输以陆运为主,90% 的外贸货物通过水路运输。全国有海港 38 个,内河港口 25 个。

三、美国航道发展概况

美国是世界上交通运输业最发达的国家之一,拥有现代化的水陆空运输工具及道路、港口、机场等基础设施。各种运输方式相互支持,相互促进,为内河运输的发展创造了很好的条件。在全美货运总量中,铁路运输约占 32.4%,公路运输占 27.1%,水路运输占 15.8%,管道运输占 24.3%,而航空运输仅占 0.4%。在客运总量中,公路承担了绝大部分,达 80%,航空占 18.2%。内河航运以密西西比河水系和五大湖水系为主体,其中以密西西比河水系的货运量为最大,占全国内河货运总量的 60% 以上。据统计,密西西比河流域,包括沿海地区的大量工业原料和商品,特别是大宗散货,有 90% 以上都是通过密西西比河航道和岸内水道运输。自治理后的 1940—1980 年,密西西比河运量平均每 10 年增长一倍,大大超过了美国的经济增长速度。因此美国政府非常重视内河水运的开发与建设。密西西比河航道系统作为美国最大的内河航道系统,通航里程约20 000 km,水深在2.74 m以上的航道约占2/3。干流起于明尼苏达州中北部的艾塔斯卡湖,流经明尼阿波利斯、圣路易斯、开罗、孟菲斯、巴吞鲁日,于新奥尔良注入墨西哥湾,全长3 766 km;流域面积为322万 km²,占美国国土总面积的34.4%,主要支流有伊利诺伊河、密苏里河、俄亥俄河、田纳西河、阿肯色河、怀特河、雷德河等,密西西比河水系年货运量约为7亿 t,主要运输货种为煤炭、食品及农产品、石油及制品、原材料等大宗散货,很好地支撑了美国的经济发展。

思考题

1. 水运有哪些优缺点?
2. 结合国内与国外航道发展情况,思考一下为什么世界各国非常重视航道的建设与发展?

第二章 江苏航道现状与发展

第一节 江苏航道建设情况

江苏因独特的地理位置,内有长江水系、淮河水系,东部连接黄海,拥有我国规模最大的水系。在春秋战国时期,江苏就先后开凿沟通江、淮两大流域的邗沟运河(今苏北里运河的前身),沟通黄、淮两大水系的鸿沟运河等,使我国东部形成黄、淮、江三大水系相互连接的水运交通网,进而也推动了原经济文化较落后的吴、越等地的开拓与发展。随着时代的变迁,至 2020 年底,江苏省干线航道达标里程已经达到 2 363 km,省干线航道达标率约 59%,覆盖全省 81%的县级及以上城市节点,覆盖 57%的省级及以上开发区。

特别是"十三五"时期,江苏省水运发展取得显著成效,水运服务国家重大战略、服务经济产业转型、推进运输结构调整和支撑内外双向开放的能力显著增强。连云港港 30 万吨级航道二期连云港区段交工验收,长江南京以下 12.5 m 深水航道全线贯通,通州湾新出海口建设加快推进,全省完成港口吞吐量 29.7 亿 t,占长三角区域吞吐总量的 48.8%。沿江沿海地区依托深水大港集中了全省 90%以上的冶金、石化、造船企业,70%以上的水泥、造纸企业和 60%以上的电力企业,沿海港口服务保障了盛虹炼化、中天钢铁、金光纸业等一批重大产业项目落户。长江南京以下 12.5 m 深水航道贯通带来到港船舶大型化效应,平均每年为沿江地区冶金、电力、制造等企业节约水运物流成本约 16 亿元。沿江沿海港口承接了中西部地区 60%以上的转运物资,长江中上游地区大型企业所需的 90%的外贸原油、70%的外贸铁矿石、20%左右的集装箱通过江苏港口中转。

一、水运规划体系更趋完善

全面落实重大发展战略规划。推动通州湾集装箱新出海口建设纳入国家《长江三角洲区域一体化发展规划纲要》，连云港港国际枢纽海港纳入《国家综合立体交通网规划纲要》；印发《运河航运转型提升实施意见》《江苏内河航运高质量发展实施方案》等文件，完成《江苏港口中长期发展规划》《江苏交通强省建设港口实施方案》《世界一流港口发展指标体系》等研究。

全面构筑完善水运规划体系。印发《江苏省沿江沿海港口布局规划（2015—2030年)》《江苏省内河港口布局规划（2017—2035年)》《江苏省干线航道网规划（2017—2035年)》，形成了以布局规划为龙头、以总体规划为支撑、以专项规划为补充的水运规划体系；印发江苏省大运河现代航运建设发展规划、沿江砂石码头布局方案等专项规划，完成《江苏省综合立体交通网规划（2021—2050年）水运篇》《江苏省沿江港口锚地总体规划》《江苏省沿江沿海LNG码头布局规划》等研究；基本编制完成港口和干线航道国土空间规划，推进各地市编制港航国土空间规划、港口岸线整合利用五年规划。

二、内河航道建设养护成效显著

"十三五"期间，江苏省内河航道累计完成建设投资167.5亿元，航闸养护费用44.6亿元，新增干线航道达标里程209 km，建成船闸3座。截至2020年底，省干线航道达标里程达到2 363 km，省干线航道达标率约59%，覆盖全省81%的县级及以上城市节点，覆盖57%的省级及以上开发区，干线航道网络更加畅通。

骨干航道网络更畅。累计竣工验收项目20个，连申线东台段、苏南运河镇江市区段等完成竣工验收；续建及扫尾项目28个，盐河、申张线凤凰段等扫尾项目取得突破进展；新开工建设项目12个，宿连航道一期、芜申线溧阳城区段等项目开工。"两纵五横"骨干航道中，长江、京杭运河、连申线苏北段基本建成，刘大线、泰东线、盐河、丹金溧漕河溧阳段等航道建成达标。通江达海航道中，通江航道规划13条，实现8条基本达标；达海航道规划9条，实现4条基本建成。内河集装箱通道中，苏北—连云港港通道、苏北—太仓港通道已基本打通，可实现苏北地区三层集装箱船直达连云港港、太仓港；苏南运河—太仓港通道苏申内港线、申张线青阳港段航道尚未达标，碍航桥梁正在改建，除经苏南运河外仅能实现苏南地区二层集装箱船通达太仓港。

干线航闸养护效率更高。累计实施了航道绿化和环境整治、航道船闸养护改善工程等446项，有效改善了一批重要干线航道和重点船闸技术状况。湖西航道北段（省际航道）达到二级航道标准，盐邵线59 km航段达到三级航道标准，连申线44 km航段达到三级航道标准，通吕运河60 km航段达到四级航道标准，盐宝线24 km航段达到四级航道标准；芒稻船闸、古泊河船闸等扩容改造工程建成通航；完成张家港二号船闸、淮安三号船闸、泗阳一号船闸等21个船闸大修工程，工程质量优良率达100%。全省干线航道通航保证率和船闸通航保证率均保持在98%以上。开展了我省第四次内河航道普查工作，已录入约1万km内河航道数据。编制发布了全省内河航道、船闸14项养护系列标准，印发了《江苏省内河航道养护工作标准化三年行动计划》，推进了《船闸维护规程》《交通船闸大修工程质量检验规范》《内河航道维护技术及质量评定规范》3个地方标准落地实施，开展《江苏省内河航道维护技术标准》《江苏省内河航道维护验收标准》等地方标准研究，养护标准化体系进一步完善。

三、运输服务水平显著提升，货物运输量稳定增长

2020年，全省完成水路运输量9.3亿t(不含长江)，完成货物周转量7 039亿t·km，较2015年分别增长14.5％、19.6％，分别占全国总量的12.3％、6.7％，分别占全社会综合交通运输总量的32％、61％。全省水路运输以内河运输为主，内河完成货运量6.1亿t，占比65.9％；沿海和远洋完成货运量3.2亿t，占比34.1％。全省完成港口货物吞吐量29.7亿t，较2015年增长27.1％，占全国20％，占长三角区域48.8％，其中外贸5.6亿t，集装箱1 895万标箱，较2015年分别增长40.4％、18.1％。亿吨大港数量达到8个，占全国19.5％；苏州内河港首次突破亿吨成为第8个亿吨大港，2亿吨大港数达到7个，占全国29％。吞吐量排名均进入全国前20，4个港口货物吞吐量超过3亿t，全国集装箱吞吐量排名前20的港口江苏占据3席。

集装箱运输成效突出。国际海运网络不断完善，共开辟集装箱近远洋航线80条，较2015年新增14条，其中远洋航线数维持在3条，航线布局进一步优化，新开美西北、中东波斯湾、南非远洋干线，撤销原有中东航线；近洋航线达到77条，新增14条，日韩、东南亚航线巩固加密。沿江沿海港口外贸集装箱吞吐量达到843万标箱，较2015年增长24％，外贸集装箱直达率达42.2％。与我省进出口贸易额排名前二十的重要贸易国家和地区的航线通达率达55％，对RCEP(区域全国经济伙伴关系)成员国中的8个成员国实现海运直达。全省港口内贸集装箱吞吐量达到1 045万标箱，较2015年增长13.3％，内贸集装箱直达率达84.5％；内贸航线达到425条，较2015年增长61条。完成内河港口集装箱吞吐量59万标箱，较2015年增长252％，年均增速达28.6％。内河集装箱航线达到64条，初步形成以三条示范航线为主骨架，以省外港口航线及省内其他航线为补充的内河集装箱航线网络，28条航线升级改造后实现定点、定线、定船、定时运行，时效性大幅提高。

航道服务能力逐步提升。2020年，全省交通船闸累计开放闸次72.61万次，过闸船舶总载重33.3亿t，过闸货物量22.7亿t，较2015年分别增长10.6％、15.3％、27.3％。船舶平均过闸时间较2015年下降超20％。推动各船闸开展"真情服务"，实现"过闸不上岸、缴费不见面、开票不跑腿"。邵伯船闸连续六届荣获"全国文明单位"称号，谏壁船闸"微引航"服务平台获"江苏交通十大服务品牌"称号。打造船民驿站，建立24小时船员

自助超市、智能快递柜、自助服务平台、休闲阅读中心等船民服务设施。严格落实过闸费优惠20%和集装箱船舶优先免费政策,实现优先过闸网上申请,累计减免过闸费11.5亿元。

船舶运力结构明显优化。全省共有运输船舶29 118艘、净载重量3 699万t,船舶数和净载重量分别居全国第一、第二位,其中内河船舶艘数、净载重量占比94.9%、60.4%,沿海和远洋船舶艘数、净载重量占比5.1%、39.6%,沿海和远洋船舶占比较2015年提高1.7%、11.2%。船舶平均吨位由2015年的1 012 t增长至1 270 t,增长了25.5%,其中内河、沿海、远洋船舶平均吨位分别增长8.0%、17.8%、15.1%。全省运输船舶以散货船为主,集装箱船、油船等专业化船舶1 602艘,占总量的5.5%。船型标准化工作稳步推进,船型标准化率大幅提升。完成24艘LNG动力船舶建造和68艘大吨位船舶LNG动力更新改造,全省内河LNG动力船舶达到92艘。开发应用船舶电子身份识别及定位装置,免费为近3万艘船舶安装终端设备,实现船舶的在线监控和动态跟踪。

运输服务企业稳步发展。全省水路运输企业共有985家,其中内河运输企业757家,占比76.8%;沿海和远洋运输企业228家,占比23.2%,沿海和远洋运输企业占比较2015年提高9.3%。全省净载重量10万t以上船舶经营人共84家,较2015年增加5家;净载重量100万t以上船舶经营人1家。远洋企业中专门从事集装箱运输的企业仅1家,为太仓港集装箱海运公司。全省集聚了以中外运、中远、招商物流等一批知名企业为代表的相关服务企业和机构,其中货运代理企业118家,无船承运企业896家,船舶代理企业113家,国际船舶管理企业88家。

四、航道绿色智慧安全发展稳步推进

完善顶层设计,出台《江苏省绿色航道建设指南》等文件,印发《江苏省交通干线航道沿线环境综合整治行动实施方案》等行动方案,制定了洗舱站、岸电、粉尘在线监测系统、码头油气回收设施、干线航道服务区船舶污染物接收设施等建设实施方案。严把新建、改扩建项目准入门槛,引导污染防治设施与港口航道工程同步规划、同步建设、同步使用。

突出示范引领,京杭运河绿色现代航运示范区建设初见成效,基本完成苏州、扬州、淮安四个先导段建设,建设了生态长廊、景观长廊和"会呼吸的护岸"。

船岸联动治水,深入推进"263"专项整治、交通干线沿线环境综合整治"五项行动",完成长江江苏段水上过驳、非法码头、"四个一批"等专项整治,全面关停长江江苏段水上临时过驳区,117个沿江非法码头、214个港区规划范围内长江岸线利用项目清理整治全部完成,1 133个内河码头环保整治工作全面完成。建成投运5座长江干线洗舱站,占全国总数约40%。沿江及内河码头企业基本实现靠港船舶送交污染物"应收尽收"。

提高效率"治气",内河船闸、服务区建成384套低压岸电系统,沿江、沿海及内河主要港口、船闸及水上服务区基本具备岸电供应能力。创新采用"扫码刷电"、免收服务费等方式,2020年船舶靠港使用岸电量是2017年的7倍。新建码头粉尘综合防治率达100%,完成664家港口企业粉尘在线监测系统建设。原油成品油装船泊位安装油气回收设施覆盖率达100%。

深入推动转型,严格执行长江岸线"控总量、调存量、优增量、提效率"原则,全省核减长江规划港口岸线72.6 km,将原规划的港口岸线调整为饮用水源岸线、城市生活和旅游景观岸线,南通港狼山港区、江阴韭菜港等"退港还城"。在内河倡导建设深挖式港池,节约集约利用岸线资源。推进镇江港高桥港区LNG加注站和接收站配套码头开工建设,为"气化长江"探路。在全国率先开展省级绿色港口星级评定,评出28家星级绿色港口单位。

航道智慧发展成效初显。夯实发展基础,完成智慧航运发展总体方案研究,梳理全省港航数据资源目录,完成基础数据库开发,打造了"港航数据中台"雏形,实现与交通运输部"一套表",与口岸、电网、水文等部门数据共享,完成干线航道运行调度与监测服务体系研究。研究制定江苏省内河电子航道图生产标准规范,加快建设应用,推进内河电子航道图建设,已完成苏南运河、盐河等330 km电子航道图生产和发布;在全国率先建成并推广内河船舶智能过闸系统,实现全省航道船闸联网运行收费。开发航闸养护数据采集系统,刘老涧船闸、谏壁船闸等智慧船闸建设取得关键进展;试运行扬州航道智慧工地平台。推进科技创新,完成航道养护管理现代化关键技术研究等重大科研专项,加快推进京杭运河施桥口门段等科技示范项目。徐圩港区"新型桶式基础结构设计与施工关键技术研究"被评为"中国水运十大科技创新成果";常州工业化装配式护岸结构关键技术应用入选交通运输部"重大科技创新成果库"。BIM技术在船闸施工中得到应用,内河航道扫床新技术等先进技术加快研发应用。

五、行业治理能力稳步提升

体制机制改革不断深化。率先完成省级交通运输部门承担行政职能的事业单位改革,成立了江苏省港航事业发展中心,为推动港航深度融合奠定了良好体制基础。宿迁、淮安、常州、镇江、南京、苏州、江阴、扬州、泰州、连云港、南通、盐城等地市完成港航事业发展中心组建。落实财政事权和支出责任划分改革方案,制定省以下预算单位基本支出保障体制改革方案,将38家市县交通船闸管理机构基本支出按照机构隶属关系下划纳入同级财政保障范围,进一步理顺省市事权与支出责任。

行业治理能力稳步提升。推进水运管理规范化、制度化、标准化,颁布实施《江苏省水路交通运输条例》。印发《江苏省交通发展专项资金管理办法》《江苏省内河干线航道建设管理办法》《江苏沿江港口锚地锚泊使用申请行为信用管理办法(试行)》《江苏省内河航道船舶优先过闸管理办法》《江苏省内河干线航道、港口发展、航道船闸养护项目管理办法》《江苏省内河航道船舶过闸信用管理办法》等文件。编制了船闸运行方案、危化品码头技术性审查、通航影响评价技术性审查、船闸安全鉴定实施细则等技术指南。推动了锚泊调度、船舶过闸、港口经营领域信用评价工作,制定内河船舶过闸、港口经营人信用管理"红黑名单"制度,建成港口经营人信用信息管理平台。

第二节　江苏航道发展展望

一、"十四五"建设目标

"十四五"时期,是开启全面建设社会主义现代化新征程的重要时期。习近平总书记赋予江苏"争当表率、争做示范、走在前列"的新使命新要求。国内国际双循环发展新格局加快构建,"一带一路"、长江经济带、长三角区域一体化、淮河生态经济带等交汇叠加、深入实施,高质量发展步入新阶段,交通强国建设试点工作加快推进,美丽江苏建设深入推进,江苏水运发展机遇与挑战共存,机遇和挑战都有新的发展变化。

1. 推动建立国内国际双循环发展新格局,要求江苏水运主动适应供需结构新变化,提升服务支撑能力。"十四五"时期,世界百年未有之大变局加速演进,经济逆全球化趋势日益明显,单边主义、贸易保护主义上升,新冠肺炎疫情改变全球经济格局,不稳定性不确定性明显增加。为积极应对复杂的内外部经贸形势,习近平总书记指出,"逐步形成以国内大循环为主体、国内国际双循环相互促进的新发展格局"。江苏作为我国重要经济大省,应积极适应新格局发展要求下的供需结构变化,推动内循环"拉长板",充分发挥江苏实体经济发达、科技水平高、人才资源富集、产业链供应链相对完备和市场潜力大等诸多优势,推动国内消费需求发展,构建完整的内需体系;推进外循环"补短板",加快打造改革开放新高地。江苏水运作为经济双循环体系中的重要节点和通道,应主动服务区域物资运输需求,发挥联通国际市场和国内市场的桥梁作用,畅通经济循环物资运输通道,打造经济、高效、畅达的物流体系;同时应主动适应运输需求变化,大力发展内贸物资运输,减缓外贸需求放缓的影响。

中央提出推进现代流通体系建设,江苏水运应着重优化运输网络布局,持续提升综合运输枢纽功能,强化对内对外双向开放和国际运输服务能力,拓展对外流通渠道;持续发挥现有内河航运优势,构建内河航运通道体系,完善内部流通通道,全力支撑现代流通体系建设。

2. 国家重大战略进一步深入实施，要求江苏水运持续提升双向开放和辐射带动能力。从"一带一路"倡议要求看，我国与"一带一路"沿线国家和地区合作走向深入，重点城市、重点枢纽支撑带动作用进一步增强，作为"一带一路"交汇点的江苏，应以连云港、盐城、南通、太仓、南京等港口为重点，加强陆海联运功能，持续提升内外双向开放和国际运输服务能力，打造"一带一路"支点，为国家战略实施提供更好的运输物流保障。从长江经济带战略要求看，江苏地处长江经济带龙头区段，是支撑长江流域经济社会发展重要的江海联运区，应进一步发挥江苏港口中转纽带作用，将西部资源优势与东部制造优势有效结合，提升水路运输基础设施服务能力，打造布局合理、结构优化、功能完善、互联互通的长江经济带多式联运服务体系，推动长江经济带高质量发展。从长江三角洲区域一体化战略要求看，长江三角洲区域一体化发展上升为国家战略，长三角世界级港口群加快构建，江苏水运应主动融入区域合作新格局，进一步完善联运设施建设，提升综合物流服务能力，协调推动江海河联动发展；同时加强苏沪浙皖沿江沿海港航合作，着力提升出海口功能，提升江苏长三角北翼区域功能及效益，增强江苏在长三角区域中的战略地位和综合影响力。从淮河生态经济带战略要求看，江苏要发挥盐城、淮安等区域中心城市的引领作用，强化与长江三角洲、皖江城市带等周边区域对接互动，构建现代化基础设施网络，打造畅通高效淮河出海航道，推进淮河上中下游和江苏沿海经济协调发展。

3. 推动高质量发展走在全国前列、打造现代化经济体系、推动新一轮沿海发展，要求江苏水运提供更高质量的运输服务。"十四五"期间，江苏将重点建设"一中心一基地一枢纽"，努力实现江苏高质量发展走在全国前列。江苏水运应进一步提升综合运输服务质量，加快形成低成本、高时效、方便快捷的综合物流服务体系，更好地支撑江苏经济、产业高质量发展。全省加快产业结构调整和转型，积极推动化工、钢铁、煤电等行业转型升级高质量发展，推进沿海石化产业基地、精品钢基地等布局建设，构建沿江沿海协调发展新格局。江苏水运应结合沿海产业布局，合理把握沿江、沿海港口建设节奏，优化港航供给布局，主动服务产业转移升级，聚焦沿海两大出海口，高标准建设对外开放的国际运输通道，提升服务支撑沿海发展能力。

4. 交通强国、世界一流港口加快建设，江苏率先建设"交通运输现代化示范区"，要求突出江苏水运特色，全面提升水运发展效能。党的十九大报告提出"建设交通强国"的宏伟目标，中共中央、国务院先后印发实施《交通强国建设纲要》《国家综合立体交通网规划纲要》，明确了交通强国建设的路线图、任务表。交通运输部等九部门联合印发《关于建设世界一流港口的指导意见》，提出了世界一流港口建设的目标和方向。江苏作为全国第一批交通强国建设13个试点省份之一，印发实施《交通强国江苏方案》，明确提出打造交通强国江苏"十大样板",其中与水运发展密切相关的样板包括打造"一带一路"的交通标杆示范项目样板、长江经济带运输结构调整样板、航运特色鲜明的大运河文化带样板和枢纽经济发展样板等多个样板。全省交通运输工作会议明确了"十四五"时期江苏交通运输发展目标及方向,在全国率先探索交通运输现代化,推进交通运输现代化示范区建设。江苏水运应充分发挥特色和优势,进一步强化综合枢纽功能,深入推动补短板、强枢纽、促转型,增强与多种运输方式的协调衔接,提升水运发展质态效益,加快打造"交通强国"水运样板,做好水运先行示范。

5. 美丽江苏加快建设,科技创新驱动升级,要求江苏水运加快转型升级,持续推进绿色智慧发展。从绿色发展上看,习近平总书记考察江苏时强调,"要把大运河文化遗产保护同生态环境保护提升、沿线名城名镇保护修复、文化旅游融合发展、运河航运转型提升统一起来,为大运河沿线区域经济社会发展、人民生活改善创造有利条件"。省委十三届八次全会提出要深化"强富美高"创新实践,高起点推进美丽江苏建设,努力打造美丽中国的现实样板,推动沿大运河地区一体建设高品位、高水平的文化走廊、生态走廊、旅游走廊,形成江苏的"美丽中轴"。江苏水运必须把生态发展放到突出地位,加快打造航运特色鲜明的大运河文化带样板,建设京杭运河绿色现代航运示范区。进一步推进绿色水运建设,加强污染防治和节能减排,充分发挥水运经济、安全、绿色的优势,与产业转型升级高质量发展相协调。

从智慧发展上看,交通运输部先后印发《智能航运发展指导意见》《数字交通发展规划纲要》《关于推动交通运输领域新型基础设施建设的指导意见》等文件,明确智慧水运发展目标与方向。英国、新加坡、日本等国家正在积极推动智能航运研究,在智能航行、智能船舶等方面取得先进研究成果。青岛前湾四期、上海洋山五期等码头以5G通信网络为支撑,已率先实现高度自动化;北斗导航、人工智能、智慧航闸等新技术深入推广;大数据的深入运用及区块链等新兴互联网技术兴起,为水运产业链、供应链、价值链的延伸与重塑创造可能。江苏也应紧跟时代步伐,坚持以信息化建设为引领,加强新技术的推广应用,创新工艺流程,搭建多方协同的水运生态圈,推动基础设施、运输物流、决策监管智能化。

二、江苏航道中长期发展目标

1. 以江苏省干线航道网规划(2017—2035年)建设为着力点,推进江苏航道融入长三角航道网

江苏省干线航道网是全国内河航道网和长江三角洲高等级航道网的重要组成部分,是江苏省内河航道体系的主骨架,是综合运输体系的重要组成部分,与省内重要经济节点、工矿基地和沿海沿江主要港口相连接,承担跨省、市的能源、原材料等大宗物资运输

服务,是有效促进综合交通通道建设和沿江河产业带发展的重要依托。

到2025年,通过建设,基本形成安全、便捷、高效、绿色、经济的现代化水运体系。连云港港国际枢纽海港、南通港、苏州港江海联运新出海口、南京区域性航运物流中心等建设取得重大突破。建成京杭运河绿色现代航运示范区,基本形成干支网络衔接、江海河联网互通的高等级航道网络。水运运输服务效率和品质走在全国前列,绿色、智慧发展能力显著增强,治理体系和治理能力更加完善。

到2035年,千吨级船舶通达全省90%以上的县级节点、80%以上的沿海主要港区和全部的沿江主要港区。全省干线航道网形态上呈"两纵五横"布局,形成以长江干线、京杭运河为核心,三级及以上航道为骨干,达海、通江、联网、互通的千吨级干线航道网,里程共计4 010 km。规划共形成一级航道365 km,二级航道643 km,三级航道3 002 km。

"两纵":

京杭运河通道:共计1 189 km,其中二级475 km,即苏北运河;三级714 km,包括苏南运河及徐宝线、成子河、芒稻河、丹金溧漕河、德胜河、锡澄运河、锡溧漕河、乍嘉苏线。连申线通道:共计993 km,均为三级航道,包括连申线及盐宝线、盐邵线、刘大线、兴东线、泰东线、锡十一圩线、杨林塘。

"五横":

徐宿连通道:共计329 km,其中二级161 km,三级168 km,包括苏北运河徐州至宿迁段、宿连航道、徐圩港区疏港航道。淮河出海通道:共计513 km,其中二级168 km,三级345 km,包括淮河出海航道及盐河、张福河、滨海港区疏港航道(中山河)、射阳港区疏港航道(黄沙港)。通扬线通道:共计405 km,均为三级航道,包括通扬线及新江海河、通州湾港区疏港航道、洋口港区疏港航道、吕四港区东灶港疏港航道。长江通道:共计374 km,其中一级365 km,即长江;三级9 km,即滁河驷马山干渠南京段。芜申线通道:共计460 km,均为三级航道,包括芜申线及秦淮河、水阳江、苏申内港线、苏申外港线、长湖申线。

2. 打造江苏特色港航发展模式

"十四五"期间紧紧围绕以下五个方面,弘扬江苏航道特色,助力"强富美高新江苏"建设。

(1) 基础设施高标准

连云港港国际枢纽海港、南通港、苏州港江海联运新出海口、南京区域性航运物流中心等枢纽竞争力显著增强,长三角港口群北翼功能显著提升。港口综合通过能力达到25亿t,集装箱通过能力达到2 000万标箱,港口功能优化和转型提升稳步推进,沿江5万吨级及以上泊位数达到141个,沿海10万吨级及以上泊位数达到25个,港口大型化、专业化水平显著提升。基本形成"两纵五横"高等级航道网络,全省千吨级航道里程达2 700 km,千吨级航道覆盖全省87%的县级及以上节点，覆盖60%的省级及以上开发区，内河集装箱运输核心通道全面贯通。国家主要港口的重点港区实现铁路进港，沿江沿海重点港区铁路进港率近70%，形成能力充分、结构合理、衔接顺畅、组织高效的港口综合集疏运体系。

（2）运输服务高效率

港口服务能力显著提高，主要港口枢纽服务达到国内一流水平。沿江沿海港口单位泊位岸线吞吐量达到1.35万t/m，港口集装箱吞吐量年均增长5%以上，达到2 400万标箱，基本实现21世纪"海上丝绸之路"沿线主要国家（地区）海运航线全覆盖，沿江沿海港口外贸集装箱直达率达60%，全省内贸集装箱直达率达90%以上。航道服务水平走在全国前列，内河货运量增长20%以上，构建覆盖长三角主要城市的内河集装箱运输网络，内河集装箱吞吐量翻一番，达到120万标箱以上，船舶平均过闸时间减少20%以上。内河运输船舶标准化、专业化稳步推进。运输结构明显优化，多式联运服务能力明显增强，沿海主要港口大宗货物铁路和水运集疏港比例稳定在95%以上，"江海河""铁公水"等多式联运量年均增长10%以上，集装箱铁水联运量翻一番，达到125万标箱。航运物流服务能力显著提升，沿江沿海重点港区物流园区覆盖率达到100%，南京、连云港、苏州等城市航运服务业集聚程度大幅提高。

（3）绿色智慧高水平

生态绿色发展水平显著提高，建成一批绿色航道、绿色港口示范工程。港口单位吞吐量综合能耗、二氧化碳排放均下降3%，三星级以上绿色港口数量翻一番，LNG等清洁能源消费量占比大幅提升，岸电使用率明显提高，船舶靠港使用岸电量年均增长20%以上，全省干线航道沿线可绿化区域绿化率保持95%以上，新能源和清洁能源船占比显著提高。水运智慧发展取得突破进展，实现与互联网、大数据、人工智能、5G等深度融合，水运基础设施数字化、运行监测自动化、运行调度一体化、信息服务精准化取得新突破，已建干线航道实现电子航道图全覆盖，与长江、沿海电子航道图高效衔接，建成干线航道网运行调度与监测服务系统，干线航道智慧升级700 km，打造太仓港四期堆场自动化、刘老涧三线船闸等一批智慧示范项目，实现主要业务单证电子化，实现多式联运信息服务对具有铁路专用线的港口全覆盖。

（4）行业治理高效能

行业治理体系和治理能力现代化水平明显提升。水运本质安全水平大幅提升，风险防控能力和应急保障能力显著增强，制度体系、规范体系、实施体系、监督体系全面完善，水上交通运输事故起数、死亡人数下降率均大于20%，船闸安全生产标准化一级达标率达100%，内河水上人命救助成功率不低于98%。行业治理逐步现代化，水运重点领域改革继续深化，体制机制更加顺畅，法规标准体系更加健全，水运市场更具活力、更加开放,"互联网+监管"事项主项覆盖率达99%以上。建成完备的水运信用评价体系,信用监管重点领域覆盖率达100%。人才队伍更加壮大,人才结构更加合理,高级以上职称人才占专业技术人才比例达10%,行业治理效能大幅提升。

(5) 样板示范高品质

围绕交通强国江苏样板打造,在基础设施、运输服务、绿色智慧、行业治理等领域取得相对完善的系统性成果,形成一批可供推广的水运样板示范。京杭运河航运转型提升取得明显成效,京杭运河货物通过量增长25%以上,船舶平均过闸时间缩短30%以上,船舶污水零排放,港口污染全接收,清洁能源使用高效率,京杭运河全线实现智能调度与运行监测,建成京杭运河绿色现代航运示范区,形成运河航运现代化标准体系,成为全国内河航运标杆。长江港口功能优化提升取得显著成效,达到国内先进水平。打造一批国际国内领先的水运品质工程,形成一批具有较强影响力的江苏标准规范。

思考题

1. 结合江苏省"十四五"水运发展规划,思考一下,如何结合自身工作岗位来看待规划中的发展模式创新?
2. 如何理解国家交通体系建设与航道体系建设之间的关系?
3. 结合自己工作岗位,如何理解和实践"强富美高新江苏建设"?

参考文献

[1] 冯玥,李海波. 水路、公路和铁路运输方式的优势比较[J]. 水运管理,2020,42(4):1-2,12.

[2] 江苏省交通运输厅. 江苏省"十四五"水运发展规划:苏交港航[2021]35号[A/OL]. (2021-08-02). http://jtyst.jiangsu.gov.cn/art/2021/8/6/art_77131_9966053.html.

[3] 江苏省人民政府. 省政府关于同意江苏省干线航道网规划(2017—2035年)的批复:苏政复[2018]97号[A/OL]. (2018-10-01). http://www.jiangsu.gov/art/2018/10/19/art_46143_7844221.html.

[4] 江苏省交通运输厅. 江苏省交通运输厅关于印发《江苏省内河航标管理实施细则》的通知:苏交规[2013]5号. (2013-07-02). http://www.jiangsu.gov/art/2013/7/

2/art_46719_2593388.html.

［5］长江航道勘察设计院(武汉)有限公司.长江干线通航标准:JTS 180—4—2020[S].北京:人民交通出版社股份有限公司,2020.

［6］长江航道局,东海航海保障中心.航道养护技术规范:JTS/T 320—2021[S].北京:人民交通出版社股份有限公司,2021.

［7］长江航道局.内河航标技术规范:JTS/T 181—1—2020[S].北京:人民交通出版社股份有限公司,2020.

［8］交通运输部天津水运工程科学研究所.内河航道绿色建设技术指南:JTS/T 225—2021[S].北京:人民交通出版社股份有限公司,2021.

［9］长江航道局,交通运输部水运科学研究院.内河电子航道图技术规范:JTS 195—3—2019[S].北京:人民交通出版社股份有限公司,2019.

第二篇 航道工程建设与养护

第一章　概述

第一节　航道概述

一、航道的基本概念

《航道工程基本术语标准》(JTS/T 103—2—2021)中对航道的定义是：江河、湖泊等内陆水域中可以供船舶通航的通道，以及内海、领海中经建设、养护可以供船舶通航的通道。

《中华人民共和国航道法》所称的航道，是指中华人民共和国领域内的江河、湖泊等内陆水域中可以供船舶通航的通道，以及内海、领海中经建设、养护可以供船舶通航的通道。航道包括通航建筑物、航道整治建筑物和航标等航道设施。

1. 关于通航水域

船舶种类很多，有大有小，其作为水上运载工具的属性是共同的，但不同类别和大小的船舶其功能则各异。在小沟、小溪内执行摆渡任务的小木筏、小船板，在池塘、公园小湖供人游乐、捕鱼、采摘水生植物的小艇、小划等虽都可以称作"船舶"，但它们同承担水上运输任务和其他勤务的各类船舶在功能上、作用上却存在很大的差异。

在理解《航道工程基本术语标准》(JTS/T 103—2—2021)时，一般将具有能让营运船舶通达条件的水域定义为有真正意义的通航水域，当然，这类水域同样可供小划、小艇和小排筏通行，但主要不是为它们服务的。基于这样的认识，现将界定通航水域与非通航水域的定性依据列入表 2.1-1。

表 2.1-1　通航与非通航水域的基本范畴

水域类别	可列作通航水域的范围	不宜列作通航水域的范围
河流	具备营运船舶和较大排筏通航条件的河段	完全不能通航或只能供竹木散漂和细小排筏漂流的河段或溪流
湖泊、水库	具有通航价值的中、大型湖泊、水库	只有游乐价值的小型湖库和塘堰
渠道、渠系	运河以及具备通航条件的排灌渠道和主要支渠	不具备通航条件的支渠和渠系的其他部分
沿海水域	滩涂以外的海域，包括海峡、港湾等	潟湖以及只在特殊高潮位时才有海水进入的小港汊

2. 关于航道

对于航道的理解历来就有广义和狭义之分。

广义的航道基本上与河道或基本河槽等同。国外常用"水道"（waterway）一词来表示航道，而"水道"亦即有较大水流经过的通道，包括江、河、渠道等。这与国际上对航道一词的定义原则是一致的，因为无论航道维护也好，航道治理也好，离开河岸、洲滩和河槽，一切工作都无从谈起。所以，从广义来讲，必须把航道理解为水道或河道整体，它可以不包括堤防和整个河漫滩，但不能不包括常遇洪水位线以下的基本河槽或者是中高潮位以下的沿海水域。

航道的狭义理解等同于"航槽"（navigation channel）。之所以需要作此理解是因为航道应当有尺度标准和设标界限，航道位置可以随河床演变或水位变动而随时移动，航道尺度也可以随季节与水位变化以及治理工程的实施而有所调整。除了运河、通航渠道和某些水网地区的航道以外，航道宽度总是小于河槽的宽度。在天然河流、湖泊、水库内，航道的设定范围总是只占水面宽度的一部分而不是全部。用航标标示出可供船舶航行利用的这一部分水域，既是确保航行安全的需要，也受到客观自然条件的制约。因为在天然条件下，不同水位期能供船舶安全通航的那一部分水域，不仅需要水深足够，而且水流条件也要满足要求，它不是无限宽阔的，在某些特定的航段内，还受到某些过河建筑物如桥梁、过江管道、缆线的限制。因此，狭义的航道是一个在三维空间上既有要求又有限制的通道。保持这条通道的畅通无阻，以及在可能条件下扩大这一通道，为航运发展提供更为良好和便捷的条件，是航道工作者的光荣职责。

二、航道分类

航道按照不同的标准，有不同的分类。

1. 按航道的级别划分

在《内河通航标准》（GB 50139—2014）中将内河航道按可通航内河船舶的吨级划分为 7 级，即Ⅰ级～Ⅶ级航道，航道等级由高到低。如表 2.1-2 所示，这 7 级航道均可称为等级航道。通航标准低于Ⅶ级的航道可称为等外级航道。在我国航运比较发达的平原省区，等外级航道的作用也不可忽视。

表 2.1-2　航道等级划分

航道等级	Ⅰ	Ⅱ	Ⅲ	Ⅳ	Ⅴ	Ⅵ	Ⅶ
船舶吨级（t）	3 000	2 000	1 000	500	300	100	50

注：1. 船舶吨级按船舶设计载重吨确定；

2. 通航 3 000 吨级以上船舶的航道列入Ⅰ级航道。

2. 按航道的管理属性划分

在我国，根据航道的管理属性，可以将航道划分为国家航道、地方航道和专用航道。

（1）国家航道：指构成国家航道网、可通航 500 吨级以上船舶的内河干线航道；跨省、自治区、直辖市可常年通航 300 吨级以上船舶（含 300 吨级）的内河干线航道；可通航 3 000 吨级以上海船的沿海干线航道；以及对外开放的海港航道和国家指定的重要航道。

（2）地方航道：指可以常年通航 300 吨级以下船舶的内河航道；可通航 3 000 吨级以下海船的沿海航道；地方沿海中小港口间的短程航道；非对外开放的海港航道；以及其他属于地方航道主管部门管理的航道。

（3）专用航道：指由军事、水利、电力、林业、水产等部门以及其他企事业单位自行建设和使用的航道。

相对于专用航道而言，国家航道、地方航道均属于公用航道。

随着经济体制改革和对外开放的发展进程，以及国家法律、法规的完善，以上划分标准或有所调整。

3. 按航道所处地域划分

按航道的所处地域可将航道分为内河航道和沿海航道两大类。

（1）内河航道

内河航道是河流、湖泊、水库内的航道以及运河和通航渠道的总称。其中天然的内河航道又可分为山区航道、平原航道、潮汐河口航道、湖区航道和库区航道等。而湖区航道又可进一步分为湖泊航道、河湖两相航道和滨湖航道，它们各自的含义是：

①湖泊航道：位于湖泊范围内的航道；

②河湖两相航道：位于高水位时为湖泊、低水位时为河流的水域内的航道；

③滨湖航道：靠近湖泊、受湖水顶托影响的河流航道。

（2）沿海航道

沿海航道原则上是指位于海岸线附近，具有一定边界可供海船航行的航道。

德国将沿海航道称作"海上航道"，其《联邦航道法》规定："海上航道系指位于中高潮位时,海岸水线,或内河航道,或内河航道与海域的分界线,与领海外侧边界之间的水域。以导堤或防波堤一侧或两侧为界的进港航道,海岸护堤、排水设施、填海造地设施、海滨浴场、沙滩浴场,均不属于上述海上航道的范围。"

在我国,沿海航道的具体范围尚未见有明确界定,有时把海港进港航道也划入沿海航道的范畴。对于属于内河范畴的潮汐河口,其与海域的分界线更没有统一的界定,有的甚至不按自然属性划分,而将管辖范围与江海界线混为一谈,这是不科学的。

4. 按航道形成的因素划分

大体上可分为天然航道、人工航道和渠化航道三大类。

(1) 天然航道:指自然形成的江、河、湖、海等水域中的航道,包括水网地区在原有较小通道上拓宽加深的那一部分航道,如广东的东平水道、小榄水道等。

(2) 人工航道:指在陆上人工开发的航道,包括人工开辟或开凿的运河和其他通航渠道,如平原地区开挖的运河,山区、丘陵地区开凿的沟通水系的越岭运河,可供船舶航行的排、灌渠道或其他输水渠道等。

(3) 渠化航道:指介于天然航道和人工航道之间的半天然、半人工航道,因为渠化航道是通过修建拦河坝壅高坝上水位而形成的梯级航道,具有较天然状况更大的航道尺度,除主汛期外,水流也大大减缓。坝区引航道往往由人工开凿而成,属于人工航道;坝上常年库区航道水流平缓,类似于湖泊航道;库尾与上一梯级完全衔接或基本衔接,其间的滩险已经淹没或者经过根治,航道也类似于渠道。因此,可以说渠化航道虽然是天然河流上形成的,但它已根本改变了天然航道的特性,其通航条件虽仍然受到上游来水来沙的部分影响,但也在相当程度上受到枢纽的人为控制。

5. 按航道的通航条件划分

航道的通航条件包括时间的长短,限制的有无和大小,以及通航船舶的类别等。

(1) 依通航时间长短,可分为:

①常年通航航道:可供船舶全年通航的航道,又可称为常年航道;

②季节通航航道:只能在一定季节(如非封冻季节)或水位期(如中洪水期或中枯水期)内通航的航道,又可称为季节性航道。

(2) 依通航限制条件有无和大小,可分为:

①单行航道:在同一时间内,只能供船舶沿一个方向行驶,不得追赶、超越或在行进中会让的航道,又可称为单线航道;

②双行航道:在同一时间内,允许船舶对驶、并行或追越的航道,又可称为双线航道或双向航道;

③限制性航道:由于水面狭窄、断面系数小等,对船舶航行有明显限制的航道,包括运河、通航渠道、狭窄的设闸航道、水网地区的狭窄航道,以及具有上述特征的滩险航道等。

(3) 依通航船舶类别,可分为:

①内河船航道:只能供内河船舶或船队通航的内河航道;

②海船进江航道:内河航道中可供进江海船航行的航道,其航线一般通过增设专门的标志辅以必要的《海船进江航行指南》之类的文件加以明确;

③主航道:供多数尺度较大的标准船舶或船队航行的航道;

④副航道:指为分流部分尺度较小的船舶或船队而另行增辟的航道;

⑤缓流航道:指为使上行船舶能利用缓流航行而开辟的航道,这种航道一般都靠近凸岸边滩;

⑥短捷航道:指分汊河道上开辟的较主航道航程短的航道,这种航道一般都位于可在中洪水期通航的支汊内。

除上述分类方法外,航道还可按所处特殊部位分别定名,如桥区航道、港区航道、坝区航道、内河进港航道、海港进港航道等。

三、航道尺度

航道尺度是指在设计最低通航水位下航道保证通航的最小尺度,又称为航道标准尺度。一般包括:在设计最低通航水位下的航道水深、航道宽度、航道最小弯曲半径,在设计最高通航水位时跨河建筑物的净空高度和净空宽度(又简称为通航净空)。

一般来讲,航道标准尺度应保证船舶正常安全航行,并能提供发挥合理运输效益的条件,同时航道工程的投资和维护费用相对较少。因此,航道尺度的选择应综合考虑其必要性、可能性和经济合理性。较大的航道尺度,能通航较大的船舶,完成较大的运量,可以降低运输成本,提高水运经济效益。凡客观条件允许,无须增加航道工程费用,或费用虽有所增加,但经论证仍属于合理的情况下,可采用较大的航道尺度。

但航道尺度的提高并不是无止境的,它受到河流自然条件的制约,较小的河流要得到较大的航道尺度就比较困难,需投入大量的工程资金。一般来说,对具体某一河流,在技术可行的前提下,要求的航道尺度越大,需要投入的工程成本(包括基建性的工程投资和航道的维护费用)越大。

如果需要完成的货运量是一定的,工程成本随航道尺度的加大而增加,而运输成本随航道尺度的加大而降低,如图 2.1-1 所示。工程成本与运输成本之和为完成一定运量的总成本。理论上总可以找到一个总成本最小时对应的航道尺度,这就是所谓的最佳航道尺度。这里需要指出的是,影响工程成本和运输成本的因素较多,需做大量的调查研究,充分掌握第一

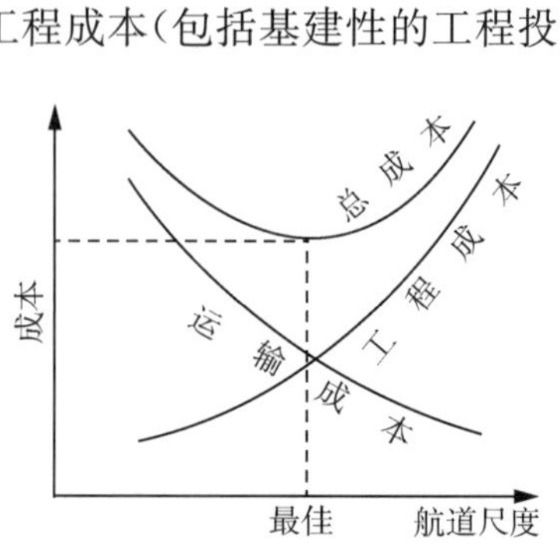

图 2.1-1　航道尺度与成本关系图

手资料,才能正确反映两因素的合理关系,以确定合理的航道尺度。

1. 航道水深

航道水深是指航道范围内从水面到河床底部的垂直距离,通常指航道内最浅处水面到河底的垂直距离。航道水深是航道尺度中非常重要的指标,决定着船舶的航行速度和载重量,若水深不足,船舶只能减载航行。一般在平原河流和河口,航道水深不足是碍航的关键因素,在这些地区采取工程措施的主要目的是解决航道水深问题。

航道水深是航道建设与维护的重要指标,一般又分为航道维护水深和航道标准水深。航道维护水深是根据水位、航道变迁和维护能力确定的水深维护指标。航道标准水深是指设计最低通航水位时,代表船舶或船队[代表船型或船队相关的尺度可以参阅《内河通航标准》(GB 50139—2014)、《运河通航标准》(JTS 180—2—2011)、《海轮航道通航标准》(JTS 180—3—2018)、《长江干线通航标准》(JTS 180—4—2020)等标准]安全通航必须保证的航道最小深度,是航道工程设计的主要依据之一,也称为航道设计水深。

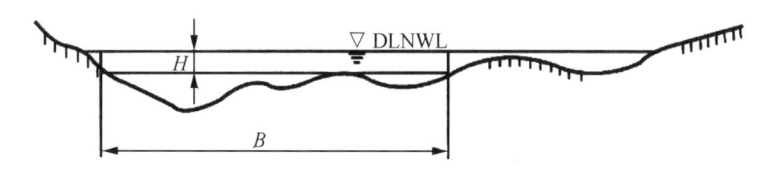

a) 天然和渠化河流航道横断面图
H——航道水深;B——航道宽度;DLNWL——设计最低通航水位

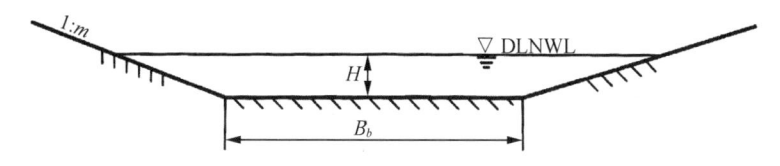

b) 限制性航道横断面图
H——航道水深;B_b——航道宽度;m——边坡系数;DLNWL——设计最低通航水位

图 2.1-2 航道标准水深定义图

航道标准水深由设计船型的标准吃水和富裕水深两部分组成,可用下式表示:

$$H = t + \Delta H \quad \text{(式 2.1-1)}$$

式中:H——航道标准水深(m);

t——设计船型标准吃水(m);

ΔH——富裕水深(m)。

设计船型标准吃水 t 是指设计船型在标准载重量时的吃水。船体结构所能承载的吃水称最大吃水(亦称结构吃水),最大吃水大于标准载重时的标准吃水。例如:目前长江中游的油驳标准载重量为 3 000 t,标准吃水为 3.3 m,而其最大载重量约为 3 300 t,相应的最大吃水为 3.6 m。

富裕水深是指船舶在标准载重时,处于静浮状态船底龙骨下至河底的最小安全距离。富裕水深一般应考虑触底安全富裕量、船舶航行下沉量(动吃水)、波浪影响的富裕量、水体密度影响的富裕量、挖槽回淤影响的富裕量等,具体选取可见《航道工程设计规范》。

2. 航道宽度

航道宽度是指在设计最低通航水位时具有航道标准水深的宽度,如图 2.1-3 所示。根据船舶航行密度和航道条件,可设计成单线航道和双线航道。一般来说,当船舶(队)航行密度较小,航道狭窄段不长,且拓宽工程量较大时,可设计成单线航道;其余均以保证两个对开船队安全错船为原则,设计成双线航道,如图 2.1-4 所示。双向航道的宽度可用下式表示:

$$B = 2(b\cos\alpha + L\sin\alpha) + \Delta b + 2D \qquad (式 2.1\text{-}2)$$

式中:B——航道宽度(m);

b——设计船队(或单船)宽度(m);

L——设计船队长度,拖带船队为最大单船长度(m);

α——航行漂角;

Δb——上、下行船队间的横向舷距(m);

D——船舷上航槽边线的距离(m)。

式(2.1-2)可分为两个部分,其中 $2(b\cos\alpha + L\sin\alpha)$ 为船舶航行时占有的水域宽度,也称航迹带宽度;$\Delta b + 2D$ 为航道富裕宽度。航迹带宽度不仅决定于船队宽度,还与船队长度、船队操控性能及航行条件等因素有关。

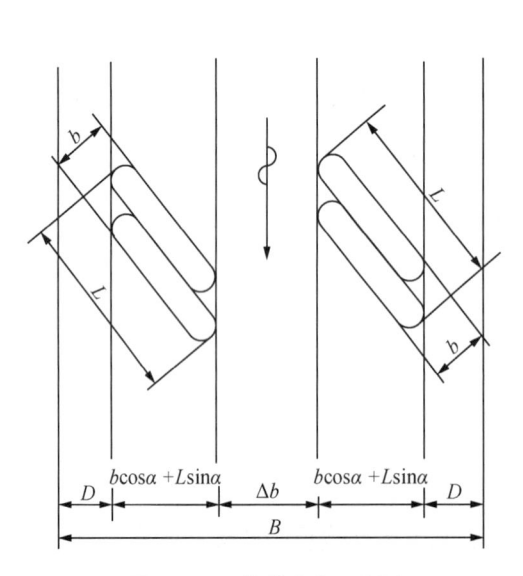

图 2.1-3 航道宽度示意图   图 2.1-4 航道漂角示意图

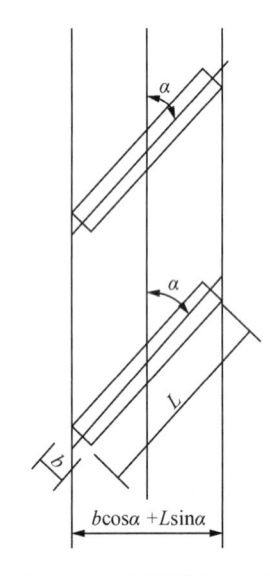

α 称为航行漂角。船舶在直线航行时，由于受到侧风、斜向水流等外界因素影响，船舶会偏离航向。为保持正确的航行方向，往往使船舶（队）纵轴线与航向保持一定的夹角，这个夹角称为航行漂角。漂角的大小主要与水流流态、船（队）型、操控性能和驾驶技术等有关。漂角的大小可通过设计船型的实船实验确定，或按《航道工程设计规范》选取。

航道富裕宽度是保证船舶安全航行，不产生船吸和岸吸现象的最小宽裕尺度。两船队交会时，船队两侧存在着流速差和水位差，从而形成压力差而产生互吸。船舶与河岸之间的水流有推动船首离岸和吸引船尾靠岸的倾向。影响航道富裕宽度的因素有：船（队）型、系结方式；船队的航速及推轮的舵效；水流流速、流态；河岸的土质及坡度等。航道富裕宽度可由实船试验确定，也可根据平原、丘陵、山区航道参照经验公式估算。

3. **航道最小弯曲半径**

航道弯曲半径是指弯曲航道中心线的曲率半径。从便利航行考虑，航道弯曲半径越大越好，但因受自然河流地形条件的限制，往往要求船舶在弯曲半径较小的弯道中航行。为保证航行的安全，规定了弯曲半径一个最小限值，作为保障航行的一个条件，这就是航道最小弯曲半径 R。

在《航道工程设计规范》（JTS 181—2016）中规定，天然径流航道最小弯曲半径，宜采用设计顶推船队长度的3倍、货船长度的4倍或拖带船队最大单船长度的4倍，并取大值［与《内河通航标准》（GB 50139—2014）一致］。在特殊困难河段，航道最小弯曲半径不能达到上述要求时，在宽度加大和驾驶通视均能满足需要的前提下，弯曲半径可适当减小，但不得小于顶推船队长度的2倍、货船长度的3倍、拖带船队最大单船长度的3倍中的大值。流速3 m/s以上、水势汹乱的山区性河流航道，其最小弯曲半径宜采用顶推船队长度或货船长度的5倍。条件复杂时宜通过船舶操纵模拟试验确定。

运河航道弯曲段的最小弯曲半径应符合《运河通航标准》（JTS 180—2—2011）中航道尺度的规定，也可采用顶推船队长度的3倍或货船长度、拖带船队最大单船长度的4倍计算。对特殊困难河段，在宽度加大和驾驶通视均能满足需要的前提下，弯曲半径可适当减小，但不应小于顶推船队长度的2倍或货船长度、拖带船队最大单船长度的3倍。

4. **通航净空**

通航净空主要包括水上净空高度和净空宽度。净空高度是指设计最高通航水位往上至跨河建筑物底部的垂直距离，其数值应满足设计船舶（队）空载的水上高度加富裕值。净空宽度是指航道底标高以上桥墩（墩柱）间的最小净宽度，包括设计船舶（队）的航迹带宽度和富裕宽度两部分。为了使桥梁通航孔的净宽尺度尽量小些，在桥孔内不得会船，上下行船舶应在不同的通航孔内通过。因此，天然、渠化河流的水上跨河建筑物一般不应小于两个通航孔。在水运繁忙的较宽河流上，应设多孔通航。河宽不足两个通航孔的，应一孔跨过，且桥墩的顺水面应尽可能与水流流向平行，其偏角不得超过 5°，否则净空必须相应加大。各航道等级的水上净空尺度可根据《内河通航标准》的规定来选取。目前，江苏省内干线航道的最大净高尺度是 7 m。

5. 其他两个概念介绍

（1）航道断面系数

航道断面系数是指设计最低通航水位时，航道过水断面面积与标准船舶（队）标准吃水时的船中浸水横断面面积之比，即：

$$\eta_\varphi = \frac{A}{A_\varphi} \quad \text{（式 2.1-3）}$$

式中：η_φ——航道断面系数；

A——设计最低通航水位时，航道过水断面面积（m²）；

A_φ——标准吃水时，船中浸水横断面面积（m²）。

航道断面系数的大小，直接影响航行阻力的大小，η_φ 值越小，船舶航行阻力越大。η_φ 值还随船速的提高而增大。航道流速大时，应增加 η_φ 值。

国内外的研究成果认为，$\eta_\varphi = 7$ 是最经济合理的。当 $\eta_\varphi > 10$ 时，断面形状对航道阻力的影响可以忽略不计。结合我国实际情况，《航道工程设计规范》规定：一般情况下，$\eta_\varphi \geqslant 6$；对于流速较大的河流，$\eta_\varphi \geqslant 7$。

（2）航道水流条件

为保证船舶（队）的安全航行，航道中的表面流速和局部比降不能过大，否则上行船舶（队）的推力不能克服逆流阻力而前进，下行船舶（队）的舵效难以发挥，使船舶（队）操纵困难。垂直航道轴线的横向流速亦不应过大，否则会将船舶推离航道，发生事故。航道内的允许流速和允许比降均与船型、功率、载重量、操纵性能、整治措施等有关，通常应通过实船试验，综合比较后确定。

航道中的流态应尽可能平顺，以保证航行安全。

四、通航保证率

航道通航保证率是指全年航道通航时间与除因不可抗力导致停航时间后的全年总时间的百分比，一般用百分率表示。通航保证率与河流的大小及其所承担的运输任务有关。大的河流，其运输任务一般都较繁重，故要求的保证率高些，使之达到要求的水深。如果保证率定得过高，航道工程的投资就较大。反之，过低时，则对河流利用率不高。故保证率须根据河流的特征、航运及战备的要求和技术经济的可能来确定，它是确定航道设计水位的依据。

五、通航标准

制定《内河通航标准》,是统一我国内河通航技术要求,促进内河通航的标准化、现代化,发挥内河水运优势,适应交通运输发展的迫切需要,对于强化内河航道建设管理、推进水资源综合利用具有重要意义。

目前使用的《内河通航标准》(GB 50139—2014)主要内容由总则,术语,航道,船闸,过、临河建筑物,通航水位6大部分,3个附录,1个条文说明组成。该标准适用于天然河流、渠化河流、湖泊、水库、运河和渠道等通航内河船舶的航道、船闸和过河建筑物的规划、设计和通航论证。

2012年1月1日实施的《运河通航标准》(JTS 180—2—2011)为强制性行业标准,该标准共分6章16节和1个附录,并附条文说明,主要包括运河规模和尺度、工程布置、通航水位和水流条件等技术内容。该标准是为统一我国运河通航技术要求,推进运河船型标准化,适应我国运河水运事业的不断发展而制定的。该标准适用于运河航道及其相关建筑物的规划、设计、管理和通航论证等,其他限制性航道可参照执行。

运河航道等内河航道及其相关建筑物应按批准的航道等级进行规划和设计,通航尺度应通过综合技术经济比较,合理确定。不宜扩建、改建的永久性工程和一次建成比较合理的工程,应按远期航道规划等级进行设计。除应分别符合上述二项标准规定外,还应符合国家现行工程建设强制性标准的规定。

第二节　航道工程概述

一、航道工程定义

天然状态下的河流,往往会存在浅、急、险等碍航现象,不能满足通航尺度的要求,这时需要采取一些工程措施改善条件。改善天然河道通航条件或提高其通航标准而采取的工程措施统称为航道工程。

二、航道工程分类

航道工程就针对河道的影响程度来说,可分为两大类:一类是根据河道特征,因势利导,使不利于通航的河段向有利于通航的方向发展,消除个别滩险对全河通航的影响,而河道本身的自然形态基本保持不变,属这一类的航道工程有航道整治工程及航道疏浚工程等;另一类是采取强制性的工程措施,从根本上改变河道的自然状态,使航道水流条件发生质的变化,在长河段内大幅度地改善通航条件,属这一类的航道工程有渠化工程。此外,还有为延伸通航里程、形成新的水运线路而实施的运河工程;为使航道维持既定标准、防止自然和人为因素造成损坏而进行的航道养护工程以及航标工程等。

三、航道工程介绍

航道是船舶运行的通道,是水运赖以发展的基础。为了适应水运发展的需要,必须实施相关的航道工程,包括为开辟和标示航道而进行的水道测量和航标工程,为改善原有航道的通航条件而进行的整治工程和疏浚工程,为彻底消除滩险、大幅度提高航道等级而进行的渠化工程,为延伸通航里程、形成新的水运线路而实施的运河工程,为使航道维持既定标准、防止自然和人为因素造成损坏而进行的航道维护、管理和保护工作,以及为实现上述工程而进行的各项前期工作和科研、勘测、设计工作。

1. 航道勘测

航道勘测是实施航道工程的基础。没有必要的观测资料,不仅各项航道建设工程无法开展,就连航道的正常维护管理也难以有效进行。

航道勘测主要包括水道地形测量、航道水文测验、航道工程测量和航道地质勘察等。水道地形测量和航道水文测验既服务于航道科研和航道工程,又服务于航道维护管理,包括为营运船舶提供航行图籍。航道工程测量包括为工程设计、施工、竣工验收和工程效果分析而进行的各项测量,是工程的项目管理所必不可少的。实施渠化工程、运河工程和某些航道整治工程、疏浚工程,航道地质勘察必须有计划有步骤地进行,满足各阶段的设计、施工需要。

2. 航道科研

航道工程是一项改造自然的人类活动。要改造航道必先认识航道的客观实际及其演变规律。航道科研应当紧密围绕认识航道、改造航道、提高航道工作的科技水平来努力。

(1) 滩险河段自然规律的研究:包括重点浅滩的演变规律和趋势,急滩、险滩的成滩原因和发展趋势等方面的研究,应当强调连续跟踪、不断深化的工作方法。

(2) 重要河段治理措施的研究:包括重点滩险治理措施的实体模型试验和数值模拟计算,临河、跨河、拦河工程对航道通航条件的影响及其治理措施的试验研究等,要把掌握规律与试验研究紧密联系起来。

(3) 提高工程技术的试验研究:包括各项航道工程新结构、新材料、新工艺的试验研究,工程施工船舶、机具改进提高的研究,有关勘测仪器设备及相关软件开发的研究等。

(4) 提高管理水平的研究:包括电脑技术用于各项航道管理的开发研究以及决策科学,设计、计算、制图自动化,信息存储、传输网络化等方面的开发研究等。

3. 航道整治

航道整治工程是指修建整治建筑物,改变和调整水流结构,利用水流自身的内部能量冲深河床,增加航深,或改善滩险河段的水流流态,保证航行安全的航道工程。整治工程是通过"冲"的方法增加航道尺度。护岸工程、切嘴工程、裁弯取直等均是航道整治工程的不同形式,可根据治理航道的不同要求合理选择,合理布置在一岸、两岸、河底、水面等部位,起束窄河道、护岸、改善流态、固滩等作用。

航道是河道中的一部分水域,在河道上修筑整治建筑物后,对河势会产生一定影响,因此,航道整治工程应纳入河道整治总体规划之中,统筹考虑交通、水利、防洪、供水等各部门的利益,协调好上、下游,左、右岸及辖区间的关系,在对河性及其演变规律充分掌握的基础上,进行详细的技术经济论证,才能付诸实施。

4. 航道疏浚

航道疏浚工程是指通过调整河床边界达到改善通航条件的工程措施。在平原河流及其河口地区的泥质、沙质或砂卵石河床,利用挖泥船或其他疏浚机具挖除碍航的泥沙堆积体,增加航道水深;在山区或丘陵地区的石质河床上,则多采用爆破(又称炸礁)的手段炸除碍航礁石、凸嘴、石梁、岩盘等。概括地说,航道疏浚工程是采用"挖"的办法来增加航道尺度或改善通航条件的。

疏浚是开发和维护航道的主要手段之一,它的特点是工期短、见效快、施工相对比较简单。在冲积平原河流的下游及河口地区,由于河流尺度很大,采取其他航道工程措施,其工程量往往很大,而且会诱发其他问题。特别是对河流特性还未充分掌握之前,若贸然采取整治工程之类措施,技术难度很大。在这种情况下,疏浚工程可显示出机动灵活的优势。

疏浚中最主要的问题是挖槽回淤。由于挖槽本身的尺度远小于河床尺度,挖槽后除了可能会发生回淤外,一般不会根本改变河床水流条件,只要合理选择挖槽横断面形态及挖槽角度,并适时进行航道维护,挖槽回淤问题也可得到解决。

5. 航道渠化

渠化工程是在通航河流上修建一系列闸坝,抬高上游水位,增加航深,减小流速,使闸坝间形成互相衔接的深水缓流航道,从根本上消除自然情况下的碍航滩险,大幅度、永久性地增加航道尺度的航道工程措施。河流建造拦河闸坝后,为了使船舶通过闸坝上下游产生的水位差,需建造船闸或其他型式过船建筑物。渠化工程是通过"壅"的办法来增加航道尺度的。

相较于其他航道工程而言,渠化工程的工程量比较大,而且投资多、工期长、工程技术复杂,应根据流域治理规划及交通运输远景发展规模,充分调动各方面的积极性,才能实现渠化工程的设计意图。单纯以发展航运为目的的渠化工程,枢纽布置宜采用低坝多梯级连续渠化的方案为宜。梯级开发应注意水资源的综合利用,尽可能兼顾防洪、发电、灌溉、水产养殖、木材流放、环境保护和发展旅游等方面的利益。

6. 运河工程

开挖或者开凿运河,在我国具有悠久的历史,京杭大运河一直享誉世界,灵渠同样使我们引以为傲。通过兴建运河,形成开敞式运河或者设闸运河,可以在原有陆地上新增某些水运线路,使不同水系之间得以沟通,有的可以缩短水运距离,有的可以实现跨流域通航,使水运成网、直达、提高效益。这类运河工程在西欧、美国、俄罗斯都有许多成功经验,苏伊士运河、巴拿马运河等通海运河更是成功的杰作。

中华人民共和国成立后,我国在拓宽加深京杭运河、兴建长江以北的运河船闸方面,先后做过几次大规模的努力,目前工程还在往两端延伸,北端延至山东济宁,南端延至浙江杭州。除此之外,在江苏、浙江、上海等省市,还进行过一些线路较短的运河开挖工程或改善工程,所有这些工程,与京杭运河江南段的工程结合在一起,已在长江三角洲地区形成了四通八达的航道网,充分显示出水运在这一地区的优势。

7. 航标工程

航标作为一项工程,无论在内河、沿海都是需要的,特别是当一条新的水运线路即将开通,航道等级或者航道维护类别要提高,新的航运梯级、水电枢纽或港口要开始投入运行等,航标工程都必须提前实施。

就属性而言,助航标志无论由谁具体管理,它都是与航道不可分割的,因此,《中华人民共和国航道管理条例》中将它列作航道设施之一。把航标工程列作一项航道工程,一方面说明它的重要性,另一方面也表明它同其他航道工程的相互依存的特点。航道整治的成效离开航标的正确标示无法充分显示,航道维护缺少航标的合理布设和及时调整,更无法达到要求。

8. 航道维护

航道维护是为保持预定的航道标准,包括航道尺度、航道维护类别、航标配布类别等标准而实施的各项工程技术措施。长江航道部门把航道维护的基本目标归纳为保深、保标、保畅通。

(1) 保深:实际上代表了为保证航道尺度而进行的各种努力,包括通过测量了解和预测浅滩变化,采用调标、改泓办法充分利用自然水深,对重点浅水道及时实施维护性疏浚防止出浅等。

(2) 保标:包括按航标配布图和水位涨落、航道变化,及时布设和调整标志;对标志、标灯状况进行日常检查和定期检查,使其正常发挥作用;及时探测、报告航道实有尺度和通报航标异动信息；对标志、标灯进行定期清洗、漆饰和维修等。

（3）保畅通：最重要的是防止因航道维护失当而造成阻航、断航。此外，发现航道内有碍航物及时组织或联系清除，采用绞滩措施帮助上行船舶、船队顺利通过急滩，会同有关部门积极疏导临时滞留或拥阻在航道上的船舶等，也是保畅通的应尽之责。

9. 航道保护

航道的通航条件，包括航道本身状况的好坏，航道设施技术状况的完好程度，不仅取决于航道部门自身的努力，还受某些客观条件的影响，诸如特异的气候变化，自然灾害的侵袭，各种穿河、跨河、临河工程和水利、水电工程的影响，采砂、淘金、弃渣以及其他人类活动的影响，还有少数人为破坏事故的发生等。对于可能对航道通航条件造成负面影响的因素，航道部门要积极予以防止，这就是航道保护的任务。

实践证明，航道保护的工作既重要又艰巨，这当中既有贯彻国家制定的法律法规，加强航道行政管理的工作，也有加强技术论证研究，协调部门间关系与认识的任务，还要有采取某些必要的技术措施减少自然灾害损失的具体办法。

综上所述，航道工程不应是单一的，究竟应该采用哪一种或哪几种航道工程措施，才能最有效地改善通航条件，应对不同的可行方案进行分析论证才能确定。目前，多采用综合治理措施，以获得最佳的经济效益。

第三节　智慧航道

智慧航道是指综合运用5G、北斗、大数据、人工智能、BIM等新一代信息技术，在航道及航道沿线设施的设计、建设、养护、运行、服务全生命周期实现智慧化提升，实现高效治理和高品质服务。"智慧航道"工程将以航道外场感知设备、数据中台、外场感知云、电子航道图等为支撑，建设省干线航道运行调度与监测服务系统。

航道外场感知设施建设是智慧航道建设、推进港航事业高质量发展的重要组成部分。航道外场感知设施分为水面、水下、空中三类感知设施，包括视频监控系统、AIS系统、能见度仪、气象仪、流速流向仪、交通量观测系统、北斗地基增强系统、水位监测系统、无人机等设施设备，通过航道立体智能感知全覆盖，实现港航全要素数字化、运输管理智能化、服务决策智慧化，提升航闸基础设施运调管理水平，更好地开展为民办实事各项工作。

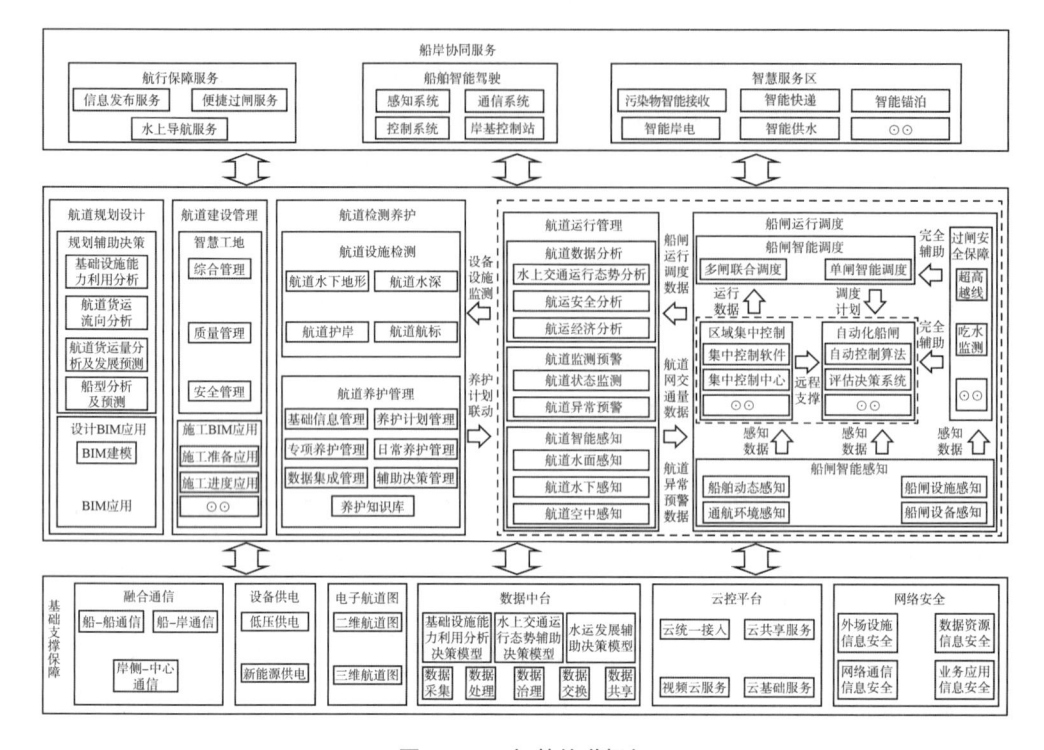

图 2.1-5　智慧航道框架

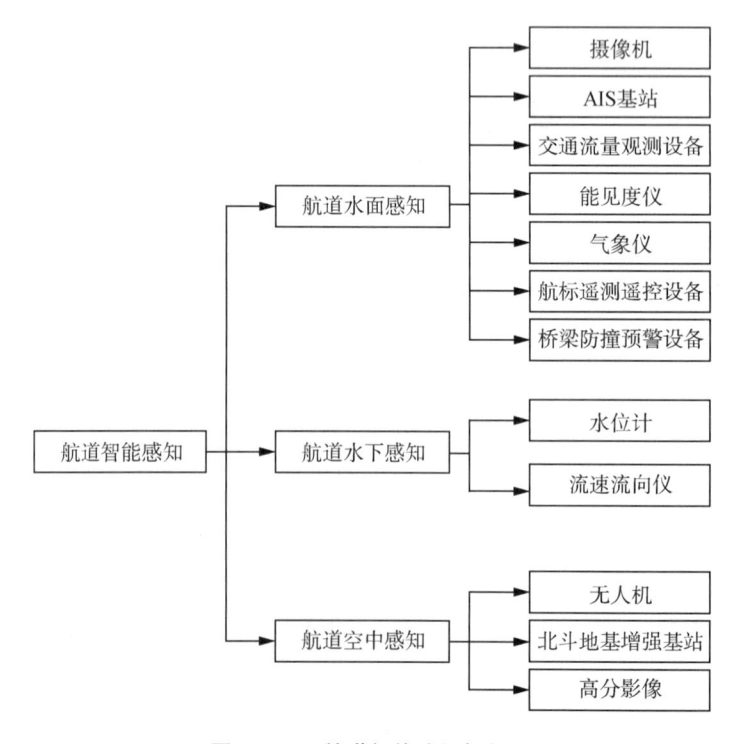

图 2.1-6　航道智能感知框架图

智慧航道的功能：

（1）提升航道运行保障能力。完善内河高等级航道测量测绘设施，加强航道尺度、水文、气象等在线监测，推动通航建筑物和航运枢纽大坝关键设施结构健康监测，提高内河电子航道图覆盖率，提高航道维护智能化水平。

（2）提升航道协同监管能力。整合航道、海事、水运数据资源，提高航道突发事件应急联动效能。推广船舶污染物接收和监督系统，实现船舶污染物接收转运处置联合监管、船舶排放控制区现场监督检查等功能。

（3）提高航道综合服务能力。开展传统导航设施数字化改造和虚拟航标应用。推广船舶北斗高精度位置服务。建设适应智能船舶的岸基设施，推进航道设施与智能船舶自主航行的配套衔接。推广船舶过闸智能调度，推进船闸设施自动化控制、智能调度、船舶通行、故障预警等一站式服务。推动水上绿色服务区建设。

思考题

1. 什么是航道？
2. 内河航道如何划分等级？运河航道如何划分等级？
3. 什么是航道尺度？一般包括哪几个方面？
4. 航道水深由哪两部分组成？
5. 什么是富裕水深？其影响因素有哪些？
6. 如何考虑双线航道宽度？
7. 什么是航行漂角？其大小与哪些因素有关？
8. 什么是航道富裕宽度？影响富裕宽度的因素有哪些？
9. 什么是航道最小弯曲半径？规范中如何规定取值？
10. 什么是通航净空？
11. 什么是航道断面系数？一般情况下如何取值？
12. 航道中的水流条件应有什么要求？
13. 什么是通航保证率？
14. 了解《内河通航标准》和《运河通航标准》。
15. 什么是航道工程？包含哪些？
16. 简述航道整治工程。
17. 简述航道疏浚工程。
18. 简述航道渠化工程。

19. 简述航道运河工程。
20. 简述航道养护工程。
21. 简述航标工程。
22. 什么是智慧航道？由哪些部分组成？
23. 航道外场感知设施分类？
24. 简述智慧航道功能。

第二章　航道工程建设管理

第一节　航道工程建设程序

航道工程基本建设项目包括航道整治、航道疏浚、航运枢纽、过船建筑物等航道设施及其他航道附属设施的新建、扩建和改建。航道工程的基本建设程序按国家的有关规定主要分为三个阶段：一是前期准备阶段，包括建设前期工作（预可行性研究、项目建议书和工程可行性研究的编报和审批）和工程勘测设计（初步设计、施工图设计）；二是工程实施阶段，包括项目报建、工程招投标、施工；三是工程竣工验收阶段，包括工程资料的整理、工程决算与审计、质量评定、竣工验收。有的建设项目还应在竣工验收后在规定时间内进行项目后评估。对于工程投资额不大的建设项目，经有关部门的批准，上述程序可以适当简化。《航道建设管理规定》（中华人民共和国交通运输部令2007年第3号）对航道工程建设程序进行了明确规定。

一、项目前期阶段

（一）预可行性研究

航道工程预可行性研究要以河流（河段）所在水系的航运规划成果和河道自然条件为基础。重点研究建设项目在社会经济发展中的作用和建设的必要性，对项目的建设规模与标准、建设方案的技术可行性、建设资金渠道、工程的经济效益和经济合理性等进行分析论证。

预可行性研究报告由研究报告、图纸、附件三部分组成。研究报告规定的内容有：概述、自然条件及航运现状、运输发展预测及建设必要性、通航标准及营运组织方案、建设规模及建设方案、外部条件、投资估算及经济评价、问题与建议。

预可行性研究报告的深度应满足审批要求,主体工程应达到方案设计深度,能作为编制项目建议书的依据,并为建设项目立项提供依据,预可行性研究报告由建设单位委托有相应资质的设计单位承担。

(二) 项目建议书

1. 编制依据

经评估审批后的预可行性研究报告是编制项目建议书的主要依据。

2. 项目建议书的主要内容

项目建议书的主要内容包括:拟建项目的建设地点、建设规模、建设方案、建设条件、协作条件、投资估算和资金筹措设想、进度安排、经济效益和社会效益初步分析。

(三) 工程可行性研究

航道工程的工程可行性研究的主要内容为:河流(河段)航运现状,沿河经济发展对水运的要求、与工程项目相关的自然条件,设计代表船型船队、通航标准和建设规模,工程方案和工程措施,配套设施、协作条件、实施步骤、建设期限以及组织管理、工程投资、经济评价等。

工程可行性研究报告由研究报告、图纸、附件三部分组成。研究报告的规定内容要求有:概述、自然条件及航运现状、运输发展预测、通航标准论证、船型及营运组织、工程水文及泥沙分析、航道工程、环境保护、推荐方案及投资估算、经济评价、问题和建议。

工程可行性研究报告深度应满足审批的要求。主体工程应达到初步设计深度,工程可行性研究阶段的投资估算与初步设计阶段的概算之差应控制在±10%以内。工程可行性研究报告由建设单位委托有相应资质的设计单位承担。

(四) 初步设计

航道工程初步设计文件的内容有:综述、自然条件、河床演变及碍航特征分析、总体设计、滩险整治工程、疏浚工程、环境保护、管理与维护、工程量汇总、施工条件、经济效益分析、主要设备及材料、工程概算、设计图纸及附件。

初步设计文件的深度应满足审批的要求,能够确定该工程及其配套项目的建设规模、总体(平面)布置、工程措施及工艺、设备选型和数量、主要建筑的结构形式、环境保护、总工程量、单位工程量、技术经济指标、总概算及材料用量等重要设计内容,满足进一步进行施工图设计的要求。航道工程初步设计由建设单位委托有相应资质的设计单位承担。

(五) 施工图设计

施工图设计的主要内容有工程总平面布置、单位工程结构设计、样图工程量和材料用量,满足工程施工要求,并编制施工图预算。

施工图设计文件包括说明书、图纸、工程量及设备材料清单、工程预算及附件等部分。航道整治工程施工图设计说明书的规定内容有：综述、整治工程平面布置、工程结构设计、工程量、施工期航道维护与工程效果观测。

施工图设计必须按照初设批文要求的建设规模、工程标准、设计方案及投资控制额等进行编制。施工图预算原则上不得突破已批准的初步设计概算。施工图设计文件应满足下列要求：依此能编制招标文件，安排材料、设备订货和非标准设备的订货，进行施工和安装。航道工程施工图设计由建设单位委托有相应资质的设计单位承担。

二、项目实施阶段

（一）年度基本建设计划

对于使用政府投资的建设项目，初步设计文件批准后，可以申请安排年度基本建设计划，只有列入了年度基本建设计划后，才能进入工程项目的实施阶段。年度基本建设计划由项目建设单位负责申报，提出安排年度基本建设计划的理由和年度需安排的投资额及资金来源。

（二）工程项目招标

1. 施工招标的主要程序

工程施工招标应遵守《中华人民共和国招标投标法》以及住建部、交通运输部颁布的有关规定。工程施工招标的一般程序分为三个阶段：准备阶段、招标阶段、决标成交阶段。在招标中关键要把握好三个步骤：(1) 对投资单位的资格预审；(2) 发售招标文件和接受标书；(3) 开标、评标、决标和签订合同。

2. 招标文件的编制

招标文件的编制是招标准备工作中最重要的环节，它不仅是投标者进行投标的依据，也是签订合同的基础，因此工程招标文件编制质量的高低，是招标工作成败的关键。

招标文件的内容包括：投标邀请书、投标者须知、合同通用条件、合同专业条件、技术规范、图纸、工程量清单表、投标文件格式、辅助资料等。

3. 施工合同的主要内容

建设工程施工合同的主要内容包括：工程范围、建设工期、中间交工工程的开工和竣工时间、工程质量、工程造价、技术资料交付时间、材料和设备供应责任、中间支付和结算、竣工验收、质量保证范围和质量保证期、双方相互协作等条款。

（三）组织施工

工程正式开工前，项目建设单位应授权并委托监理单位对工程项目进行监管，对施工单位提出的施工组织设计、工程施工进度等进行审核。施工单位进场后，建设单位应完成外部协作和协调工作，督促施工单位尽快完成施工前的各项准备工作，组织设计、施工、监理等有关单位进行设计交底。在工程施工过程中，监理单位应组织好现场施工队伍管理，对工程项目进展情况进行监督、检查和协调，认真推行"政府监督、法人管理、社会监理、企业自检"质量保证体系，确保工程建设进度和质量。

三、竣工验收阶段

（一）竣工验收程序

航道工程建设项目的验收分为交工验收、竣工验收两个阶段，对单位工程较多、建设内容复杂的建设项目，可在竣工验收前组织预验，为竣工验收作好准备。

单位工程完工，符合交工验收条件，由施工单位提出交工验收申请，经监理单位审核并报建设单位批准后及时组织交工验收。建设项目全部完工，并通过交工验收，竣工验收资料基本齐全，如需要组织竣工预验，由建设单位提出申请，由项目主管部门组织竣工预验。建设项目达到竣工验收条件后，由建设单位提出竣工验收申请，由初步设计审批部门或其授权委托的单位（部门）组织竣工验收。

（二）后评估

为了全面总结工程项目从立项决策、设计方案、工程施工，直至投入使用全过程的经验教训，科学评价建设成果，为了今后提高航道工程建设的决策水平和管理水平，提高投资效果，应在使用一段时间后及时对项目开展后评估工作。

项目后评估由建设单位委托有资质的工程咨询单位承担，由承担本项目的设计、施工、监理、质监、使用管理等有关单位参加，对项目投产后的使用情况，对照设计文件，从项目立项决策、项目建设、项目发挥的作用、资金使用、投资效益、需要改进和完善的方面进行全面的评价和分析，提出后评估报告。

第二节　工程监理制

建设单位应按中华人民共和国交通运输部发布的《水运工程施工监理招标投标管理办法》（交通运输部令 2012 年第 11 号），通过招标选择具有相应水运工程监理资质的监理单位承担施工监理任务。监理单位按照《水运工程施工监理规范》（JTS 252—2015）开展工程监理工作。

建设单位应与监理单位签订书面委托监理合同，建设单位与承包人之间与建设工程合同有关的联系和协调通过监理单位进行，监理单位与设计单位之间的协调通过建设单位进行。

一、监理依据

相关法律、法规及有关工程技术标准；

经批准的工程设计文件；

依法签订的工程监理合同与合同文件；

经业主和监理工程审查批准的施工组织设计及其他技术文件；

业主、设计单位、监理机构和承包人在工程实施过程中有关的会议纪要和经确认的其他文字记载，包括工程业务联系单、设计修改通知书等。

二、监理的宗旨与准则

全面履行监理合同是航道工程监理单位的服务宗旨，秉公办事、尊重建设单位和施工单位的正当权利是各级监理人员的行为准则。

三、施工期监理

施工期监理包括工程质量控制、工程进度控制、工程费用控制、工程安全控制和合同管理。

质量控制主要内容："材料""构配件""设备报验单"的签认；巡视和旁站；典型施工的确认；实验成果和检测结果的审查；施工记录和有关资料的检查；组织召开必要的现场会议；组织隐蔽工程、分项和分部工程的验收。

进度控制的主要内容：检查各施工项目之间的合理搭接和进度安排的合理性；审查承包人的人员、船机、材料、设备的供应计划；检查进度安排与施工程序员的协调；检查进度与其他计划的协调；审查进度安排的合理性。

费用控制的主要内容：审核工程费用年度使用计划；签认预付款申请；工程计量、签认中期支付；签认变更支付申请；定期进行工程费用分析；制定索赔防范措施，签认索赔文件。

安全控制的主要内容：安全措施的落实与检查；安全紧急预案的编制；施工安全行为监测；季节性安全施工的检查等。

合同管理的主要内容：分包合同管理；工程变更管理；索赔管理；工程保险管理；争端调解等。

四、交工验收及保修期监理

批准的建设内容完成后，监理单位应组织有关单位对照建设内容进行预验收。预验收应根据航道工程特点，对水下工程委托第三方测量或在全过程旁站情况下由承包人进行测量，检查水下工程的完成情况；全面审查承包人的预验收申请报告、交工验收资料、保修期质量保证计划，确认工程内容的完成，确认施工质量满足设计和技术规范标准的要求。在此基础上对申请交工工程提出质量等级评价建议，审查交工结算和编写监理工作总结报告，报建设单位进行验收。

在工程进入保修期后，监理单位应定期检查工程质量，对工程缺陷进行调查，分析原因和责任，审查或估算修复费用，责成承包人进行修复。保修期满，承包人已完成全部工程保修工作，工程质量符合规定并满足使用要求，报请建设单位和质监部门联合检查确认后，签认"工程保修终止证书"。

第三节　质量监督制

航道工程由中华人民共和国交通运输部实行行业管理，政府监督的执行者是国家和县级以上人民政府交通建设主管部门及其所属的水运（交通）工程质量监督机构。

一、航道工程质量监督的内容

1. 对航道工程参建单位和人员的资质进行监督；
2. 对有关航道工程参建单位执行国家和行业强制性标准的情况进行监督；
3. 对航道工程参建单位的工程质量保证体系进行监督；
4. 对航道工程项目试验检测工作的规范性、准确性、客观性进行监督；
5. 对航道工程使用的材料、中间产品、设备及施工工艺进行监督；
6. 对航道工程实体进行监督，做出工程质量鉴定和评定；
7. 对航道工程质量缺陷、质量事故依照有关规定进行调查处理；
8. 对有关单位的航道工程质量档案的完整性、规范性、客观性进行监督。

二、航道工程质量监督的程序

1. 建设单位在领取施工许可证或者办理开工报告前，向交通主管部门或其所属的质监机构提交《水运工程质量监督申请书》，办理航道工程质量监督手续，并按要求分阶段提供需要的资料，未办理工程质量监督手续的，交通主管部门不得批准开工；
2. 交通主管部门或其所属的质监机构确定航道工程监督计划和质监人员，并向建设单位和其他有关单位发送《水运工程质量监督通知书》；

3. 交通主管部门或其所属的质监机构对工地试验室及试验检测方法,基础工程主体工程等影响使用功能和安全功能的重要部位、部件、主要施工方法,监理程序和监理质量等方面实施监督,如发现质量缺陷,及时向建设单位发送《水运工程质量监督意见书》。建设单位采取有效措施,改进质量缺陷,消除质量隐患;

4. 航道工程单位工程完工后,交通主管部门或其所属的质监机构对该单位工程进行质量鉴定,并签发《水运工程质量鉴定书》,未经鉴定或鉴定不合格的,不能组织竣工验收;

5. 航道工程竣工验收前,交通主管部门或其所属的质监机构对该工程进行工程质量的全面核查,提出《水运工程质量监督报告》,送建设单位和有关部门,建设单位须按《水运工程质量监督报告》中的整改意见进行整改,并在规定时间内将整改情况向交通主管部门或其委托的质监机构报告;

6. 航道工程竣工验收后,由交通主管部门或其所属的质监机构签发《水运工程质量证书》;

7. 航道工程发生质量事故时,有关单位应在24小时内向交通主管部门或其所属的质监机构报告。质量事故的调查处理程序按国家有关规定执行。

第四节　其他管理制度

一、验收管理制度

1. 航道建设项目的交(竣)工验收,按照交通运输部航运建设项目交(竣)工验收有关规定执行,航道工程竣工验收工作实行统一管理、分级负责。

2. 航道建设项目的交工验收由项目建设单位组织,竣工验收由项目主管部门组织。航道工程应当在工程试运行期满后一年内申请竣工验收。对不能按期申请竣工验收的,应当向竣工验收部门提出延期申请,延长期限一般不得超过二年。

3. 分期分段实施的内河干线航道建设项目,经质量监督机构鉴定合格后,可以分阶段组织交工验收,并按照规定做好项目的档案验收、分期项目的竣工决算审计工作,项目全部完工并经质量监督机构检验评定合格,具备竣工验收条件时,一并组织项目的竣工验收。

4. 工程竣工文件由建设单位组织项目设计、施工、监理等单位按照竣工文件的有关规定进行编制。竣工验收委员会负责对工程实体质量以及建设情况进行全面检查，对建设项目进行综合评价，出具、通过并签署《航道工程竣工验收鉴定书》。航道工程竣工验收合格的，竣工验收部门应当自《航道工程竣工验收鉴定书》签署之日起 10 个工作日内，签发《航道工程竣工验收证书》。

5. 内河干线航道建设项目竣工验收前，由建设单位负责编制工程竣工决算，并按照有关规定进行竣工审计。

二、政府投资项目的建设资金管理制度

1. 对于使用政府投资的航道建设项目，县级以上交通主管部门应当加强对航道建设资金筹集、使用和管理工作的监督检查。

航道建设项目单位必须按照有关法律、法规、规章的规定，合理安排和使用航道建设资金。

2. 县级以上交通主管部门根据权限履行下列航道建设资金管理的有关职责：

（1）制定航道建设资金管理制度；

（2）按规定审核、汇总、编报、批复年度航道建设资金使用计划；

（3）监督建设项目资金筹集和到位情况，以及工程概（预）算、年度投资计划执行情况，及时纠正违规问题，对重大问题提出意见并报上级交通主管部门；

（4）收集、汇总、报送航道建设资金管理信息，加强航道建设项目投资效益的分析工作；

（5）督促项目单位及时编报工程竣工决算，并及时按规定办理固定资产交付使用手续，规范资产管理。

3. 对政府投资的航道建设项目，需要动用工程预留费的，按照水运建设工程概（预）算编制的有关规定执行。

三、工程信息及档案管理制度

1. 航道建设实行建设项目信息报告制度。

航道建设项目单位应当每月向省级交通主管部门报送工程建设信息。

省级交通主管部门应当按照其管辖范围，每季度汇总工程建设信息，并于每季度结束后 10 日内报送交通运输部。

2. 工程信息应当包括以下内容：

（1）项目概况，包括项目审批情况、建设规模、主要建设内容、资金构成、总体实施计划及其他情况；

（2）招投标工作情况；

(3) 建设动态状况，包括工程进度、资金到位及投资完成情况、工程质量情况、安全生产情况及其他情况；

(4) 其他需要报送的情况。

3. 项目单位应及时做好航道建设项目档案资料的搜集、整理、归档工作，并按照有关规定办理工程竣工档案专项预验收。

思考题

1. 航道工程基本建设项目包括哪些？
2. 航道工程的基本建设程序主要分为哪三个阶段？
3. 预可行性研究主要开展哪些方面工作？由哪几部分组成？
4. 项目建议书包括哪些方面内容？
5. 工程可行性研究的主要内容是什么？由什么机构承担报告的编写工作？
6. 初步设计文件的主要内容是什么？
7. 施工图设计的主要内容是什么？
8. 工程施工招标的一般程序分为哪三个阶段？在招标中关键要把握好哪三个步骤？
9. 招标文件的内容包括哪些方面？
10. 施工合同的主要内容是什么？
11. 航道工程建设项目的验收分为哪两个阶段？
12. 如何组织交工验收？
13. 如何组织竣工验收？
14. 如何组织开展后评估工作？
15. 什么是水运工程施工监理制？
16. 水运工程施工期监理包括哪些内容？
17. 质量控制、进度控制、费用控制、安全控制和合同管理每一环节的主要内容是什么？
18. 什么是保修期监理？
19. 航道工程质量监督的内容是什么？
20. 航道工程质量监督程序有哪些？
21. 简述航道工程验收管理制度。
22. 简述政府投资项目的建设资金管理制度。
23. 简述工程信息及档案管理制度。

第三章　航道疏浚

第一节　概述

一、航道疏浚工程及其特点

航道疏浚工程是指应用水力或机械的方法挖掘水下土石方并进行输移处理的过程。航道疏浚工程是通过调整河床边界达到改善通航条件的工程措施。对于沙质和砂卵石河床,采用挖泥船挖除碍航的泥沙堆积物,增加航道水深;对于石质河床,采用爆破的方法(常称炸礁)炸除碍航的石嘴、石梁、孤石、岩盘等。疏浚是开发和维护航道的主要手段之一。

我国的航道疏浚工作开始得很早,人工疏浚方法最早被用于开挖运河、疏通河道、沟通水系以发展航运及进行排洪、灌溉,开挖运河的伟大工程最早开始于春秋战国时期,如四川的都江堰,广西的灵渠,京杭大运河等。特别是李冰父子组织建造的都江堰工程,其设计思想、规模、作用及"深淘滩,低作堰"的维护原则所显示的科学水平,不但当时的世界各国难望其项背,而且是当今科学之瑰宝,直到现在还对四川平原的农业灌溉起着重要作用。宋代之后,我国疏浚工程一度落后于欧美国家。直到 1904 年海河河口大沽沙航道第一次使用"北河"号挖泥船疏浚航道开始,我国的疏浚工具和疏浚技术才得到了长足的发展。目前,我国已经能够自行设计制造各种类型的大、中、小型挖泥船,如舱容 1.35 万 m³ 的"新海虎"轮和舱容 1.3 万 m³ 的"通旭"轮等自航耙吸挖泥船,最大挖深 35 m、总装机功率 25 843 kW、设计每小时挖泥 6 000 m³、绞刀额定功率 6 600 kW 的"天鲲号"绞吸挖泥船等。通过挖泥船船型和性能的不断改进,疏浚技术也得到了快速的发展,我国业已加入疏浚强国的队伍中。

疏浚工程作为航道工程中一项不可缺少的工程措施，与整治工程、渠化工程相比较具有下列优点：

1. 施工简单，施工期较短，收效快

疏浚工程只需将碍航的土石方挖除，并处理好废弃土石方便告完成，不需建造复杂的水工建筑物，故施工工序简单，施工期较短，且可以分段分期进行施工，在能利用巨大的挖泥机和挖泥船施工时，效率很高，挖泥结束的同时新的航槽便已出现。

2. 投资较少，不需耗大量工程材料

由于疏浚工程不需建造建筑物，施工时一般也无施工导流问题，不需大量的辅助设施，故耗费的人力和物力不多，基本上不需使用水泥钢筋、木材等建筑材料，投资少。

3. 施工期间仍可维持通航

疏浚工程施工时一般不需使航道断航，可以采用半边航道施工，半边航道通航或每天定时断航的方式管理，这对现已通航的航道治理具有特别的重要意义。

4. 适应性强，机动灵活

疏浚工程适用于各种不同土质和岩石的河床，开挖机具的功率有大有小，既可进行大面积的疏浚，也可以进行小区域的疏浚，施工时间也可根据航运的情况灵活安排。

5. 对河流的形态影响较少

在较大的平原河流下游和河口地区，由于河流尺度大，常采用其他工程措施，但工作量往往很大，还可能引起一系列的问题。特别是在河流的性能还未充分掌握之前，贸然采取整治等强制性的工程措施，弄得不好，反而可能造成不良后果，而疏浚就不会产生这些问题。

同样，疏浚工程也存在一些不足：

1. 挖槽易回淤

用疏浚方法促使河道水流几何边界改变，显著而且突然，往往引起水流内部结构的巨大变化。如果新形成的水流运动，不但不致使泥沙在航道内落淤，而且能够把进入挖槽内的泥沙输送出去，这便是挖槽所期望的最理想结果。挖槽设计和进行疏浚时，都要千方百计地使疏浚的航道维持稳定，从而满足通航要求和减少以后的大量维护工作。但是，很多浅滩疏浚以后，经常产生挖槽回淤现象，不得不每年进行恢复工作，这是由于没有很好地认识河床演变规律，缺乏经验和施工不当，同时也反映了疏浚的运用会受到一些条件的限制。例如：在非常不稳定的河床上疏浚，挖槽便会很快消失。

2. 当水面较窄时，航运会受到挖泥船施工的影响

在很小的河流上挖泥时，由于枯水时水面很窄，不但过往船队会受到挖泥船的阻碍，而且挖泥船本身的工作场地和排泥管线的布置，也会受到很大限制。但是，在小河上挖槽，过水断面的相对变化很大，更有可能发挥显著的作用，因而制造适合在小河上工作的

挖泥机械,对于小河众多的我国具有重要的意义。

疏浚方法不但常常被单独使用,而且能与利用整治建筑物改善航道的方法结合,起相辅相成的作用。有时,利用整治建筑物改善通航条件会受到一些限制,如整治由砾石或黏土等难冲土质组成的河床时,必须在航道上形成很大的流速才能使河床变形。这样往往超出船舶航行容许的最大流速,使船舶上行时功率不够,下行时舵效失灵,都会增加运输的费用和危险;又如,在大型河流上,要想有效地调整河床断面的几何形态,除非采用特别巨大的整治建筑物,否则便难见效,但是这样又会造成人力、物力和时间的巨大浪费,且目前技术上也有困难。如果利用疏浚方法,上述问题就可以方便地得到解决。

二、航道疏浚工程的分类及原则

航道疏浚工程分为三类:1. 基建性疏浚;2. 维修性疏浚;3. 临时性疏浚。

基建性疏浚工程是为开辟新航道、港口等或为增加它们的尺度、改善航运条件而进行的具有新建、改建、扩建性质的疏浚。它包括以下工作:①改变河道的平面轮廓和航道尺度以建立新航槽,例如裁弯取直、扩大航槽、切除岸滩等;②裁掉河岸凸出部分的硬土角,消除或缩小河槽的沱口及其他有害的深水部分;③堵塞分流和各种支汊以及与整治相结合的挖泥工作;④为消除新航道上的障碍物和预先疏松航道上河床土壤,炸除石滩及硬土角而进行的爆破工程。

维修性疏浚工程是为维护或恢复某一指定水域原定的尺度而清除水底淤积物的疏浚。进行此类的疏浚工作,关键是适应天然河流的演变规律,来帮助维持航道的尺度。不仅如此,在维修性疏浚工程中,还必须力求增加航道的稳定性,并降低年挖泥量。

临时性的疏浚工程,是为了解决工程量小的疏浚任务,一般是在没有经常性挖泥船的疏浚力量不足的河段上,临时利用其他地区的疏浚力量来进行工作。

基建性疏浚往往和整治建筑物结合,用来改善维修性疏浚效果不好的航道,并且充分利用多年维修性疏浚积累的经验教训,认清河段的演变规律和碍航特点,作为设计、施工的依据,可见,基建性疏浚和维修性疏浚有着密切的联系。由于基建性疏浚对河床的改变较大,以致引起水流条件的剧烈改变,为了消除对河床演变可能产生的不良影响,以及避免大量工作付诸东流,必须根据航道总体规划仔细分析河流水文条件和河床演变规律,对整治线的轮廓形状和工程措施进行多方面研究,积极稳妥地进行,以免影响工农业生产和航运。

疏浚施工和河段的水位变化规律有密切联系。当洪水上涨的时候,浅滩上大多存在落淤现象,此时挖槽易有边挖边淤的风险,除非情况特殊,一般不在洪水上涨时进行挖槽;当洪水位下落,致使挖泥船的挖泥刀能够触及河底时,施工便要加紧进行,因为,这时河底受冲和挖槽的需要一致,并且一般应该在枯水期完成疏浚,以便航道及时提交使用。

洪水回落的速度越快,挖泥的强度也就越大,如果需要挖泥的浅滩较多,挖泥的数量也就较多。所以,疏浚施工的组织工作是极为重要的。随着水位的下降,各浅滩先后出浅,需要根据疏浚力量的大小和各处浅滩的水深变化情况,分期、分批、分层地疏浚,使各浅滩在出现碍航以前得到改善,逐期保障航行的需要,此时应尽量减少挖泥机具的调动,提高效率。拟制这种疏浚计划,必须深入水文站、各个浅滩现场、航运船队,充分掌握水位水深变化和浅滩变化规律以及与碍航特点之间的关系,从而决定挖槽时期、挖泥次序和挖泥的厚度,用以指导和组织挖泥力量有条不紊地工作。

在进行疏浚工作时,应遵守下列基本原则:

1. 根据本年度航道工程设计及远景航道发展规划的总方案,系统地改善河流航行条件。考虑逐步贯彻远景航道计划,减少每年河段上的挖泥工作量,这样就能促进循环,改善航行条件,发挥工程船舶的潜力,从而使每年施工都能获得有利的效果。如增加水深,减少严重碍航浅滩的数量和改善浅滩情况等。

2. 根据河流动力学和河床演变理论以及对河床演变实际过程的研究,积极促进造床过程和最大限度地利用水流本身来改善航行条件。

3. 当河床向有利于形成所需的稳定航道方向演变时,应当促进这种演变趋势的发展;反之,当河床向不利方向发展时,则应当防止或限制这种发展趋势。

4. 疏浚工作的技术工具组成和类型选择等,应当根据该河段的水文及地质条件(例如河流水量的大小和土质的软硬程度等)进行。

第二节　挖槽设计

一、挖槽设计的原则

用疏浚的方法开挖的航槽称为挖槽。挖槽是疏浚工程中最主要的工作,挖槽不像整治效果那样是主要由水流冲刷河床形成,因而挖槽完成时水流和河床往往不能完全适应,巨大挖槽严重地改变了水流和河床的状况。在冲击性河流的浅滩上开挖航槽,容易产生回淤。为了减少回淤,必须正确地选择挖槽的位置,挖槽的走向、线型、断面形式和尺度以及合理的抛泥区,这样有利于船舶航行,并能保持航槽的稳定。挖槽(定线)设计就是在满足航道所需尺度,获得有利的水流条件和保证挖槽稳定的前提下,力求减少工程数量。

内河挖槽定线原则:挖槽除应最大限度地满足航行要求和减少回淤量外,还应使工程量最小,并易于施工。

1. 在平面上挖槽以直线布置为宜,当必须挖成折线时,转弯处的弯曲半径应尽量放大,并适当放宽,以利于船舶转向操作。挖槽进出口宜拓宽成喇叭口形,既便于船只进出又有利于吸引水流,增加进入航槽的流量。

2. 由于水流的流向随水位的涨落而变化,因而挖槽不可能在任何水文情况下都与流向一致,但其偏角不应过大,实践证明,一般在15°以内较好。

3. 基建性挖槽的面积与原河槽的断面积之比不易过大。挖槽断面过大易产生淤积,同时将引起上游水位下降,可能在上游出现新的浅滩。

4. 挖槽应通过浅滩鞍槽,并于上下深槽平顺相接。也可以沿最大输沙能力区或最大流速区布置挖槽。

5. 在满足航行要求的前提下,挖槽断面以窄深为宜,它的单宽流量较大,输沙能力较大,泥沙不易沉积。

6. 选择挖槽土方最小的方案,以节省工程费用和缩短工期。

一般在大致确定了挖槽位置后,应进行水力计算,计算挖槽的方向及断面尺度,验证挖槽的稳定性及水面降落情况等。

挖槽不淤的基本条件是保持挖槽内的纵向流速大于开挖前在该断面上的流速,并大于挖槽上游河段的流速,同时还应使河道沿着挖槽内的流速不减弱,以保证泥沙不淤或少淤在挖槽内。

河口挖槽定线原则:河口水域开阔,风浪大,水流复杂,为便于船舶在航槽内航行,挖槽应尽可能与水流、风和浪的方向一致。由于水流、风和浪的方向不可能在同一方向上,而且它们会发生周期性的变化,因此,只能考虑主要方向。对于重载大型船舶,水流影响大于风浪影响,挖槽方向应与上层水流方向一致,特别应注意潮流陡涨陡落时的流向,在开敞的水域中,挖槽应与风、浪、水流的合力方向一致;在有掩护体的水域中,横浪和横流的影响不大,主要是常风向影响船舶的航行。如果航道方向与风力方向一致有困难时,可通过增加航道宽度来弥补。航槽在平面上应尽可能取直线,以便于安全航行。

根据挖槽稳定性要求,挖槽方向应力求与涨落潮的底流方向一致,以利于泥沙输移;挖槽应避开下移的沙洲和边滩;不宜在沿推移质运动的方向上横向布置挖槽。

二、挖槽尺度

挖槽尺度包括断面尺度和平面尺度,均和设计船舶(队)的通航要求有关。

1. 断面尺度

挖槽的横断面尺度必须和航道标准尺度相适应。挖槽断面一般设计成倒梯形,见图

2.3-1。底宽 B 就是航道标准宽度；$H=Z-Z_0$（Z 为设计最低通航水位高程，Z_0 为挖槽后的河床高程），H 就是航道标准水深；h 为挖槽平均开挖厚度；m 为挖槽边坡系数。内河航道挖槽断面尺度，可根据中华人民共和国国家标准《内河通航标准》规定取值，按挖槽所在航道的等级，直接可查得航道的标准尺度（航道标准宽度 B、航道标准水深 H、航道最小弯曲半径 R）。海港及河口航道挖槽断面尺度，可用航道标准水深、航道标准宽度的计算公式来计算，然后按 $H=Z-Z_0$ 求得挖槽设计河床高程，即得挖槽厚度 h。挖槽的边坡系数，应根据河床底质情况确定，亦可按表 2.3-1 选取。

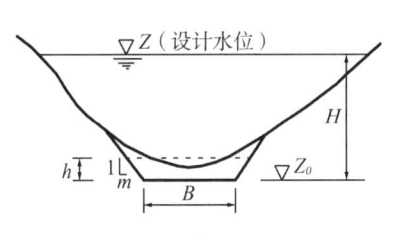

图 2.3-1 挖槽断面示意图

表 2.3-1 各类土质水下边坡比

土质类别	坡比（1∶m）	土质类别	坡比（1∶m）
基岩	1∶0.2～1∶1.0	中等及软黏土	1∶3.0～1∶5.0
块石	1∶1.0～1∶1.5	密实及中密黏土	1∶3.0～1∶5.0
弱胶结的碎石	1∶1.5～1∶2.5	松散及极松沙土	1∶5.0～1∶10.0
卵石	1∶2.5～1∶3.0	很软淤泥	1∶5.0～1∶10.0
坚硬及硬黏土	1∶2.0～1∶3.0	流态淤泥	1∶20.0～1∶50.0

有些维护性挖槽，为了延长挖槽的有效使用期，可增加备淤深度 Δh，在设计时应将 Δh 计入设计水深。

2. 平面尺度

挖槽轴线常设计成直线，仅在挖槽上、下口与自然航道连接部分可能出现弯曲情况，其弯曲半径应满足通航要求，凡是布置成平顺圆滑的曲线，挖槽不可避免出现折线时，其转角 Φ 应尽量地小，以便于船舶航行。转折处应适当加宽，加宽方法可采用切角法或折线切割法，见图 2.3-2，弯道加宽值可按《航道工程设计规范》中所列公式进行计算。

当 $\Phi<10°$ 时，一般可不进行加宽；当 $10°<\Phi<30°$、$R=(3\sim5)L$ 时，加宽涉及土方不多，一般可采用切角法加宽；如切角有困难时，亦可采用折线切割法加宽；当 $\Phi>30°$、$R=(5\sim10)L$ 时，为了节省开挖土方，宜将 Φ 角等分成若干小角，采用折线切割法加宽。

为保证挖槽有较好的引流条件，使挖槽和自然航道连接段的水流平顺，在平面上可设计成喇叭口形状。在河床纵向可设计一定的连接坡度，以减少连接段的水流阻力。

三、抛泥方法及抛泥区选择

疏浚挖掘出的泥土有两种抛泥方式，一种是由泥驳或排泥管将泥排入水中，即水下

a) 切角法； b) 折线切割法

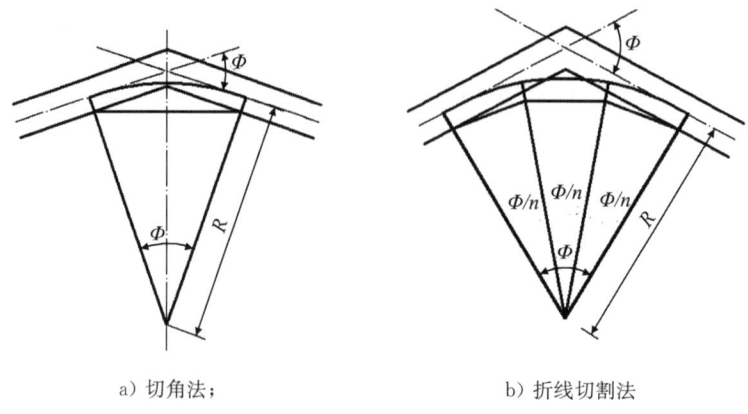

图 2.3-2 挖槽转折段加宽示意图

泄泥;另一种是由泥驳(通过吹泥船)或排泥管将泥排到陆上洼地或泥塘中,即吹填。抛泥区选择的一般原则是首先应满足航行要求,其次考虑河床演变、施工条件、经济合理和对环境的影响等。

1. 从利于航行考虑

①抛泥区不能选择在妨碍航行的地点,如航道的边缘,或挖槽附近以及通向码头或船坞的水域;

②抛泥区通常选在凸岸边滩的下部,不影响通航。

2. 从河床演变规律考虑

①抛泥区应尽量选在下深槽的尖潭内,以填塞深潭,减弱横流,宜选在挖槽的下游深槽,避免泥沙的下移,引起挖槽内的回淤;

②提高边滩的高程,有利于在较高水位时引导水流冲刷航道;

③塞支强干,即填塞非通航的汊道,增加通航汊道的水深;

④抛泥区应与岸滩相连,不能抛成彼此互不相连的沙滩,以免岸滩与抛泥区之间形成凹塘,这样的凹塘不仅分散水流,降低疏浚效果,还往往发展成为第二航道,甚至使挖槽不能通航。

此外,抛泥区的选择还要考虑泥沙运动对下游河道的影响。如抛在挖槽下游,有可能使下游河道出浅。例如淮河鲁口孜浅滩于 1994 年 7 月至 9 月挖泥两万余方,抛在浅滩的下深槽中,该深槽又是下游冯家渡口浅滩的上深槽,1995 年洪峰过后,所抛泥全部下移,深槽恢复原状,而下游冯家渡口浅滩同时出浅碍航,这说明所抛泥沙被水流带至此处淤积。由此可见,抛泥区的选择与河床演变关系密切,应予以全面考虑。

3. 从利于施工方面考虑

抛泥区应不妨碍挖泥船和泥驳的运转。如泥驳抛泥时,抛泥区水深不能太浅,否则不能满足泥驳吃水的要求。同时应尽可能不影响其他船舶的航行。

4. 从经济合理性方面考虑

疏浚的泥土应尽可能变废为宝,发挥其经济效益。如尽量利于挖出的泥土抛填整治建筑物以稳定河床和挖槽。例如在湘江上利用含有20%以上卵石的泥沙修筑丁坝,使其成为整治措施的一个内容,一举两得,大大提高了经济效益,但必须注意应以维护挖槽稳定为前提。

5. 从对环境的影响方面考虑

疏浚泥土就得考虑对生态环境的影响,主要包括避免大量的自然资源遭直接破坏或污染,特别是渔业上的鱼、虾及贝类等海产品。

上述选择抛泥区的原则,设计时往往不能同时满足,尤其是挖槽至抛泥区的距离与对挖槽的回淤影响,很容易形成冲突。因此,必须加以周密的调查研究,甚至采用现场测试等手段,按照具体情况,从有利于总体的角度加以选择。

四、疏浚土综合利用

通常对疏浚土作抛弃处理,但是抛泥处理由于易对海洋环境造成很大的破坏,已经越来越多地受到各方面的限制。若将疏浚土都作为废弃物在指定水域外抛,不仅会对水资源和环境造成二次污染,也造成了疏浚土资源的极大浪费。在目前陆地空间资源有限、海洋环境日趋恶劣的情况下,如何安全处理并合理利用日益增长的疏浚土,使之变废为宝,直接关系到人类的生存环境和社会与经济的可持续发展。

对疏浚物的处理方法主要有电渗析法、物理分离法、固化稳定法、淋洗法、热解法、生物降解法等。真空电渗及动力挤密联合处理法快速高效地排出疏浚泥中的大量水分和污染物,通过干燥脱水的物理方法使疏浚泥固结达到一定的强度后作为一般的填土材料用于围海造地。

固化方法是一种有效的疏浚泥资源化处理方法,又称为化学方法,是从传统的地基处理技术发展而来,在疏浚泥中添加水泥、石灰等固化材料,进行搅拌混合,通过孔隙水与固化材料发生水合反应,一方面使孔隙内的自由水变为结合水,另一方面加强了土粒子之间的结合力,提高了疏浚泥的强度。将疏浚淤泥通过固化处理转化为土工材料,不仅可以解决淤泥废弃对环境的危害问题,还可以将淤泥固化处理产生的土(淤泥固化土)用于道路、堤防、填海工程的填土材料,又可产生新的土工再生资源,对社会的可持续发展具有重要意义。

热处理方法是通过加热烧结的方法将疏浚泥转化为建筑材料,按其原理可以分为烧结和熔融两种。烧结是通过将疏浚泥加热至 800～1 200 ℃ 使疏浚泥脱水、有机成分分解、粒子之间黏结,若疏浚泥的含水量适宜,可以用来制砖,也可作为制造水泥的原材料使用。熔融是通过将疏浚泥加热至 1 200～1 500 ℃ 使疏浚泥脱水、有机成分分解、无机矿物熔化，熔浆通过冷却处理可以制作成陶粒。

生物降解方法是利用微生物对疏浚物中天然或合成的有机物进行破坏或矿化作用，从而提高疏浚物的可利用性。微生物絮凝剂具有高效、无毒、无二次污染的特点，它是一类由微生物产生并分泌到细胞外具有絮凝活性的代谢产物，一般由多糖、蛋白质、DNA、纤维素、糖蛋白、聚氨基酸等高分子物质构成。分子中含有多种官能团，能使水中胶体悬浮物凝聚、沉淀。于荣丽等人研究筛选出一株高效的微生物絮凝剂，实现了河道疏浚底泥的快速脱水。张铮等人生物淋滤过程可用于降解高污泥浓度的疏浚泥浆中重金属镉，同时也能改善淤泥的脱水性能和沉降性能，为后期实现疏浚泥浆快速脱水及资源化利用起促进作用。

疏浚土综合利用问题涉及工程、经济、环境、生物和美学等诸多领域，主要表现为三大类：工程型综合利用、农业和工业产品型综合利用、改善环境型综合利用。前两类主要代表为吹填造陆和固化为建筑材。对于改善环境型的应用主要集中于内陆地区，疏浚弃土既为围垦造地提供了大量沙源，又减少了疏浚物倾倒对海洋环境的影响。

疏浚土的利用由简单的用于吹填造陆、空港工程、建筑材料，开始向用途多样化、工艺精细化、场地工厂化的方向发展。通过浓缩、降解、中和有毒污染物处理后无害化的疏浚土可用于营造和恢复滨海湿地、海滩养护、构筑海鸟陆上栖息地与繁殖场、景观美化、土壤改良、露天矿生态恢复等。

徐杨等以南京市内秦淮河中段为例，在河段上游、中游、下游分别采集编号为 S、Z、X 的淤泥，开展了矿物成分分析、化学成分分析、热重差热分析、基本物理性质试验、击实试验、压缩试验、直剪试验等研究。结果表明：①淤泥以石英为主要矿物，黏土中的矿物以伊利石为主，化学成分以 SiO_2、Al_2O_3、CaO 为主；②从研究区域的上游到下游，S、Z、X 淤泥有机质含量从 7.7% 增加到 14.2%，土体相对密度从 2.58 减小到 2.39，砂粒含量明显增加，粉粒含量逐渐下降，黏粒含量略有下降，平均粒径逐渐增大，S、Z 淤泥级配良好，X 淤泥级配不良；③随着有机质含量的增加，城市河道淤泥最大干密度逐渐降低，最优含水率逐渐增加，压缩性逐渐增加，均为中等压缩性土。城市河道淤泥具有砂粒含量高、黏粒含量低、有机质含量高的特点，可通过热处理和固化处理进一步加以资源化利用。在外秦淮河清淤工程施工中，疏浚工程施工工艺为：采用环保绞吸式挖泥船清淤（辅以铲斗挖泥船清障）→管道输泥→淤泥固化（机械一体化脱水）→陆运弃土。

五、疏浚工程量计算

疏浚工程的设计工程量应包括设计断面工程量、计算超深与计算超宽工程量、根据自然条件与施工工期计入的施工期回淤工程量。

由于挖泥船的挖泥工具在河底挖泥时并不能形成光滑的平整面，所以一定要允许在施工中保持超过设计深度挖泥才能保证挖后水深符合要求。需要超深的大小因挖泥层厚度大小、土质软硬，挖泥船类型及施工时风浪和施工操作技术不同而不同。计算断面见图2.3-3，计算超深值可参见表2.3-2。

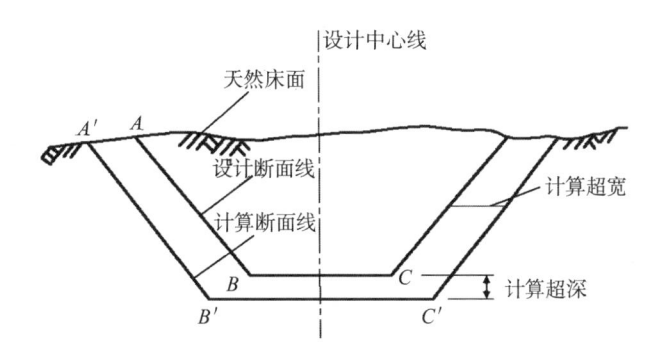

图 2.3-3 疏浚工程断面图

由于挖泥导标的视觉误差，挖泥船施工时常须在超出导标标志的挖槽边线以外施工；另外，有边坡的自然崩塌也可能比预计的多，因此挖泥船必须超宽施工，一般单侧超宽约为1~8 m，整个挖槽宽度约为2~15 m。

在土方计算时，若把边坡塌方考虑在内，就不必再在挖槽宽度内增加超宽，只需按设计宽度计算即可。

表 2.3-2 疏浚工程计算超宽和计算超深值

类别			每边计算超宽(m)	计算超深(m)
挖槽	耙吸挖泥船	舱容≤2000 m³	8	0.6
		舱容>2000 m³	10	0.7
	绞吸挖泥船	绞刀直径<1.5 m	2	0.3
		绞刀直径1.5~2.5 m	3	0.4
		绞刀直径>2.5 m	4	0.5
	链斗挖泥船	斗容<0.5 m³	3	0.3
		斗容≥0.5 m³	4	0.4
	抓斗挖泥船	斗容<2.0 m³	2	0.3
		斗容2.0~4.0 m³	3	0.4
		斗容4.0~8.0 m³	4	0.6
		斗容>8.0 m³	4	0.8
	铲斗挖泥船	斗容<4.0 m³	2	0.3
		斗容≥4.0 m³	3	0.4

续表

类别		每边计算超宽(m)	计算超深(m)
基 槽	非岩石地基	1	0.25~0.3
	岩石地基		0.4
水下钻孔炸礁		1	0.4
水下裸露炸礁		2	0.5

注：①在斜流、泡漩等不良流态地区施工时，挖槽的计算超宽值应按本表的规定增加1~2 m；挖块石的计算超深值可较本表的规定适当增加；

②小型挖泥船在内河施工时，其计算超深或超宽值可较本表的规定适当减少；

③对端部有纵向端坡的基槽或挖槽，其计算超长值可与计算超宽值相同，端坡坡比与横断面边坡坡比相同；用耙吸挖泥船施工时，端坡的坡比可适当增加；

④基槽疏浚中，因被挖泥船的性能限制，执行本表有关规定确有困难时，可适当增加计算超宽值或超深值。

疏浚工程的土方计算就是计算施工所挖的泥土在自然状态下的体积（即水下方），其计算是以测量外业所得的测图为依据的。这些测图主要有挖槽断面扩大图、平面布置图、抛泥区水深平面图、航行水深平面图等。设计挖槽的土方计算方法有断面面积法、平均水深法和网格法。

1. 断面面积法

在设计挖槽上选取若干横断面 A_0、A_1、A_2、$A_3 \cdots A_n$，断面间距视地形变化情况而定。在每一横断面上算出包括超深、超宽的挖槽面积。此面积可用求积仪直接量取，也可将断面分为若干条（见图2.3-4），将各条断面视为梯形或三角形分别算出面积后再相加，得横断面的总面积，即挖槽土石方计算式为：

$$V = \frac{1}{2}\sum_{i=1}^{n-1}(A_i + A_{i+1}) \cdot L_i \qquad (式2.3-1)$$

式中：V——挖槽土石方量（m³）；

A_i——第 i 横断面挖槽面积（m²）；

A_{i+1}——第 $i+1$ 横断面挖槽面积（m²）；

L_i——第 i 段挖槽长度(m)。

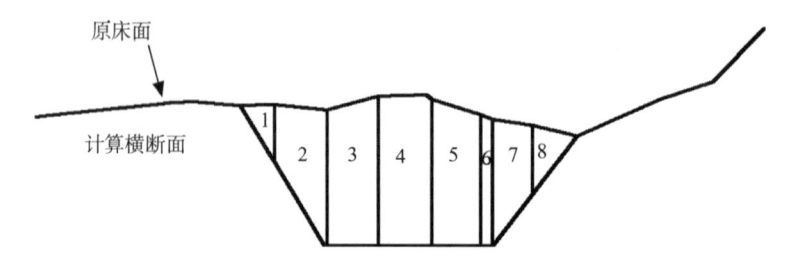

图2.3-4 横断面分条示意图

用此方法计算的结果应进行复核,两次计算结果的差值不应超过5%,将两次计算结果取其算术平均值作为挖槽土石方量。

2.平均水深法

用平均水深法计算挖槽土石方量V的计算式为:

$$V = (B + 2\Delta B) \times \overline{L} \times \overline{H} + \frac{\overline{h}_1^2 \times m}{2} \times L_1 + \frac{\overline{h}_2^2 \times m}{2} \times L_2 \qquad (式2.3\text{-}2)$$

式中:B——挖槽宽度(m);

$\overline{L}$——挖槽平均长度(m);

$\overline{H}$——平均挖泥厚度(m);

$\overline{h}_1$、$\overline{h}_2$——分别为左、右边线上的平均挖泥厚度(m);

m——边坡系数;

L_1、L_2——分别为左、右边线的长度(m);

ΔB——挖槽边线超宽(m)。

使用平均水深法计算挖槽土方时,要求挖槽内测点布设均匀,当挖槽内水深测点分布不均匀时,宜将挖槽分成数段,测点疏密大致相同的划分一段,按上法分别计算每段的挖槽土石方量,再将各段土石方量相加,即可求得总土石方量。

挖槽土石方量的平均水深法计算步骤如下:

①从大比例尺的挖槽平面图上,量出设计挖槽的边线长度和边线间的宽度。

②用适当大小的正方格网覆盖整个挖槽,使挖槽的左右边线恰为方格网的两条纵线,尽量使挖槽的上下端边线通过方格网的顶点。

③按照挖槽平面图上原有水深点的水深,用插入法计算出各方格网顶点的水深。

④按方格网格顶点的水深计算各纵线的平均水深。如纵线两端的方格顶点都恰在挖槽上下端边线上,这两个端点的权数为1/2,中间各顶点权数都为1;如果两端点不是正居方格顶点,则挖槽内最靠近端点的一个顶点水深的权数应按顶点离挖槽端的距离是相当于一个的几分之几来适当定其权数。

⑤按各纵线的平均水深计算整个挖槽的平均水深,边线的权数应为1/2,中间各纵线的权数应为1。遇各纵线长度相差甚大时,可适当考虑各线水深的不同权数。

⑥按方格数计算挖槽平面面积,如果挖槽的平面现状近似规则的几何图形,也可用平均纵线法计算挖槽平面面积。

⑦计算挖槽的平均挖泥层厚度(平均挖泥厚度=设计挖槽水深+超深-挖槽平均水深)。

⑧按挖槽平面面积和平均挖泥层厚度算出槽底土方。

⑨按边线平均水深和边坡计算两侧边坡土方。

⑩槽底土方和两侧边坡土方相加,算出全挖槽的设计土方。

应当指出,在计算挖槽土方时,要包括施工中允许超深、超宽值和边坡塌方值,但如果把边坡塌方考虑在土方计算中,就不必再在挖槽宽度内增加超宽,仍按设计宽度即可。一般来说,在小河流上常采用平均断面法,大河流上因测流断面不够准确,故多用平均水深法。

3. 格网法

在大比例的水深平面图上,划出若干个方格网,如每格取 40 cm×40 cm 或 50 cm×50 cm,其格网的四个角点均有实测的河床原地面标高(水深),根据设计标高要求,计算出四个角点的泥层厚度,并以此求出网格平均泥层厚度(m)乘以格网面积(m²)即为本格网的工程量(m³),并记在格网内分数式的分母位置上,其分子为其他格网已计算的累加土方量,如图 2.3-5 所示:

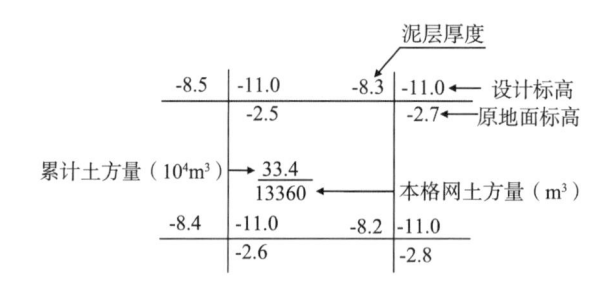

图 2.3-5 格网法示例图

格网法属于平均水深法计算工程量的另一种形式:

图 2.3-5 中格网土方量 = [(8.3+8.5+8.4+8.2)÷4]×40×40 = 13 360(m³)

第三节 疏浚机械

一、挖泥船的基本分类

挖泥船是疏浚施工的主要工程船舶。现代化挖泥船具有大型化、新型化、自动化和高效率四大特点。根据挖泥船疏浚机具所采用的动力,可将挖泥船划分为三大类 20 个小类,如表 2.3-3 所示。

表 2.3-3　挖泥船分类表

挖泥船	机械式挖泥船	链斗式挖泥船	自航链斗挖泥船	
			非自航链斗挖泥船	链斗挖泥船
				高架链斗挖泥船
		抓斗式挖泥船	自航装舱抓斗挖泥船	
			非自航抓斗挖泥船	
		铲斗式挖泥船	铲斗挖泥船（正铲）	
			反铲挖泥船	
	水力式挖泥船	吸扬式挖泥船	吸扬挖泥船	
			喷射泵吸扬挖泥船	
			吸盘挖泥船	
		绞吸式挖泥船	自航绞吸挖泥船	
			绞咬挖泥船	
			斗轮挖泥船	
			刀轮挖泥船	
		耙吸（自航）式挖泥船	装舱泥门耙吸挖泥船	
			装舱开体耙吸挖泥船	
			边抛耙吸挖泥船	
		喷水式挖泥船		
	气动式挖泥船	气动泵式挖泥船		
		空气提升式挖泥船		

1. 机械式挖泥船

机械式挖泥船，主要是利用各种挖掘机械进行水下泥土的挖掘和运输工作，达到疏浚的目的。机械式挖泥船的挖掘机具，是各种类型的机械泥斗，如抓斗、链斗和铲斗，故机械式挖泥船又称为斗式挖泥船。

2. 水力式挖泥船

水力式挖泥船是用水的能量来完成疏浚工作的，将水下泥土层进行机械切割或高速水流冲击，使之松动形成一定浓度的泥浆，然后通过泥泵将其吸起，或装入泥舱、泥驳，或通过输泥管线输往抛泥地点，从而达到疏浚的目的。水力式挖泥船又可分为吸扬式、绞吸式、耙吸式和喷水式四类。水力式挖泥船都离不开离心泵，故又称为泵式挖泥船。

3. 气动式挖泥船

气动式挖泥船主要是利用压缩空气作为输送介质，将水底水沙混合体吸入、提升和排出，从而达到疏浚目的。这类挖泥船又可分为气动泵式和空气提升式两个亚类。

二、各类挖泥船的性能及施工方法

1. 链斗式挖泥船

链斗式挖泥船是机械式挖泥船中最古老的一种,迄今已有 200 余年历史。这类挖泥船一般在船体的首部或尾部中央开槽部位安装由斗桥、斗链和泥斗组成的挖泥机具。在疏浚作业时,将斗桥下端放入水中一定深度,使之与待挖土层接触,然后在上导轮的驱动下使斗链上的泥斗连续运转挖掘泥土,挖出的泥土经过泥阱两侧的溜泥槽装入泥驳运往抛泥区(图 2.3-6)。

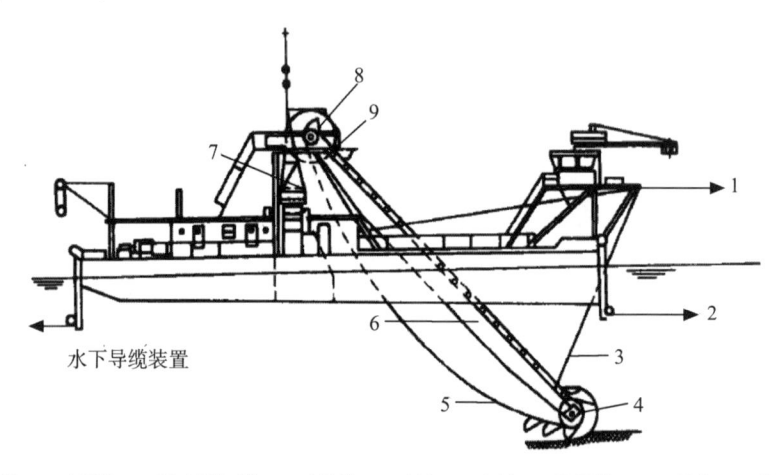

1. 首锚缆;2. 边锚缆;3. 吊斗桥钢缆;4. 下导轮;5. 斗链;6. 斗桥;7. 溜泥槽;8. 上导轮;9. 斗桥支承轴

图 2.3-6 链斗式挖泥船

链斗式挖泥船对土质的适应性很强,能挖掘除岩石之外的所有泥土,适合于开挖沟槽、海港、潮汐河口及内河航道的维护性疏浚作业。挖掘面平整,挖深误差很小,当挖深大于 30 m 时,其挖深误差不超过 0.1～0.2 m。缺点是在施工时需抛设首锚、尾锚和边锚固定船位,所占水域面积大,有碍水上交通,连续生产的能力也不及吸扬式挖泥船。另外,施工时噪声污染严重,也限制了其使用范围。

链斗式挖泥船的施工方法一般采用平行横挖法(挖泥船纵轴平行于挖槽中心线横移挖泥)、斜向横挖法(挖泥船纵轴与挖槽中心线呈一较小夹角横移挖泥)、扇形横挖法(挖泥船船头横移而船尾不动)和十字形横挖法(挖泥船型心基本不动而首尾向不同方向横移挖泥)四种。无论采用哪一种生产方式,挖泥船斗链运转速度、横移速度及前移距三者必须很好地配合,才能使生产能力达到最大值。

链斗式挖泥船的生产效率可按下式计算:

$$W = 60 \frac{K_1}{K_2} qn \quad \text{(式 2.3-3)}$$

式中：W——挖泥船每小时生产率(m^3/h)；

q——泥斗斗容量(m^3)；

n——每分钟卸泥斗数；

K_1——泥系数，即实际容泥量与泥斗容积之比，$K_1<1.0$；

K_2——土壤搅松系数，即土壤被松动之后的体积与原状体积之比，$K_2=1.06\sim1.35$。

2. 抓斗式挖泥船

抓斗式挖泥船属机械式单斗挖泥船类，是机械式挖泥船中最常见的一种船型。抓斗式挖泥船形式多样，应用广泛，大多为非自航式。抓斗式挖泥船(图2.3-7)利用固着于钢缆上的抓斗(视土质密实度可采用轻型斗、中型斗和重型斗)，靠抓斗自重力贯入泥土，抓取泥沙，然后利用旋转式起重吊机将泥土卸入泥驳运往抛泥区，达到疏浚目的。

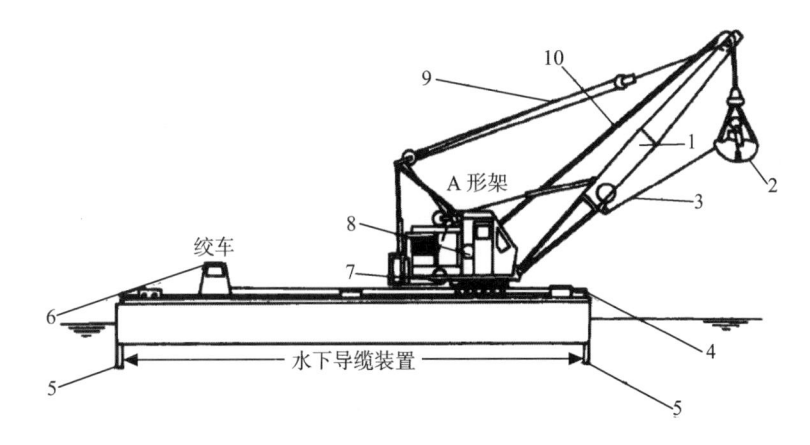

1. 吊杆；2. 抓斗；3. 抓斗稳定索；4. 首缆；5. 边缆；6. 尾缆；7. 吊杆俯仰钢缆滚筒；8. 抓斗升降、启闭钢缆滚筒；9. 吊杆俯仰钢缆；10. 抓斗升降、启闭钢缆

图 2.3-7　抓斗式挖泥船(抓斗吊机安装在浮箱上，无泥舱)

抓斗式挖泥船挖掘土质的范围甚广，可以挖除爆破后的较大块石及树桩等障碍物。这类挖泥船造价低廉(仅为同等挖掘能力的链斗船造价的1/6)，结构简单，挖深值大(达50～80 m)，经改装后还可作为起重船、打桩船或粉碎机使用，是斗式挖泥船发展最快的一种船型。这类挖泥船的缺点是生产能力较小，连续作业性能差，若操作不好，挖掘面不平整。

抓斗式挖泥船一般均采用顺流分条横挖法。其生产能力用下式计算：

$$W = \frac{K_1}{K_2}qn \qquad (式2.3-4)$$

式中，n 为每小时抓泥斗数；其余符号意义同前。

3. 铲斗式挖泥船

铲斗式挖泥船也是一种机械式单斗挖泥船,一般为非自航式。铲斗式挖泥船实际上是一种浮在水面上的铲斗挖掘机,通过收进铲斗起升钢缆进行挖掘、提升,并利用回转装置将泥土卸入泥驳,以达到疏浚目的(图 2.3-8)。

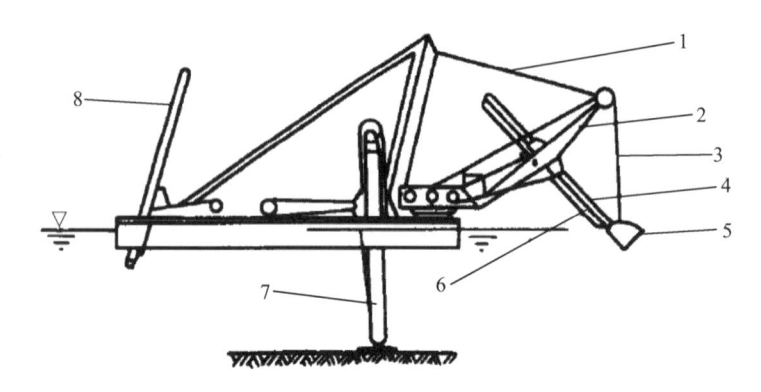

1. 吊杆变幅钢缆;2. 吊杆;3. 铲斗起升钢缆;4. 斗柄;5. 铲斗;6. 背度钢缆;7. 前桩;8. 后桩

图 2.3-8 铲斗式挖泥船

铲斗式挖泥船是一种强制性挖掘机械,其全部功率都集中在一个铲斗上。能挖掘淤泥、重黏土、沙质黏土、珊瑚礁、风化岩及爆破后的碎岩石等,尤其擅长拆除围堰,排除水下障碍物,这是链斗式及其他水力式挖泥船难以胜任的。特别是新型液压反铲式挖泥船,其性能好,效率高,操作方便,造价低廉,大有取代正铲式挖泥船的趋势。

目前世界最大的铲斗式挖泥船,铲斗容量达 22 m³,最大挖深逾 20 m。虽然其生产效率有限,但由于其具有极强的切削力,在英国、日本等国得到了迅速发展。

铲斗式挖泥船一般采用定位桩定位施工,在流速较大的水域则与锚缆配合施工。施工方法均采用顺流分条横挖法,其生产能力仍可按式 2.3-4 计算,式中 n 为每小时铲泥斗数。

4. 吸扬式挖泥船

吸扬式挖泥船又称直吸式或定吸式挖泥船,是水力式挖泥船中最简单的一种船型,它没有切削或挖掘水下土壤的机械设备,而是通过泥泵的真空作用直接抽吸泥沙,然后通过排泥管线排往抛泥区。图 2.3-9 为吸盘式挖泥船示意图,系由吸扬式挖泥船演化而来。

1855 年美国建造第一艘吸扬式挖泥船,这类挖泥船只适合于吸取水下沙质和无黏性的土壤,以及较松软易于流动的泥浆,故常用于维护性航道疏浚施工作业。吸扬式挖泥船最大吸泥深度可达 85 m,常以吸扬-绞吸和吸扬-吹吸等两用船的形式出现,有些国家还造出了吸扬-吸泥-绞吸三用船,以增强吸扬式挖泥船的功能。

吸扬式挖泥船的生产率计算方法同绞吸式挖泥船,即用式 2.3-5 计算。

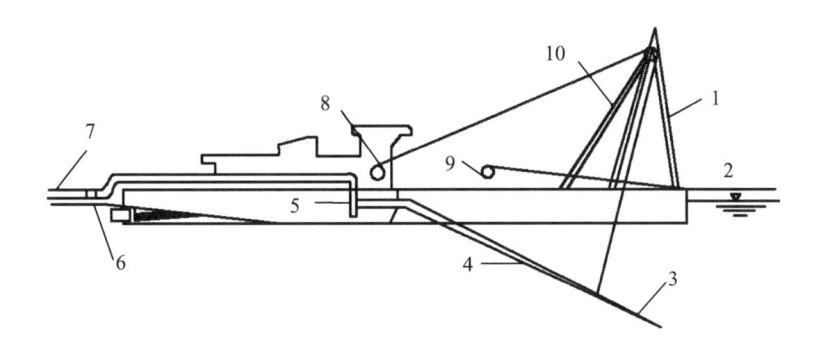

1. A形架；2. 艏锚缆；3. 吸盘式吸泥头；4. 吸泥管；5. 泥泵；6. 动接头；7. 排泥管；8. 吸泥管起落绞车；9. 首缆绞车；10. 吸泥管吊架

图 2.3-9　吸盘式挖泥船

5. 绞吸式挖泥船

绞吸式挖泥船是水力式挖泥船中最普遍的一种船型，于 1880 年在英国首次使用。绞吸式挖泥船集中了其他各类挖泥船的优点，实现了挖泥、吸泥、排泥一体化作业，可连续不断地进行疏浚施工。其工作原理与吸扬式挖泥船基本相同，所不同的是在吸泥管入口处，安装有特制的旋转式绞刀装置，用旋转机械力切割和搅动水下泥土，使泥土以高浓度泥浆的形式吸入吸泥管，不仅大大提高了挖泥效率，而且扩大了挖掘土质的范围。因此，绞吸式挖泥船实际上是机械式挖泥船和水力式挖泥船的一种组合船型（图 2.3-10）。

绞吸式挖泥船靠定位钢桩和锚缆固定船位，一般采用逆流横挖法，也可采用顺流横挖法。当用钢桩定位施工时，有"双桩前移横挖法"和"单桩前移横挖法"两种施工方法。单桩前移法是以主桩为摆动中心，且主桩的前移轨迹始终位于挖槽中心线上，故绞刀切削的弧形轨迹是平行的，可以避免重挖或漏挖现象。

绞吸式挖泥船的生产率可按下式计算：

$$W = QP \tag{式 2.3-5}$$

式中：Q——泥浆流量（m^3/h）；

P——泥浆浓度，可按下式计算：

$$P = \frac{\gamma_{泥} - \gamma_{水}}{\gamma_{土} - \gamma_{水}} \tag{式 2.3-6}$$

其中，$\gamma_{泥}$、$\gamma_{土}$、$\gamma_{水}$ 分别为泥浆、天然状态下土壤及水的容重，单位为 t/m^3。

绞吸式挖泥船在世界范围内应用甚为广泛，这是因为它能够连续不断地进行疏浚施工，时间利用率很高，而且能适应各种不同的挖泥工况。一般绞吸式挖泥船适用于挖掘沙、沙质黏土、沙砾、黏壤土，一些装配有大功率带齿绞刀装置的绞吸式挖泥船还可以挖掘硬质黏土，胶结泥土、砾石甚至岩石、珊瑚礁等。现代化大型绞吸式挖泥船每小时挖泥

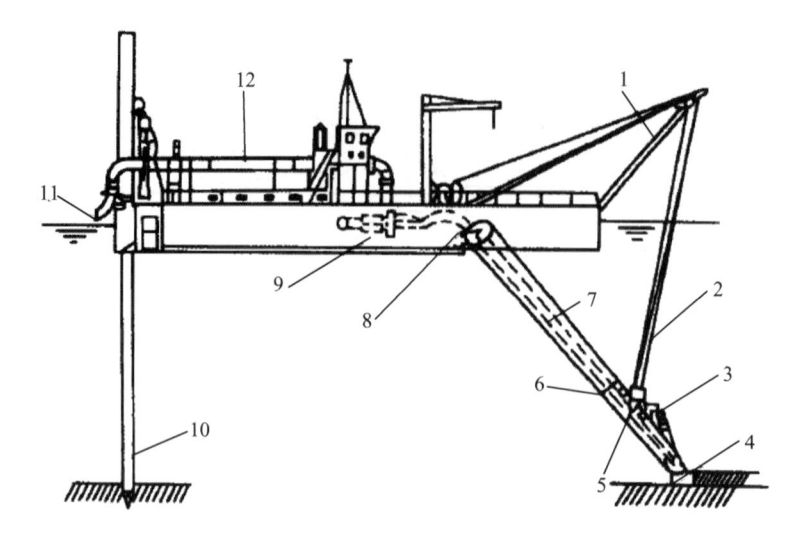

1. 绞刀架吊架；2. 绞刀架起落钢缆；3. 绞刀电动机；4. 绞刀；5. 边锚缆；6. 绞刀架；7. 吸泥管；8. 吸泥管套筒；9. 泥泵；10. 定位桩；11. 浮管连接头；12. 排泥管

图 2.3-10　绞吸式挖泥船

量可达 5 000 m³ 以上，最大挖深超过 35 m，是目前世界上登记量最多的一种挖泥船型。

6. 自航耙吸式挖泥船

耙吸式挖泥船是水力式挖泥船中大型自航自载式挖泥船。这类挖泥船有一整套耙吸挖泥的疏浚机具和装载泥浆的泥舱，以及舱底排泥卸泥设施，是各类挖泥船中装备最完善的一种船型，适用于水域开阔的海湾、河口及内河沙质河床的疏浚作业。随着挖泥机具的不断改进，耙吸式挖泥船除特别适用于淤泥、流沙外，还可用来挖掘水下黏土、密实细沙、硬质土及含有相当数量小卵石、小块石的土层，甚至可以挖掘经过预处理后的碎岩石，适用范围极广。而且其航海性能好，对水上交通影响甚小，特别是所有挖泥工序都由挖泥船本身单独完成，具有自航、自挖、自载和自卸的功能，不需要任何其他辅助船机，在大型疏浚工程的竞争中具有极大优势。图 2.3-11 为自航耙吸式挖泥船结构简图。

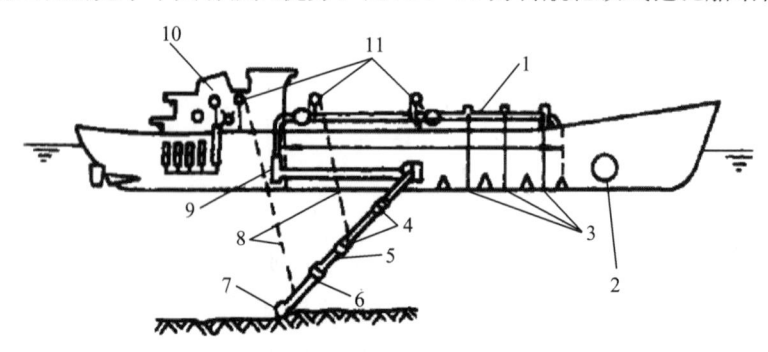

1. 输泥管；2. 船首横向推进器；3. 泥门；4. 橡胶软管；5. 吸泥管；6. 方向节；7. 耙头；8. 耙头起落钢缆；9. 泵；10. 波浪补偿器；11. 耙头提升吊架

图 2.3-11　自航耙吸式挖泥船

耙吸式挖泥船一般以其舱容量来衡量挖泥船的大小,荷兰建造的"荷兰王子号"耙吸式挖泥船,舱容量达 9 000 m³,最大挖深 35 m,自由航速 15 节,全船总功率达 15 800 kW;"符郎德伦 - 18 号"耙吸式挖泥船,舱容量达到 11 340 m³;美国建造的"长岛号"耙吸式挖泥船,舱容量为 12 233 m³,每小时生产能力达数万 m³,属超巨型耙吸式挖泥船。

自航耙吸式挖泥船按泥耙所在部位可分为边耙型(泥耙置于船舷两侧)、中耙型(泥耙置于船体中间)、尾耙型(泥耙置于船体尾部)及混合耙型(中耙、边耙混合体)。自航耙吸式挖泥船的施工方法有装舱施工法、边抛施工法和装舱溢流施工法三种,其生产能力按下式计算:

$$W = \frac{q_1}{\sum T} \tag{式 2.3-7}$$

式中:W——生产率(m^3/h);

$\sum T$——完成一次作业循环(包括上线、挖泥、运泥、卸泥、返航等)所用总时间(h);

q_1——泥舱装泥量(m^3),可按下式计算:

$$q_1 = \frac{G - q_C \gamma_水}{\gamma_土 - \gamma_水} \tag{式 2.3-8}$$

式中:G——泥舱装载泥浆总重量(t),由排水量曲线查出;

q_C——泥舱装载泥浆体积(m^3),由舱容曲线查出;

$\gamma_土、\gamma_水$——天然土和水的容重(t/m^3)。

除上述几种主要挖泥船外,还有一些独具特色的挖泥船:如由压缩空气作为输送介质的气动式挖泥船,其最大挖深可达水下 800 余 m,对水质的第二次污染极小,是一种非常有竞争力的疏浚船舶。"水陆两用型"挖泥船、"水巫式"挖泥船、"泥猫式"挖泥船(实际上是一种超小型绞吸式挖泥船)及荷兰 IHC 公司生产的多用途挖泥船等,可以在特别恶劣的工况下完成疏浚作业。我国在简易疏浚施工中使用的"钢耙船""耙沙船""水枪冲沙船"等也显示出灵活机动的优点。各类挖泥船及挖泥机具的性能和技术指标可参阅有关文献。

三、挖泥船的选择

根据疏浚作业区工况恰当地选择挖泥船,是顺利完成疏浚施工任务的重要前提条件。若挖泥船选择不当,要么不能在合同规定的时间内完成疏浚任务,要么会损坏挖泥机具而增加挖泥成本。选择挖泥船的基本原则有两条:一是技术上能很好地满足疏浚工程要求,二是在经济上能最大限度地降低挖泥成本。

由于挖泥船在世界各地的分布极不均衡,各类挖泥船的适应性及各地施工现场条件差异又甚大,给合理选调挖泥船造成了极大困难。当规划一项疏浚工程时,不仅要明确哪些类型的挖泥船能够胜任该项工程,而且还要了解在施工区周边范围内有哪些类型的挖泥船可供选择(按挖泥船适应性及调遣费用多少排序优选)。在经过综合经济评价的基础上,最终选出所需要的挖泥船类型及必要的辅助船舶。做好选船工作,必须深入施工现场,认真调查研究,十分熟悉各类挖泥船的工作性能及其适用条件。选船时应考虑以下几种主要因素:

1. 被挖掘土壤的种类和性质

土壤是挖泥船工作的主要对象,各类挖泥船都有其最适合的工作土壤。表征土壤特性的指标有二,一是土壤的粒度,一般用粒径大小表示,常用筛分法(粗颗粒)或水析法(细颗粒)进行粒径分析,疏浚工程中则习惯用所谓"三角坐标命名法"对土壤进行分类。二是土壤的密实度,对无黏性土壤而言,其相对密度愈大,表明土壤的密实度愈大,挖掘阻力就大,当贯入击数 $N>15$ 时,一般需要先进行预处理,才能进行正常疏浚作业,以免损坏挖泥机具。对有黏性的土壤而言,则以天然稠度表示,其天然稠度愈大,表明含水量愈大,愈易于挖掘,当天然稠度大到已成为流体状态时(浮泥或泥浆),用吸扬式挖泥船施工最有利。

1) 疏浚岩土工程特性和分级

疏浚岩土可分为岩石类和土类两大类,其中土类可分为有机质土及泥浆、淤泥土类、黏性土类、砂土类、碎石土类等,共 15 级,其主要特性如表 2.3-4 所示。

疏浚岩石的工程特性指标应以岩块的单轴抗压强度为判别指标;碎石土类宜以重型动力触探击数 $N_{63.5}$(必要时用 N_{120})及密实判数 DG 为判别指标;有机质土及泥浆应以天然重力密度为判别指标;淤泥土类中的浮泥、流泥的工程特性应以天然重力密度为判别指标;淤泥被列为"很软"级别,其工程特性应以标准贯入击数和天然重力密度为判别指标;黏性土类的工程特性应以标准贯入击数和天然重力密度为判别指标;砂土类(含砂质粉土)工程特性应以标准贯入击数和天然重力密度为判别指标。

2) 挖泥船对疏浚岩土的可挖性

土质特性对疏浚设备挖掘和输送性能影响很大,在疏浚工程中是选择挖泥船船型的重要依据。挖泥船对各种疏浚土的可挖性见表 2.3-5。

表2.3-4 疏浚岩土工程特性和分级

岩土类别	级别	状态	强度及结构特征	判别指标			辅助指标						
				标贯击数 N	天然重度 γ(kN/m³)	抗压强度 R_c(MPa)	天然含水量 W(%)	液性指数 I_L	孔隙比 e	抗剪强度 τ(kPa)	附着力 F(g/cm²)	相对密度 D_r	烧灼减量 Q_u(%)
有机质土及泥浆	0	极软	可能是密实的或松软的,强度和结构在水平或垂直方向上可能相差很大,并存在气体		<12.8								≥5
淤泥土类	1	流态			<14.9		>85	>1.0	>2.4	<13			
	2	很软	极易在手指内挤压	<2	<16.6		55~85	>1.0	>1.5	≤25			
	3	软	极易用手指捏塑成形	≤4	<17.6			≤1.0		≤50	无<50		
黏性土质	4	中等	稍用力捏塑成形	≤8	<18.7			≤0.75		≤100	弱 50~150		
	5	硬	手指需用力捏塑才成形	≤15	≤19.5			≤0.50		>100	中150~250		
	6	坚硬	不能用手指捏塑成形,可用大拇指压出凹痕	>15	>19.5			<0.25			强>250		
砂土类	7	极松	极容易将12 mm钢筋插入土中	≤4	<18.3		满足 $C_u \geq 5$, $C_c=1\sim3$ 为良好级配的砂(SW),不能满足以上条件的为不良级配的砂(SP)						<0.15	
	8	松散	较容易将12 mm钢筋插入土中	≤10	<18.6								≤0.33	
	9	中密	用2~3 kg重锤很容易将12 mm钢筋打入土中	≤30	≤19.6								≤0.67	
	10	密实	用2~3 kg重锤可将12 mm钢筋打入土中	>30	>19.6								>0.67	

续表

岩土类别	级别	状态	强度及结构特征	判别指标 标贯击数 N	判别指标 天然重度 γ(kN/m³)	判别指标 抗压强度 R_C(MPa)	辅助指标 天然含水量 W(%)	辅助指标 液性指数 I_L	辅助指标 孔隙比 e	辅助指标 抗剪强度 τ(kPa)	辅助指标 附着力 F(g/cm²)	辅助指标 相对密度 Dr	辅助指标 烧灼减量 Q_1(%)
碎石土类	11	松散	骨架颗粒含量小于总质量的60%，排列混乱，大部分不接触。充填物包裹大部分骨架颗粒，且呈疏松状态或可塑状态	$N_{63.5}<7$	DG<65		满足 $C_U≥5$，$C_u=1～3$ 为良好级配的砾石（GW），不能满足以上条件的为不良级配的砾石（GP）						
碎石土类	12	中密	骨架颗粒含量等于总质量的60%～70%，呈交错排列。大部分连续接触，充填物包裹骨架颗粒，呈中密状态或硬塑状态	$N_{63.5}7～8$	DG65～70								
碎石土类	13	密实	骨架颗粒含量大于70%，呈交错排列，连续接触，或具有部分充填物呈紧密接触或坚硬状态	$N_{63.5}>18$	DG>70								
岩石类	14	弱	锹镐可挖掘	N<50		≤10							
岩石类	15	稍强	锹镐难挖掘，但用锤可击碎			<30							

第二篇 航道工程建设与养护 075

表 2.3-5 各种疏浚土的可挖性

岩土类别	级别	状态	耙吸(舱容) ≥3 000 m³	耙吸(舱容) ≤3 000 m³	绞吸(泥泵功率) ≥2 940 kW	绞吸(泥泵功率) <2 940 kW	链斗 ≥500 m³	链斗 <500 m³	抓斗 ≥4 m³	抓斗 <4 m³	铲斗(斗容) ≥4 m³	铲斗(斗容) <4 m³
有机质土及泥浆	0	极软	容易	容易	容易	容易	容易	容易	容易	容易	不适合	不适合
淤泥土类	1	流态	较易	较易	容易	容易	较易	较易	不适合	不适合	不适合	不适合
淤泥土类	2	很软	容易	容易	容易	容易	容易	容易	容易	容易	较难	较难
黏性土类	3	软	容易	容易	容易	容易	容易	容易	容易	容易	容易	容易
黏性土类	4	中等	较易	尚可	较难	较易	较易	较易	较易	较易	容易	容易
黏性土类	5	硬	困难	困难	困难	困难	困难	困难	困难	尚可	较难	尚可
黏性土类	6	坚硬	很难	很难	很难	很难	很难	很难	很难	很难	较难	较难
砂土类	7	极松	容易	容易	容易	容易	容易	容易	容易	容易	容易	容易
砂土类	8	松散	容易~较难	较难	较难	较难	较易	尚可	较易	较难	容易	较易
砂土类	9	中密	尚可~较难	困难	困难	困难	困难	困难	困难	很难	尚可	尚可
砂土类	10	密实	较难~困难	困难	很难	很难	较难	尚可	较难	尚可	容易	容易
碎石土类	11	松散	困难	不适合	很难	不适合	困难	困难	尚可	困难	较难	较难
碎石土类	12	中密	很难	不适合	不适合	不适合	困难	困难	很难	不适合	较难	困难
碎石土类	13	密实	不适合	不适合	尚可	不适合	不适合	不适合	很难	不适合	较难	困难
岩石类	14	弱	不适合	不适合	困难	不适合	困难~很难	很难	很难	不适合	尚可~困难	很难
岩石类	15	稍强	不适合	不适合	不适合	不适合	不适合	不适合	不适合	不适合	不适合	不适合

2. 挖槽尺度及排泥方式

挖槽尺度主要指挖槽宽度、挖槽深度及待挖底质的厚度。若挖槽太窄,则需增加横挖式挖泥船的前移次数,导致影响生产率;若用泥驳运泥则不易上线周转;用浮管排泥或锚缆定位施工,则易妨碍水上交通。若挖槽水深大于挖泥船最大挖深能力,则挖泥船无法施工,若挖槽水深小于挖泥船满载吃水深度时,则挖泥船无法驶离挖泥区。待挖底质的厚度与选择挖泥船的类型也关系密切,若待挖底质很薄,则宜首选吸扬式或耙吸式挖泥船;若待挖底质的厚度大于所选挖泥船一次挖泥厚度时,则应研究采用何种挖泥方法(分条开挖还是分层开挖)最经济合理。

排泥方式往往也是影响选船的重要制约因素。例如,在狭窄的现行航道上施工时,则不宜选用浮管排泥的绞吸式挖泥船,也不宜选用借助锚缆定位施工的机械式挖泥船。若抛泥区水很浅且距挖泥区较近时,宜选用浮管排泥的绞吸式挖泥船或自航耙吸式边抛挖泥船施工。

3. 疏浚总工程量和竣工时间

疏浚总工程量及要求竣工的时间是选择挖泥船(队)的决定性因素。可按挖泥船的艘班挖泥量进行估算。一艘班挖泥量是指一条挖泥船在一个工作日(按 8 小时计)所完成的土方量(m^3),即一艘班挖泥量=平均生产率×平均时间利用率×8。根据总工程最后要求竣工的时间,可算出所需总艘班数,进而确定选调的挖泥船艘数及每天工作的班数。

4. 挖泥船本身的性能

挖泥船本身的性能包括挖泥船本身尺度及挖泥船性能。如:挖泥船标准吃水及满载吃水;挖泥船最小、最大及最有利的挖掘深度;挖泥船能正常工作时的最小宽度;最有效的一次挖掘厚度;各种工况条件下挖泥船的生产率等,都应在选择挖泥船时综合考虑。

第四节 疏浚工程质量检验

中华人民共和国交通运输部 2009 年 1 月实施的《水运工程质量检验标准》(JTS 257—2008)中疏浚工程质量检验主要规定如下:

一、基本规定

1. 基建性疏浚工程应按中部水域、边缘水域和边坡三部分进行质量检验。

2. 基建性疏浚工程施工的最大超宽、最大超深不宜超过相应挖泥船施工平均超深、超宽控制值的 2 倍,各类挖泥船施工的平均超深、超宽控制值不应超过表 2.3-6 的规定。当最大超深值设计有要求时应满足设计要求。

表 2.3-6　各类挖泥船平均超深和平均超宽控制值

船型	耙吸(舱容 m³)		绞吸(总装机功率 kW)		链斗(斗容 m³)		抓斗(斗容 m³)			铲斗(斗容 m³)	
	≥4000	<4000	≥5000	<5000	≥0.5	<0.5	>8	4~8	≤4	≥4	<4
平均超深(m)	0.55	0.5	0.4	0.3	0.35	0.3	0.6	0.5	0.4	0.4	0.3
平均超宽(m)	6.5	5.0	4.0	3.0	4.0	3.0	4.0	4.0	3.0	3.0	2.0

3. 维护性疏浚工程质量检验的范围应为设计底边线以内的水域,边坡可不检验。当对边坡质量有特殊要求时,可根据设计要求进行检验。

4. 疏浚工程竣工断面图应根据设计断面、计算超深值、计算超宽值和竣工水深测量资料绘制,纵向比例宜采用 1∶100,不应小于 1∶200。

5. 基建性疏浚工程,采用单波束测深仪数字化测量的断面抽样比例不得少于 25%,非数字化测量的断面抽样比例不得少于 15%。多波束测深系统的断面抽样数量应按相应的测量比例尺的单波束测深仪数字化测量的抽样数量确定。

6. 维护性疏浚工程,采用单波束测深仪数字化测量的断面抽样比例不得少于 15%,非数字化测量的断面抽样比例不得少于 10%。多波束测深系统的断面抽样数量应按相应的测量比例尺的单波束测深仪数字化测量的抽样数量确定。

二、基建性疏浚工程

(一)泊位疏浚主要检验项目

1. 设计底边线以内水域的开挖范围应满足设计要求。开挖断面不应小于设计开挖断面。

2. 码头前沿安全地带以外的泊位水域严禁存在浅点。

3. 码头前沿安全地带以内及疏浚施工超挖可能对建筑物安全造成影响的区域,其超深、超宽值和边坡坡度应严格控制在确保建筑物安全稳定的设计允许范围内,允许存在浅点的数量、范围和浅值应根据工程的实际情况确定。

4. 泊位的两端和临近港池的边坡坡度不应大于设计边坡坡度。

5. 泊位加深扩建的疏浚工程,应严格按设计要求控制超挖,必要时,应对邻近建筑物进行沉降位移观测。

(二)港池疏浚主要检验项目

1. 无备淤深度的港池疏浚工程设计底边线以内水域严禁存在浅点,设计底边线以内水域的开挖范围应满足设计要求,开挖断面不应小于设计开挖断面。

2. 有备淤深度的港池疏浚工程的水深应符合下列规定:

1)设计底边线以内的中部水域不得存在浅点。

2)有备淤深度的港池疏浚工程边缘水域的底质为中、硬底质时,不得存在浅点;边缘水域的底质为软底质时,浅点不得在测图的同一断面或相邻断面的相同部位连续存在,浅点数不得超过该水域总测点的3%,浅点的浅值不得超过表2.3-7的规定。

表2.3-7 港池浅点浅值一览表

设计水深 h(m)	$h<10.0$	$10.0 \leqslant h \leqslant 14.0$	$h>14.0$
允许浅值(m)	0.1	0.2	0.3

3. 边坡的开挖范围和坡度应满足设计要求。

(三)航道疏浚主要检验项目

1. 无备淤深度的航道疏浚工程设计边坡底边线以内水域严禁存在浅点,设计底边线以内水域的开挖范围应满足设计要求,开挖断面不应小于设计开挖断面。

2. 有备淤深度的航道疏浚工程边缘水域的底质为中、硬底质时,不得存在浅点;边缘水域的底质为软底质时,浅点不得在测图的同一断面或相邻断面的相同部位连续存在,浅点数不得超过该水域总测点的2%,浅点的浅值不得超过表2.3-7的规定。

3. 边坡的开挖范围和坡度应满足设计要求。

三、维护性疏浚工程

(一)一次性维护疏浚工程主要检验项目

1. 设计底边线以内水域的开挖范围和水深应满足设计要求。开挖断面不应小于设计开挖断面。

2. 中、硬底质的一次性维护疏浚工程,设计底边线以内水域不得存在浅点。

3. 软底质和有备淤深度的一次性维护疏浚工程,应对中部水域和边缘水域分别进行质量检验,并应符合下列规定:

1)中部水域不得存在浅点。

2)边缘水域的浅点不得在测图的同一断面或相邻断面的相同部位连续存在,浅点数不得超过该水域总测点的3%,浅点的浅值不得超过表2.3-7的规定。

(二)常年维护性疏浚工程主要检验项目

1. 常年维护性疏浚工程应达到维护标准的水深。

2. 常年维护性疏浚工程的通航水深保证率或维护标准水深保证率应根据实际情况确定。

第五节　环保疏浚与疏浚环保

一、概述

环保疏浚的主要目的是清除湖泊等水体中的污染底泥。

污染底泥是水环境污染的潜在污染源,在水环境发生变化时,底泥中的营养盐会重新释放出来进入水体。尤其是城市湖泊,长期以来累积于沉积物中的氨磷往往很高,在外来污染源存在时,氨磷营养盐只在某个季节对富营养化发挥比较显著的作用,在湖泊外来污染源全部被切断以后,底泥中的营养盐会逐渐释放出来,仍然会使湖泊发生富营养化。

氨磷的释放机制不同,氨的释放取决于氮化合物分解的程度,而磷的释放与其化学沉淀的形态有关。氮化合物在细菌的作用下可以相互转化,不同形态的氮的释放能力不同,溶出的溶解态无机氮在沉积物表面的水层逐渐扩散。由于表面的水层含氧量不同,溶出情况也不同。厌气性时以氨态氮溶出为主;好气性时则以硝酸氮溶出为主,其溶出速度比厌气时快。底泥中的磷主要是无机态的正磷酸盐,一旦出现利于钙、铝、铁等不溶性磷酸盐沉淀物溶解的条件,磷就会释放。

一般情况下释放出的营养盐首先进入沉积物的间隙水中,逐步扩散到沉积物表面,进而向湖泊沉积物的上层水混合扩散,从而对湖泊水体的富营养化发生作用。因此,国内外都采取多种方法对污染底泥采取工程措施,对于城市附近污染底泥堆积深度很厚的局部浅水域,环保疏浚工程技术最为普遍,效果也最为明显。

二、环保疏浚的技术特点

环保疏浚旨在清除湖泊等水体中的污染底泥,并为水生态系统的恢复创造条件,同时还需要与湖泊综合整治方案相协调;工程疏浚则主要为某种工程的需要,如疏通航道、水库增容等而进行。环保疏浚的主要特点是:疏浚泥层厚度薄,疏浚精度要求高,疏浚过程二次污染控制要求严格。

三、环保挖泥船

针对环保疏浚工程疏浚泥层厚度薄,疏浚精度要求高,疏浚过程二次污染要小的特点,对传统疏浚设备进行了必要的环保措施改造,并根据不同环保疏浚工程特点,开发了一些专业环保挖泥船。

1. 耙吸船溢流采用水下溢流,减少水下污染;耙头采用环保耙头,耙头设有涡流防护罩,既降低挖泥引起的浑浊度,又可提高挖泥浓度。

2. 抓斗船采用全封闭防漏抓斗,铲斗船采用遮盖铲斗,使泥斗在提升过程中没有泄漏。

3. 链斗挖泥船采用封闭斗架,将斗内溢出的泥沙经溢流槽回流至水底,减少水体浑浊度。

4. 绞吸式挖泥船参与环保整治较多,因此将绞吸式挖泥船在环保疏浚方面进行了创新改进,特别是在铰刀型式上的创新开发出了专用于环保疏浚工程的环保挖泥船。如圆盘式环保铰刀挖泥船、铲吸式环保挖泥船、螺旋式环保挖泥船等,这些专用环保挖泥船在提高挖泥精度、减少二次污染、提高挖泥浓度方面都得到明显改善。

四、疏浚环保

疏浚环保是指随着人们环保意识的加强,在以增加通航尺度为目的的工程疏浚项目中,也应注意研究分析疏浚对周围环境可能带来的负面影响,并采取必要的措施,减少影响程度。

1. 疏浚对环保的影响

在疏浚工程设计中,应对疏浚可能造成的某些环境影响进行分析,包括影响范围和类型、影响程度的测定和控制。应从疏浚现场、运泥路线、抛泥区三个主要环节确定其直接或间接影响的距离和范围。

2. 环境保护对疏浚工程设计的要求

1) 港口工程中的一般疏浚工程设计应按现行行业标准《港口工程环境保护设计规范》(JTJ 231—94)的有关规定执行。

2) 对敏感目标和保护目标的工程设计要求

(1) 疏浚物再悬浮对水质的影响程度。

(2) 疏浚物再悬浮造成的浑浊在施工结束后也就停止时,分析是否对疏浚进行限制。

(3) 分析生活在水底的生物(包括养殖水产)对浑浊和沉积物的适应能力。

(4) 抛泥区抛泥作业对环境的影响。

如果上述分析结果显示疏浚的影响不大,则不宜对疏浚进行限制。

3. 疏浚工程实施中的环保措施

1）耙吸挖泥船水下溢流控制；

2）运泥船、管线密封良好，防止漏浆；

3）疏浚施工区、泄水口设置防污帘；

4）吹泥区泥浆采取物理、化学措施，加速泥浆沉淀；

5）其他措施。

思考题

1. 航道疏浚工程有哪些优点？有哪些不足？
2. 航道疏浚工程分为哪几类？各包含哪些工作？
3. 基建性疏浚与维修性疏浚的区别是什么？
4. 疏浚工程要密切注意挖槽的回淤问题，所以在疏浚工程进行中应遵循什么原则？
5. 河口区的挖槽定线与内河挖槽定线有什么不同之处？
6. 挖槽断面一般设计成什么形状？断面尺度如何确定？
7. 疏浚挖掘的泥土有哪些抛泥方式？抛泥区应从哪些方面进行选择？
8. 挖槽土石方计算中需要考虑超深和超宽，那么什么叫超深、超宽？如何考虑？
9. 请写出挖槽土石方的平均水深法计算步骤。
10. 如何根据挖泥船疏浚机具所采用的动力将挖泥船分类？不同类别各有什么特点和施工方法？
11. 在选择挖泥船时应考虑哪些主要因素？
12. 了解疏浚工程质量检验的标准。
13. 疏浚污染有哪些形式？疏浚环保和环保疏浚的侧重点分别是什么？根据不同环保疏浚工程特点，对哪些传统的疏浚设备进行哪些环保措施改造？

第四章　运河航道

第一节　概述

一、运河及其发展简况

运河是为水上运输的需要而开挖的航道(又称人工运河),用来沟通不同水系的河流、湖泊和海洋,克服地理上的障碍,缩短运输距离,连接重要城镇和工矿企业,与可通航的天然河段共同构成四通八达的航道网。

运河在航道建设中具有重要的作用,具体体现在:

1. 沟通不同河流、湖泊与海洋,将航道连接成航道网,满足航运发展的需要;
2. 可以结合灌溉、防洪、排涝、城镇供水等方面的需要,综合利用水资源;
3. 促进政治、经济、文化、国防等事业的发展。

由于运河能沟通不同水系的河流,在航道网中起着纽带作用,世界各国都很重视运河的建设。古埃及、古希腊和古罗马帝国在公元前都开挖过一些运河,如埃及曾开挖过连接尼罗河和红海的运河。世界各国大规模兴建运河始于18世纪、19世纪,特别是19世纪后半叶以来修建了一些著名的运河,如巴拿马运河、苏伊士运河等。到20世纪,各国运河均已发挥较大的作用。美国的内河航道有不少是人工运河,如其北部五大湖之间及密西西比河、哈得孙河与五大湖之间均建有人工运河相通。在俄罗斯,人工运河将莫斯科河、伏尔加河、顿河、里海、黑海、亚速海、白海、波罗的海等连接起来,组成了俄罗斯欧洲部分的统一航道网。在西欧各国的内河航道中,人工运河占相当大的比重,例如法国的运河里程数占内河航道的23%,德国占24%。这些国家不仅重视国内运河的开挖而且也重视各国之间河流的相互沟通,目前正在修建莱茵河-美因河-多瑙河之间的运河,建成后将使西欧13个国家的河流连接成网。

在我国,运河建设有着悠久的历史,中国是世界上最早开凿运河的国家之一。早在公元前601年即开凿了沟通长江和汉江的扬水,这是中国最早开凿的运河。公元前486年,开始兴建举世闻名的京杭运河,于元至元三十年即公元1293年全线通航(图2.4-1)。公元前221年开凿了世界最早的越岭运河——沟通湘江和桂江的灵渠。中华人民共和国成立之后,扩建改造了遭到严重破坏的京杭运河,同时还新开了许多运河,构成了纵横交错、四通八达的航道网,对我国社会主义建设发挥着巨大的作用。

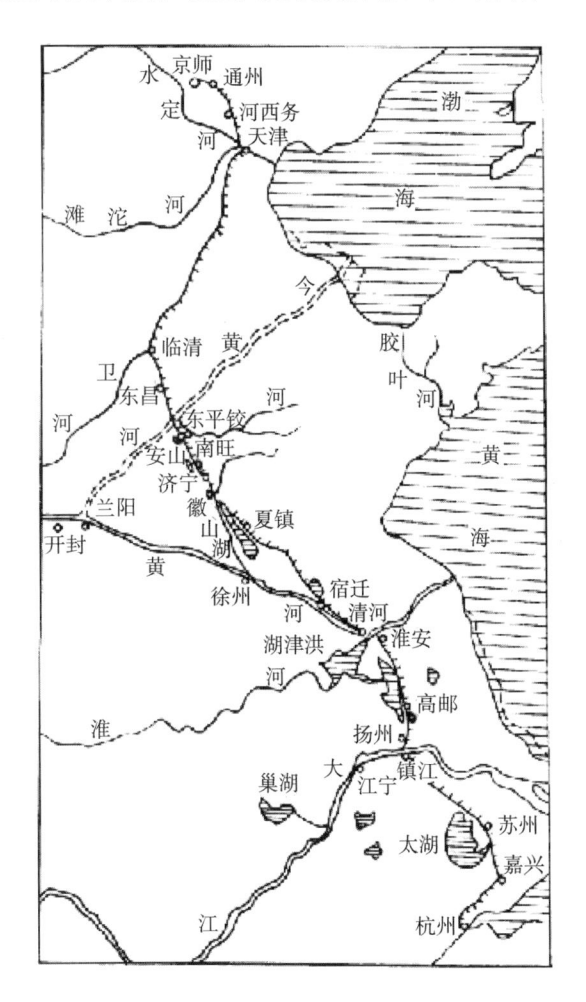

图 2.4-1 明清时期京杭运河图

二、运河的分类

按照运河所处的地理位置及航行船舶的不同,可分为海运河和内陆运河。海运河是指位于近海陆地上,连通不同海域或各个港口,主要行驶海船的运河,例如苏伊士运河、巴拿马运河和美国大西洋沿岸的运河。内陆运河是指位于内陆地区，供内河船舶通航的运河，如我国的京杭运河和俄罗斯的莫斯科运河等。

按照运河所起作用的不同，可分为连通运河、绕避运河和分支运河。连通运河是指连通互不衔接的水系或海洋的运河。绕避运河是为绕避天然水域中滩险等航行障碍而在原有水路旁开凿的运河，如莱茵河旁的阿尔萨斯运河、美国东海岸的岸内运河等。分支运河是指连接城镇工矿企业、港口的运河，如中国武汉的武钢运河。

按照设闸控制与否，可分为开敞运河和设闸运河。不设船闸的运河称为开敞运河，如苏伊士运河。设置船闸（或升船机）的运河称为设闸运河，如京杭运河、巴拿马运河。跨越分水岭的设闸运河，又称为越岭运河。

第二节　运河航道规划

一、运河航道选线原则

运河航道的选线是指在地形平面图上选定运河轴线位置的工作。这项工作一般是在航道控制点和线路走向确定后进行，也可相互配合，通过在图纸上选线或现场踏勘选线来论证线路走向方案。合理地选定运河线路是规划设计中的一项极为复杂和重要的任务，它直接关系到运河航道投资大小、航运效益以及综合利用水资源的效益，必须在进行技术经济论证研究后择优选定。

在运河选线时，应遵循以下原则：

1. 首先应考虑满足航运的要求，连接控制点的线路尽可能顺直，做到运输路程短、运输费用省。有条件时，也要尽可能利用现有的江、河、湖泊或进行改建的水道作为运河航道的一部分，以期投资省、收效快。

2. 在满足航运要求的前提下，要有利于兼顾国民经济其他部门对水资源的需要，贯彻综合利用水资源的方针，执行国家技术政策，有利于沿线经济带和区域经济的发展。

3. 要同工程所在地区的综合交通运输网中的公路、铁路等其他运输方式相互协调、衔接，既发挥各自优势又可进行互补，并有利于与其他水运通道配套，形成四通八达的航道网。

4. 要与沿线城镇规划结合，尤其要与港口和工矿企业群或大型企业等货流据点靠近和协调，适应远景货运发展的需要。

5. 运河所选择的线路应当是在符合工程技术规范和标准的前提下,力求工程技术简单、施工方便、运转和维修费用省。

同时,在上述选线原则的基础上,还应考虑以下技术要求:

1. 线路要尽可能顺直,要尽量减少弯道,这样既可以使运河总长度最短,又便于船舶航行。

2. 线路应力求避免跨越高山,避免与河流、沟渠、公路和铁路交叉,以减少通航建筑物(船闸、升船机)以及地涵、公路、铁路、过河管道等交叉建筑物的数量,提高运河的通过能力,节省工程投资。

3. 线路应选择在水文地质条件较好的地段,地基土壤较密实,渗透系数小,岸坡易于维持稳定,水量渗透损失不过大。

4. 线路应选择在地形适合的地段,尽可能使运河途经挖方地段,这样可使运河水位略低于地面,既可减少运河河堤溃决的危险,又可减少其对两岸地下水位的影响。一般情况下,应力求避免途经高填方河段。

5. 线路应选择在水量充沛的地区通过,特别是运河通过越岭段时,应尽量临近水源,充分利用当地径流,以保证运河的自流供水,尽量避免采用机械供水的措施。

6. 航道长直线河段的轴线方向尽量避免和强风方向一致,借以降低风浪,便于船舶航行。

二、运河航道的平面设计

为了与城市、工矿、港口等控制点连接的需要,同时受到地形、地物、地质和经济地理条件等因素的制约,航道工程不可能是一条直线,而是以直线为主、弯道为辅。因此需进行航道平面设计。

航道平面设计的主要内容有:弯道段设计,航道与其他航道、河道交汇口的处理,航道直线段与跨河建筑物所在河段的连接,航道直线段与临河建筑物所在河段的连接,航道与枢纽引河的衔接和航道与湖区航道口的连接等。这里我们具体介绍弯道段设计,其余内容可参见《航道工程手册》(长江航道局)。

航道弯道段设计,主要包括弯道半径、弯道与弯道的连接、弯道加宽三方面设计。

1. 弯道半径

弯道半径是指航道中心线的曲率半径,半径的大小对船舶航行安全有很大的影响,其与弯曲段的中心角、船舶(队)的尺度、航行方式、航速、航道尺度(航道宽度与航道水深)以及航道的水流条件和能见度等因素有关。一般来说,当弯曲段的中心角、船舶(队)的长度和水流流速较大时,所需的弯曲半径也较大,顶推船队所要求的弯曲半径较拖带船队所要求的大。关于弯曲半径的取值,国内外均在通航标准中作了相应的规定,最大的可选2 000～3 000 m，最小的只有200～300 m。我国《内河通航标准》(GB 50139—2014)规定，航道最小弯曲半径限值一般取为：

$$顶推船队：R \geqslant 3L_C$$
$$拖带船队：R \geqslant 4L'_C \qquad (式2.4-1)$$

式中：L_C——顶推船队的长度(m)；

L'_C——拖带船队中最大设计船舶的长度(m)。

2. 弯道与弯道的连接

航道平面设计中，凡是弯道与直线段的连接必须相切。遇到两个方向相同而半径不同的同向弯道，一般无须增设直线段，可按复曲线处理。但遇到两个反向弯道，两弯道间必须设置直线段，以保证水流平顺地过渡，以利船队调顺航向。该直线段长度应保证船舶(队)从一个弯道转弯后，船身完全位于一条直线上，再朝相反的弯道转弯。其直线段长度计算公式如下：

$$L \geqslant \frac{6}{n}\left(1 + \frac{3}{n}\right)L_C$$
$$n = \frac{R_C}{L_C} \qquad (式2.4-2)$$
$$R_C = \frac{R_1 + R_2}{2}$$

式中：L_C——最大设计船舶(队)的长度(m)；

R_1, R_2——分别为相邻两弯道的弯曲半径(m)。

3. 弯道加宽

船舶在弯道段行驶时，很难保持完全沿着规定的航线，由于转弯时离心力的作用，船舶容易偏离航线，趋向河岸。为了船舶航行的安全和利于转弯，弯曲段的航道宽度必须在直线段的正常宽度上再适当加宽。弯道的加宽值与弯道的中心角大小、船舶的长度、航速、弯道的弯曲半径、视距以及船舶的操纵性能等因素有关，其中弯道的弯曲半径和最大设计船舶的长度影响最大。弯道加宽值的计算公式都是根据各国航道的具体情况拟定，至今还没有一个比较周密而普遍适用的计算公式，一般弯道加宽值可按照下式估算：

$$\Delta B = (0.35 \sim 0.5)\frac{L_C^2}{R} \qquad (式2.4-3)$$

式中：ΔB——弯道加宽值(m)；

L_C——最大设计船舶(队)的长度(m)；

R——弯曲半径(m)。

一般是将弯道的加宽值加在弯道的内侧。弯道加宽后,还必须有一个渐变段,由直线段的正常宽度逐渐加宽,直到弯曲段所需的宽度。为使水流平稳,渐变段应尽可能平缓,一般采用直线,其加宽率通常为 1∶20。有时,弯道的加宽段在弯道的起点和终点还各加长一个距离,约等于 $(2/3)L_C$ 长,然后再用渐变段与直线段相连接。

三、运河航道的纵断面设计

运河的轴线位置确定后,即可进行运河纵断面设计。但是运河的纵断面设计和运河的轴线是相互影响、相互制约的,必须在设计过程中反复比较和修改,只有这样,运河的轴线位置才能最后确定下来。

运河的纵断面设计,主要是确定运河河底的纵坡降 I。其计算公式为:

$$I = \frac{\Delta H}{L} \tag{式 2.4-4}$$

式中:ΔH ——运河两端所衔接的水道间的水位差(m);

L ——运河的长度(m)。

运河河底纵坡降取决于所连接水域的水面高程和线路的长度,其大小应保证能通过最大的输水流量,同时还应使运河中的最大流速不超过船舶航行的容许流速和引起河底冲刷的不冲流速;运河的最小流速应保证运河不致积淤,这对水流中挟带有悬移质泥沙的运河很重要。

从航运要求来看,最大容许流速的大小与船舶的操纵性能有关,在一般情况下,运河的纵向流速不应大于 1.0 m/s,横向流速不大于 0.25~0.5 m/s。在有的运河上,由于船舶操纵性能的改善,纵向流速可允许提高到 1.5 m/s 以上。

在初步拟定运河断面轮廓尺寸后,运河中的平均流速 V 可按下式计算:

$$V = C\sqrt{RI} \tag{式 2.4-5}$$

式中:C ——谢才系数,是综合反映断面形状尺寸和粗糙程度的系数($m^{0.5}/s$);

R ——运河设计断面的水力半径(m);

I ——纵坡降,即沿流程单位长度上的水头损失。

如果平均流速 V 大于最大的船舶航行的容许流速和河床的不冲流速,就必须减小运河河底的纵坡降。为了减小运河的纵坡降,可以采取以下措施:一是加长运河的长度;二是在运河适当的位置建造船闸或升船机以壅高闸上游水位并克服集中水位差(图 2.4-2)。在一般情况下,在运河中应尽量避免设闸,但受某些具体条件的限制,如运河两端所衔接的河流之间的水位差过大,采用开敞运河方式将过大地增加工程投资甚至不能满足航运等方面的要求,那就必须设闸。采用哪一种方式,主要决定于水流、比降和断面尺寸等因素,应通过方案综合比较确定。

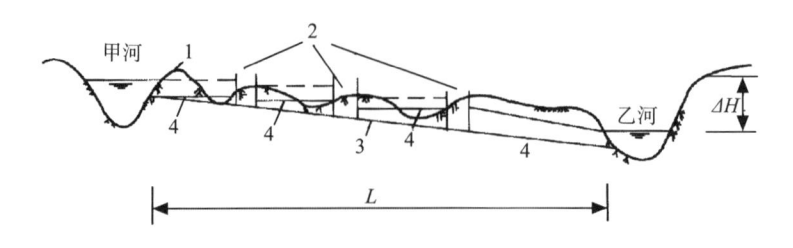

1—原地面线;2—船闸;3—不设闸方案的河底线;4—设闸方案的河底线

图 2.4-2　开敞式运河纵断面(含设闸运河)

采用不设闸的开敞运河的方式,可以不需建造船闸等水工建筑物,船舶可以自由无阻碍地航行,运河的运输能力不受船闸通过能力的限制。但运河内有一定的水流,其水面也将随其两端所衔接的河流等的水位的升降而变化。水流和水位的变化,易于引起岸坡的坍塌。此外,它的土方开挖量可能较大。

采取设闸方式,则运河形成若干渠化河段,流速较小,水位稳定,通航水深能得到保证。但需建造船闸等通航建筑物,影响运河的通过能力。设闸时,应尽量减少船闸的数目,以减少投资和缩短船舶的航行时间。此外,还应尽量使各级落差相等,这样对节省过闸用水及船闸的运转管理和维修有利。例如京杭运河江苏扬州的长江边至山东黄河边,连接了长江、淮河、沂沭泗、黄河等多个水系,设置了十多座枢纽工程,将运河分成若干梯级,满足了航运、灌溉等需求(图 2.4-3)。

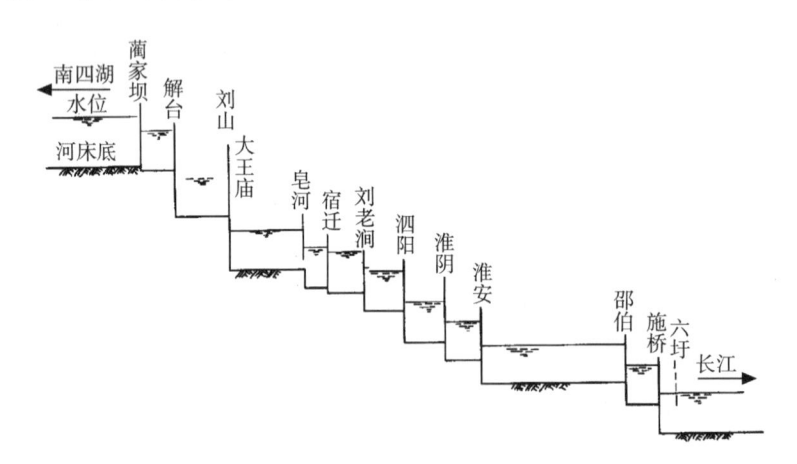

图 2.4-3　京杭运河徐州至扬州段梯级示意图

四、运河航道的横断面设计

运河航道是限制性航道,它的宽度和水深都有一定限度,对船舶航行有明显的限制作用。运河航道横断面设计包括航道断面形式和航道尺度等。航道尺度选择又须涉及航道宽度、断面系数、航道水深和船舶吃水比等。

1. 航道断面形式

运河航道的横断面形式大体上有以下两类。

(1) 对称形式:有梯形断面、矩形断面、叠合形断面三种。

(2) 不对称形式:是由不同外形的河岸组合起来的横断面,往往是一岸为岸壁式河岸,另一岸为斜坡式的岸坡。

航道断面形式设计必须考虑以下因素:(1) 新建工程或改建工程的特点;(2) 沿线地形(地势)、工程地质和水文地质实情;(3) 特征水位;(4) 水流、风浪和船行波等动力要素。运河航道的横断面形状应为船舶提供良好的航行条件,使船舶航行阻力小,航行方便。新建工程一般采用两岸对称的断面形式,而老航道改建因需结合保护沿线工程和减少沿岸房屋动迁量,往往采用两岸不对称的断面形式。几种断面形式的比较如表2.4-1所示。运河的断面形式,不外乎梯形、矩形、组合形、叠合形以及由此而派生出来的其他复合形。

表 2.4-1 几种航道断面形式的比较

特性 断面形式	断面形状	优点	缺点	适用范围
梯形断面	一级坡 1:m_i，二级坡 1:n，平台	断面简单,易于施工,最为经济,最符合生态学要求	开挖土方工程量大,占用土地面积大	新建工程或改建工程中的改线段
矩形断面		航行阻力小,可以提高航速,减小船舶的功率。占用土地少,拆迁量小	须建造岸壁式河岸,增加投资	在航道通过城镇、工矿区、港口时使用,或因两岸有建筑物难以异地迁建的河段

续表

特性 断面形式	断面形状	优点	缺点	适用范围
不对称组合式断面		施工时工地局限于一侧,对周边影响较小。利于一次规划,分期实施	适当减少占用土地,但需增加投资	在具有岸坡的梯形断面的老航道改造中,外拓航道宽度和浚深河底时采用
对称叠合式断面		在积累了多年航道养护经验基础上派生而来,减少工程量、节约投资和用地均介于梯形断面与矩形断面之间,较利于航行	施工有一定难度	对于城镇和农村段的适用性较强

2. 航道断面尺度

运河航道的断面尺度一般均按双线航行确定。只有在地形和地质条件十分复杂的情况下,在运河干线的某些小区段或在航运不频繁的运河上,经过论证,可以按单线航行设计,但应设置会让处及相应的航行标志。

(1) 航道断面系数

航道断面系数 η_φ 为设计最低通航水位时的航道过水断面积(A)与设计船型舯部在水下的横断面积(A_φ)之比,即:

$$\eta_\varphi = \frac{A}{A_\varphi} \qquad (式 2.4\text{-}6)$$

运河的断面系数综合地反映了运河断面尺度和船舶尺度之间的关系,是设计运河断面基本尺度的主要数据之一。船舶在运河中以一定航速行驶时,因航道断面较小,会产生水面波动,船体下沉及船舶航行阻力加大等现象。船舶航行阻力较在无限水体和广阔的天然河流中大得多,而且还随着航速的增加而增大。实船和船模试验资料以及理论研究的分析表明:当船型和航速一定时,船舶航行阻力与断面系数 η_φ 值成反比,即断面系数越大,船舶航行阻力越小。当船型和断面系数一定时,船舶航行阻力随着航速的增加而增加。断面系数 η_φ 值的选取和船舶的航速、每千瓦推(拖)载量有关。每千瓦推(拖)载量一定,航速越高,所要求的 η_φ 值越大。如航速和推(拖)载量较小则要求的 η_φ 值也小。但断面系数的增大意味着开挖土方量的增加,投资的增大。此外,运河中的流速、行船的密度、河岸的土质、护岸情况等因素也都影响船舶的航速和航行阻力,因而在不同程度上也影响断面系数的取值。

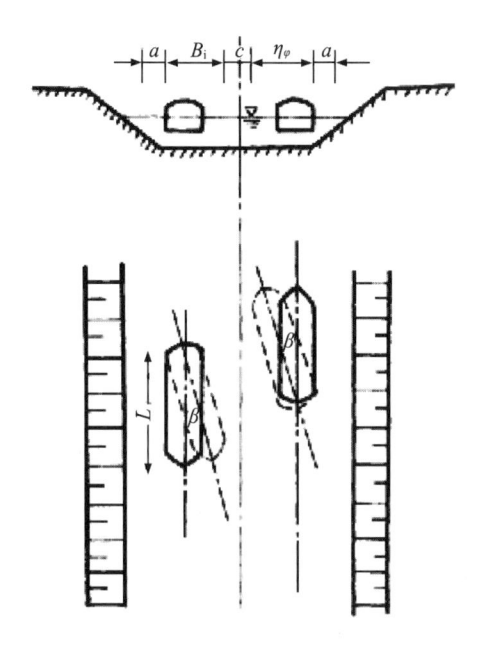

图 2.4-4　运河宽度计算图

断面系数的大小关系到挖方量的大小,船舶功率的大小和航速的快慢,直接影响到工程的投资和营运费用。因此,断面系数的合理确定对运河的规划设计具有重大的意义,也是件复杂的工作。我国现行国标制订过程,综合了京杭大运河和水网航道实际情况,按航速 10 km/h 考虑,η_φ 值选用 6～7,对特殊河段规定 η_φ 值不宜小于 6。

（2）航道宽度

运河的航道宽度指在最低通航水位时计算船舶标准载重状况,亦即标准吃水的船底处的水面宽度,见图 2.4-4。由于驾驶技术和风力的影响,船舶航行一般多偏离航线。对于双线航行的航道,如果船与船之间的距离过小,错船时船侧及船底的流速变化会使船舶舵效降低,同时产生船吸现象而导致船舶碰撞。为保证船舶可以安全、顺利地对驶或超越,运河应具有足够的宽度。运河的宽度应根据船舶尺度及其在航行中可能产生的漂角的大小来决定,可按下式估算：

$$B = 2B_f + 2a + c \qquad (式2.4\text{-}7)$$

$$B_f = L_c \sin\beta + B_c \cos\beta \qquad (式2.4\text{-}8)$$

式中：B_f——船舶航行的航迹线宽度(m)；

L_c——船舶的长度(m)；

B_c ——计算船舶的宽度(m);

β ——在正常航行条件下,驾驶船舶可能产生的航行漂角,一般可取为 $2°\sim3°$;

a ——船舶与河岸之间的距离,一般可取 $0.2B_c+1.2(\mathrm{m})$;

c ——交会时,船舶与船舶之间的安全距离,一般可取:

$$c = 0.7B'_c + 4$$

其中 $B'_c = \frac{1}{2}(B_{c1}+B_{c2})$

式中:B_{c1},B_{c2} ——交会的两船舶(队)宽度(m)。

根据国内外已建运河的资料,对于双线航行的运河航道,其宽度通常采用下式计算:

$$B = (2.6 \sim 2.8)B_f \qquad (式2.4-9)$$

在航道宽度决定后,航道底宽 B_b,见图2.4-5,可由航宽来计算,其计算公式如下:

$$B_b = B - 2m(H-T) \qquad (式2.4-10)$$

式中:B ——航道宽度(m);

m ——边坡系数($1:m$);

H ——航道水深(m);

T ——船舶的设计吃水(m)。

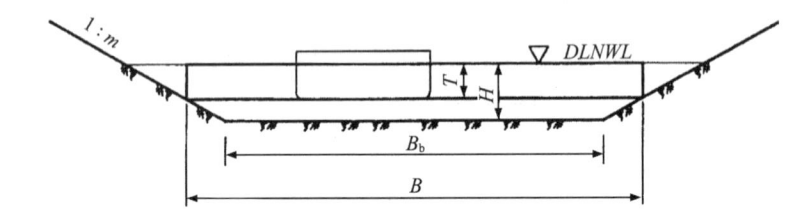

T—船舶标准吃水;H—水深;B—航道宽度;B_b—底宽;m—边坡系数;DLNWL—设计最低通航水位

图2.4-5 限制性航道横断面图

(3)航道水深和船舶吃水比

运河航道的水深是指在最低通航水位时运河所应具有的水深,为设计船舶在标准载重时的吃水深和富裕水深之和:

$$h_c = T_c + \Delta T \qquad (式2.4-11)$$

式中:T_c ——最大计算船舶在标准载重状况下的吃水(m);

ΔT ——富裕水深(m)。

其中,富裕水深为设计船舶静浮状态时船底龙骨下至航道底的最小距离,它是由船舶航行下沉量(船舶由静浮吃水转为航行动吃水,两者间吃水增量)和触底安全富余量所组成。富裕水深的大小是影响船舶航行阻力、船舶操纵性能甚至行船安全的主要因素,因此,为保证船舶的航行,必须具有足够的富裕水深。

船舶设计吃水量指设计船舶在标准载重静浮状态下的吃水。

航道设计水深与船舶设计吃水量之比简称为水深吃水比 $\left(\dfrac{h_c}{T_c}\right)$。

根据对内河航运的现代化的要求及实船和船模试验资料的研究分析,水深吃水比 $\dfrac{h_c}{T_c}$ 约为 1.6~1.7。当 $\dfrac{h_c}{T_c}$ <1.5 时,航速损失率急剧增加,个别案例显示有触底现象。

第三节　运河航道设施与建筑物

运河的开凿往往受地形、天然河流及已有建筑物(道路、水道及其他)的限制和影响,使船舶不能直接通过。为了维持航运的连续性,确保航行安全和通畅,必须兴建一系列航道设施与建筑物。

一、临河建筑物

临河建筑物主要指码头、栈桥、取水口、排水口、护岸等设施。

(一)临河建筑物的布置应满足下列要求

1. 在狭窄水域,临河建筑物及码头船舶停泊、作业水域不得占用通航水域。在较宽阔的水域,临河建筑物及码头船舶停泊、作业水域需占用部分通航水域时,应尽可能少占用通航水域,其允许占用范围应通过论证确定。

2. 在桥区河段,临河建筑物及码头船舶停泊、作业水域不得占用桥区航道水域。

3. 码头前沿线布置应与规划航道水深相适应。码头前沿线、船台滑道外端、取排水口设施宜布置在上下游临河建筑物外缘线之内。

4. 锚地不得占用现行和规划航道,与航道边线的距离为 2 倍~3 倍设计最大锚泊型宽度。

5. 淹没在水下的取排水设施、船台滑道等水下临河建筑物,其顶部设置深度按相关标准的有关规定执行。

6. 取排水设施不得造成影响河床变化和碍航的水流。

(二)码头、栈桥

运河通过城镇、工矿区以及货物转运地时,需要在运河上建设港口并兴建码头等靠船建筑物,供船舶停靠,进行装卸作业。

码头、栈桥对通航条件的影响主要表现为:

1. 缩小过水断面。
2. 在枯水期会显著缩小航行水域。
3. 停泊码头的作业船舶干扰航道上正常行驶的船舶。
4. 如果码头修建在周期性发生边滩位移的河段,则会极大地影响航道维护。

不顾航道的演变规律和航道维护的需要,随意修建各种码头,对通航条件的影响是很严重的。

码头的选址应充分考虑水域与陆域条件,保持主航道的畅通。

码头泊位数目,应根据年吞吐量、泊位货种和船型等因素计算确定。直立式码头的泊位长度和码头长度,应满足船舶安全靠离、系泊和装卸作业的要求。

码头及其必要的作业、停泊水域应当在航道设计宽度水域外,河面宽度小于航道设计宽度的,设置码头应当采用挖入式结构。

码头前沿水深,应保证设计船型满载吃水在航道设计最低通航水位时安全停靠和装卸作业。

(三)取水口

综合利用的运河担负着灌溉、防洪、排涝、发电或城镇供水等任务时,需在运河上修建引水渠道、进水闸、泄水闸或小型水电站等建筑物。

当运河中的水量不足,要从其他的水源获得所需的水量时,若有条件自流供水者,为了引水和控制引入的水量,则需建造供水渠道和进水闸等。若无条件自流供水者,则需采用抽水站等工程措施向运河供水。

沿河修建的取水口,它们都有若干共同的特点:在深水岸或水深较大处选取水点;消耗水量,在航道范围附近建有取水设施。因此,取水口对通航条件的影响有如下几点:

1. 属水资源调配的取水口因用水量大,势必会影响上、下游的水流条件的改变,从而导致水流、泥沙新的不平衡。
2. 取水设施占用一定宽度的水域,可能造成航道宽度减小。
3. 取水过程中会引起取水口的附近水流出现不正常的流态。

(四)排水口

排水口是指为排涝或排放城市生活、工业废水而修建的设施,既有正式修建的排水管,也有自然形式的排水口。

排水口对通航条件的影响主要表现在如下方面:

1. 排水量大的排水口会在排水口形成汇流区,改变局部的水流泥沙条件,形成泥沙冲积堆。

2. 长期有水排放的排水口可能会冲刷河滩,使局部航道的边界条件处于不稳定状态。

3. 排水量大的排水口常常有不正常流态。

(五)护岸

对于因航道整治而产生的护岸,因事先已进行了科学的航道分析,一般不会导致通航条件的恶化,这里所指的护岸,是指单纯从水利或保护局部土地角度出发而建设的护岸。此种护岸由于未考虑航道维护的要求,容易产生以下负面影响:

1. 在护岸施工过程中,抛石堆集过于集中而影响航道尺度。

2. 护岸有可能引起水流条件的重大变化,导致在一段时期整个河段的急剧演变,虽然局部河岸得到了保护,但是会产生新的冲刷点,在水流动力轴线的转换过程中,航道将处于极不稳定的状态。

二、跨河建筑物

跨河建筑物主要指在通航河流上修建的桥梁、架空电线(缆)、架空管道(渡槽)。

(一)水上过河建筑物选址应满足下列要求

1. 水上过河建筑物应建在河床稳定、航道水深充裕和水流条件良好的平顺河段,远离易变的洲滩。

2. 水上过河建筑物选址应避开滩险、通行控制河段、弯道、分流口、汇流口。水上过河建筑物在下游时,其距离不得小于顶推船队长度的4倍或拖带船队长度的3倍;在上游时,其距离不得小于顶推船队长度的2倍或拖带船队长度的1.5倍。

3. 两座相邻水上过河建筑物的轴线间距,Ⅰ～Ⅴ级航道应大于代表船队长度与代表船队下行 5 min 航程之和,Ⅵ级和Ⅶ级航道应大于代表船队长度与代表船队下行 3 min 航程之和。

(二)桥梁

当运河与铁路、公路交叉时,其通过的方式主要决定于与运河相交道路的相对高程。一般是在运河上建造跨河桥梁,使铁路和公路在运河上空通过。

在限制性航道上建设桥梁,应当一孔跨过通航水域,水中不设墩柱。

在水面宽阔的河段,桥梁的通航净宽应当考虑航道三线航行的需要。

桥梁在水中设有墩柱时,墩台应当埋设在设计河底高程以下,并应当设置桥涵标和必要的墩柱防撞保护设施。需要设置桥区水上航标的,设置桥区水上航标。

通航孔两侧墩柱防护设施的设置,不得恶化通航水流条件和减少通航净宽。

在航道上修建桥梁对船舶航行的影响,第一,限定了船舶的航路,增加了船舶操纵难度。第二,由于经济和技术方面的原因,桥梁使船舶的水面高度和船舶宽度受到限制,如果桥梁的净空尺度不符合相关的标准,将非常不利于航运发展。第三,桥梁的建设还将一定程度上对航道维护产生影响。桥址应该选择在河床稳定、航道水深充裕、水流条件良好的平顺河段。对于水深不足和水流条件不好的河段,航道部门常需进行疏浚、整治以及改善航道条件,若在此建桥,必然会与航道维护产生较大矛盾。第四,如果航道中有桥柱存在,将会引起水流条件的变化,改变上、下游的水沙特性,造成新的输沙不平衡,所以,选择桥址时,要求离开滩险、弯道、汇流口。第五,桥梁的建设会引起局部河段船舶密度增加,可能导致航行秩序混乱,为此,桥址也应离开港口作业区、锚地。

（三）架空电线（缆）、架空管道（渡槽）

此类跨河建筑物通常不在航道中修建桩柱,对通航条件最大的影响是其净空高度对船舶水上高度的限制。

架空缆线在航道两侧塔（杆）位置应当设置在大堤背水面。难以设置在背水面的,塔（杆）位置应当与航道边缘保持适当距离,不得影响航道整治规划和港口建设规划的实施。

（四）天然和渠化河流水上过河建筑物通航净宽的计算方法

天然和渠化河流水上过河建筑物轴线法线方向与水流流向的交角不大于5°时,通航净宽可按下列公式计算：

$$B_{m1} = B_F + \Delta B_m + P_d \quad \text{（式 2.4-12）}$$

$$B_{m2} = 2B_F + b + \Delta B_m + P_d + P_u \quad \text{（式 2.4-13）}$$

$$B_F = B_S + L\sin\beta \quad \text{（式 2.4-14）}$$

式中：B_{m1} —— 单孔单向通航净宽(m)；

B_F —— 船舶或船队航迹带宽度(m)；

ΔB_m —— 船舶或船队与两侧桥墩间的富裕宽度(m),Ⅰ~Ⅴ级航道可取0.6倍航迹带宽度,Ⅵ级和Ⅶ级航道可取0.5倍航迹带宽度；

P_d —— 下行船舶或船队偏航距(m)；

B_{m2} —— 单孔双向通航净宽(m)；

b —— 上下行船舶或船队会船时的安全距离(m),可取船舶或船队宽度；

P_u —— 行船舶或船队偏航距(m),可取0.85倍下行偏航距；

B_S —— 船舶或船队宽度(m)；

L —— 顶推船队或货船长度(m)；

β —— 船舶或船队航行漂角(°),Ⅰ~Ⅴ级航道可取6°,Ⅵ级和Ⅶ级航道可取3°。

公式中各数值取值标准可参考相关规范与标准。

三、拦河建筑物

拦河建筑物主要指拦河闸坝、水底过河管道和电缆。

（一）拦河闸坝

抗洪、排涝和发电是水资源综合利用的一个重要方面，在通航河流上修建水利、水电工程是人类兴水利、除水害、充分利用水资源的重要手段。但是，如果兴建大坝而没有过船建筑设施，将会阻断航道。修建的过船建筑物的技术尺度和过船能力不能满足船舶的航行要求或不能与航道规划相适应，则会形成碍航的闸坝，制约航运的发展。

拦河闸坝在修建过程中，势必占用部分通航水域，影响船舶的航行秩序，增加航道维护工作量。

拦河闸坝修建后，会在很大程度上改变坝闸上下游一段范围内的水流泥沙条件，从而引起航道尺度、水流条件的变化，需投入一定的人力、物力对受影响的河段进行观测与维护，重新调整航标配布，重新布置维护力量，对演变剧烈的航道采取疏浚、整治措施。拦河闸坝修建后，上游水位势必抬高，对于航道两侧的边界条件有很大的影响。

（二）水底过河管线

电信部门常常在通航河流上敷设横跨航道的水底电缆线、能源，或其他部门有时将输送石油、天然气或其他液体原料的管道从水底穿过。这些管线一旦遭受破坏，往往无法修复或修复难度极大。因此，在敷设管线的河段一定范围内，船舶不能随意锚泊或拖锚航行。如果在此水域航道需要疏浚、整治，其间的矛盾很难处理。因此，从航道维护和航道发展的角度出发，航道部门对水底管线的敷设有非常具体的要求，以免由于管线的不当布置而影响正常的航道维护，制约航道的发展。

（三）有关规定

1. 穿越航道的水下电缆、管道、涵管和隧道等水下过河建筑物必须布设在远离滩险、港口和锚地的稳定河段。

2. 在航道和可能通航的水域内布置水下过河建筑物，宜埋置于河床内，其顶部设置深度，Ⅰ～Ⅴ级航道不应小于远期规划航道底标高以下 2 m，Ⅵ级和Ⅶ级航道不应小于 1 m。

3. 设置沉管隧道、尺度较大的管道时，应避免造成不利的河床变化和碍航水流。必要时应通过模拟试验研究，确定改善措施。

4. 水下过河设施在航道两岸的出入土点，应当设置在大堤背水面；确需设置迎水面的，其出入土点与航道边缘保持不少于 10 m 的距离，并不得影响航道整治规划的实施。

四、其他建筑设施

1. 锚地

当运河毗邻水网地区时,为解决进入运河的农船和小型船只在指定地点集中停泊的要求,需设置锚地或停泊区,供船舶短时停泊。锚地设置时应不占用航道水域,不堵塞航道,以确保运河通过能力的发挥。在锚地附近,要求航道的界限有明显的标示,航道范围的划定要受到锚地界限的限制。此外,在锚地上活动的船舶对在航道上行驶的船舶也存在一定的干扰。当水位变化和航道发生变迁时,航道部门在对航道采取维护措施时必须考虑对此类区域的影响。

建设码头、港口、船闸等,必须设置具有与通航建筑物能力相适应的锚地。锚地宜靠近港区,不得占用主航道或影响码头的装卸作业及船舶调度;锚地须与桥梁、闸坝、过河管线保持一定的安全距离。锚地水深应大于在锚地设计低水位时船舶或船队满载吃水与最小富裕深度之和。

2. 远方调度站

为确保多线船闸统一运行,联合调度,简化过闸手续,提高船闸的管理效率,有序地调度过往船舶进出闸,保证船闸高效运行,一般在船闸引航道外侧,待闸锚地附近设置远方调度站。根据《江苏省航道管理条例》规定,"京杭运河船闸上下游一千五百米为引航道,其他船闸上下游八百米为引航道",考虑到地形及水流影响,京杭运河上的船闸远方调度站距离闸首 1 500 m 左右。

远方调度站主要负责过闸船舶的登记、购票、检票和调度。建筑面积一般在 300 m² 以内。根据远方调度站工作需要,内部设置一般有:售票大厅、办公室、票据室、船员接待室、会议室、机房、值班室、休息室、厨房、卫生间等。

图 2.4-6 宜兴市水上服务区鸟瞰效果图

3. 水上服务区

针对船民长期漂泊在水上、生活物资补给困难、文化生活单调枯燥的状况,选择合适区域建设水上服务区,为船民集中提供加油、加水及生活便利服务,拓展了航道的服务功能。目前,江苏航道已先后建成了京杭运河宿迁、淮安水上服务区,芜申运河宜兴水上服务区等,深受船民欢迎。

例如:宜兴水上服务区位于芜申运河城西锚地内,项目总用地 28 000 m^2,总建筑面积 5 600 m^2,建设投资 998 万元。按照"高标准设计、高质量建设、高水平管理"的总体要求,该服务区于 2012 年 5 月份开始试运行,由无锡航道处下辖的宜兴航道处组织协调服务区的营运管理。宜兴水上服务区努力优化一系列便民惠民措施。一是完善船舶补给功能。服务区有近 500 m 的停泊岸线供船舶免费靠泊,有 200 m^2 的船舶机具维修区和 200 m^3 的水上加油站供船舶补给,还长年向船民提供免费加水服务,解决了长期以来困扰船民的宜兴城区船舶停泊难、补给难的问题。二是设置并不断完善适应船民日常生活需求的服务区综合配套设施,包括 2 000 m^2 的综合楼、日用品超市、船民餐厅、健身活动室等,为船员提供了购物、餐饮、住宿、文化休闲等便捷服务。三是创设船舶货运物资的仓储服务功能,建有 3 100 m^3 的标准化仓储区,提供货物仓储和中转服务。四是针对船民上岸办事不方便的实际情况,服务区添置了一批"爱心自行车"免费供船民使用,并通过协调,在服务区门口设立了 106 路公交站点,方便船民直达市中心。五是依托运河水景建设了适宜健身休闲的船民花园,建有亭台楼阁、曲径游廊,间有草坪、果园、池塘,园内空气清新,景色宜人的优美环境使来此休憩的船民心旷神怡。目前,宜兴水上服务区运行良好,正在致力于打造"怡心港湾"服务品牌,其完善的服务设施、贴心的惠民措施、优美的服务环境,赢得了船民的广泛好评,逐渐成为交通航道部门对外展示的窗口和为民服务的名片,其社会效益日益凸显。

思考题

1. 什么是运河?运河在航道建设中有什么作用?
2. 简述我国运河发展状况。
3. 运河如何进行分类?
4. 运河航道的选线原则是什么?
5. 运河航道在选线时,还应考虑什么技术要求?
6. 运河航道平面设计有哪些内容?
7. 什么是弯道半径?如何取值?

8. 运河航道弯道段如何设计？

9. 运河航道纵断面如何设计？

10. 运河河底纵坡降如何取值？

11. 运河航道横断面有哪些型式？

12. 运河航道横断面设计要考虑哪些因素？

13. 什么是运河航道断面系数？如何取值？

14. 什么是运河航道宽度？如何估算？

15. 什么是运河航道水深？

16. 运河航道上有哪些建筑物？

第五章　航道护岸

为保证航行用水,凡具有航运条件的湖、库航道均可作为航道中的特殊航段。航道的岸坡会受到风浪侵袭、水位变化、雨水侵蚀以及船行波等外荷载的作用而产生破坏。若不加以保护,就会发生岸坡坍塌等现象,影响船舶航行安全。护岸主要防御波浪和水流对岸坡和陆域的侵袭,保障陆域人员和基础设施安全的水工建筑物。护岸应根据自然条件、使用要求及远期发展等进行布置。护岸的结构型式应根据当地自然条件、使用要求、材料来源和施工条件等因素,结合水利防洪要求,经技术经济综合比较后确定。设计宜结合当地的自然和人文特点,兼顾亲水、生态或景观要求等进行。护岸结构宜根据水深、波浪、地质和地形等条件的变化进行分段,不同区段可采用不同的结构型式或断面尺度。首先,为了保证护岸在水流及船行波作用下能保持稳定,护岸应透水,以消减护岸所承受的渗透水压力的作用。其次,要能够防止从岸坡下流出的渗透水流将岸坡的土粒带走,一般在护岸下面均设有反滤层。最后,护岸本身应能维持稳定。

护岸的工程量在运河工程中常占有很大的比重,在选择护岸的型式时,必须对岸坡的高度,土壤的性质,船行波的大小,水流流速,水位变幅,建筑材料及施工条件等因素进行综合考虑,力求护岸的结构既简单经济,又便于施工,且耐久性好。

护岸可采用斜坡式结构或直立式结构等型式。其中,斜坡式河岸是内河航道中比较普遍采用的形式之一。斜坡式护岸宜用于水深相对较浅、地基较差、砂石料来源丰富的情况。重力式护岸宜用于水深相对较深、地基较好或经过处理的情况。板桩护岸宜用于水深和波浪不大、砂石料来源缺乏、具备沉桩条件的情况。单排桩直立堤宜用于堤顶允许越浪的情况。

第一节　斜坡式护岸断面型式与尺度

斜坡式护岸的断面型式应根据水位、波浪、地质、地形条件、使用要求及施工方法等确定。其中堤式护岸的断面型式如图 2.5-1 所示；坡式护岸的断面型式如图 2.5-2 所示。

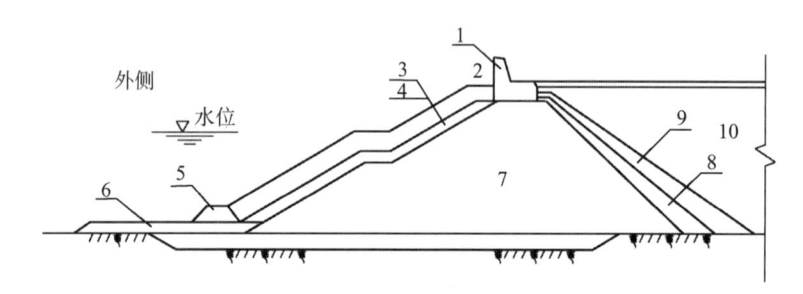

1—胸墙；2—护肩；3—护面层；4—垫层；5—护脚；6—护底；7—堤心；8—垫层；9—倒滤层；10—回填料

图 2.5-1　堤式护岸断面型式

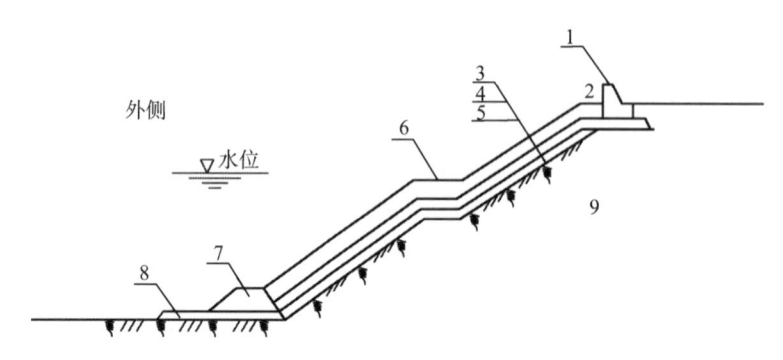

1—胸墙；2—护肩；3—护面层；4—垫层；5—倒滤层；6—肩台；7—护脚；8—护底；9—岸坡

图 2.5-2　坡式护岸断面型式

1. 斜坡式护岸顶高程的确定应符合下列规定：

①允许越浪的沿海护岸，无胸墙时的岸顶高程不宜低于设计高水位以上 0.8 倍设计波高，并应高于极端高水位。内河航道和内河港口护岸的顶高程应分别按设计最高通航水位和极端高水位加 0.1 m～0.5 m 超高值确定。航道滩涂护坡顶高程应与滩面相平或略高于滩面。

②对不允许越浪的护岸，无胸墙时的岸顶高程和有胸墙时的墙顶高程可按下式确定：

$$Z_c = H_w + R + a \qquad (式 2.5-1)$$

式中：Z_c——岸顶或墙顶高程(m)；

H_w——设计高水位(m)；

R——波浪爬高(m)，沿海港口按现行行业标准《港口与航道水文规范》(JTS 145—2005)确定；

a——富裕值(m)，可根据使用要求和护岸的重要性确定。

2. 斜坡式护岸的边坡、护肩、胸墙、肩台和护脚设计应符合《防波堤与护岸设计规范》(JTS 154—2018)规定。护岸的边坡坡度可采用 1∶1.5～1∶3.5。沿海港口的护岸，采用变坡或不同的护面块体时，其分界点宜在设计低水位以下 1.0 倍的设计波高值处。护脚可采用抛石棱体、方块棱体、脚槽、基础梁和板桩等型式。当护脚采用抛石棱体时，棱体顶高程不宜高于设计低水位以下 1.0 倍设计波高值；内河航道护岸棱体顶高程宜取设计最低通航水位或多年平均枯水位。棱体的顶宽不宜小于 2.0 m，棱体的厚度不宜小于 1.0 m，棱体的外坡坡度不宜陡于 1∶1.5。

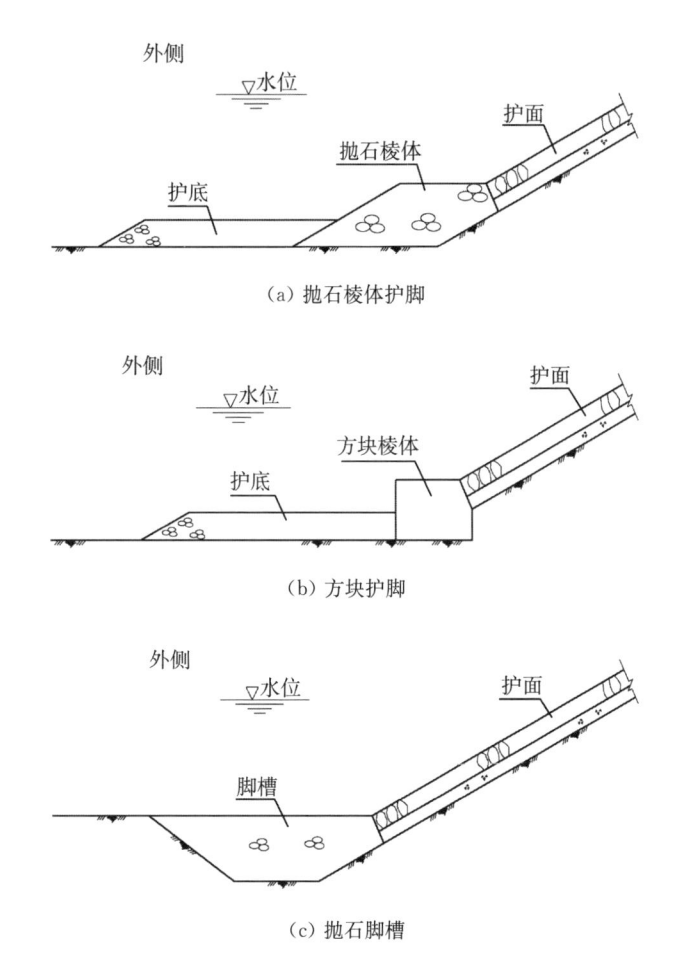

(a) 抛石棱体护脚

(b) 方块护脚

(c) 抛石脚槽

(d) 基础梁护脚

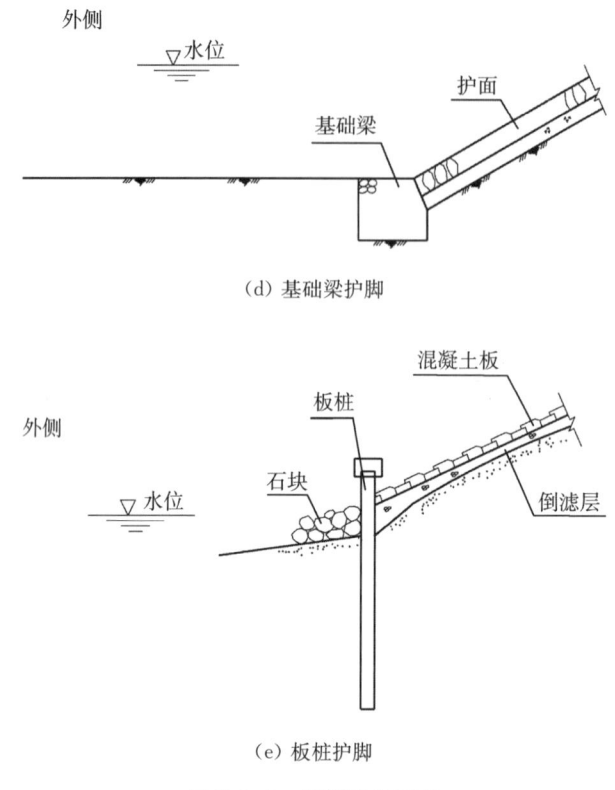

(e) 板桩护脚

图 2.5-3　护脚结构型式

3. 当内河航道船行波作用较大时,护坡防护范围可取设计最高通航水位以上 1.5 倍波高值至设计最低通航水位以下 1.5 倍波高值之间。(船行波的破坏机理和相关研究请自行查阅有关资料)。

第二节　直立式护岸断面型式与尺度

直立式护岸墙体可采用现浇混凝土、浆(灌)砌块石、混凝土方块、板桩、加筋土岸壁、扶壁、沉箱或沉井等结构型式。直立式护岸上部结构可采用现浇混凝土或钢筋混凝土,结构临水面根据挡浪情况可采用直立面或弧面。

当具备干地施工条件时,墙体可采用现浇混凝土或浆(灌)砌块石结构,其断面型式如图 2.5-4 所示。

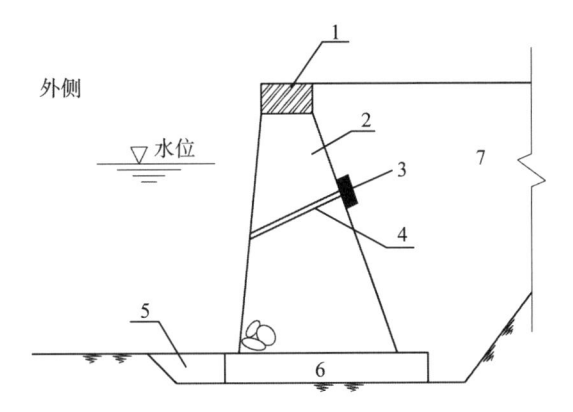

1—压顶；2—墙体；3—倒滤设施；4—排水孔；5—护底；6—底板；7—回填料

图 2.5-4 现浇混凝土或浆(灌)砌块石护岸结构断面型式

当墙体采用预制混凝土方块结构时,垂直缝应相互错开,其断面型式如图 2.5-5 所示。

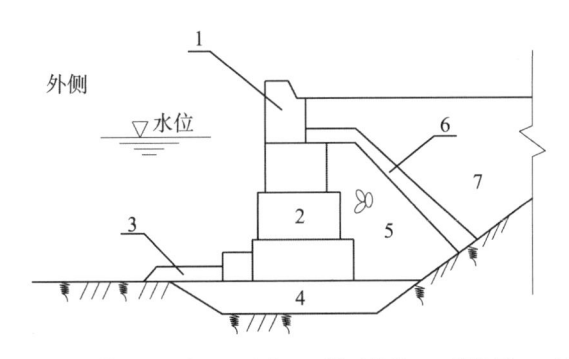

1—胸墙；2—墙体；3—护底；4—基床；5—抛石棱体；6—倒滤层；7—回填料

图 2.5-5 混凝土方块护岸结构断面型式

当护岸高度较小时,墙体可采用无锚板桩结构,其护岸由胸墙和板桩组成。当护岸较高时,宜采用有锚板桩结构,其断面型式如图 2.5-6 所示。

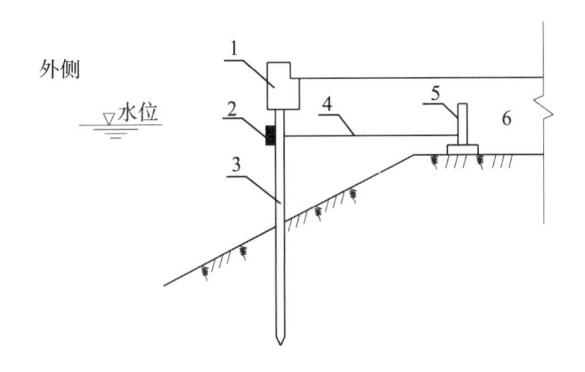

1—胸墙或帽梁；2—导梁；3—板桩；4—钢拉杆；5—锚碇结构；6—回填料

图 2.5-6 有锚板桩护岸结构断面型式

当墙体采用扶壁结构时,可采用如图 2.5-7 所示的断面型式。

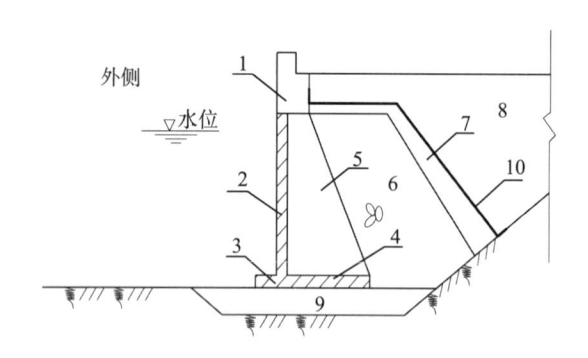

1—胸墙;2—立板;3—趾板;4—底板;5—肋板;6—抛石棱体;7—倒滤层;8—回填料;9—基床;10—土工织物滤层

图 2.5-7　扶壁式护岸结构断面型式

当墙体采用沉箱结构时,箱内填料可采用块石、砂砾石或砂等材料,其断面型式如图 2.5-8 所示。

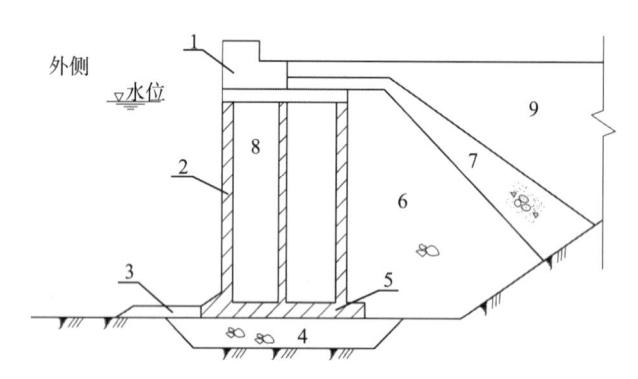

1—胸墙;2—外壁;3—护底;4—基床;5—底板;6—抛石棱体;7—倒滤层;8—箱内填料;9—回填料

图 2.5-8　沉箱式护岸结构断面型式

当现场不具备开挖施工条件时,护岸墙身可采用现浇或预制混凝土沉井结构,其断面型式如图 2.5-9 所示。当沉井上部结构高度较小时,可采用悬臂板结构;当上部结构较高时,可采用重力式结构。

直立式护岸顶高程应根据总平面布置、使用要求和后方排水设施情况等综合确定,并应符合下列规定。

(1) 当允许越浪时,海港护岸顶高程可定在设计高水位以上不低于 0.7 倍设计波高,并应高于极端高水位。内河航道和内河港口护岸顶高程应分别按最高通航水位和设计高水位加 0.1 m～0.5 m 超高值确定。

(2) 当要求基本不越浪时,海港护岸顶高程宜不低于设计高水位以上 1.0 倍设计波高,并应高于极端高水位加超高值 0.1 m～0.5 m。

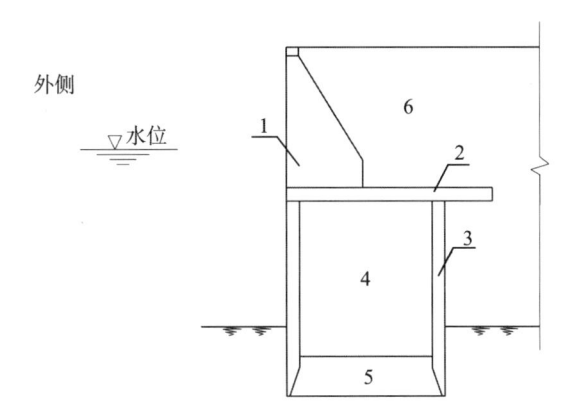

1—上部结构;2—盖板;3—沉井;4—井筒内回填土;5—封底;6—回填料

图 2.5-9　沉井式护岸结构断面型式

第三节　生态护岸

一、生态航道概念

生态航道的理念从根本上描述就是将自然生态与航道建设协调统一,寻求两者之间的客观联系,以维持可持续发展。它包含两个含义:1)生态航道的建设要有明确的生态服务目标与功能,使航道建设能满足重点敏感目标的水文过程要求;2)具备经济性,做到社会经济与生态保护的双赢。

二、生态设计

建设生态航道最重要的内容就是航道的生态设计。加州大学建筑学教授西姆·范德·赖恩(Sim Van der Ryn)曾提出生态设计的原则:结合地域、人文特征,按照生态收支进行设计,符合自然结构的设计,将自然可视化。简单总结,即:

1. 尊重地方的传统文化,并在工程建设中巧妙地利用当地的植被和建材等;

2. 注意保护和节约资源,切忌掠夺式的开发;

3. 充分尊重自然法则,遵循 3R 原则——减量化(Reduce)、再利用(Reuse)、再循环(Recycle),利用边缘效应建立生物自维持体系,以促进系统间协调发展。与自然融合的生态设计就是要尊重和维护生物的多样性。

三、生态航道建设

根据通航河段的客观条件和生态设计的原则,生态航道的建设应从以下几个方面着手。

(一)生态目标

目前我国航道整治参数暂时只考虑其与河床演变、浅滩类型、航道等级、通航保证率等的关系,很少考虑流域的生态敏感因素。比如甘肃省黄河刘家峡库区以及盐锅峡库区水面开阔,是黄河鲤鱼以及鲶鱼的产地。在该航段的整治建设中,在规划阶段应将关键生态敏感目标联系到整治参数的确定中,以达到生态设计的要求。在工程建设的同时,保护野生鱼类栖息地。

(二)航道建设全寿命周期

在以往的航道建设工程案例中,有的项目只考虑工程建设的一次性投资,而忽略了工程建成之后的养护管理费用,导致新建不久就需每年投入大量的人力、物力去修复。除了实际成本增加之外,项目在水工作业的过程中会导致水体浊化,直接或间接影响水生植物的光合作用,使水体溶解氧量有一定的下降;同时,在施工期产生的生活污水和少量的含油污水等,对水生态环境也造成一定程度的破坏。因此,这种重复的建设过程实际上就是对生态环境的二次破坏,并且严重扰乱水生生物的正常演替,毁坏水生态系统的多样性。所以,适当地加大航道建设的先期投入,保证后期的养护投入,将更加有利于延长航道的使用寿命和航道沿线的水生态系统的稳定。

(三)生态观念贯穿护岸设计

目前,已建成的护岸大都采用重力式浆砌块石墙护岸结构。这种传统结构有许多制约因素:首先,浆砌石墙结构工艺落后、劳动强度大、施工效率低,并且受气候和航道水位影响较大,很难满足现代化航运建设的需要;其次,工程质量难以保证,在施工过程中易造成坐浆砌筑不规范、灌浆不实、丁顺搭接不良、块石大小不符合标准等现象;再次,结构形式单一,航道沿线长距离护岸采用同一种结构形式,不仅外观效果单调,而且易造成司乘人员的视觉疲劳。值得注意的是,护岸工程还破坏了河岸的自然植被,使得生态环境受到干扰。

因此,在护岸设计中可以参考一些新技术。比如京杭运河两淮航段,以芦苇为主要材料,建设植被型生态护岸。在原生态较好的河段以芦苇作为护坡材料,与周边植被连成一体,构成完整的河流生态系统,让航道成为一道亮丽的水上风景;在受冲刷严重岸段采用柳树桩支护,水边补植菖蒲或芦苇等水生植物,既减少了水土流失,又与周边景观相协调;在生态袋中灌入有利于草种生长的营养土,袋体与袋体之间用连接扣连接,每4层高用土工格栅反包袋体后,将土工格栅埋设于墙后回填土中压实形成整体。坡面喷播草种绿化,形成一道绿色的长廊。除此之外,还可以采用亲水性、透水性强的预制混凝土箱式护岸。在沿岸地面较高航段采用预制混凝土联锁块铺面型式护岸;在修复护岸采用劈离块护面等新型生态护岸。比如京杭运河扬州段便采用了联锁块护岸,块体中间留有孔腔,内有黏性土植被。这种护岸能适应一定程度的沉降变形,具有良好的整体性,并且植被生长茂盛,风景宜人。

(四)生态航道评价

对已建的航道进行生态评价,可采用综合评价法(表 2.5-1),其计算公式为

$$I = \sum_{i=1}^{n} \omega_i I_i \qquad (式2.5\text{-}2)$$

式中:I——评价综合分值;

n——评价因子个数;

ω_i——各评价因子权重值;

I_i——各评价因子的评分分值。

根据文中提出的评价指标,其权重 ω_i 可以通过模糊评分法来确定。各评价因子的评分分值按照评价等级划分结果分别赋值。

表 2.5-1 生态航道评价指标

评价对象	评价指标
航道安全功能	航道尺度 S1;通航保证率 S2;航标设施完善率 S3;司乘人员视觉满意度 S4
航道生态功能	栖息地质量 S5;船队综合污染指数 S6
航道景观功能	航道景观指数 S7
航道服务功能	服务区分布率 S8;服务区完好率 S9

(五)生态护岸的一些做法

1. 生态护岸的定义和作用

生态护岸是指恢复的天然河岸或具有天然河岸"可渗透性"的人工河岸,也是一种"呼吸性"河岸。该可渗透性河岸能充分保证河岸与河流水体之间的水量交换,同时具有一定的防洪强度。生态护岸可以自然地连接沿河流地区的生活环境,成为一种具有防洪、生态、景观和自净功能的河道建设结构。生态护岸建设是一种利用植物与工程材料相结合,在河道两岸进行建设的生态护坡模式。边坡植被重建是通过植物建立新的植物群落,恢复生态环境,控制水土流失。在生态护岸建设中,应特别注意与自然的结合,既能控制雨水径流和补给地下水,又能间接控制河流,保护河流,创造生物多样性,提高河流的自净能力。

传统的河道护坡治理一般只强调河道的防洪、引水、排涝、蓄水和航运功能,较少考虑河道的生态和环境功能,在护岸工程中普遍应用砌石、混凝土等刚性硬质材料,隔断了

河流与岸坡的能量与物质交换,降低了河流水体的净化降解能力,导致水质恶化、生物无法生存,带来严重的环境问题。

内河航道通常受土地资源的限制,其河面难以大幅度拓宽,而大幅提升的水运量和船舶吨位,给其水土保持和航道维护带来巨大压力。因此,在受限的条件下,综合考虑耐久性、生态性,以有限的后期维护和管理费用,最大限度地使运河恢复到自然河流状态。生态护岸结构的应用将可以大大增加河流的自洁能力,减轻河流的污染问题,使河流恢复应有的生机,其应用前景将十分广泛。

生态护岸除护堤抗洪的基本功能外,对河流水文过程、生物过程还有如下促进功能:

(1) 滞洪补枯、调节水位

生态护岸采用自然材料,形成一种"可渗性"的界面。丰水期,河水向堤岸外的地下水层渗透储存,缓解洪灾;枯水期,地下水通过堤岸反渗入河,起着滞洪补枯、调节水位的作用。另外,生态护岸上的大量植被也有涵蓄水分的作用。

(2) 增强水体的自净作用

河流生态系统通过食物链过程消减有机污染物,从而增强水体自净作用,改善河流水质;另外,生态河堤修建的各种鱼巢、鱼道,造成的不同流速带,形成水的紊流,使空气中的氧溶入水中,促进水体净化。

(3) 促进河流生物过程

生态护岸把滨水区植被与堤内植被连成一体,构成一个完整的河流生态系统;生态护岸的坡脚护底具有高孔隙率、多鱼类巢穴、多生物生长带、多流速变化的特点,为鱼类等水生动物和两栖类动物提供了栖息、繁衍和避难场所;生态河堤繁茂的绿树草丛不仅为陆上昆虫、鸟类等提供了觅食、繁衍的场所,而且浸入水中的柳枝、根系还为鱼类和其他野生动物产卵、幼鱼避难、觅食提供了场所,维持合适的水温,叶子、嫩芽、昆虫等掉入水中,为水中动物提供了食物,形成一个水陆复合型生物共生的生态系统,植被还增加了河道两岸的美感。

2. 生态护岸的类型

生态护岸的类型很多,归纳起来有:

(1) 自然原型护岸

此类型主要采用植物保护河堤,以保持自然堤岸特性,如种植柳树、水杨、白杨、榛树以及芦苇、菖蒲等具有喜水特性的植物,由它们发达的根系来固堤,加之柳枝柔韧,顺应水流,增加抗洪、保护河堤的能力。

(2) 自然型护岸

此类型不仅种植植被,还采用天然石材、木材护底,如在坡脚设置各种种植包,采用石笼、木桩(设有鱼巢)等护岸,斜坡种植植被,实行乔灌结合,固堤护岸。

(3) 人工自然型护岸

此类型是在自然型护岸的基础上,再用钢筋混凝土等材料,确保大的抗洪能力,如将钢筋混凝土柱或耐水圆木制成梯形箱状框架,并向其中投入大量石块或插入混凝土管,形成很深的鱼巢,再在框架外埋入大柳枝、水杨枝等,邻水侧种植芦苇、菖蒲等水生植物,使其在缝中生长繁茂、葱绿的草木。

3. 生态护岸的做法

生态护岸工程按结构型式主要可分为坡式护岸、墙式护岸、混合式护岸等;按照结构材料属性,可分为植物式、柔式、块体式、组合块体式、整体式。常用生态护岸类型按照结构型式及结构材料属性进行分类,见表2.5-2。

表2.5-2 生态护岸结构与材料分类

主要结构型式		结构材料属性				
		植物式	柔式	块体式	组合块体式	整体式
坡式护岸	缓坡	草皮护岸、灌草护岸、竹木护岸	土工网(三维土工网)植草护岸、抗冲植草垫护岸、土工格室植草护岸、蜂巢植草护岸、植生袋植草护岸	自然抛石护岸、干砌块石护岸、多孔植草砖护岸、瓶孔砖护岸	连锁式多孔植草砖护岸、格宾石笼护岸、雷诺护岸	生态混凝土护岸、无砂混凝土护岸
	陡坡					
墙式护岸	直立式	木桩	蜂巢植草护岸、土工管袋植草护岸、格宾土箱护岸	干砌石护岸、生态框(槽)护岸、鱼巢箱护岸	格宾石笼护岸、栅栏板护岸	生态板桩护岸、多孔透水混凝土
	陡坡式	—			加筋生态框(槽)护岸、加筋鱼巢箱护岸、加筋生态砌块	多孔透水混凝土
	折射式	—			格宾石笼护岸	
混合式护岸	直斜	—	蜂巢植草护岸、土工管袋植草护岸、格宾土箱护岸	干砌石护岸、生态框(槽)护岸、鱼巢箱护岸	格宾石笼护岸、加筋生态框(槽)护岸、加筋鱼巢箱护岸、加筋生态砌块护岸	多孔透水混凝土、仿木桩
	多级复合式	防护林、红树林、草皮				

根据护岸所采用材料的不同,生态护岸结构型式可分为植被型护岸和综合型护岸两种型式。

(1) 植被型护岸是以植被保护、恢复与建设原生态保护为原则,主要采用乔灌混交的方式,充分展现乔木和灌木的各自性能。乔木和灌木高低错落生长,能够充分利用空间和光照,实现最好的密封效果,同时保证植物的自由生长。而且,植物发达的根系对堤防的稳定也有积极意义,能够在一定程度上提高抵抗洪涝灾害的能力。

(2) 综合型护岸是以植物、天然材料和人工材料组合的方法实现的人工护岸型式。

材料方面,主要使用木材、石材等天然材料,和水泥、钢筋、土工布、雷诺护垫等人工材料;这些材料能够使综合性护岸具备抵抗边坡冲刷的能力。在生态上,考虑种植草皮、灌木等植被,使之与混凝土等进行组合,达到一定的景观满足,使护岸具备生态功能和生态价值。这是当前应用比较广泛的生态护岸结构型式。

目前,国内经济比较发达的几个省市,如浙江、福建、上海、江苏等,也是我国内河航运发达的几个地区,在新型生态护岸的使用上,也领先于其他地区。这些地区能够结合各自地区的水运特点,将生态护岸应用于内河航道之中。通过调研、分析这些生态护岸的基本型式和特点,可以总结其结构特征,主要包括如下几种型式:航道底使用无防护结构或铰链排、联锁块、灌砌块石、浆砌石等刚性材料进行护底;在最低通航水位附近,则选取透水空箱、L形挡墙、块石混凝土、三维土工网、土工布等透水结构进行防护;在常水位附近,选用自嵌块、格宾石笼、雷诺护垫、生态混凝土以及金属护垫等结构进行保护;在最高通航水位上则选用香根草等草皮和乔木、灌木或乔灌混交等植物进行生态设计和景观设计。其结构型式如图 2.5-10 所示。

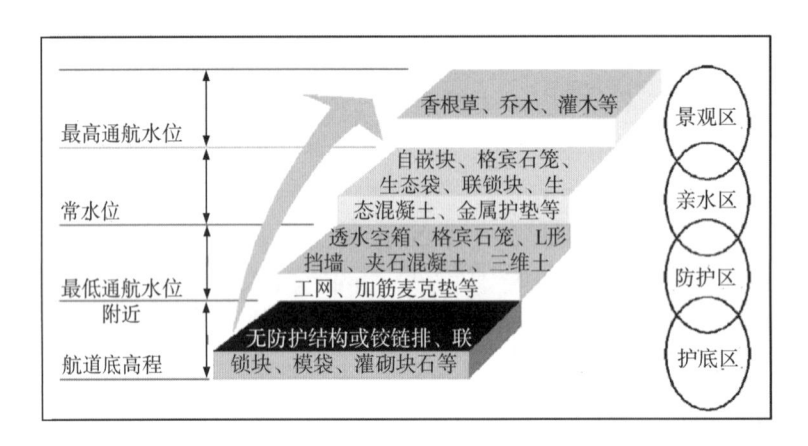

图 2.5-10 新型护岸结构型式示意图

1. 预制联锁块和三维土工网垫型式

混凝土联锁块,如图 2.5-11 所示,由预制块毗邻块和块之间的重叠契合而成,毗邻块和块之间相互咬合,因此,整个预制块结合为一个整体。预制联锁块就单块而言,其尺寸、体积和重量都比较小,从而能够产生一定的柔性变形,可以较好地适应河床、岸坡的形态变化。在块体与块体之间,还可以种植草皮甚至灌木,能够形成较好的生态系统,同时具有一定的景观效应。预制联锁块是一种很好的防止岸坡冲刷的生态护岸型式,具有稳定性好、坚固耐用、安装方便、环境改善等特点。

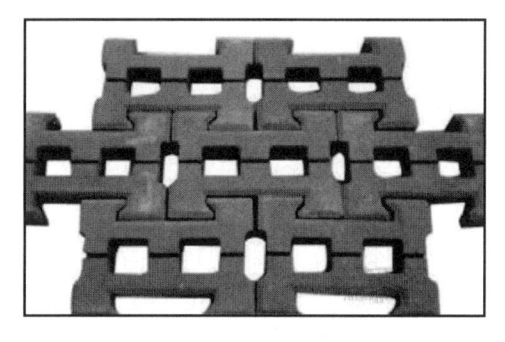

图 2.5-11　预制联锁块 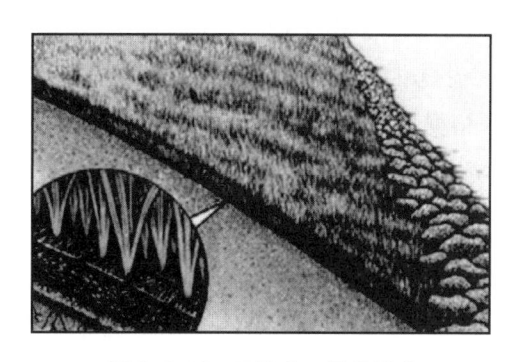　　　　　　图 2.5-12　三维土工网垫型式

三维土工网垫，如图 2.5-12 所示，是一种能够应用于水土保持的新型三维结构，由生态土工合成材料组成。其结构设计比较简单，工程成本低，相当尺寸范围的三维土工网垫，其造价约为混凝土护坡或者干砌石护坡的 0.2 倍，仅为浆砌石护坡造价的 0.15 倍。能够起到防止岸坡冲刷的作用，同时增加绿化效果，也能形成很好的生态系统。三维土工网垫主要特点是造价较低、使用方便、防冲刷能力较强。

2. 格宾石笼型式

格宾石笼，如图 2.5-13 所示，由金属丝编织成角笼（六角网）。笼网由高耐腐蚀、高强度、延展性好的低碳钢丝编织而成。格宾石笼具有以下特点：(1) 经济实惠，仅需将石头装入格宾笼，造价较低；(2) 施工技术简便；(3) 抵抗自然破坏能力强、耐腐蚀较好；(4) 可承受较大范围的变形，而不至坍塌；(5) 石笼中的间隙有利于构建小型的生态系统，利于微生物和动植物的生长，能够与周边水生环境进行较好的融合；(6) 具有良好的渗透性能，可以有效减少流体静力造成的损伤。格宾石笼主要用于：控制和引导河流及洪水；防止和减少水土流失；海防工程；港口工程；挡土墙。

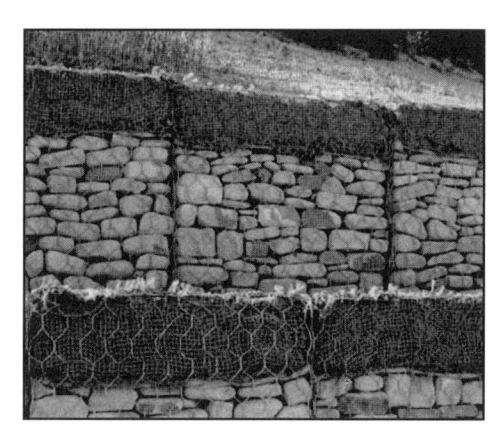

图 2.5-13　格宾石笼型式护岸 　　　　　　图 2.5-14　生态混凝土护坡型式

3. 生态混凝土护坡型式

生态混凝土护坡又称为植生型多孔混凝土,如图 2.5-14 所示,目前并没有严格的定义,根据其特点和功能,总结出适应植物生长、植被恢复和保护环境、改善生态条件、兼顾混凝土保护功能的混凝土及其制品。植生型多孔混凝土主要由主体结构、植生基材和植物三部分组成。

将植生型多孔混凝土应用于护岸和整治建筑物中,不仅具有传统的砌体结构工程的作用,而且由于多孔混凝土具有连续的孔隙,为绿色植物根系的生长提供了基础,植物根系可以深入到混凝土空隙内,具有较好的加固效果。混凝土表面也可以生长绿色植物,不仅能够起到景观效果,而且改善了水生环境。同时,微生物及小动物在多孔混凝土凹凸不平的表面及连续孔隙内部生息,多孔混凝土为微生物及小动物提供了生存空间,保持了生物的多样性,从而形成自然生态型的河道护岸等。另外,附着在多孔混凝土上的各种菌类,通过好氧型营养细菌、硝化细菌等分解、消化作用,把有机物分解成无机物,这些无机物又通过溶于水中的二氧化碳重新进行光合作用,又一次生产成有机物,这样反复多次形成的食物链间接对河流水质进行净化。

第四节　其他型式的护岸

一、3D 打印航道二级护岸及其施工工艺

3D 打印护岸采用轮廓模壳工艺技术,通过对设计图进行 3D 数字化模型处理,采用 3D 打印机均匀喷出混凝土胶凝油墨材料,连续打印、层层叠加,形成结构模壳,通过在模壳内填充混凝土,从而形成结构实体。在工厂内采用 3D 打印设备打印出成品护岸,待养护成型后,通过运输设备运至现场后进行安装成型,形成完整护岸。

3D 打印航道二级护岸采用数字化建模及自动化、工厂化的生产、养护,能够实现护岸结构自动化生产,并更好地控制构件生产质量,大大减少了人工投入。打印原材料中大量掺入建筑废材,在满足环保要求的前提下,使建筑废材得到循环利用,真正实现增材制造的环保理念。现场采用装配式安装施工,减少了机械设备和人员的现场施工时间,提高了生产效率,并能显著减少施工对周边居民、环境造成的影响。

适用范围:内河航道工程中的 3D 打印二级护岸的施工。

1. 施工工艺流程(图 2.5-15)

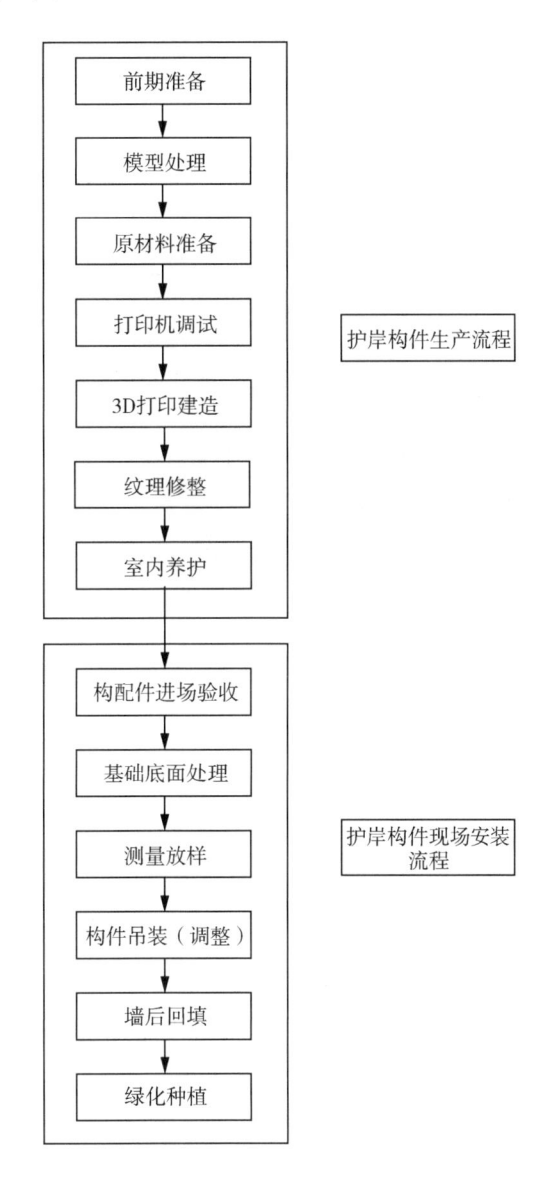

图 2.5-15　3D 打印航道二级护岸施工工艺流程图

2. 操作要点

(1) 护岸构件生产

前期准备：检查设备是否正常运转，输送管道是否通畅，3D 打印设备零配件是否完好无损。

模型处理：编程人员进行图纸模型处理和编程，确保 3D 打印机能够连续打印工作。

原材料准备：焊工根据设计图纸进行钢筋网片的焊接，确保整体误差在 5 mm 以内；根据优化好的打印油墨配合比设计，制作满足稠度和坍落度要求的 3D 打印油墨材料。

打印机调试：把编好的程序输入 3D 打印机，根据程序设定和定位打印原点坐标。

3D 打印建造：3D 打印机按照程序的设定进行移动，喷头均匀挤出油墨材料，沿着计算机处理过的模型路径进行层层叠加，并按照设计要求逐层放置钢筋网片，确保上下层混凝土能够包裹住钢筋，不露出钢筋（图 2.5-16）。

纹理修整：打印完成后，用工具对瑕疵位置进行纹路修整，保证纹路自然美观。

图 2.5-16　3D 打印护岸构件成品图

室内养护：构件混凝土凝固后，常温养护 1～2 d 后移出机床，再保湿养护 7 d 左右，养护至强度满足吊装及运输需求即可。

（2）护岸构件现场安装

构配件进场验收：构件吊装前应严格执行构配件进场报验制度，经监理单位检验合格后方可进行施工。

基础底面处理：根据设计要求对一级护岸墙后进行分层回填压实（图 2.5-17），填至墙顶高程压实后再反开挖二级护岸基础，在基础底面铺设砂垫层作为护岸构件安装的找平层（图 2.5-18），以便进行安装高程控制。

图 2.5-17　一级墙后回填土分层压实图　　　　图 2.5-18　基槽铺设砂垫层

回填结束后对基底范围内回填土进行轻型静力触探试验,确保地基承载力符合设计要求。

测量放样:根据设计图纸坐标计算出二级护岸基础前口边缘线位置,采用 GPS 定位进行二级护岸基础位置放样,每 4 m 一个样点并做好标记。

构件吊装:

①根据护岸构件的轮廓尺寸、重量、吊扣位置、吊机起重参数、作业半径等选择合适的起吊设备及吊索具;

②根据吊机起重参数、最不利吊装工况计算施工现场地基能否满足支腿压应力要求,如不满足要求可采用支腿下垫钢板的方式来分散支腿压应力;

③吊装前,做好全面仔细的安全检查,排除作业隐患;

④进行多次试吊试验,确保协调性和安全性;

⑤人工配合起重设备进行正式吊装。单节护岸构件吊离地面 50 cm~80 cm 时暂停,做进一步检查,如正常则继续起吊。吊至二级护岸位置上方 50 cm 时暂停下放,人工协助构件稳定后继续缓慢下放至基槽位置。每节护岸构件吊装完毕后,需对安装情况进行检测,如有项目超过允许偏差值,需将构件再次吊起调整,直至安装符合设计及规范要求(图 2.5-19)。

墙后回填:3D 打印二级护岸安装完成后进行回填土施工,回填土的施工需满足设计及规范要求。

图 2.5-19　3D 打印护岸构件现场吊装

绿化种植:3D 打印二级护岸顶面孔洞内回填耕植土,并种植耐旱、蒸发量较小的植物品种。整个施工流程如图 2.5-20 所示。

图 2.5-20　3D打印护岸鸟瞰图

二、工厂化箱式装配护岸施工工艺

通过工厂化预制空箱,现场吊装流水作业,用微膨胀混凝土将预制空箱与现浇混凝土底板有效连接,并在箱体间预留的孔洞进行模袋注浆,将预制空箱连成整体。在预制空箱内安装生态鱼巢,并填筑素土。在满足结构稳定性要求的同时,在箱体填筑素土的上层表面填充部分疏松的栽植土,并种植适宜的绿化植物,既减少了混凝土的用量又突破了传统重力式护岸在岸边第一线无法进行生态绿化的局限,具有工厂化、标准化、绿色化、经济性等特点。

工业化整体箱式装配护岸,极大程度地实现了工厂化预制生产,现场吊装流水作业,保证构件生产质量的同时加快了施工进度,不仅可以避免大体积混凝土浇筑的难题,而且可以减少混凝土用量,降低施工对环境造成的影响,增加景观协调性。最终实现工程建设工业化、施工过程绿色化,大大提高内河航道工程建设的经济效益和社会效益,适合在航道项目推广应用。

经济效益:与传统重力式护岸相比,工业化整体箱式装配护岸,大大提高了经济效益,施工工期缩短41%,人工消耗降低35%,全寿命周期成本每延米减少4 930元,节约成本25.0%。

社会效益:工业化整体箱式装配护岸施工工艺采用工厂集中预制、现场吊装流水作业的施工方式,提高了工程整体质量。相比于传统的混凝土重力式墙身工法,工业化整体箱式装配护岸施工工法采用空腔内填筑素土方式,降低混凝土用量,减少污染,保护环境,且降低了工程建设成本,具有经济、环保双重特性。临水侧布置鱼巢、空腔顶部填充部分疏松的栽植土并种植适宜的绿化植物,增加了生态性,且与墙后填土绿化对应,提高了景观效果,构成了美丽绿色生态护岸。工业化整体箱式装配护岸后期养护便捷,只需将破损的箱体更换即可,降低了全寿命周期成本。

1. 施工工艺流程(图 2.5-21)

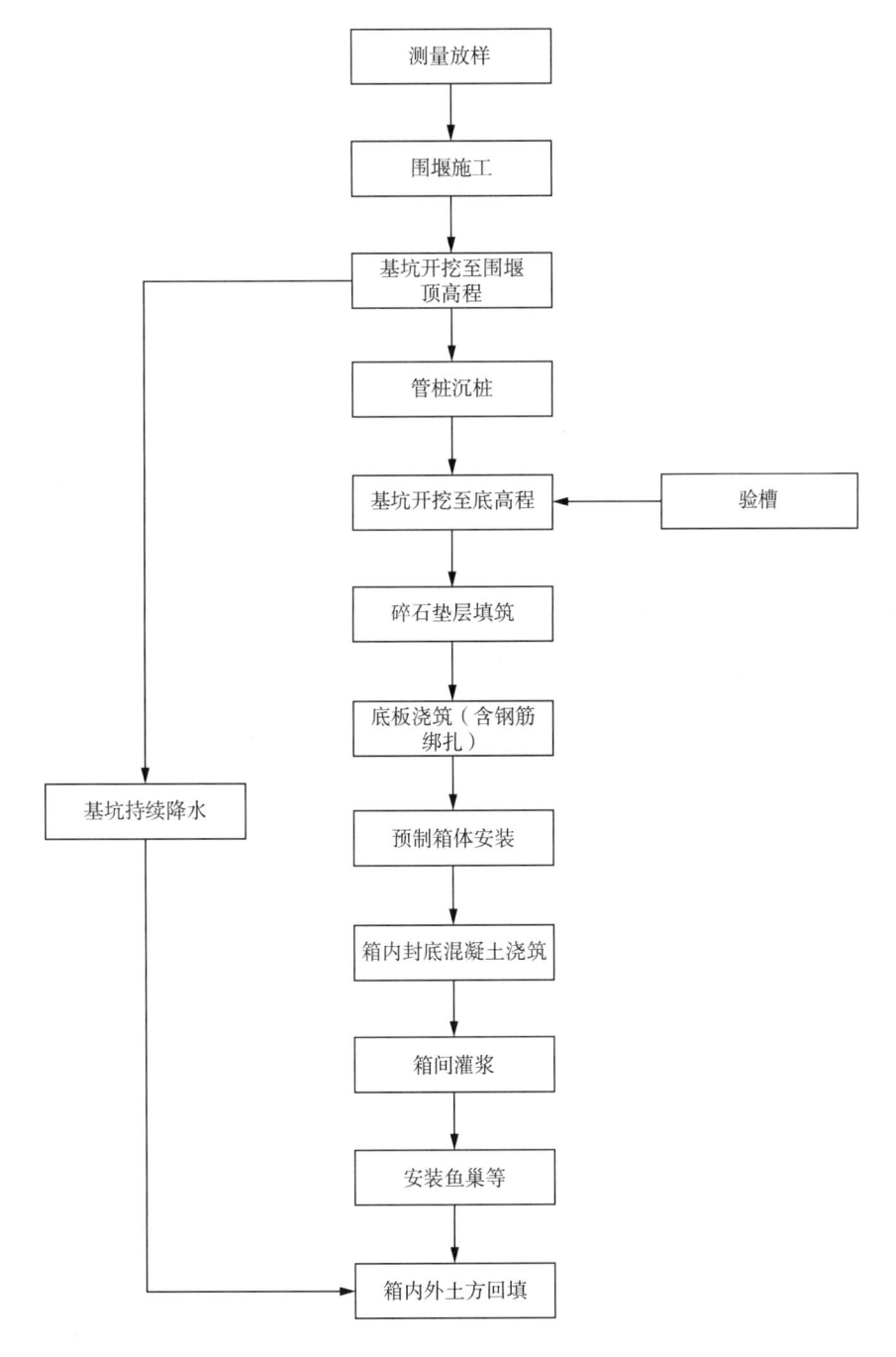

图 2.5-21 工厂化箱式装配护岸施工工艺流程图

2. 操作要点

(1) 测量放样、施工准备

(2) 围堰施工

采用预留土围堰并在内侧打钢管桩加固。围堰施工尽量选择在枯水季节,堰顶取▽2.5 m(根据实际水位调整)。

(3) 软基处理管桩施工流程

场地整平 → 管桩沉桩 → 基槽开挖 → 桩头处理 → 混凝土基础浇筑 → 混凝土护底浇筑

图 2.5-22　管桩施工工艺流程图

管桩制作完成后运至现场,采用 V-400 D 型液压振动锤,现场再配备 50 t 履带吊车配合驳桩(图 2.5-23)。打桩过程中采用经纬仪及水准仪观测桩身垂直度及标高。打桩质量以控制标高为准。

图 2.5-23　管桩施工

(4) 底板施工

底板混凝土由拌和站统一供应,由运泵一体船运送至现场泵送浇筑,浇筑混凝土时,在空箱范围内的底板上增设一定数量的倒榫,以增加与墙身结合面的抗剪能力,倒榫每平方米不少于 2 个,梅花形布设。相较传统重力式护岸底板施工工艺而言,装配式结构的底板顶面平整度控制精度要求更高,以便于箱体安装(图 2.5-24)。

底板钢膜采取制作底板整体钢模,并在整体钢模顶面加设槽钢,并和钢模固定成整体,采用两根大刚度的特制槽钢作为底板上空箱前后沿线安装位置处的顶模,同时空箱前沿线的特制槽钢高度正好设计为底板趾坎的高度,这样就能同时作为底板趾坎的侧模。

图 2.5-24　工厂化箱式装配护岸底板施工

(5) 预制空箱安装流程(图 2.5-25)

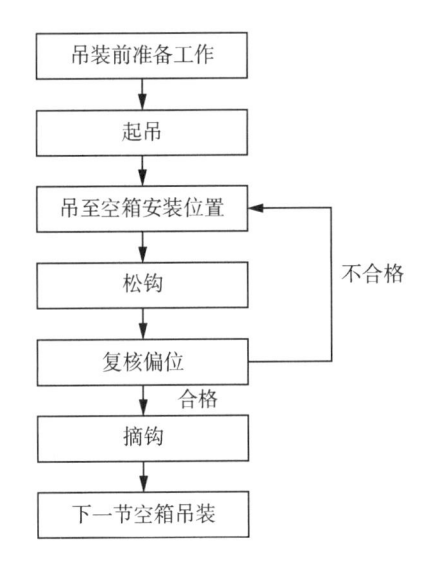

图 2.5-25　预制空箱吊装施工工艺流程图

预制空箱采用工厂统一工业化预制，空箱运输是由生产厂家安排 600 t 运输船水运至施工现场，每船装一层，600 t 运输船共装 16 个预制空箱。利用 40 t 全回转浮吊在航道中进行安装，构件起吊至设计位置上方后，缓缓下降吊钩使空箱下降至底板高程以上 10 cm，微调吊臂回转角度和仰角，使空箱的四个角与底板上的安装位置线一致，放下空箱(图 2.5-26)。

图 2.5-26　工厂化箱式装配护岸空箱预制及吊装施工

(6) 空箱封底混凝土浇筑

待 3~5 段空箱安装完毕后,进行空箱封底混凝土施工。封底混凝土为 C20 微膨胀混凝土,由运泵一体船运送至施工现场浇筑。

(7) 预制鱼巢安装

待封底混凝土达到设计强度 80% 后,安装预制鱼巢,鱼巢构件正对空箱上的鱼巢孔放置。放置好鱼巢后,在鱼巢底部坐一圈水泥砂浆,辅助固定,防止回填土时造成鱼巢偏位。

(8) 箱间灌浆

在相邻箱体预留孔洞间埋设模袋至箱体底部,将注浆管下到模袋底部,用砂浆泵将砂浆压入,砂浆由孔底逐渐上升,将孔内积水顶出,直到孔口冒砂浆为止,然后逐个断面孔洞进行注浆。

(9) 沉降缝及墙后排水设施施工

为确保护岸正常使用,装配式护岸每 12.04 m 设置沉降缝一道,兼作伸缩缝,伸缩缝材料为聚乙烯板。每个预制空箱一侧边缘预埋了一道 Φ50 mm PVC 排水管,排水管以 5% 坡度延伸至迎水面出水口。

(10) 箱内外土方回填

回填分 3 期进行,在灌浆完成,强度达到设计要求后,进行箱内外土方回填,先回填至▽0.5 m;待排水管、反滤包、土工布等施工完毕再回填至▽2.5 m;最后待整个施工段落全部完成一级墙的施工后进行二级护坡的土方回填。

(11) 种植绿植

在满足结构稳定性要求时,对空箱顶部回填栽植土并种植适宜的绿化植物。

思考题

1. 为什么要做护岸?
2. 护岸的型式有哪些?
3. 了解各类护岸的结构组成。
4. 什么是生态航道?
5. 生态航道设计遵循什么原则?
6. 生态航道建设要考虑哪几个方面问题?
7. 如何进行生态评价?
8. 什么是生态护岸?生态护岸有何功能?
9. 生态护岸有哪几类做法?

第六章 航道养护

第一节 概述

航道是国家重要的公益性交通基础设施,加强航道管理和养护是实现水路运输畅通、高效、平安、绿色的重要保证。随着航道等级逐步提高,通航需求不断扩大,与通航有关的设施建设逐渐增多,航道管理和养护的任务将更加艰巨。必须不断提高航道管理和养护能力以及公共服务水平,适应水运和经济社会发展的新要求;必须加快转变发展方式,提升航道畅通保障、公共服务、科技创新能力,着力加强航道管理,不断提升养护水平,大力推进航道信息化、数字化、智能化建设,为实现航道现代化打下坚实基础。

一、航道养护的基本任务

航道的日常养护工作是保深、保标、保畅通,维持并尽可能改善通航条件和提高通过能力,为保障航行安全创造条件。我国内河航道养护管理的基本任务可以归纳如下:

1. 有计划地对航道进行各项维护性观测,系统积累各种基础资料;
2. 在通航河段,按照国家标准和维护类别设置航标,并做好航标的维护工作;
3. 对滩险河段加强观测分析,掌握其演变趋势,及时进行调标、改槽、疏浚、清障工作,以维护计划的航道标准尺度;
4. 对整治建筑物进行定期检查、修补或实施局部改善工程;
5. 对所管辖的过船建筑物和航运梯级进行检查、保养和维修工作,使其正常运转;
6. 根据有关法规和规范,加强航道保护,防止航道条件恶化和遭受破坏。

二、航道养护工作的分类

1. 航道养护工作的分类

内河航运是综合交通运输体系的重要组成部分。近年来,随着公路、铁路飞速发展,交通运输结构进行了调整,水运结构也相应调整,这就促使航道养护工作必须有所取舍。对水运繁忙的河段,理应投入更多的力量加强养护;对航运趋于萎缩、航行船舶稀少的河段,则可减少养护力量。为此,需要把航道养护分为几个不同类别,并提出不同的养护标准,以促进水运的发展。

航道养护类别的划分,首先要考虑航道等级,但又不宜只考虑航道等级,因为内河航道等级的高低,只说明其运输潜力和通过船舶(队)的大小,不能显示其现实的运输需求。通过调查、分析和反复测算,航道养护类别的划分应从航道等级、是否昼夜通航和实际客货运量三个方面进行综合分析确定。

根据交通运输部颁布的行业标准《航道养护技术规范》(JTS/T 320—2021)的规定,航道养护工作分为三类:一类维护、二类维护和三类维护。一类维护是航道养护工作的重点,二类次之,三类更次之。

2. 航道养护的分类条件

《航道养护技术规范》(JTS/T 320—2021)中规定具备下列条件之一的航道养护,应为一类养护:

(1) 昼夜通航的Ⅶ级～Ⅳ级内河航道;

(2) 通航500吨级及以上海轮的潮汐河口航道;

(3) 通航3万吨级及以上海轮或国际航线集装箱船的沿海航道。

季节性通航的Ⅶ级航道、通航5 000吨级以下海轮的沿海航道和通航500吨级以下海轮的潮汐河口航道应为三类养护。

条件介于一类养护和三类养护之间的航道,应为二类养护。

根据《航道养护技术规范》(JTS/T 320—2021)和江苏航道养护系列标准化文件,江苏省航道养护工作分类标准如下:

(1) 年货运量超过3 000万t的航道纳入一类维护;

(2) 年货运量1 000万t至3 000万t航道纳入二类维护;

(3) 年货运量不超过1 000万t的航道纳入三类维护。

三、航道养护标准

航道养护工作的基本目标是要保证航道尺度,维护航标质量,维护通航设施的正常运转,不发生阻航、断航事故。

1. 航道标准尺度

航道尺度包括水深、宽度和弯曲半径,其中最主要的是航道深度。

各条河流、各个区段计划维护的航道标准尺度,应根据现行国家标准《内河通航标准》的规定,结合河流客观条件和运输实际需要,分别由部属或省属航道主管机构论证确定。

例如,对于新近整治过的浅滩航道,在正常情况下应当将整治工作设计确定的航道尺度定为计划维护的标准尺度。对于某些已经整治的河段,如果由于运输发展较原设计所预测的水平低,通航船舶尺度尚未达到原定规模,就应确定计划维护的航道标准尺度低于整治标准,以避免不必要地增加维护费用。

江苏省航道维护尺度标准,控制在上下两个等级尺度之间的60%以上,即维护尺度不得下降等级间尺度40%。

二级航道维护尺度底宽不得低于二级(60 m)～三级(45 m)等级间尺度的60%(54 m);

三级航道维护尺度底宽不得低于三级(45 m)～四级(40 m)等级间尺度的60%(43 m);

四级航道维护尺度底宽不得低于四级(40 m)～五级(35 m)等级间尺度的60%(38 m);

五级航道维护尺度底宽不得低于五级(35 m)～六级(20 m)等级间尺度的60%(29 m);

六级航道维护尺度底宽不得低于六级(20 m)～七级(16 m)等级间尺度的60%(18.4 m)。

江苏省航道维护类别根据航道维护尺度底宽标准和所占航道里程长度比例双指标进行控制。具体控制见表2.6-1。

表2.6-1 江苏省航道维护类别

维护类别	一类维护			二类维护			三类维护		
等级底宽间尺度控制比例	80%	70%	60%	70%	60%	50%	60%	50%	40%
航道里程长度控制比例	90%	95%	98%	80%	90%	95%	70%	80%	90%

2. 天然河流航道维护标准水深年保证率

天然河流航道维护标准水深的年保证率应符合表2.6-2的规定。各条河流航道维护标准水深年保证率的具体指标由交通运输部及各省航道主管机构确定。

表 2.6-2　天然河流航道维护标准水深年保证率

航道维护类别	一、二级航道	三、四级航道	五~七级航道
一类维护	≥98%	≥95%	≥90%
二类维护		≥94%	≥88%
三类维护	不作统一规定,要求尽量利用自然水深		

航道维护水深应不小于航道等级所要求的水深。二级~七级航道维护水深应满足以下规定:

(1) 二级航道维护水深不小于 4.0 m;

(2) 三级航道维护水深不小于 3.2 m;

(3) 四级航道维护水深不小于 2.5 m;

(4) 五级航道维护水深不小于 2.5 m;

(5) 六级航道维护水深不小于 2.0 m;

(6) 七级航道维护水深不小于 1.5 m。

3. 弯曲半径

航道维护弯曲半径应不小于航道等级所要求的弯曲半径,对航道弯曲半径维护确有困难的航段,可采取航道单侧加宽的方式进行维护。二级~七级航道维护弯曲半径应满足以下规定:

(1) 二级航道维护弯曲半径不小于 540 m;

(2) 三级航道维护弯曲半径不小于 480 m;

(3) 四级航道维护弯曲半径不小于 320 m;

(4) 五级航道维护弯曲半径不小于 250 m;

(5) 六级航道维护弯曲半径不小于 110 m;

(6) 七级航道维护弯曲半径不小于 100 m。

4. 航标维护质量标准

(1) 航标的种类、形状、颜色、灯质与配布原则,内河应符合现行国家标准《内河助航标志》的规定;通海河口应符合现行国家标准《中国海区水上助航标志》的规定。

(2) 航标维护质量:符合相应要求,具体详见同系列教材中《内河航标》一书。

5. 过船建筑物维护工作标准

(1) 过船建筑物达到正常运用后,年通航保证率应达到:

一类维护航道不小于 98%;二类维护航道不小于 95%,三类维护航道不小于 90%。

(2) 过船建筑物的维护工作,应符合《通航建筑物运行管理办法》《水运工程质量检验标准》等现行行业标准和法规的有关规定。

第二节　航道维护性测量

航道是河道中能够通航的带状水域。为保证航道正常的通航尺度,必须定期对航道进行维护性测量,收集第一手资料和数据,探明航道最小水深及浅点位置,及时调整航标,保证船舶安全经济运行,提高航道维护质量。

一、航道维护性测量分类

航道维护性测量分简测、探测和扫床三类。

简测是在枯水期或退水后的适当时期,为了解浅滩河段的航道情况,进行定期或临时性的测量。简测时间一般在水位退落后,最小水深接近维护水深时。若航道变化剧烈,则应临时增加测次,特别要注意淤沙期航道的检测。简测工作结束后,应绘制航道等深线图,视航道变化情况采取相应的工程措施。

航道探测是使用最多的一种测量手段,其目的是随时掌握航道的变化及通报水深情况。探测常利用测杆、测锤及测深仪进行,将航道最浅、最窄处的水深及方位测算出来。在枯水期,凡设置了浅滩浮标的航段每天都应进行探测,对变化急剧的浅滩槽口,每日探测数次,对布设了航标灯的航段,夜间也要探测,并将探测的航道最小尺度及时上报。中洪水期的涨水期,可只进行航道边线的探测,退水期对浅滩航道要进行详细探测,并视水位的下降幅度,增加探测次数。对一般性航道的过河航段,沿岸航段的凸岸边滩也应进行定期探测。

扫床的目的是检查航道内是否有碍航障碍物,弄清障碍物的部位、水深,为布标、清障工作提供依据。扫床工具有软式扫床(扫绳加沉锤)和硬式扫床(扫杆与标尺)两种。

水下地形测量的基本原理是利用声波反射时间来计算该点的水深。主要测深设备有当前仍在大量使用的单波束回声测深仪及先进的多波束测深仪,这两种测深系统虽然工作原理相同,但单波束回声仪每次只能发射一束声波,只能得到一个水深数据点。如利用单波束回声仪测量一个区域的水下地形,须先根据出图比例和规范要求,预先确定测点和测线的间距,布设测量线,再用测深船逐点进行测量,以此画出地形等高线图或断面图。但是,单波束回声仪的声波发射角一般为 $15°\times15°$,导致水下声波覆盖面太宽而大大降低了测量的精度,使之无法适应大比例尺的精细测量要求。

多波束测深系统利用超声波原理进行工作,通过发射和接收声波信号,根据声波在水体中的传播时间与声速的乘积即可计算出水深。多波束换能器由发射探头和接收换能器组成,它之所以被称为多波束,是因为有多达 1 440 个相互独立的发射波束与接收换能器阵列组合分布在两个换能器的平面内。每发出一个声波,便可在垂直于航线上得到一组水深数据。当测船连续航行时,便可得到一个宽带的水下地形资料。根据水深,如果选择使用 600 波束的声波发射,每个探头可接收由 300 个接收阵列采集的 300 个水深点信号,接收信号由计算机实时处理、显示、记录。这 1 440 个接收阵列呈 161°夹角的扇面分布。它以一种全覆盖的方式进行水下地形测量,因此,它与目前常规单波束比较,具有测深点多、测量迅速快捷、全覆盖等优点。水深测量采用多波束条带方式对水底进行全覆盖测量,多波束系统采集的数据,可以利用后期处理软件制作各种比例尺的水下地形图,特别是大比例尺(1∶100、1∶200 或 1∶500)地形图。如果利用常规的测绘方法,不仅费时费力,而且难以满足精度要求,而多波束系统由于其对水下地貌信息一清二楚,因此,能满足用户提出的各种比例尺成图的要求,大大地缩短了成图周期。而且可以利用新测图与老测图进行对比,计算其冲淤变化量。整个系统从外业数据采集到内业成图全过程实现了自动化、智能化和数字化。它是由多个子系统组成的综合系统,大致可分为多波束声学系统、多波束数据采集系统、数据处理系统和外围辅助传感器等子系统。

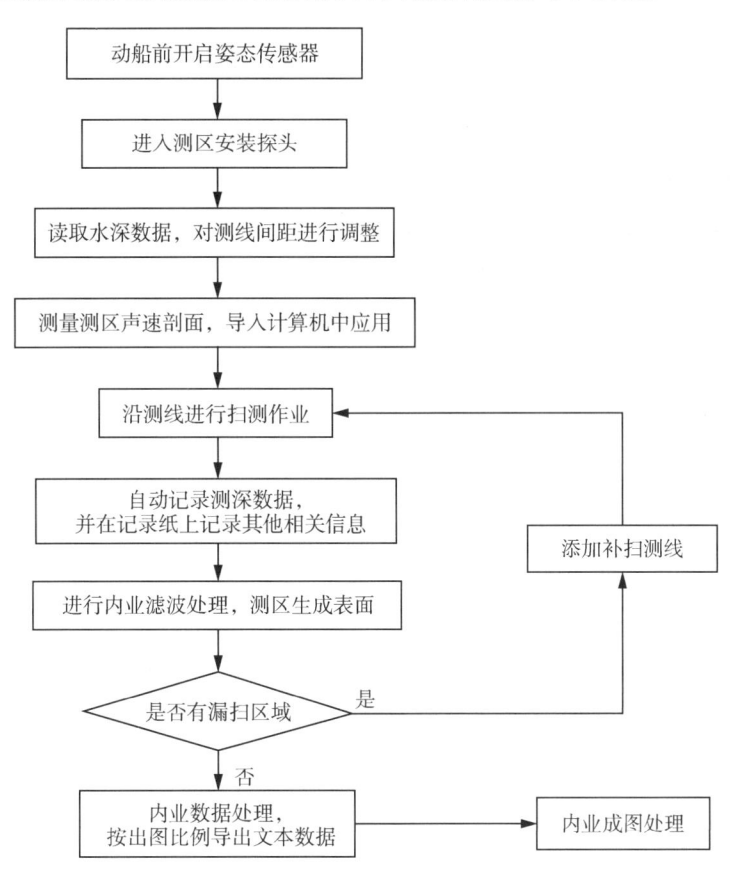

图 2.6-1 多波束扫测流程图

为了提高航道清障扫床工作标准水平,江苏航道于 2016 年发布了《江苏省内河航道清障扫床工作标准(试行)》。目前,在江苏省内航道广泛使用多波束测深技术进行扫床。多波束测深技术是一项全新的水下地形精密探测技术,适用于水下地形测量及水下障碍物的精密探测,具有测量覆盖范围大、速度快、精度效率高、记录数字化和成图自动化等优点。通过多波束扫测,航道河床里的障碍物能够得到有效识别和定位。同时在获得航道三维地形图后,经过软件处理,可以更准确、便捷地提取不同数据,满足不同航道养护工作的需要,从而大幅提升航道管养水平与质量。当然这项技术对技术人员素质要求比较高,技术人员需要经过专门的训练后才能进行工作。

二、航道维护性测量工作内容

具体工作内容和要求按照《江苏省内河航道清障扫床工作标准(试行)》执行。

京杭运河徐扬段的固定断面测量是掌握航道技术状况的重要手段,管理单位将其视为研究整治后的苏北运河河床演变和冲淤变化的重要基础工作。自 1995 年以来,该项工作一直作为苏北航务管理处的一项制度化、规范化的基础性测量工作。具体要求简介如下。

1. 固定断面测量选定在京杭运河施桥—六圩段,平桥—泾河段,淮阴—泗阳段,刘山—解台段,大王庙下游段共五个河段,断面布设间距 0.5 km,施测长度 5 km。固定断面需在航道左右两岸都埋设固定桩,有条件的可进行现浇,以准确控制断面方向线,保证每次测量都在同一方向线上,以对测量结果进行准确分析比较,并详细记录固定桩设置的位置。

2. 准确测定断面桩桩顶高程和左右岸固定桩之间的距离,以此作为基数,以便测定测时水位和修正断面绳的伸缩,保证测量资料的准确性。

3. 测量周期正常为每年两次,分别于汛前 4 月中旬至 5 月中旬和汛后 10 月中旬至 11 月中旬进行。各测站应及时整理好测量数据及成果并报苏北航务管理处处统计分析。

4. 断面绘制要标准、规范、认真,统一用横 1∶500、纵 1∶100 比例绘制。原始记录要清楚,固定断面自上而下实行统一编号,施桥—六圩段(CS1—CS10),平桥—泾河段(CS11—CS20),淮阴—泗阳段(CS21—CS30),大王庙下游(CS31—CS40),刘山—解台段(CS41—CS50)。

5. 各基层测站及苏北航务管理处应及时了解辖区航道的变化,以便采取相应措施,充分发挥固定断面测量的作用。

第三节 养护工程

航道的日常养护工作是保深、保标、保畅通。为了达到这个目的,确保航道发挥最大效应,我们在航道建设初期采取合适的航道整治措施之后,需要采取必要的养护工程措施,定期对航道进行工程养护。在日常工作中需要遵守《航道养护技术规范》(JTS/T 320—2021)相关要求。常用的养护工程措施有:维护性疏浚工程、整治建筑物的检查与维修、过船建筑物的运行与维修等。

一、维护性疏浚工程

如前面所述,疏浚工程分为基建性疏浚、维护性疏浚和临时性疏浚。维护性疏浚工程是为了保持航期内航道的规定尺度,以保证船舶的安全运行。这是一项长期的重复性工作,工程的关键是适应天然河流的演变规律,来帮助维持航道的尺度。工程应力求增加航道的稳定性,并降低年挖泥量。

维护性疏浚工程的工程基本要求等同于其他疏浚工程,主要包含挖槽定线、挖槽尺度设计、抛泥区选择、工程机械的选择等,这部分内容已在第三章进行介绍,在此不再赘述。

由于维护性疏浚工程是同一水域的重复工程,在历经多次疏浚实践的基础上,人们对施工对象及各种影响因素,以及施工的质与量会不断加深认识和理解,因而提出了维护性疏浚工程的优化。近几年来,荷兰在鹿特丹港区的维护性疏浚、比利时在泽布吕赫港的维护疏浚及美国在降低维护费用等方面,都先后出台了最优维护疏浚方案,取得了显著经济效益。概括来讲,他们采取的一些优化疏浚措施为:

1. 加强床底地形测量,深入研究泥沙运动及淤积物发展规律

通过对航道河床进行长时间的监测,收集相应数据,进行数据分析,准确地掌握淤积发展过程及其与水流、周界条件、气象等因素的关系,从而有针对性地采取相应措施,成效明显。

2. 布设防沙、沉沙设施,将泥沙拦截在航道之外

这类措施通常有两种:一是布设拦泥帘或气泡幕(我国称为"气门帘"),将泥沙阻挡在航道之外,拦截的泥沙无须进行处理;二是在港口或进港航道的适当部位预先挖好集沙槽(我国称"沉沙池"),集中沉积透过拦泥帘进入港区的泥沙,然后利用集沙槽内的附属疏浚设备,集中处理这部分泥沙,以免泥沙在港区航道普遍落淤而造成维护疏浚的

困难。

3. 采用"适航水深",利用浮泥层通航

"适航水深"的定义是:船舶在悬浮物中某一密度值的层面以上可以安全航行的深度(图 2.6-2)。荷兰疏浚专家通过大量的模型试验和实船试验,发现密度低于 1.20 t/m³ 的浮泥层除航行阻力略有增大外,船舶操纵性能有所改善,且吃水深度减小,从而产生了"适航水深"的新定义。

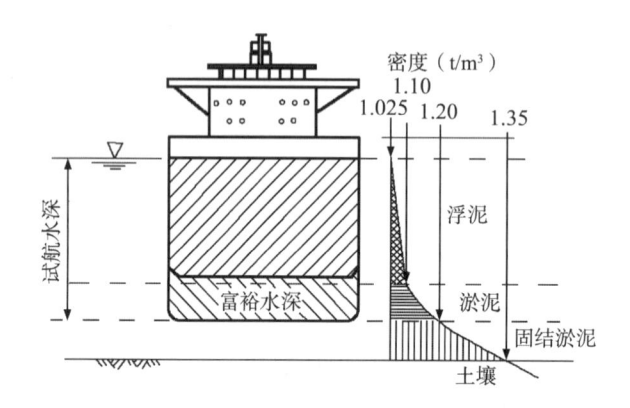

图 2.6-2 "适航水深"示意图

由于建立了"适航水深"的概念,因此减少了疏浚土方量,从而节约了疏浚费用。荷兰、比利时、法国等国家均采用了此方法,取得了较好的经济效益。我国连云港港、珠海九洲港等地也进行了尝试。

4. 运筹学在维护疏浚中的应用

"运筹学"是 20 世纪 40 年代形成的一门学科,主要研究经济活动与军事活动中能用数量表达的有关运用、筹划、管理等方面的问题。它根据问题的性质,通过数学分析与运算,作出综合性的合理安排,以达到最经济有效地使用人力物力的目标。运用运筹学的理论和方法优化维护性疏浚,称为疏浚运筹学,主要包含以下几方面的优化:

(1) 优化超挖深度;
(2) 优化挖泥船队的部署;
(3) 判别疏浚设备改造的技术方向。

二、整治建筑物的检查与维修

航道整治工程,就是利用整治建筑物调整水流结构,增强河段的输沙能力,将多余的泥沙输送出去或改变泥沙的输移方向,使其不致影响航道水深,从而获得稳定的航道。航道整治工程,主要包括整治线的设计、整治断面的设计、整治建筑物的选择等,这部分内容由于江苏内河航道涉及不多,在此仅作略述。

由于处于野外,长期受到水流、波浪、风雨、冰雪等恶劣自然条件侵蚀,同时一定程度上又受到人们活动的影响,整治建筑物会产生一定的损坏。因此,定期对整治建筑物进行检查和维修,是航道养护工作的一项重要内容。

(一)整治建筑物的检查

对于已建成一段时间的整治建筑物,考虑到建筑物一般为中、低水建筑物,汛期淹没,中、枯水期时露出,故检查工作宜安排在汛后枯水位时进行,每年都要定期检查一次。如遇到山洪暴发、大的风暴潮,发生崩崖、滑坡等自然灾害,以及出现大的人为破坏时,还应组织临时检查。对于新建的整治建筑物,考虑到建筑物处于建成初期,河床正处于调整过程中,坝体稳定可能会受到一定影响,故宜在枯水期增加一次检查,以便在坝体露出较多时对其进行较全面的了解。

1. 检查的基本内容

检查的基本内容主要有以下三个方面。

第一,建筑物的现有尺寸与工程竣工时的尺寸有无差异,这些尺寸主要包括:坝体长度,顶部高程和坝顶纵坡,坝顶宽度,坝的迎水坡、背水坡、向河坡的坡比,坝根护岸范围及高度;护岸建筑物的长度、顶部高程、坡比等。

第二,建筑物附近河床与水流状况有无特异变化,主要包括坝头冲刷坑有无明显扩展、加深,坝根附近有无出现崩窝的迹象,坝田内有无不利的冲沟出现,坝区附近有无危及坝体安全的不良流态等。

第三,建筑物的作用和功能能否继续发挥,有无缺陷和隐患。主要是看坝田淤积是否良好,航道整治线轮廓是否已按设计意图形成,航道尺度是否达到设计要求,水流条件是否达到所期望的改善程度;或者与上述期望相反,整治建筑物正在向着不能发挥作用的方向发展,航道尺度或水流条件正在发生不利变化等。

2. 检查的重点

整治建筑物包括丁坝、顺坝、锁坝、潜坝以及各类护岸工程等,由于它们所处的位置不同,所起的作用各异,因此,建筑物遭受破坏的部位也各不相同,检查时应区别对待,各有侧重。表2.6-3列出了各类整治建筑物的检查重点。

表2.6-3 各类整治建筑物的检查重点表

序号	建筑物类别	检查的重点部位及内容
1	丁坝	1. 坝根及护坡是否完好;2. 坝面及边坡砌体有无松动或流失;3. 坝头冲刷坑有无新的发展
2	顺坝	1. 坝根及护坡是否完好;2. 迎水坡脚有无冲沟;3. 坝头冲刷坑有无发展
3	锁坝	1. 两侧坝根及护坡是否完好;2. 坝面及边坡砌体有无松动或流失;3. 背水坡脚的冲刷坑有无新的发展

续表

序号	建筑物类别	检查的重点部位及内容
4	各类潜坝	1. 坝根接岸处有无变化;2. 坝身有无变化;3. 坝下冲刷情况
5	河口导堤	1. 导堤端部的冲刷坑有无新发展;2. 沿堤流对护底有无明显破坏或是否引起堤身沉陷变形
6	山溪谷坊或拦栅坝	1. 坝体有无损毁情况;2. 拦石库容剩余量还有多少
7	沟口导石坝	1. 坝体有无损毁情况;2. 导石效果及下游沱区堆积状况
8	护岸建筑物	1. 陆上砌坦有无沉陷变形或其他损坏;2. 近岸河床淘刷情况是否威胁镇脚部位安全;3. 护岸段上下游岸坡有无新变化

3. 检查的方式与方法

对一般整治建筑物,可通过量测、摄像和水深探测等手段,了解其陆上部分是否完好,水下部分有无较大沉降、变形。对易变滩段和险要部位的重点建筑物,以及已发现有明显损坏的建筑物,应使用较精密仪器准确测定其轮廓、各部分尺度和高程,以及建筑物近旁的河床地形等。对于未达到设计效果的建筑物,或者将要失去作用的拦石、导石建筑物,除测定建筑物的基本尺度外,还应施测有关的河道地形图或者溪沟、沟口的局部地形图。

(二)整治建筑物的维修

整治建筑物可分为导治建筑物和平顺护岸建筑物。整治建筑物的维修工作,因建筑物形式不同、结构各异,采取的维修方法和措施也应有所区别。

1. 导治建筑物

导治建筑物主要是指丁坝、顺坝、锁坝、导堤等各类引导与约束水流的建筑物,一般主要由高出河底一定高程的坝体组成,多数包括局部护岸,有的还设有护底部分。坝体迎流,中低水位挡水,中高水位漫溢,护岸和护底起防冲作用,它们构成一个组合体,实现稳定自身和改变泥沙运动的作用。有的滩险不只建一道坝,而是建多道坝,形成一个群体,使水流、泥沙按人们预定的流路和分布状况运行,以达到整治的目的。

导治建筑物一旦受损,其作用也会受到影响,所以在通常情况下可采取原样修复的办法,使其恢复原设计尺度或竣工时的状况。但遇到一些复杂情况时,需作特殊处理。

(1)坝体受损严重,不宜或无法按原样修复

当坝根出现串沟、坝体冲断等严重损坏,不宜或不能按原样修复时,可在原坝体上游一侧修筑一个新的坝段,使之与原有坝体衔接或搭接,并处理好现有坝根的护坡问题。

当坝头冲刷坑较发育,靠近原有坝头一段的坝身已坍塌一部分,任其发展将影响设计功能时,可采用加宽坝头、放缓边坡的办法加固;当坍塌较多,已影响到设计功能,而用原散抛块石的办法又难于复原或者造价很高时,可采用先抛大砂枕填坑,再抛砌块石的办法予以修复。

（2）原有结构存在问题，不便或不宜按原样修复

当河床抗冲性能差，坝体未进行护底或护底范围不足导致坝体损坏严重时，可用土工织物做成的软体排铺护在受损部位及其近旁，然后再修复坝体的受损部分。

当坝心为砂袋或砂枕，因原有压顶、盖面块石厚度不足或施工质量存在问题，致使坝心受冲坝沉陷时，可在沉陷损坏部分直接加抛足够厚度的块石予以修复加固。

对于经常遭受流冰或流木严重破坏的导治建筑物，其屡修屡坏部位可采用串联钢丝石笼和混凝土四面体，或者采用水下灌混凝土等办法予以改造加固；流木不甚多的地区也可采用块石混凝土、浆砌条石平竖插砌等结构予以修复。有的山区河流将迎水坡与坝顶接合部做成浆砌的平滑曲线，使流木能顺利逾越不集结，也较有效。

2. 平顺护岸建筑物

平顺护岸建筑物主要包括水下护底、镇脚和陆上护坡等部分。水下护底使用沉排（主要使用各种形式的土工织物软体排），亦可使用块石、砂枕等。陆上护坡使用干砌块石或混凝土块。以上两者之间设镇脚棱体和枯水平台式脚槽。

平顺护岸常见的损坏往往来自护底外缘河床的淘刷，河床的淘刷使已护河岸的前沿坡度变陡，致使护底和镇脚部分先遭损坏或产生严重变形，然后导致陆上岸坡失稳，砌坡部分随之受损。因此，修复护岸时，应先修复水下部分，再修复陆上部分。修复时可采用原有结构，也可以作出改进，例如将镇脚物体由散抛块石改为砂枕、串联的石笼或混凝土块体，也可将散抛护底方式改为土工织物软体排，以增加其抗冲稳定性。当然，如果原为软体排护底，损坏部位不多，也可用大砂枕代替。做好水下部分的修复工作，再按常规办法翻修陆上的砌坡部分。

平顺护岸另一个受破坏部位往往是在护岸的端部，由于端部以外河岸未受保护，抗冲能力弱于护岸段，受冲崩塌后难免危及已护部分，使其端部受损。修理时还是重在水下护底、镇脚的问题。当受损不太严重时，可用延伸抛填镇脚物的办法，使已护、未护的衔接处于平缓过渡的状态；当受损较严重，并有可能扩大时，则宜采用软体排护底，并延伸其防护范围。

三、过船建筑物的运行与维修

过船建筑物是为克服航运线路上的水位差而建的能够升降船舶或船队的水工建筑物，也包括使船舶或船队跨越河流、穿过山岭的水工建筑物，常见的过船建筑物是指船闸和升船机。

过船建筑物是航道一个重要的组成部分，如果过船建筑物不能正常运行，将影响到整条航线。因此，做好过船建筑物的运行管理与维修保养工作至关重要，也是航道维护管理的一项重要任务。

(一)过船建筑物的运行

过船建筑物的运行管理必须确立为航运服务的宗旨,充分发挥建筑物的通过能力,为过往船舶提供安全、及时、方便的运行条件。

1. 运行调度与运行方式

过船建筑物的管理部门应当提高建筑物的使用效率,缩短船舶候闸和过闸时间,并按此原则合理确定建筑物开放通航时间、船舶过闸运行方式和过闸船舶排序等问题。

(1)开放通航时间

过船建筑物开放时间应根据所在河段船舶通航频繁程度区别对待,做出恰当安排,并注意应当遵循以下基本要求:

凡白天和夜间均有船舶通过的河段,过船建筑物应昼夜开放;

船舶通过量大的过船建筑物应连续开放;

量不大的过船建筑物,应做到船舶随到随开放,确有困难的可合理定时开放,但船舶候闸时间一般不应超过 2 h。

(2)过闸运行方式

根据船闸或升船机的运行方式,大体可分为单向过闸、双向过闸、成批过闸、开通闸等。

船舶(队)由上游进入下游(或相反),闸室灌泄水各一次,仅一个方向过一次船,称为单向过闸。闸室灌泄水各一次,上、下游两个方向的船舶(队)轮流相间地依次各过一次闸,称为双向过闸。向一个方向连续若干次单向过闸通过一批船舶(队)后,接着进行一次换向,改变过闸方向后,又向另一方向连续若干次单向过闸通过一批船舶(队),称为成批过闸。当船闸上、下游水位差较小时(一般为 20 cm 左右),则可开启上下闸门,让船舶通行,船闸便成为连接上下游航道的一段渠道,称为开通闸。

单级船闸一般采用单向和双向两种过闸方式,双向过闸较单向过闸而言一般能缩短船舶(队)的过闸时间,且能节省过闸耗水量。多级船闸一般采用成批过闸,这种过闸方式有利于提高船闸的通过能力,但某方向连续单向过闸的次数不宜过多,以避免另一方向船舶(队)在船闸前等待过闸的时间过长,影响船舶的周转率。开通闸适用于感潮河段上的船舶,由于受到潮汐的影响,船闸上下游的水位每天有几次接近齐平的时段,可利用该时段开通闸,以提高船闸通过能力。

(3)过闸船舶的排序

船舶通过过船建筑物一般应按到达的先后次序安排。对客班船、紧急军事运输船、防汛抢险船、救护救灾船、鲜活货船以及急运重点物资的船,可优先安排通过。对装载危险货物的船舶,应安排单独过闸。

对于船舶通航密度特大且过闸船舶类型又很复杂的大中型船闸,为使船闸闸室面积能够得到有效利用,可在遵循上述排序原则的基础上,利用计算机作为辅助决策系统进行每个闸次的排序和排挡,以提高过船效率。

(二)过船建筑物的维修保养

过船建筑物的维修保养,主要包含对闸首、闸室、导航建筑物、靠船建筑物、船闸的整套输水系统以及闸阀门启闭设备等的维护保养,涵盖水工、金属结构、机械电气等系统,是养护工程的重要内容。

1. 过船建筑物的保养

根据《通航建筑物维护技术规范》(JTS 320—2—2018)规定,船闸和小型斜面升船机的保养均应包括例行保养和定期保养两类,定期保养又分为一级保养和二级保养两种。各级各类保养工作一般都应在不停航的条件下进行。表2.6-4 列出了船闸各级各类保养的内容与要求。

表2.6-4 船闸保养工作的内容与要求

保养种类	保养内容	保养要求
例行保养	1. 对机房、操作室、机械、电气、工作现场进行清洁; 2. 对各个运转件进行润滑	由当班人员随班完成
一级保养	在例行保养的基础上着重做到: 1. 对建筑物、机电设备各部位进行检查、擦洗; 2. 对运转件进行润滑和紧固	保养间隔期: 一类维护航道≤1 个月 二类维护航道≤2 个月 三类维护航道≤3 个月
二级保养	在一级保养的基础上着重做到: 1. 对运转部件和机电设备进行详细检查、维修和调试; 2. 更换易损零部件,排除设备故障; 3. 由潜水员对闸阀门止水、门槽、门库、门槛轨道、底及其他水下部件进行专业检查、检修和清淤、清障	保养间隔期: 一类维护航道≤1 季度 二类维护航道≤半年 三类维护航道可结合岁修进行

2. 过船建筑物技术状况的检查与分级

过船建筑物的检查是对船闸和升船机的运转情况进行实际观察,是分析判断其技术状况的主要依据。船闸的检查分为日常检查与抽干检查两种。日常检查是在船闸运行过程中进行的,主要检查闸阀门、导航墙、靠船墩等结构运行有无异常;抽干检查是在闸室抽干水后进行的,主要检查输水廊道、消力池等构件是否损坏。

对于过船建筑物,要每隔5 年对其进行一次技术普查,就建筑物的实际运行状况、各部位技术状况等进行检查,结合检查状况对建筑物进行等级评定,判定建筑物处于良好、尚好、不良、严重不良四个等级中的哪个状态,采取相应整修措施。

3. 过船建筑物的维修

为使过船建筑物保持或恢复良好的技术状态,需要进行必要修理。船闸和小型斜面升船机的修理均分为大修、岁修和抢修,大修和岁修属于计划修理,抢修属于临时修理。

大修一般是指船闸停航抽水全面修理,或者小型斜面升船机停航、修筑围堰后抽水进行的全面修理。大修时间应尽可能安排在运输淡季或枯水期进行。同一航道上相邻的上下几座过船建筑物,力求做到在同一时段安排大修。进行大修之前,有关管理单位应会同设计、施工单位编报计划和预算,经上级主管部门审批后实施。一般来说,在一类维护航道上的船闸,每 6~10 年安排一次大修;在二、三类维护航道上的船闸,每 10~15 年安排一次大修。

岁修一般是指对过船建筑物进行每年一次的局部修理,由有关管理单位编制计划和预算,报上级主管部门批准后实施。

抢修一般是指过船建筑物突然发生异变或损坏,影响正常通航时临时安排的应急修理,应在发生此类情况后组织力量突击完成。

过船建筑物的维修,要严格质量要求,满足《水运工程质量检验标准》的规定,即:
(1) 闸阀门运转平稳,无振动杂音或其他异声,止水良好;
(2) 启闭机运转时无异声,无渗油及温升过高现象;
(3) 输水系统工程正常,超灌、超泄不超过允许值;
(4) 船闸操作控制系统工作正常,控制室与闸面、外停泊地等部位通信联系畅通。

四、引航道及其他辅助设施的维护

1. 引航道及连接段航道养护

引航道及其口门区,以及口门外连接段航道的养护的主要任务是保证这一特殊航段的航运畅通。常见的养护工作主要包括:清淤冲沙、清障打捞、护坡修理、水流条件观测、水下地形测量等。

2. 锚泊设施的维护管理

锚泊设施包括引航道内的靠船墩、系缆柱或系船环,外停泊区的泊船、系缆浮鼓及其锚泊设施等。为使来往船舶或船队过闸有序,候闸安全可靠,应当做好这些锚泊设施的维护管理工作。主要工作有以下几个方面:

(1) 日常检查保养

有人值守的锚泊趸船应按船舶管理与保养制度的有关规定,对船体各部位以及锚链等系泊设施的技术状况进行日常检查和保养;无人值守的浮鼓、靠船墩、系缆柱、系船环等应安排人员定期检查,对其技术状况做出判断和记录,并进行必要的清洁、清除浮挂杂物等保养工作。

(2) 定期修理更新

锚泊趸船与系缆浮鼓应定期除锈、油漆,每隔 2~3 年宜上墩修理一次,锚链磨损达到一定程度的应及时更新。钢质系缆桩柱和系船环应定期除锈、油漆，磨损严重的应及时更新。

（3）加强使用管理

主要做好两方面的工作：一是随着水涨水落，适当放松或收紧趸船、浮鼓的锚链，利于船舶靠泊或系缆；二是对靠泊船舶加强宣传教育，勿使系泊设施超负荷，或使靠泊船舶过多占用航道宽度，妨碍其他船舶通行。

3. 航标与信号的维护管理

对于过船建筑物区域航道内设置的航标与信号，需定期维护管理，具体详见《内河航标》。

第四节　养护计划和技术核查

一、养护计划

1. 航道养护应根据运输发展要求、航道现状技术等级、养护能力和经费保障，制定年度航道养护计划。跨区界、跨辖区河流上下游航道的航道养护计划应相互协调、标准统一、合理衔接。

年度航道养护计划的编制应遵循分类养护、突出重点、科学合理、便于执行的原则，并与预算编制和资金安排做好衔接。年度航道养护计划编制后，可结合养护任务和经费安排编制季度或月度养护计划。

2. 年度航道养护计划文本应包括航道养护计划和航道养护计划编制说明，其内容应符合下列规定。

航道养护计划应包括下列主要内容：

（1）航道养护总体目标；

（2）航道养护范围和里程；

（3）航道养护标准；

（4）航道养护主要工作内容及主要计划指标；

（5）航道养护费用；

（6）航道养护安全工作目标；

（7）航道养护计划表。

航道养护计划编制说明应主要包括上年度养护计划执行情况与技术核查评价、计年度养护工作形势分析、计划年度重点养护工作安排与工作措施、计划年度养护工作量与养护费用测算等。

航道养护应建立年报统计制度，制定能全面反映计划指标完成情况的年度统计报表。

二、技术核查

1. 航道养护工作应建立养护技术核查制度，制定核查标准，按年度航道养护计划要求对养护计划执行情况进行技术核查。

2. 航道养护工作应当按照航道养护年度计划要求进行技术核查。技术考核工作应当遵循公平、公正、客观的原则，实行分级管理，分类考核。技术考核应当将日常检查、定期检查结果作为重要依据。

3. 技术核查包括以下主要内容：

（1）航道养护里程核查应按养护类别分别统计航道实际养护里程，航道实际养护里程应达到航道计划养护里程。

（2）航道实测水深、宽度、弯曲半径和通航水流条件核查应满足航道养护标准要求。航道维护水深年保证率应满足表 2.6-5 和表 2.6-6 的要求，并满足航道建设标准中的水深年保证率要求。

表 2.6-5　天然径流航道维护水深年保证率

养护类别	航道现状技术等级		
	Ⅰ级、Ⅱ级航道	Ⅲ级、Ⅳ级航道	Ⅴ级～Ⅶ级航道
一	≥98%	≥95%	≥90%
二	—	≥94%	≥88%
三		—	

注：①在水位特枯年份、上游枢纽下泄流量异常减少或因枢纽调度引起水位陡涨陡落时，航道维护水深年保证率可在表列的基础上降低 1%～5%；
②界河航道可根据实际情况确定水深年保证率。

表 2.6-6　潮汐河口航道维护水深年保证率

养护级别	备淤情况	
	无备淤航道	有备淤航道
一	90%	98%
二	85%	95%
三	80%	90%

注：在超强风暴潮年份，航道维护水深年保证率可在表列的基础上降低 1%～5%。

（3）航道养护技术核查应包括航道养护测绘、航标养护、滩险河段航道养护、枢纽引航道及连接段航道养护、航道整治建筑物养护、潮汐河口航道养护等内容,航道养护质量应满足年度航道养护计划的要求。

(4)航道测绘总工作量的核查宜换算成平方公里计算,不同河流根据实际情况确定换算系数。

(5)航标养护技术核查应符合下列规定。

① 航标养护量应对照养护计划进行核查,下列情况可视为完成计划:

河床稳定的航道,全年的实际航标养护量与计划航标养护量偏差在±3%以内;

河床变化较大的航道,全年的实际航标养护量与计划航标养护量偏差在±5%以内。

② 航标结构、尺寸、外观、灯光质量、航标配布、设置、调整、保养及维修符合现行行业标准《内河航标技术规范》(JTS/T 181—1—2020)、《沿海导助航设施维护技术规范》(JTS/T 320—5—2020)、《沿海浮动视觉航标维护规程》(JT/T 953—2014)、《海区航标维护 固定建(构)筑物》(JT/T 731—2008)、《沿海航标维护质量要求及评定方法》(JT/T 1363—2020)等的有关规定。

③ 航标养护正常率:内河一类航标养护正常率不应小于99%、二类航标养护正常率不应小于95%、三类航标养护正常率不应小于90%,沿海航标养护正常率不应小于99.5%。

(6)航道养护性疏浚工程量应按现行行业标准《疏浚与吹填工程设计规范》(JTS 181—5—2017)的有关规定计算,当航道维护水深年保证率达到计划指标要求时,航道养护性疏浚可视为完成计划。

(7)航道整治建筑物养护技术核查的内容应包括日常检查、观测、维修和局部改善工程的工作量和工程量等。

(8)航道信息应及时发布。

(9)航运枢纽及船闸养护、船艇养护、航道场站、基地养护技术核查的内容应包括设备运行、设备管理及日常养护工作。

4. 航道养护技术核查报告应主要包括下列内容:

(1)航道养护基本情况;

(2)航道养护计划执行情况与经费使用情况;

(3)航道养护工作经验做法;

(4)核查评分;

(5)分类及综合评价意见;

(6)有关问题与建议。

为了科学评价航道养护管理行为,完善航道养护管理机制,提高航道养护质量和服务水平,江苏省交通运输厅港航中心制定了《江苏内河航道维护技术标准(试行)》《江苏省内河航道维护管理标准(试行)》《江苏省内河航道维护质量综合评定标准》等有关标准,为实施养护标准化奠定了基础。

思考题

1. 航道养护的基本任务是什么?
2. 航道养护工作分为哪几类?
3. 航道养护分类条件是什么?
4. 航道养护工作的基本目标是什么?
5. 航道标准尺度包含哪几个方面?
6. 航道维护性测量分哪几类?
7. 什么是简测?
8. 什么是航道探测?
9. 什么是扫床?
10. 航道常用的养护工程措施有哪些?
11. 什么是维护性疏浚工程?
12. 优化疏浚的措施有哪些?
13. 整治建筑物检查的基本内容有哪些?
14. 各类整治建筑物检查的重点是什么?
15. 整治建筑物检查的方法有哪些?
16. 导治建筑物损坏如何进行维修?
17. 平顺护岸建筑物损坏如何进行维修?
18. 过闸运行方式有哪几种?
19. 过船建筑物的保养有哪几种?其保养内容是什么?
20. 过船建筑物的检查分哪几种?分别检查哪些部位或结构?
21. 过船建筑物的维修分哪几类?
22. 引航道及连接段的航道养护任务是什么?
23. 锚泊设施的维护管理工作包含哪几方面?
24. 航道年度维护计划包括哪些内容?
25. 什么是航道养护技术考核?包含哪些方面内容?
26. 航道养护技术考核的程序是什么?考核结果分为哪几个等级?

第七章　船舶结构简介

第一节　船舶概述

一、绪论

船舶是人类活动的重要工具之一。船舶的发明和应用经历了相当长的历史阶段,反映了人类文化的重大进步。在世界的东方和西方,至少在七八千年前就出现了舟船。古代埃及、希腊、罗马和中国是世界造船和航海的发源地。

根据卫星发回的资料分析,整个地球表面,陆地面积只占总面积的29.2%,而海洋面积为36 100万 km²,占地表总面积的70.8%。据报道,目前世界贸易货物运输量的三分之二是由各式各样的商船来承担运输任务的,我国对外贸易的90%是由远洋船队完成。因此,大力发展船舶产业,对我国国民经济的发展具有至关重要的意义。

二、我国船舶发展历程简述

(一) 古代

新石器时代——"伏羲氏刳(kū)木为舟,剡(yǎn)木为楫(jí)"的美丽传说。

春秋战国——长江流域发生多次水战,舟师(水军部队)活动扩展到沿海。

汉朝——船型发展(根据需要设桅、舵、缆、桨、锚)。

三国两晋——长江战船,可载3 000人;海船长达60～70 m,可载600～700人、100 t货,张四帆。

唐代——海船已能远航西洋,"唐末五代间,阿拉伯商人东航者,皆乘中国船"。

宋代——宋代木帆船建造技术已趋成熟,按图施工、滑道下水。火药武器、指南针得到应用,首创使用压载技术。

元代——造船厂分布广，船舶种类多，数量大。建立了庞大的船队水师。

明代——郑和宝船下西洋。船队规模达一、二百艘，数万人，大型宝船长超过 150 m，排水量达到 1 400 t 以上。曾到达东非海岸和红海口，比哥伦布早 87 年，比达·伽马早 93 年，比麦哲伦早 114 年。

（二）近代

明代中叶后，木帆船业发展趋缓，而 18 世纪中期工业革命后，西方出现机动船，造船技术飞速发展，中国木帆船失去了原有的光彩。

19 世纪 60 年代到 90 年代的洋务运动中，曾国藩、李鸿章创立江南制造总局，左宗棠创办福建船政局。

1868 年，江南制造总局制造的 600 t 蒸汽轮机木壳船"恬吉"号，比西方工业国家已经落后七八十年。

19 世纪末直到抗战胜利后，建造钢质内河船舶。其中比较有名的有"公华"号、"江新"号、"隆茂"号。

（三）现代

表 2.7-1　现代船舶发展历程

年　代	民　船	军　船	应　用
20 世纪 50 年代	江河→沿海中小船舶	引进苏联技术	1954 年设计建成了以柴油机为动力的申渝线川江客货船"民众"号，载客 936 人，载货 500 t。1955 年建成航行于渤海区的"民主 10 号""民主 11 号"两艘客货船，载客 500 人，载货 700 t，是中华人民共和国成立后设计建造的第一艘沿海客货船
20 世纪 60—70 年代	第一代民船	第一代军船	1960 年，由 708 所设计，中国第一艘自行设计建造的万吨级远洋货轮"东风"号在江南造船厂下水；在"东风"号的基础上，1967 年，江南造船厂建成"朝阳"号，并批量生产多艘；1973 年，大连造船厂建成大舱口远洋货船"大理"号，载重 12 000 t，同船型共建四艘；同年，沪东造船厂设计建造了当时尺度最大的散货船"郑州"号，载重 25 000 t，该船型陆续建造了 13 艘
20 世纪 80 年代	国内、国际市场开拓	改进创新	1981 年，由中国船舶与海洋工程设计研究院设计，中华造船厂建成多用途货船"海建"号，它是我国第一艘出口的多用途货船；1982 年 1 月，由中国船舶与海洋工程设计研究院设计，大连造船厂建成 27 000 t 远洋散货船"长城"号，基本同型的 27 000 吨级散货船，江南、大连两厂共建造 12 艘，出口到国际市场；1986 年，大连造船厂建成 115 000 t 穿梭油船，用于挪威北海油田的原油运输；1988 年又建成 118 000 t 穿梭油船一艘
20 世纪 90 年代至今	自动化程度高，自主研发、建造能力增强，经济性能优	现代化	培育出"中国江南""中国沪东""中国大连"等品牌船型，发展一大（吨位大）、二高（高技术含量、高附加值）、三新（新技术、新工艺、新船型）船舶；1989 年沪东造船厂建成 52 000 t 浮式海水储油轮"渤海友谊"号，实现了我国浮式生产储油轮建造"零"的突破；1991 年，总吨位 2 771 t，货舱容积 3 000 m³ 的第一艘大型海上液化石油气船"鲲鹏"号在江南造船厂建成；2002 年，大连新船重工成功建造我国第一艘 30 万吨级巨型油船（VLCC），填补了多项国内空白

三、船舶分类

世界上船舶的类型繁多,由于使用的目的、航行区域、推进方式、行驶方法和建造材料等不同,因而船舶的分类方法也各异。

(一) 按担负的使命分类

可分为军用船舶和民用船舶两大类。

1. 军用船舶

军用船舶是执行战斗任务和军事辅助任务的各类舰船总称,一般排水量500 t 以上为舰,500 t 以下为艇。通常可分为战斗舰艇和辅助舰船两大类,战斗舰艇又可分为水面战斗舰艇和潜艇,按其基本任务的不同又可分为不同舰种,如航空母舰、巡洋舰、驱逐舰、护卫舰、军用快艇、猎潜艇、布雷艇等等。辅助舰船不具有直接作战能力,专门负责海上军事物资和技术保障任务,如补给船、侦察船、维修供应船、导弹与卫星跟踪船、远洋打捞救生船等等。军用船舶要求坚固,有足够的结构强度。为增强防护能力,有的船上外壳有装甲或在要害部位装有装甲。军舰对抗沉性要求高,同时还要求有较大的机动性和自给能力,采用大功率动力装置,并设专门舱存放燃料、淡水、弹药和各种备品。

2. 民用船舶

民用船舶可分为运输船舶、工程船舶、渔业船舶、科学考察船、公务执法船等等。

(1) 运输船舶

运输船舶大致可以分为以下几类:客船(客货船),货船,推、拖、驳船,渡船等等。

①客船(客货船)

专门从事旅客运输和兼运少量货物的船舶,根据《国际海上人命安全公约》的规定,凡载客超过12人者均视为客船(客货船)。由于客船多为定班定线航行,故也称为客班船。

客船的性能和设备需确保航行安全,并能够为旅客提供较好的生活娱乐设施。客船的外形特征是甲板层数多,上层建筑丰满,艏艉大都呈阶梯形,使上层建筑及其他实体都包罗在一个光顺的流线之内,以减少空气阻力。此外,在船的顶层两边,停放着数量较多的救生艇和其他救生工具。客船一般具有快速、平稳、灵活、安全可靠等特点。

客货船以载客为主,可携带少量的货物,其特点同客船。图 2.7-1 是长江干流大型客货船。

②货船

货船是专门用来运输货物的船舶。货船上除了供船员住宿、活动和装有各种必需设备的舱室外,大部分舱位都作为堆储货物的货舱。货船的种类很多,结构和设备也因用途不同而异,根据载运货物的性质将货船分为干货船和液货船两大类。

图 2.7-1　长江干流大型客货船

干货船,可分为以下几种:
● 普通货船:普通货船又称杂货船或统货船,它主要用以装运各种干货,如成包、袋、箱、桶、捆等的件杂货。普通货船一般都是双层甲板,为缩短装卸货物的时间,货舱口特别大,并配备了完善的起货设备,如吊货杆、起重绞车或回转式起重机等,如图 2.7-2 所示。

图 2.7-2　长江"人民"号型货轮

● 散装货船(散货船):专门用来装运煤炭、矿砂、谷物、化肥、水泥、钢铁等散装货物的船舶。散装货船的特点是驾驶台和机舱都设在船尾,货舱口比杂货船还要大,围板高,货舱的横剖面做成棱形,以防止散货向一侧移动而影响船舶稳性,以及利于清舱。

● 集装箱船:专门用来装载集装箱货物的船舶,它是现代发展起来的新型船舶,如图 2.7-3 所示。集装箱船以集装箱为货运单元装入集装箱货舱内,中途不再进行装箱作业,而直接运到目的港。利用集装箱运输可以大大提高装卸速度,节省装卸劳动力,减少船舶在港的停泊时间,提高了港口吞吐量,避免了在装运过程中的货损、货差事故,简化了理货手续,经济效益好。

● 滚装船:是 20 世纪 60 年代末在集装箱船的基础上产生的新船种。在滚装船上,既没有货舱口,也没用吊杆和起重设备。船尾高高竖起一块大跳板,船靠码头后,跳板放下,搁在码头上,运载车辆便可以顺利开上开下,进行装卸作业。

● 冷藏船:是专门运输鱼、肉、禽、蛋、蔬菜、果品等易腐性食品的船舶。冷藏船外形与杂货船相似,由于要求运输过程中保持一定的低温,故船上设有大功率制冷设备,货舱

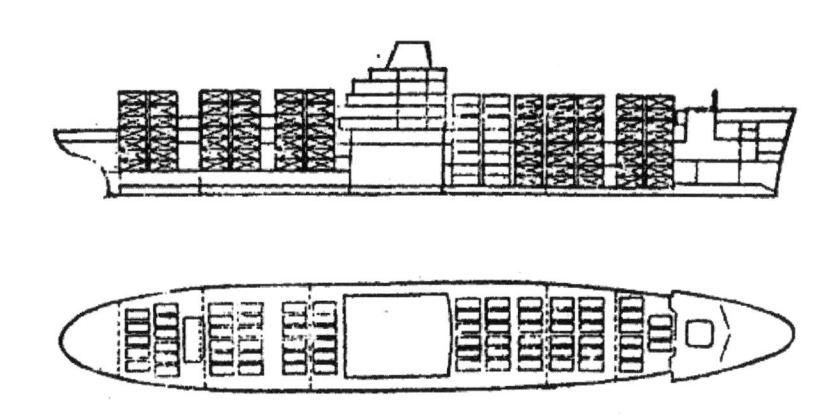

图 2.7-3 集装箱船

四周敷设绝热和密封装置,为减少船体钢板吸热作用,用浅颜色的油漆涂刷船体。冷藏船为防止下层货物被压坏,常设置多层甲板。

●液货船:指专门运输液体货物的船舶。液体货物有油、酒、液化气、氨水及其他化学药液等,大量运输的是石油及其制品。

●油船:在海上运输船中,油船占了近一半。油船具有独特的船型特征和外形布置,它只有一层纵通的甲板。油船里面有纵横舱壁将油舱隔开,舱口小,水密性好,航行时不怕波浪涌上甲板,所以在满载航行时,甲板边线几乎是接近水面的。由于石油产品是易燃物,容易挥发、燃烧,所以游船上的消防设备比较完善。为减少太阳辐射热,油船外壳常油漆成浅色,在酷暑季节设有降温用的甲板淋水设备;在冬季严寒季节,为不使石油冻黏变稠,便于输送,备有蒸汽暖油装置。

●液化气船:液化气船是专门运输液化天然气或液化石油气的船舶。液化天然气船主要运输的是甲烷,甲烷是一种重要的能源和化工原料,它在加压冷冻($-165℃$)后才能液化,液化后的体积只有气态时的 $1/600$。因此,液舱要有严格的隔热结构,以保证液舱的恒定低温。常见的液舱形状有球形和矩形两种,如图 2.7-4 所示。

图 2.7-4 液化气船

③推、拖、驳船

拖船、顶推船和驳船编队组合成货物运输船队，较之货船有更灵活的机动性和更大的运输量。

●拖船：用来拖没有自航能力的船舶、木排，或协作大型船舶进出港口、靠离码头，或作救助海洋遇难船只的船舶。拖船没有装载货物的货舱，船身不大但船体强度大、稳性好，操纵灵活，主机的功率较大，拖船的尾部装有专门的拖曳设备。其优点是拖带量大，机动灵活，运输成本低，操作方便，如图2.7-5所示。

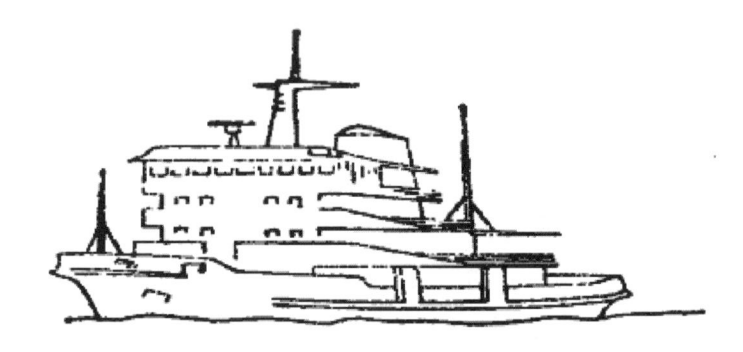

图2.7-5　内河内燃机拖船

●顶推船：与拖船的结构特点相似，所不同的是顶推船船首设置有顶推架、连接锁、紧缆器等顶推设备，顶推船的驾驶台较高，如图2.7-6所示。顶推船与驳船连接后可前进、后退、自由回转，因此推轮运输比拖带运输更具有安全、迅速、经济、可靠等优点。

图2.7-6　内燃机顶推船

●驳船：泛指一切本身没有自航能力而需拖船或顶推船带动的货船。驳船的特点是载货量大，吃水浅，设备简单，船上通常不设置装卸货物的起货设备。

驳船按其用途可分为如下几种：

甲板驳：驳船甲板上不开货舱口，货物全部堆放于甲板上，四周设置围壁，如图2.7-7所示。甲板驳主要运输不怕风吹雨淋的货物，如钢材、木材、车辆、矿石、煤等，甲板驳最大的优点是装卸方便、迅速。

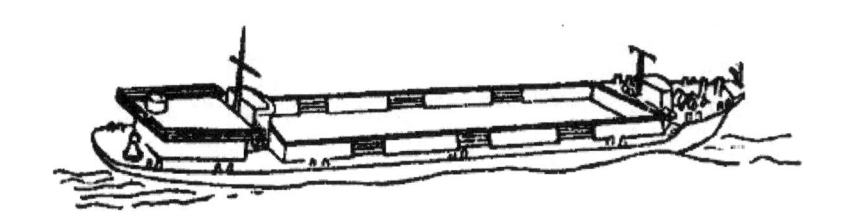

图 2.7-7　甲板驳

舱口驳：驳船的甲板上开有货舱口，货物装入货舱内，货舱口上设有舱口盖板并覆以帆布，舱口驳主要用来运输怕风吹、雨淋和日晒的货物，如棉花、布匹、纸张和日杂货等。

矿石驳：载运各种矿石、矿砂等的驳船。矿石驳多建成敞口式，且内底板也比一般双层底船舶高些，主要是防止重心过低造成船舶急剧的横摇。

油驳：油驳与油轮的用途相同，油驳的货油舱内设有纵舱壁和横舱壁，以减少液体的自由液面对船舶稳性的影响，如图 2.7-8 所示。

图 2.7-8　长江三千吨油驳

分节驳：其船体像一个长方形箱子，其中首节和尾节具有一定的线型，中节几乎呈长方体。仅由首节和尾节组成的船队称半分节驳船队，由首节、中节、尾节组成的船队称全分节驳船队，如图 2.7-9 所示。分节驳船队具有线性简单、编队后阻力小、载货量大、造价低、建造方便，且可以减少管理人员等优点，但有单节使用时阻力大，配载要求严格，各驳的吃水要求均衡和船队的抗风能力差等缺点。

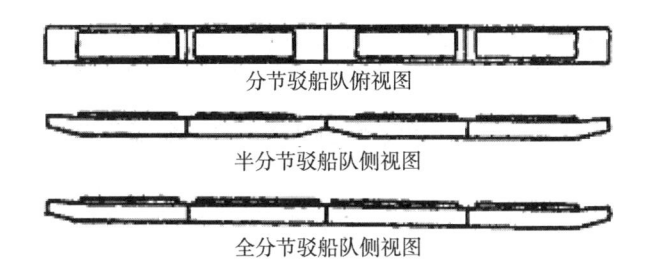

图 2.7-9　分节驳船队

④渡船

渡船是航行于江、河两岸渡口或海峡、岛屿间的从事短途渡运旅客、货物、车辆和列车的船舶。渡船设备比较简单,有良好的操纵性能。常见的有旅客渡船、汽车渡船和火车渡船。

（2）工程船舶

工程船舶是为满足某种水上或水下工程的需要而设计建造的船舶总称。它装置有成套的专门工程机械,用以完成特定的工作任务,因此它实际上是水上的浮动工厂。现代工程船舶的任务相当广泛,大致可分为海洋开发船、航道工程船及专业工程船三类。

①海洋开发船

海洋开发船主要包括钻井船（平台）、采油平台、海洋调查船、教学实习船、海洋环境保护船等等。

②航道工程船

航道工程船用于疏浚和管理航道水域,保证航道畅行无阻,以及协助水利建设的工程船舶。主要包括挖泥船（吸扬式挖泥船、单斗式挖泥船）、助航船（测量船、灯船、航标船）、破冰船、打捞船等等。

目前江苏航道系统使用的 19 m 测量船、22 m 航标船均属于航道工程船。

③专业工程船

专业工程船的专业性强,种类较多,主要有起重船、浮船坞、修理船、水上水厂船、打桩船、海底敷管船及布缆船、海洋救助打捞船等。

（3）渔业船舶

渔业船舶是从事渔业工作船舶的总称。常见的有捕鱼船（拖网渔船、围网渔船、钓鱼渔船、捕鲸船等）、渔业加工母船、冷藏运输船和渔政巡逻船等等。

（4）公务执法船

执行公务时所使用的船舶总称为公务执法船。

目前,江苏航道系统中推出了"江苏水警760"等新型航政执法艇,全长 33.8 m,型宽 6.5 m,型深 2.3 m,吃水 1.03 m,配有无人机、救生艇、5G图传智能装备等,用于内河航道执法、巡逻和管理等任务,如图 2.7-10 所示。

图 2.7-10　江苏水警760

（二）按航行区域分类

可分为海洋船舶、港湾船舶和内河船舶三大类。其中海洋船舶又分为远洋船舶、近洋船舶和沿海船舶三种。

1. 内河船舶：航行于我国江河、湖泊、水库的船舶。
2. 港湾船舶：航行于海港防护建筑物以内的船舶。
3. 沿海船舶：沿我国海岸线航行的船舶。
4. 近洋船舶：行驶在距我国海岸 25 km 外邻近国港口间的船舶。
5. 远洋船舶：行驶于无限航区的船舶。

（三）按船体建造材料分类

1. 木质船：其船体主要以木材制成。因木船不耐久、水密性差和强度较低，故目前除少数地域的河流仍有一些帆船和木驳外，基本上已被淘汰。

2. 钢质船：其船体均以钢材制成。钢船的强度高，制造工艺、使用寿命和维护保养比木船好得多，因此，目前世界上绝大部分运输船舶都采用钢材制造。

3. 钢木混合船：这种船以钢材做骨架，木板做甲板和外板。由于其强度等都比钢质船差，现在也很少采用。

4. 水泥船：水泥船用钢筋和数层相迭的钢丝网做骨架，再在其上涂以混凝土而建成。水泥船的制造成本低、不锈蚀、利于保养，但抗碰撞性能差、船体自重大，一般用作驳船、趸船和农用船。我国于 2001 年 6 月宣布停止使用。

5. 铝合金船：铝合金船以铝合金做造船材料，具有重量轻、耐腐性好和易于保养等优点。但由于造价高，运输船舶很少用铝合金作为造船材料。

6. 玻璃钢船：这是用玻璃纤维及增强塑脂做造船材料。它具有强度高、质轻、耐酸碱、耐冲击、无接缝和耐瞬时高温等优点，但玻璃钢船刚性差，易变形老化，超负荷时易断裂，故仅有小型船或救生艇采用。

（四）按船舶动力装置分类

1. 非机动船

非机动船指的是无动力装置的船舶，它必须依靠机动船拖带或顶推行驶，也可以依靠人力和风力行驶，如驳船、划桨船和帆船等。

2. 机动船

机动船是指以机器推动的船舶。机动船按照动力机械种类不同可分为：

（1）蒸汽机船：利用水在锅炉中加热形成的蒸汽推动主机做功而推船前进。蒸汽机船在我国 20 世纪 50—60 年代应用较为普遍，目前已逐步被内燃机船所代替。

（2）内燃机船：以液体燃料直接在主机气缸内燃烧的能量来推动机器工作的船都称为内燃机船。船用内燃机以柴油机为主，也有燃气轮机和汽油机。

（3）电力推进船：以内燃机或汽轮机带动发电机发电，再驱动电动机带动螺旋桨使船舶前进。

（4）核动力船：以核能作为动力源的船舶。

（五）按船舶推进器型式分类

1. 明轮船

船舶两舷侧或船尾装有大部分露出水面的放射形拨水板,称为明轮船,如图 2.7-11 所示。

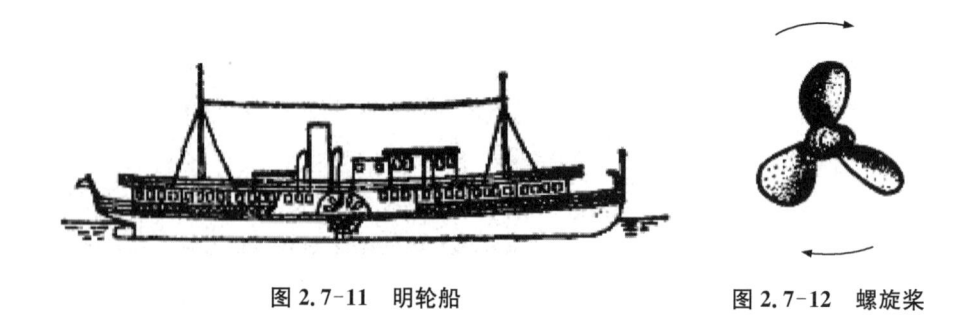

图 2.7-11　明轮船　　　　图 2.7-12　螺旋桨

2. 螺旋桨船

船舶尾部的水下部分装有可以旋转的螺旋桨,利用螺旋桨转动时产生的推力推动船舶前进。如图 2.7-12 所示。

3. 喷水推进器船

船舶主机带动水泵转动,将船首或船底的水吸进并由尾部喷出,利用喷射水的反作用力推动船舶前进,如图 2.7-13 所示。

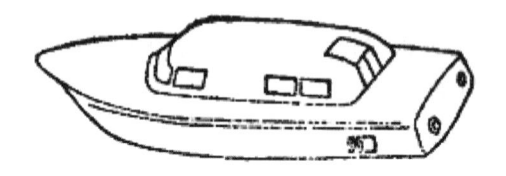

图 2.7-13　喷水推进器船

4. 立翼推进器船

船舶尾部水下部分装有一个圆盘,圆盘四周设有呈流线型的剑形叶片,转动圆盘而获得推进力推动船舶前进,如图 2.7-14 所示。

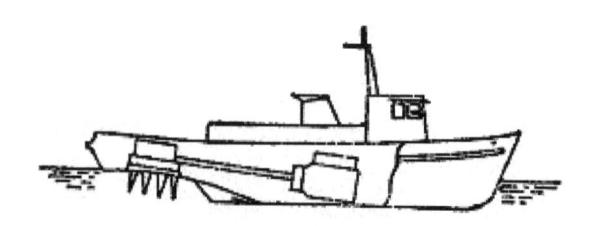

图 2.7-14　立翼推进器船

第二节　船舶构成及尺度

运输船舶一般由船舶主体、上层建筑、动力、设备与系统四大部分组成。船舶上甲板以下的部位称为主体部分；上甲板以上的舱室称为上层建筑；产生原动力的机械或推力设备称动力部分；所有的航行和助航设备及船舶压载、污水、供排水、暖气、通风和货油系统为设备与系统部分。

一、船舶方位

船舶方位是指船外物标的方位，根据船与物体的相对位置可分为八个方位，如图 2.7-15 所示。它以本船的首尾线和正横线为识别基线。

船舶首尾线是过船宽中点贯穿船舶首尾的连线。沿船舶首尾线的延伸线，面向船首，向前为正前方，向后为正后方。

正横线是经船长中点贯穿船舶两舷，且与首尾线垂直的连线。沿正横线向外延伸，面向船首，向左为左正横，向右为右正横。

船舶首尾线和正横线之间 45°交叉线，左侧前方为左前舷，后方为左后舷。右侧前方为右前舷，后方为右后舷。

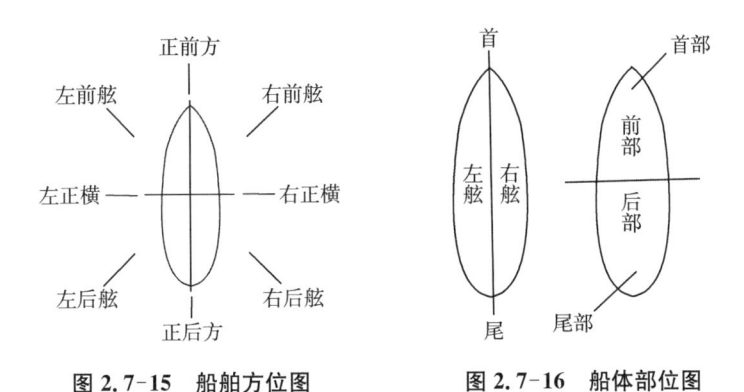

图 2.7-15　船舶方位图　　图 2.7-16　船体部位图

二、船体部位

沿船舶首尾线把船分成左右两个相等部分，面向船首，左侧部分叫左舷，右侧部分叫右舷。

以正横线为界，面向船首，前半部叫前部，后半部叫后部。船舶最前部分叫首部，最后部分叫尾部，如图 2.7-16 所示。

船体外板部位名称：船体的最下部分与水平面平行的叫船底，船左右两舷与水面垂直的叫船侧，从船底过渡到船侧的弯曲部分叫舭部，如图 2.7-17 所示。

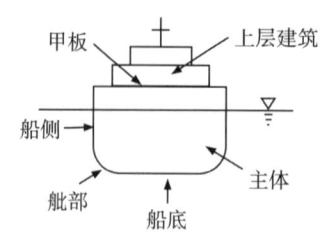

图 2.7-17　船体外板部位名称

三、船舶各部分名称

1. 甲板名称

船舶被水平布置的分隔板分成若干层，这种分隔板称为甲板，甲板根据所处的位置和所起的作用不同可分为：

（1）全通甲板：凡自船首直通到船尾连续不间断的甲板称全通甲板。

内河大型客货轮有两层全通甲板，即主甲板和上甲板，而驳船、油船、推轮和拖轮等只有一层全通甲板，即主甲板。主甲板以下必须保证水密，因而在主甲板上的所有开口应有水密装置。通常而言，海船的最高一层全通甲板称为主甲板，主甲板以下的各层全通甲板依次为二层甲板，三层甲板……

（2）平台甲板：除全通甲板以外，船上所有不连通首尾的甲板都称平台甲板。有的设在船首尾，有的在船中，如首楼甲板、尾楼甲板、游步甲板、驾驶甲板、起居甲板、艇甲板和顶蓬甲板等。

2. 舱室名称

船舶内部根据需要以纵横隔板分成许多舱室。这些舱室按照各自的用途命名。如驾驶室、机舱、首尾尖舱、客舱、货舱、锚链舱、压载舱、舵机舱等，如图 2.7-18 所示。

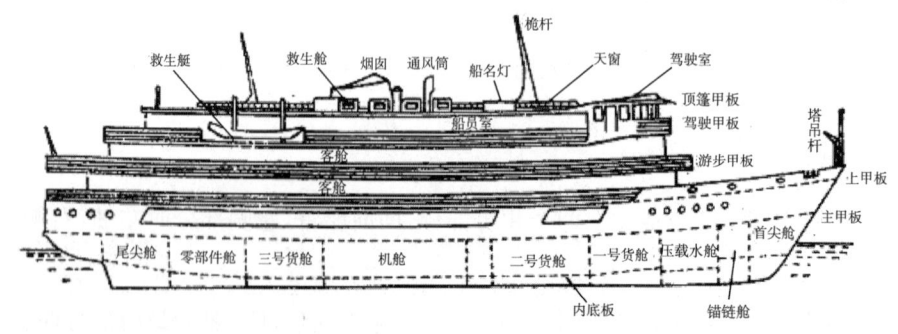

图 2.7-18　船舶各部名称

四、船舶主要尺度、船型系数和尺度比

(一) 船舶主要尺度

船舶主要尺度是表示船舶大小,计算船舶排水量和船舶性能的必要数据,它们是从船舶纵中剖面、横中剖面和设计水线面处所量取的,如图 2.7-19 所示。这些尺度包括长度、宽度、深度、高度和吃水,船舶主要尺度按其用途可分为最大尺度、船型尺度(又称计算尺度或理论尺度)和登记尺度三种。

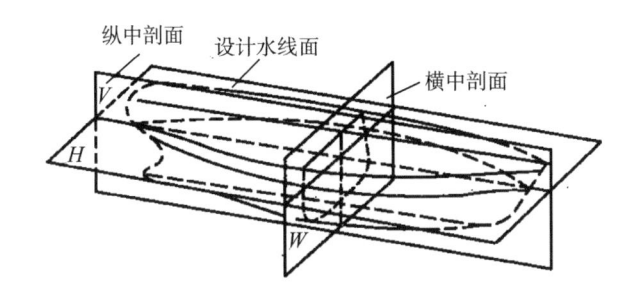

图 2.7-19　三个相互垂直的平面

1. 最大尺度

最大尺度也叫周界尺度或全部尺度。根据该尺度可以决定供船舶停靠的码头的长度,最大尺度是船舶建造和修理时考虑外界限制条件的依据,也是船舶过桥涵、进出船闸、通过浅窄航段、进坞或上排修理的依据。

(1) 最大船长(总长):用 L_{max} 表示,它是指船舶最前端至最后端(包括外板和两端永久性固定突出物)的水平距离。

(2) 最大船宽(总宽):用 B_{max} 表示,是指船舶最宽处,包括船侧外板、舷伸甲板及永久性固定突出物在内的最大水平距离。

(3) 最大船高:用 H_{max} 表示,自平板龙骨下缘至船舶最高点之间的垂直距离。最大船高减去最大吃水即为船舶在水面上的高度,其值的大小决定了船舶能否通过桥梁或架空电缆。

(4) 最大吃水:用 T_{max} 表示,指自平板龙骨下缘至满载水线间的垂直距离。

为提高航道和船闸等通航设施的利用率,促进船舶技术进步,国家推进了内河船型标准化进程,对京杭运河、淮河水系过闸运输的干散货船、液货船(包括化学品船、油船)、驳船、集装箱船等船舶制定了标准船型主尺度系列,具体见表 2.7-2~2.7-4。

表 2.7-2　京杭运河、沙颍河—淮河干线过闸干散货船、液货船标准船型主尺度系列

船型名称	B_{OA} (m)	L_{OA} (m)	参考设计吃水 (m)	参考载货吨级 (t)	适用航域
京淮货-1	7.0	36～40	1.7～2.2	300	京杭运河、沙颍河—淮河干线
京淮货-2	8.0	42～45	2.0～2.5	400	京杭运河
京淮货-3	8.8	42～45	2.2～2.5	500	京杭运河
京淮货-4	8.8	44～45	2.0～2.3	500	沙颍河—淮河干线
京淮货-5	10.0	44～55	2.5～3.0	800	京杭运河
京淮货-6	10.0	53～55	2.5～2.6	800	沙颍河—淮河干线
京淮货-7	11.0	47～58	2.7～3.1	1000	京杭运河
京淮货-8	11.0	53～60	2.7～3.0	1000	沙颍河—淮河干线
京淮货-9	13.0	57～63	3.0～3.3	1500	京杭运河
京淮货-10	13.8	63～68	3.0～3.3	2000	京杭运河

注：1）总宽可下浮不超过2%；设计吃水为参考值，应满足主管部门的相关限制要求。
　　2）在满足船舶航行安全的前提下，用户可根据实际优化配置主机功率。
　　3）船舶高度应充分考虑航道、桥梁及水上过江电缆等的限制。
　　4）进入内河其他通航水域的通过枢纽船舶应满足相关水域标准船型主尺度系列的要求。

表 2.7-3　京杭运河、沙颍河—淮河干线过闸驳船标准船型主尺度系列

船型名称	B_{OA} (m)	L_{OA} (m)	参考设计吃水 (m)	参考载货吨级 (t)	适用航域
京淮驳-1	7.0	32～35	1.7～2.0	300	沙颍河—淮河干线
京淮驳-2	8.0	37～40	2.1～2.3	500	沙颍河—淮河干线
京淮驳-3	8.8	35～42	1.9～2.2	500	京杭运河
京淮驳-4	10.0	42～47	1.9～2.2	800	京杭运河
京淮驳-5	11.0	53～55	2.2～2.5	800	沙颍河—淮河干线
京淮驳-6	11.0	48～55	2.1～2.5	1000	京杭运河
京淮驳-7	13.8	64～68	2.3～2.6	1500	京杭运河
京淮驳-8	15.8	64～75	2.6～3.3	2000～3000	京杭运河 与顶推船队配套驳船

注：1）总宽可下浮不超过2%；设计吃水为参考值，应满足主管部门的相关限制要求。
　　2）船舶高度应充分考虑航道、桥梁及水上过江电缆等的限制。
　　3）进入内河其他通航水域的通过枢纽船舶应满足相关水域标准船型主尺度系列的要求。

表 2.7-4　京杭运河、沙颍河—淮河干线过闸集装箱船标准船型主尺度系列

船型名称	B_{OA} (m)	L_{OA} (m)	参考设计吃水 (m)	参考载箱量级 (TEU)	适用航域
京淮集-1	10.0	37～44	2.3～2.8	30～40	沙颍河—淮河干线
京淮集-2	10.0	45～49	2.0～2.5	40	京杭运河
京淮集-3	11.0	49～57	2.8～3.5	50～60	沙颍河—淮河干线
京淮集-4	11.0	53～55	2.0～2.5	50	京杭运河

续表

船型名称	B_{OA} (m)	L_{OA} (m)	参考设计吃水 (m)	参考载箱量级 (TEU)	适用航域
京淮集-5	13.0	60~63	2.5~3.0	80	京杭运河
京淮集-6	13.8	65~68	2.5~3.0	100	京杭运河

注：1) 总宽可下浮不超过2%；设计吃水为参考值，应满足主管部门的相关限制要求。
2) 在满足船舶航行安全的前提下，用户可根据实际优化配置主机功率。
3) 船舶高度应充分考虑航道、桥梁及水上过江电缆等的限制。
4) 进入内河其他通航水域的通过枢纽船舶应满足相关水域标准船型主尺度系列的要求。

2. 船型尺度

船型尺度是用来计算船舶稳性、吃水差、干舷高度及水阻力等所使用的尺度，船型尺度的量取原则是量取船体型表面。

(1) 型长（船长或垂线间长）：用 L 表示，它是沿满载吃水线，自首柱前缘量至舵柱后缘的长度，对于无舵柱的船舶，则量至舵杆中心线处，但应不大于满载水线长度，亦不小于满载水线长度的96%。

(2) 型宽（船宽）：用 B 表示，它是指不包括船壳板在内的最大宽度，且舷伸甲板不计入。

(3) 型深：用 D 表示，它是指在船体中部舷侧，自平板龙骨的上缘量至主甲板边板下缘的垂直距离。

(4) 型吃水：用 T 表示，它是指在船长中点处，自平板龙骨上缘量至满载水线的垂直距离，型吃水和最大吃水相差一船底板厚度。

船舶最大尺度和船型尺度如图2.7-20所示。

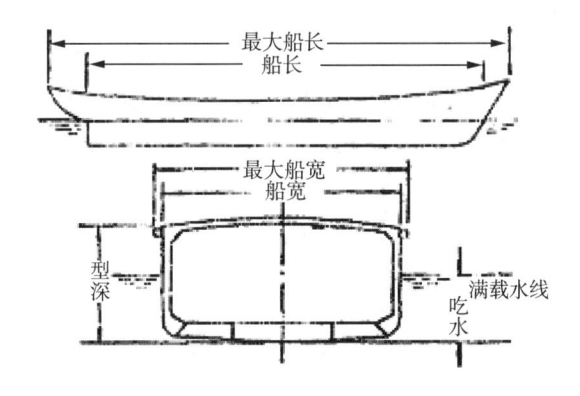

图2.7-20 船舶最大尺度和船型尺度图

3. 登记尺度

登记尺度是船舶检验部门丈量船舶总吨位、净吨位等时所用的尺度，它在船舶丈量证书上有记载，用来表示船舶的大小。

(1) 登记长度(量吨甲板长度)：它是从量吨甲板(最高一层全通甲板)的首柱前缘量至舵柱后缘的水平距离，若无舵柱，则量至舵杆中心处。量吨甲板不包括假船首和假船尾的长度。

(2) 登记宽度：指船舶最大宽度，包括船侧外板，但不包括固定突出物的水平距离。

(3) 登记深度：指从船舶最宽处，自平板龙骨的上表面量至量吨甲板下缘的垂直距离。

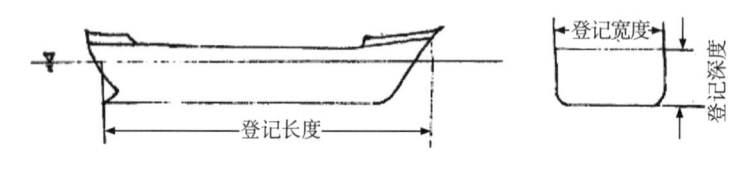

登记尺度如图 2.7-21 所示。

图 2.7-21 船舶登记尺度图

（二）船型系数

船型系数是表示船体水下形状、肥瘦程度的无因次系数，它们都与船舶航行性能有密切关系，在设计时要根据船的用途、航区和速度适当选取。

1. 方形系数 C_B

方形系数也叫排水体积系数，它是船舶水下部分体积 V 与型长 L、型宽 B 和吃水 T 乘积的比值。即：

$$C_B = \frac{V}{L \times B \times T}$$

方形系数 C_B 的大小反映了船体水下部分总的肥瘦程度，如图 2.7-22 所示。C_B 大，表示船的水下型线较为饱满；C_B 小，表示船的水下型线较为瘦削。C_B 大的船舶阻力大，航速慢，但排水量和载重量相应增加，因而货船的 C_B 较大，客船小于货船，而军舰最小。

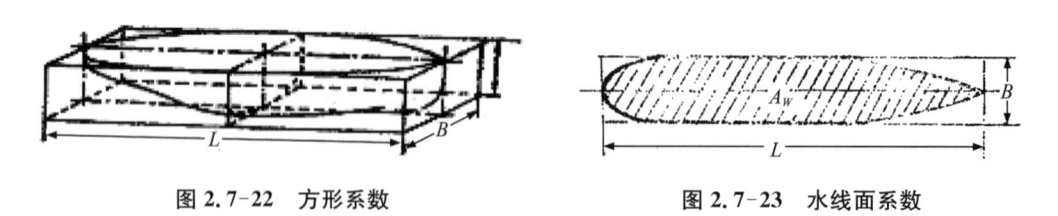

图 2.7-22 方形系数

图 2.7-23 水线面系数

2. 水线面系数 C_W

船舶设计水线面面积 A_W 与型长 L、型宽 B 乘积之比称为水线面系数。即：

$$C_W = \frac{A_W}{L \times B}$$

C_W值的大小表示了水线面两端的尖削程度,如图2.7-23所示,它主要影响船舶的快速性和稳性。各类不同的船舶,它的设计水线面形状是不同的。货船、油船为扩大载货容积,形状比较丰满,中间还有段平直部分,C_W值较大;客船、军舰和其他高速船舶为了减少阻力,两端较尖削,C_W值较小。

3. 中横剖面系数C_M

中横剖面系数为设计水线下的中横剖面面积A_M与型宽B、吃水T乘积的比值。即:

$$C_M = \frac{A_M}{B \times T}$$

中横剖面系数的大小,表示了船舶中横剖面的肥瘦程度,如图2.7-24所示。C_M值越大,说明中横剖面越丰满,低速货轮为了增大载货容积,其C_M值较大,而高速的军船、客船及渔船等的C_M值就较小。

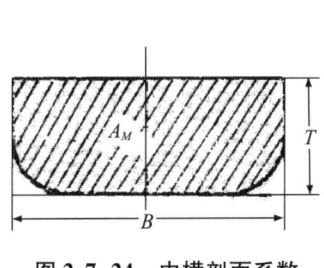

图2.7-24 中横剖面系数　　图2.7-25 棱形系数

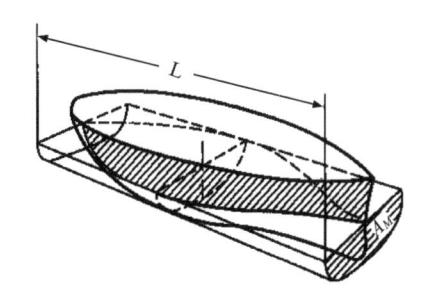

4. 棱形系数C_P

棱形系数又称纵向棱形系数,它是设计水线下的船体体积V与纵向棱柱体积的比值,纵向棱柱体积为中横剖面面积A_M与型长L的乘积,如图2.7-25所示。即:

$$C_P = \frac{V}{A_M \times L}$$

C_P值的大小反映了船体水下部分的体积沿船长的分布情况。如果两船的船长和水下排水体积皆相同,C_P值大,表示排水体积沿船长分布比较均匀;C_P值小,则表示船体水下形状中部饱满而两端瘦削。C_P值与船舶快速性有密切关系,高速船的C_P值较大。

(三)尺度比

船舶的主要尺度比,既标志船舶的基本形状,也在一定程度上决定了船舶的航行和使用性能的好坏。常用的尺度比有:

1. 长宽比L/B

长宽比是指型长与型宽的比值,该值的大小对船舶快速性有很大影响。在排水量不变的情况下,长宽比大,表明船体较瘦长,航行阻力小,船舶的快速性较好,故常为高速船所采用;反之,长宽比小,表示船舶宽而短,航行时所受的水阻力较大,故快速性较差,但船舶的装载量相应较大,因此常被受内河航道和水深条件限制的低速船舶采用。

2. 长深比 L/D

长深比是指型长与型深的比值,该值的大小反映了船体结构的强度。该比值大,说明船体扁平而长,其船体的纵向强度差,在受外力作用时易弯曲变形。为了减小弯曲变形,则构件的尺寸应增大,导致船舶载重量降低。反之,比值小,船体短而高,纵向强度较好。

3. 型宽吃水比 B/T

型宽吃水比是指型宽与吃水的比值,该比值的大小与船舶稳性、快速性等有关。比值大,则稳性好,但随着该比值的增加,水阻力也相应增加,使快速性降低。

4. 型长吃水比 L/T

型长吃水比是指型长与吃水的比值,该比值的大小影响船舶的操纵性,该比值大,船舶航向稳定性好,但回转灵活性差。反之,比值小,船舶转动灵活,而航向稳定性差。

5. 型深吃水比 D/T

型深吃水比是指型深与吃水的比值,该比值的大小影响船舶抗沉性。该比值大,则船舶干舷高度值大,储备浮力也相应增大,则抗沉性好。反之,抗沉性就差。

表 2.7-5 各类船舶主要船型系数和尺度比

船舶类型	主要船型系数			尺度比		
	C_W	C_M	C_B	L/B	B/T	D/T
远洋客船	0.75~0.82	0.95~0.96	0.57~0.71	8.0~10.0	2.4~2.8	1.6~1.8
远洋货船	0.80~0.85	0.95~0.98	0.70~0.78	6.0~8.0	2.0~2.4	1.1~1.5
沿海客货船	0.70~0.80	0.85~0.96	0.50~0.68	6.0~7.5	2.7~3.8	1.5~2.0
内河客船	0.73~0.87	0.98~0.99	0.50~0.89	10.0~12.0	2.8~7.5	2.0~3.0
拖 船	0.72~0.80	0.79~0.90	0.46~0.60	6.0~6.5	2.0~2.7	1.2~1.6
驳 船	0.48~0.88	0.96~1.00	0.75~0.90	5.2~8.2	4.0~7.0	1.1~1.6

五、船舶的吨位和标志

船舶吨位是表示船舶容积或载重能力大小的数值,它可分为容积吨和重量吨两种。

(一)重量吨

重量吨用以表明船舶载运能力,以"吨"为计算单位。重量吨有排水量和载重量之分。

1. 排水量

排水量是指船舶浮在水中时所排开水的重量。排水量既表示了船舶的重量,又代表了水对船舶的浮力。由于排水量的大小随船舶装载货物数量的变化而变化,故排水量可分为:

1)空船排水量:指船舶装备齐全但未装货物时的排水量,也就是空船的重量,它包括船体、机器、设备等的重量。

2)满载排水量:指船舶载货至吃水达满载水线时的排水量,它包括船舶自重、客货、燃料、淡水和供应品等的总重量。

3)实际排水量:指船舶装载部分货物时的排水量。

2. 载重量

载重量表示船舶具有的载重能力,它分为:

1)总载重量:指船舶允许的最大载重量。它等于满载排水量减去空船排水量,即:

$$总载重量=满载排水量-空船排水量$$

2)净载重量:指船舶所能装载货物的最大重量。即:

$$净载重量=总载重量-(燃料+淡水+物料+其他供应品)$$

净载重量是衡量船舶生产能力的主要指标之一。当总载重量确定后,为了使船舶得到最大的净载重量,船舶工作人员应根据船舶的航程,计算出合理的燃料、淡水和物料等的储备量,以期达到增加船舶净载重量的目的。

(二)容积吨

容积吨是丈量船舶容积而计算得到的船舶吨位,它主要用作船舶登记注册用,也称登记吨位。根据中国海事局《吨位丈量规则(2022)》规定,以 2.83 m³ 或 100 立方英尺[①]为一个容积吨。根据不同的用途,它可分为总吨位和净吨位两种。

1. 总吨位

总吨位是将船舶上所有封闭的舱室根据一定的丈量规则丈量而得的容积总和,除以 2.83 m³ 所得的数值。

总吨位可以用来表示船舶规模的大小,并作为国家统计船舶吨位之用,另外还是计算净吨位的基础,以及作为海事赔偿的基数。

2. 净吨位

净吨位是船舶实际能够载客、载货的空间,或指从总吨位中减去不能装载旅客、货物的舱室容积后所得的数值。

净吨位是船舶向港口交纳各种费用和税收的计算依据,是船舶计算港口停泊、拖带、

---

① 注:100 立方英尺≈2.83 立方米(m³)。

引航等费用的基础,另外还可作为船舶买卖或租赁的计算基准。

(三)载重线标志

1. 储备浮力

船舶在水面上的漂浮能力是由储备浮力来保证的。储备浮力是保证船舶抗沉性的一项重要的指标。船舶装载时,满载水线必须低于甲板边线并有一定的距离,否则,船舶一遇外力作用或发生意外的海损事故,就会很快沉没。船舶载水线以上的水密空间所提供的浮力称为储备浮力,如图2.7-26所示。

储备浮力的大小通常以船舶满载排水量的百分比来表示,内河船舶的储备浮力约为满载排水量的10%～15%,海船则达20%～50%,军舰则为100%以上。储备浮力的大小可用干舷尺度来衡量,干舷尺度越大,则船舶的储备浮力也越大。

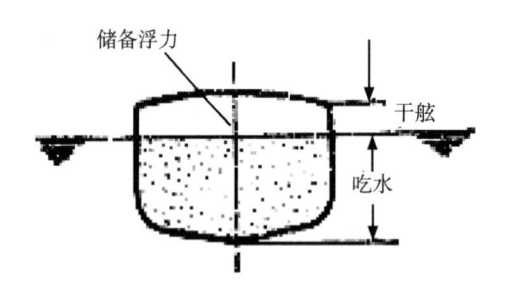

图2.7-26 船舶的储备浮力

2. 干舷高度

储备浮力一旦确定,船舶干舷高度也就确定了,在船长中点处,自满载水线量至主甲板(也称干舷甲板)边板上表面的垂直距离称干舷高度,简称为干舷,干舷是衡量储备浮力的标准,干舷的高度越高,船舶的储备浮力越大。船舶航行于各个航区时,由于各航区的自然条件不一样,因此干舷高度值也不相同。

3. 载重线标志

为了保证船舶的航行安全和船舶在发生水上交通事故时仍然保持一定的航行性能,在船中两舷的外侧勘划有载重线标志。载重线标志的勘定是船检机构根据船舶尺度、结构和强度以及船舶的不同航区确定的,它表明了每艘船舶在不同航区、不同季节航行时应具备的最小干舷高度值,或表示了船舶在不同航区、不同季节航行时的最大允许吃水值。

根据《海船载重线规范(1975)》,载重线标志由甲板线、圆环和横贯圆环的载重线以及字母符号组成,如图2.7-27所示。

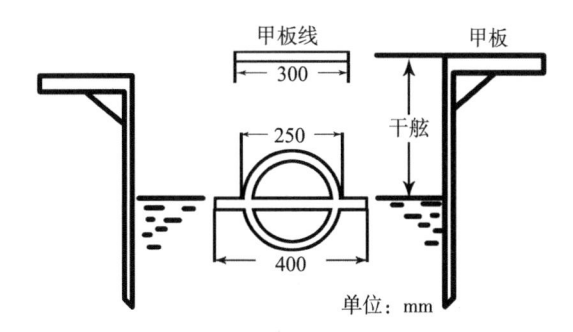

图 2.7-27　甲板线、圆环和载重线

(1) 甲板线

甲板线是一条表示主甲板位置的线,勘划在船长中点的两舷外侧,其上缘切于主甲板的上缘。甲板线长 300 mm,宽 25 mm。

(2) 圆环

圆环又称载重线标圈,是一外径为 250 mm,线宽 25 mm 的圆环,位于船长中点两舷甲板线的下面。圆环的中心应在甲板线中点的垂线上,自中心至甲板线上缘的垂直距离,等于核定航区的干舷。

(3) 载重线

载重线长 400 mm,宽 25 mm,为横贯圆环的水平线,其上缘通过圆环中心,载重线的上缘也是船舶在该航区所允许的最大吃水的限定线。

(4) 字母符号

如图 2.7-28 所示,在圆环的左侧绘以字母"ZC",表示勘定干舷的主管机关是"中华人民共和国船舶检验局"。在圆环的右侧绘以字母"A"(或"B""C""J"),表示适航的航区。船舶适航于数级航区(段)时,以数条水平线表示,如图 2.7-29 所示。

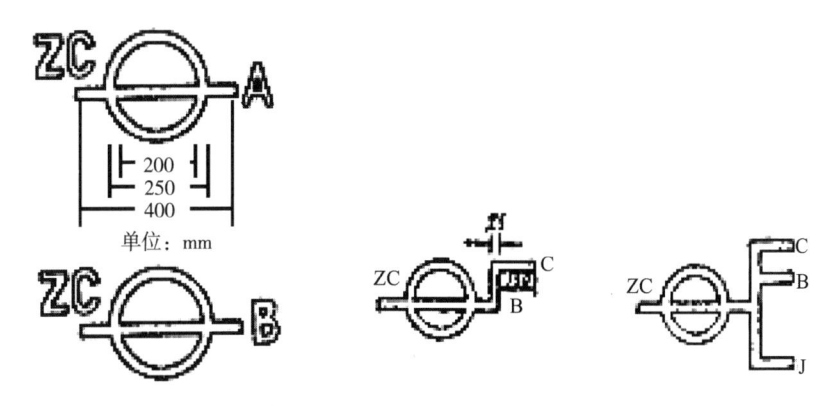

图 2.7-28　载重线的字母符号　　图 2.7-29　数级航区的载重线标志

(四) 水尺标志

1. 水尺的组成及作用

水尺勘划于船舶首、中、尾部的两侧船侧板的六处,俗称六面水尺。水尺标志一般用公制表示,外籍船也有用英制表示的。

水尺自平板龙骨下缘开始至满载水线的垂直距离内,每 20 mm 为一格,每 20 mm 标数,水尺标志线粗 20 mm,字高为 100 mm,字间垂直距离为 100 mm。

水尺是表示船舶载货量多少的一种标志,知道水尺对照排水量曲线图可得到船舶载货量。船舶在靠码头,进出浅水航道或锚泊时都需要精确地掌握当时的吃水。船舶吃水与能否安全通过浅水航道等有着直接的关系。

2. 读取水尺的方法

读取水尺时,看水面与水尺数字相切的位置。如水线恰好淹没 1.2 m,则吃水为 1.2 m。如水面有风浪,则取波峰与波谷之间的平均值。

3. 吃水指示系统(或吃水遥测系统)

大型船舶读取水尺比较困难,特别是船尾弯曲更不易看清。因此,现代化大型船舶上设置吃水指示系统,用以测量船舶首、中、尾的吃水和纵、横倾斜度,它可以随时从指示面板上集中读取,非常方便。

吃水遥测系统目前采用浮子式遥测系统、超声波遥测系统、吹气式遥测系统三种形式。

六、船舶吨位丈量

(一) 吨位丈量的简史

船舶吨位丈量的目的是核定船舶的总吨位和净吨位。船舶吨位丈量从 13 世纪已有,从刚开始用酒桶、油桶、拉斯特、B.O.M 丈量法,到 19 世纪中期的"摩逊法"规则、奥斯陆公约、吨位标志法(当吨位标志线浸没水中时,使用大的一组吨位)。我国于 1977 年颁布的《船舶吨位丈量规范》采用了吨位标志法。

上述各种方法各有优缺点。吨位丈量涉及船东与港口国收费的矛盾,且各国不统一,故制定统一的国际船舶吨位丈量法是政府间海事协商组织的主要任务之一。1969 年 5 月 27 日政府间海事协商组织(现国际海事组织)在伦敦召开国际船舶吨位丈量会议,参加会议的有 48 个国家的代表,另有 7 个国家和 4 个非政府组织派观察员参加,苏伊士运河当局和巴拿马运河公司亦派人出席了会议。会议研究并通过了《1969 年国际船舶吨位丈量公约》。我国于 1980 年 4 月 8 日加入该公约,为公约的缔约国。

(二)内河船吨位丈量与计算

1. 量吨甲板下围蔽处所的容积 V_1

量吨甲板下围蔽处所的容积 V_1 分下列 3 个部分进行量计：

(1) 主体部分——首尾垂线之间的部分；

(2) 附加部分——首垂线以前部分和尾垂线以后部分；

(3) 突出体部分——推进器轴毂和流线体等部分(如有时)。

具体的计算方法可以按以下所述的任一方法进行量计。

①主体部分的容积 V_{11}，应采用辛氏第一法则量计：

先根据船长将船体按表 2.7-6 进行等分，然后在船长的两端点及各等分点处量计各横剖面面积。各横剖面面积求得后，用辛氏第一法则计算主体部分的容积 V_{11}。

表 2.7-6 等分法划分表

船长 L(m)	等分数
$L \leqslant 37$	6
$37 < L \leqslant 55$	8
$L > 55$	10

②附加部分的容积 V_{12}，将首垂线以前部分和尾垂线以后部分各分为 2 等分，参照上述方法量计首垂线以前部分的容积和尾垂线以后部分的容积。

③突出体部分的容积 V_{13}，按实际形状用几何方法进行量计。

④根据型线图或邦氏曲线按船舶静力学方法量计主体部分的容积 V_{11} 和附加部分的容积 V_{12}，突出体部分的容积 V_{13} 按③量计。

⑤对于无型线图和邦氏曲线等资料的现有船舶，如果没有静水力数据时，应通过实船测绘的方式按照本节③或④量计量吨甲板以下围蔽处所的容积 V_1；如果有静水力数据时，可根据静水力数据量计主体部分的容积 V_{11} 和附加部分的容积 V_{12}，突出体部分的容积 V_{13} 按本节③量计。主体部分的容积 V_{11} 和附加部分的容积 V_{12} 按下式计算：

$$V_{11} + V_{12} = k\left[C_b + \frac{(D-d)(C_{wp} - C_b)}{d}\right] L_S B D' \qquad (式 2.7\text{-}1)$$

式中：k——系数，单体船取 1，双体船取 2；

d——设计满载吃水(m)；

C_b——设计满载吃水时的方形系数；

C_{wp}——设计满载吃水时的水线面系数；

L_S——设计满载吃水时的水线长(m)；

B——宽度(m)，双体船为片体的型宽；

D——型深(m);

D'——修正型深(m),按下式计算:

$$D' = D + \frac{2}{3}h + \frac{1}{6}(h_s + h_w)$$ (式2.7-2)

式中:h——梁拱高(m);

h_s——船首舷弧高度(m);

h_w——船尾舷弧高度(m)。

⑥如船体为简单的几何形状,则不论长度如何,可用几何方法量计量吨甲板下的容积。

⑦对于无舱口盖板的敞口船舶,其量吨甲板下的容积按照图2.7-30阴影部分计入。

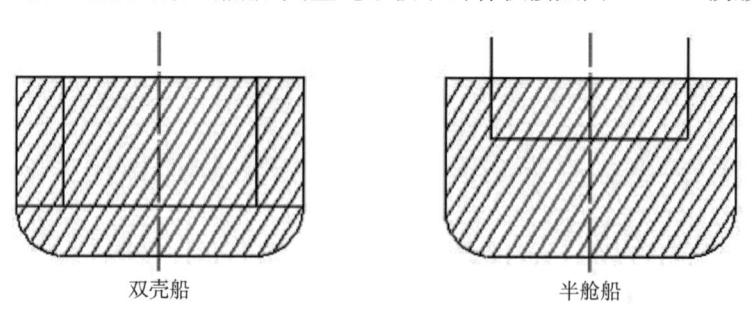

双壳船　　　　　　　　半舱船

图 2.7-30　阴影部分面取值参考

2. 量吨甲板以上围蔽处所的容积 V_2

量吨甲板以上围蔽处所包括量吨甲板以上的上层建筑、甲板室、封闭货舱口,以及量吨甲板上的货油罐、旋转机房和膨胀舱等,各个量吨甲板以上围蔽处所应分别进行量计。

各层上层建筑的容积按下列方法进行量计:

在中纵剖面上,于上层建筑高度的中点量取首尾两端间的长度,并按容积 V_1 相关规定等分。然后在长度的两端点及各等分点处,于上层建筑高度的中点处量得横剖面的宽度,宽度量取后,用辛氏第一法则计算水平剖面面积,再乘以甲板间平均高度,即得量吨甲板与上甲板间的容积。

各等分点的高度是自上层建筑的下表面至量吨甲板或下一层上层建筑上表面间的垂直距离,将量取的各高度相加平均后,即得甲板间平均高度。

首楼、尾楼、桥楼和首、尾升高甲板部分的容积尺寸均量到建筑物外围壁板的内表面。

甲板室容积按下列方法进行量计:

①甲板室为流线型时,其容积按照 V_1 相关规定量计;

②甲板室为直线型时,其容积以舱室的平均的长度、宽度、高度相乘即得;

③甲板室为其他几何形状时,其容积用几何方法量计。

货舱口容积按照下列方法进行量计：

①量吨甲板以上的货舱口容积将舱口围板内表面间的平均长度、平均宽度和平均高度相乘即得舱口容积；舱口的高度是从甲板下表面量至舱口盖板的下表面的垂直距离。如高度不等，则取其平均值。

②已包括在量吨甲板与上甲板间容积内的货舱口容积，不另计算。

量吨甲板上的货油罐、旋转机房及膨胀舱的容积参照 V_1 相关规定量计。

3. 量吨甲板以上应计入的固定载客的开敞处所的容积 V_3

各个量吨甲板以上应计入的固定载客的开敞处所应分别进行量计。

量吨甲板以上应计入的固定载客的开敞处所在量计时，其容积为甲板载客面积乘以自顶篷的下表面至载客甲板的上表面的平均高度。

未设顶篷的载客处所，其容积为甲板载客面积乘以计算高度，计算高度取 1.9 m，若载客甲板（即乘客站立面）位于干舷甲板以下的平台时，计算高度取 $(1.9-W)$ m，其中：W 为载客甲板至干舷甲板的距离（m）。

量计甲板载客面积时，其尺度应量至舷墙（或栏杆）的内表面。

4. 量吨甲板以上应计入的固定载货的开敞处所的容积 V_4

①有固定（或活动）顶盖的，其容积为甲板载货面积乘以自顶盖的下表面至载货甲板上表面的平均高度。

②周围有固定（或活动）围板而无顶盖的，其容积为甲板的载货面积乘以围板平均高度；围板高度低于船宽的 0.1 倍时，取 0.1 船宽进行量计。

③两舷无围板，首尾有横向挡货板的，其容积为首、尾横向挡货板的平均宽度乘以首、尾横向挡货板的平均高度，再乘以首、尾横向挡货板间的长度；首、尾横向挡货板的平均高度低于船宽的 0.1 倍时，取 0.1 船宽进行量计。

④无围板和无顶盖的，其容积为甲板的实际载货面积乘以 0.1 船宽。

⑤滚装货船、Ⅰ型客滚船、Ⅱ型客滚船、车客渡船、火车渡船在露天甲板上的滚装处所容积，无固定（或活动）顶盖时为甲板的滚装处所面积乘以两舷挡板平均高度，两舷挡板平均高度小于 2.5 m 时，取 2.5 m。专门载运商品汽车的滚装船，若两舷挡板平均高度小于车辆高度时，取车辆高度。

⑥集装箱高出甲板或平台或舱口围板以上的容积 V_{4h}，应根据集装箱堆放的几何尺寸按下列方法计算：

a. 吨位丈量所用的丈量箱数和集装箱尺寸按 1CC 型号集装箱选取；

b. 丈量箱数根据设计箱位数及型号确定，当设计箱位数由货箱数和空箱数组成或全部为空箱数时，取货箱数加上其中空箱数的一半之和进行量计；当设计箱位数包含多种型号的集装箱时，按其外部尺寸对应的容积换算成 1CC 型号集装箱对应的箱数；计算所得的丈量箱数按四舍五入取整；

 c. 1CC型号集装箱的外部尺寸取为 6.058 m×2.438 m×2.591 m(长×宽×高)；

 d. 集装箱堆放的几何尺寸按上述 a～c 确定的丈量箱数和尺寸及箱位布置确定；

 e. 集装箱高出甲板或平台或舱口围板以上的容积 V_{4h} 按下式计算：

$$V_{4h} = 0.5 \sum S_i H_i \qquad (式\ 2.7\text{-}3)$$

式中：i——载货处所的序号；

 S_i——各载货处所的实际装载集装箱面积(包括集装箱与集装箱之间的间距，m^2)；

 H_i——各载货处所的集装箱高出甲板或平台或舱口围板的平均高度(m)。

 f. 上述计算的容积不包括货舱口容积，当载货处所设有无舱盖的货舱口及舱口围板时，货舱口容积按⑦计算；

⑦无舱盖的舱口船，货舱口容积为舱口围板内表面间的平均长度、平均宽度和舱口围板平均高度相乘所得。半舱船的舱口围板平均高度低于船宽的 0.1 倍时，取 0.1 倍船宽进行量计(装运集装箱的半舱船，其舱口围板平均高度仍按实际值选取)。

⑧浮船坞在浮箱甲板上的露天部分，其容积为 0.5 倍抬船处所面积乘以浮箱甲板至安全甲板的高度。

$$V_{4h} = 0.5 SH \qquad (式\ 2.7\text{-}4)$$

式中：S——抬船处所面积(m^2)；

 H——浮箱甲板至安全甲板的高度(m)。

⑨自卸砂船在量吨甲板以上的容积，按量吨甲板至舱口围板顶缘的货舱形状计算(量吨甲板以上的货斗斜壁与舱口围板形成的封闭区域不计入)，舱口围板按实际高度选取。

⑩按上述方法计量时，已包括在量吨甲板以下的容积不另计算。

第三节　内河船舶航行规则

一、内河船舶航行需具备的条件

为保障内河交通安全、有序、畅通，根据《中华人民共和国内河交通安全管理条例》(2002)，内河船舶具备下列条件，方可航行：

1. 经海事管理机构认可的船舶检验机构依法检验并持有合格的船舶检验证书。

2. 经海事管理机构依法登记并持有船舶登记证书。

3. 配备符合国务院交通主管部门规定的船员。

船员经水上交通安全专业培训,其中客船和载运危险货物船舶的船员还应当经相应的特殊培训,并经海事管理机构考试合格,取得相应的适任证书或者其他适任证件,方可担任船员职务。严禁未取得适任证书或者其他适任证件的船员上岗。

4. 配备必要的航行资料。

二、内河船舶航行避碰规则简介

根据《中华人民共和国内河交通安全管理条例》(2002)、《中华人民共和国内河避碰规则》(2003),内河船舶航行需遵守以下规则:

1. 船舶在内河航行,应当悬挂国旗,标明船名、船籍港、载重线。

2. 瞭望与安全航速:船舶在内河航行,应当保持瞭望,注意观察,并采用安全航速航行。

3. 航行原则:船舶在内河航行时,上行船舶应当沿缓流或者航道一侧航行,下行船舶应当沿主流或者航道中间航行;在潮流河段、湖泊、水库、平流区域,任何船舶应当尽可能沿本船右舷一侧航道航行。

设有分道通航、船舶定线制的水域,必须按照有关规定航行和避让。两船对遇或者接近对遇应当互以左舷会船。

4. 避让原则:船舶在航行中要保持高度警惕,当对来船动态不明产生怀疑,或者声号不统一时,应当立即减速、停车,必要时倒车,防止碰撞。采取任何防止碰撞的行动,应当明确、有效、及早进行,并运用良好驾驶技术,直至驶过让清为止。

船舶在避让过程中,让路船应当主动避让被让路船;被让路船也应当注意让路船的行动,并按当时情况采取行动协助避让。

两机动船相遇,双方避让意图经声号统一后,避让行动不得改变。

5. 船舶进出内河港口,应当向海事管理机构办理船舶进出港签证手续。

6. 从事货物或者旅客运输的船舶,必须符合船舶强度、稳性、吃水、消防和救生等安全技术要求和国务院交通主管部门规定的载货或者载客条件。任何船舶不得超载运输货物或者旅客。

7. 船舶应当在码头、泊位或者依法公布的锚地、停泊区、作业区停泊。

8. 载运危险货物的船舶,必须持有经海事管理机构认可的船舶检验机构依法检验并颁发的危险货物适装证书,并按照国家有关危险货物运输的规定和安全技术规范进行配载和运输。

第四节　内河标准船型概述

一、内河船型标准化发展历程

对内河船型标准化工作的认识和理解是一个逐步深化、提高、发展的过程。内河标准船型的定义也在随着认识的提高、形势的发展发生变化。内河标准船型的定义主要经过了简统选优船型、标准船型送审图纸、船型主尺度和技术方案相结合、船型主尺度与指标体系相结合等过程。20 世纪 70 年代以来,我国内河船型标准化大致经历了 4 个阶段。

(一)起步阶段(1975—1980 年)

这一时期船型标准化的工作重点主要是船型简统选优。20 世纪 70 年代中期,我国船舶标准化工作开始起步,并成立了船舶标准化委员会;随后,原交通运输部组织力量,重点对船型、机型的简统选优和生产等问题进行了较为全面、系统的研究,为推进我国船型标准化工作进程发挥了积极作用。

(二)发展阶段(1981—2000 年)

这一时期船型标准化工作的特点是船型简统选优与制定船型标准同步进行。为促进内河运输船舶技术进步,原交通运输部从 2 000 多种内河运输船型中选定 200 多艘不同地区的优良代表船舶,作为简统优选船型向全国推荐。船型简统选优工作对推进全国内河船舶技术进步和船型标准化进程起到了积极的促进作用,推动了船型标准化工作向规范化方向发展。

20 世纪 70 年代末 80 年代初,我国开展了较大规模的分节驳顶推船队运输方式的系统研制和推广工作,并取得显著的经济效益,使我国内河运输形成了规模运输能力和良好的社会经济效益。

2000 年,原交通运输部组织进行《内河货运船舶船型主尺度系列》标准研究,将不同船型主尺度系列标准按 7 种航道等级要求制定。《内河通航标准》也已进行相应的研究及修订。上述研究覆盖面广,对内河运输船型标准化工作的进一步开展、充分发挥航道通过能力、优化运力结构、提高我国内河运输现代化水平等具有重要意义,为进一步开展内河船型标准化研究和标准船型开发奠定了基础。

(三)重点推进阶段(2001—2012 年)

2001 年原交通运输部制定了《公路、水路交通发展的三阶段战略目标(基础设施部分)》,要求在长江三角洲、珠江三角洲及其干流全面推进船型标准化、系列化。之后,又颁布了《内河运输船舶标准化管理规定》。该文件的出台标志着内河船型标准化工作进入实质性的重点推进阶段。此后,原交通运输部先后在京杭运河和川江及三峡库区实施了两个具有划时代意义的示范性工程,并发布了《全国内河船型标准化发展纲要》。

2009年9月,交通运输部、财政部与八省二市联合发布了《推进长江干线船型标准化实施方案》。通过4年多的工作,三峡船闸600总吨以下过闸船、三峡库区单壳油船和单壳化学品船,以及长江干线大量老旧运输船舶提前退出市场,绝大多数的三峡库区客船也已完成生活污水处理装置改造。

(四)全面推进阶段(2013—2017年)

2013年8月11日,交通运输部、财政部与十八省(自治区、直辖市)人民政府联合出台《"十二五"期推进全国内河船型标准化工作实施方案》,标志着内河船型标准化工作进入全面推进阶段,其中:实施范围由原来的内河重点水域扩大至《全国内河航道与港口布局规划》确定的"两横一纵两网十八线"全国高等级航道网;实施内容在原来拆旧船的基础上,增加了新建示范船的补贴政策,标志着内河船型标准化工作上升到一个全新的高度。

二、主要做法及成果

(一)主要政策举措和实施手段

内河船型标准化工作的主要做法包括3个方面:一是定标准,制定主尺度系列标准、标准船型指标体系,以及安全、环保等方面的船舶技术标准,禁止新建非标准船型进入市场;二是调存量,加快小吨位过闸船、安全技术水平及生活污水排放不达标船舶、老旧运输船的更新改造,制定限航措施;三是推示范,鼓励新建川江及三峡库区大长宽比船、LNG动力船和高能效船三类示范船。具体措施包括:

1. 制定发布实施方案

在船型标准化进入重点推进阶段后,交通运输部先后发布了《推进长江干线船型标准化实施方案》《"十二五"期推进全国内河船型标准化工作实施方案》。这些实施方案涵盖了船型标准化阶段性工作的指导思想、工作目标、实施范围、工作思路、鼓励政策、保障措施等内容,作为阶段性总体部署,对促进中央与地方关于船型标准化工作联动机制的建设发挥了重要作用。

2. 制定、修订法规和规范

法规、规范的制定或修订为各部门做好船型标准化工作提供了法律保障,是将内河标准船型的安全、环保、节能等方面的技术标准变为强制性要求的主要途径之一,是限制新造非标准船型进入市场的重要措施。在京杭运河船型标准化示范工程中,原交通运输部根据航区特点组织编制的《京杭运河标准型船舶规范》由中国船级社公布;组织编制的《内河船舶法定检验技术规则(京杭运河型船舶检验补充规定)》由中国海事局公布。在"十二五"期间全国内河船型标准化工作中,交通运输部修订了《内河运输船舶标准化管理规定》,明确了标准船型执行主尺度和指标体系的强制性要求,并强化了相关部门的职责。

3. 研发公布主尺度系列

内河船型标准化的主要目的之一是统一船舶尺度,提高船闸等通航设施的通过能力,减少堵航,从而提高运输效率;因此,研发并向社会公布主尺度系列是船型标准化的重要工作之一。

研究制定内河标准船型主尺度系列要根据内河航运生产实际,以提高船舶与船闸、升船机等通航建筑物的适应性来提高通航效率,以优化船型设计来提高船舶经济性。内河标准船型主尺度制定的整体思路是:先根据航道、船闸限制条件和运输市场需求情况划分船型吨级系列,根据现有船型主尺度特征,同时考虑未来航道条件变化的因素确定每个吨级船型主尺度的选择范围,采用网格法形成多个主尺度方案;再建立技术经济模型和评价指标体系,对每个主尺度方案进行技术经济论证,根据评价指标体系比选出较优的方案作为主尺度系列标准的推荐方案。

4. 研发现有船技术改造方案

在对新造船提出新的尺度、安全、环保等方面的要求之外,对现有船的改造是内河船型标准化工作的又一项主要任务。船舶从建造投入营运到退役报废这一较长的生命周期及高价值决定现有非标船不可能在短期内进行拆解,因此对现有船进行技术改造是船型标准化的必经之路。京杭运河船型标准化示范工程组织研发京杭运河挂桨机船舶推进器落舱技术改造,并向社会公布系列设计方案及图纸,为挂桨机船实现落舱改造提供了技术保障;长江干线船型标准化工作和"十二五"内河船型标准化工作对生活污水排放达不到规范要求的船舶,以及单壳油船、单壳化学品船的改造方案进行研发。

5. 采取限航措施,逐步淘汰现有非标船

在限制新造非标船进入市场的基础上,对现有非标船采取限航措施,是确保内河船型标准化有序推进、达到成效的又一重要保障。采取限航措施指的是通过发布公告、运输市场管理办法等方式,分阶段、分步骤明确现有非标船的禁航日期。

6. 制定经济鼓励政策和资金管理办法

2001年以来,原交通运输部、财政部与相关省市先后出台了针对京杭运河、长江干线和全国"两横一纵两网十八线"船型标准化的经济鼓励政策,各项政策在补贴对象、补贴方式和流程方面有一定的相似性。全国内河船型标准化补贴资金是指中央和地方财政通过公共财政预算拨付资金。为了规范全国内河船型标准化补贴资金的管理,制定相应的资金管理办法,明确补贴范围和标准、补贴资金的申请和发放、中央补贴资金的下达和拨付,以及监督管理办法等。

7. 建立健全管理制度和配套文件

建立健全管理制度和配套文件是使内河船型标准化工作规范化的主要措施。"十二五"期间,为进一步完善相关管理制度,交通运输部与财政部联合印发了《内河船型标准化补贴资金管理办法》。交通运输部制定了《内河示范船技术评估和认定办法》,规定示范船评估认定内容和工作程序,公布第一批技术评估和认定单位名单,明确有关工作要求;建立内河船型标准化工作定期督查制度,要求水系派出机构定期报送工作进展情况;部署开展现有船舶标准化认定工作,明确由水系派出机构分别牵头组织实施。

(二)总体工作成效

1. 促进了运力结构调整

自内河船型标准化政策实施以来,随着一批老旧运输船、小吨位过闸船的提前淘汰,一些先进、高效的示范船逐步投入营运,内河运力结构在一定程度上得到优化,船舶日益大型化,平均船龄不断降低,以LNG、高能效为代表的绿色船型逐渐投入使用。

2. 提升了内河运输效率

京杭运河通过加快小吨位过闸船拆解,提高了京杭运河船闸特别是苏北船闸的通过能力。据统计,2015年苏北船闸通过量达到13.4亿t,较2010年增长30.1%,过闸船舶平均吨位提高55.4%。三峡库区加快小吨位船舶淘汰、鼓励建造川江及三峡库区大长宽比船,对提升三峡船闸通过能力发挥了积极作用。2014年,三峡船闸通过量为1.193亿t,平均每闸次通过船舶实载货运量达到1.105万t,过闸船舶平均吨位达3 846 t,分别是2004年的3.48倍、2.81倍和3.66倍;平均每闸次运行时间为94.9 min,较2004年缩短5 min。2015年,三峡船闸通过量为1.196亿t,平均每闸次通过船舶实载货运量达到1.114万t,分别是2004年的3.49倍、2.83倍。

3. 提高了内河船舶防污染水平

截至2015年底,全国共完成单壳液货船拆解、改造603艘。单壳液货船的提前报废更新,降低了船舶液货泄漏造成库区水体污染的风险。此外,全国完成船舶生活污水改造10 956艘,估算每年减少生活污水直接排放量约9万t。如果2.6万艘船舶的生活污水改造工作能如期完成,预计每年可减少生活污水直接排放量20多万t。

4. 推动了内河船舶技术进步

政策鼓励先进、高效、节能环保的示范船建造,相关部门加快了对新船型、新技术的研究和开发,并应用于实船,促进了整个内河船舶技术的进步。以LNG动力示范船为例,受政策带动,工信部和相关船舶发动机生产商均加大了对适应内河船舶特点的气体发动机及相关产品的研发,环保性能大幅提高。

5. 促进了船舶工业发展

据了解,川江及三峡库区大长宽比船单船造价为1 400万~1 700万元,LNG动力船单船造价在 320 万~1 300 万元。初步估算,已开工建造的示范船总造价约为 12.5 亿元,计划的示范船规模如果能够实现,将为船舶工业新增 65 亿元产值,对支持船舶工业发展发挥重要作用。同时,拆解改造旧船必将带动运力更新,预计将间接拉动船舶工业产值 200 亿元以上。

三、实例 1-1:长江干线实施内河船型标准化简介

(一)长江干线船型标准化工作背景

为加快推进长江船型标准化,2006 年在原交通运输部和沿江七省二市人民政府联合发布的《"十一五"期长江黄金水道建设总体推进方案》中,明确提出"十一五"期间原交通运输部和沿江有关省市将加快推进长江干线的船型标准化工作。原交通运输部立项开展专题研究,在广泛调研的基础上,吸取京杭运河船型标准化示范工程的成功经验,并针对长江干线船型标准化存在的具体问题,提出了"十一五"期推进长江干线船型标准化实施意见。

(二)长江干线船舶状况

根据原交通运输部长江航务管理局提供的统计数据,长江干线船型存在的问题有:

1. 船型杂乱,影响航道船闸等基础设施利用率

现有内河船舶船型杂乱,机型复杂,不利于提高航道、船闸等基础设施的利用率,从而影响内河航道效益的发挥,成为内河航运竞争力提高的瓶颈之一。

2. 部分船舶技术状况老旧,存在安全隐患

内河船舶总体技术水平不高,部分地区还存在水泥质船、木质船和普通运输货船等老旧拆解船舶,船龄大,操作性能差,航运安全存在隐患。内河船舶平均吨位较小,能耗高,营运效率低。

3. 老旧船舶对环境存在污染

随着国家对水资源环境保护的重视,社会各界对船舶的环保要求也越来越高,尤其是在库区、湖泊等特殊水域。而现存的某些老旧拆解船舶,对油污水和生活污水没有专门的回收或存储装置,肆意排放,严重污染水质。另外一些船舶,如普通运输货船,噪声污染严重,极大影响沿岸居民和船民自身的日常生活和人体健康。

4. 航运结构性矛盾突出

在客运中,普通客船运力过剩,而市场需求较大的中高档旅游船运力不足;在货运中,船舶吨位小,专业化、大型运输船不足,新型的集装箱船、汽车滚装船运力有待发展。

(三)推进长江干线船型标准化实施方案

2009 年 7 月,交通运输部、财政部和八省二市人民政府发布了《推进长江干线船型标准化实施方案》,方案实施的范围是:长江干线运输船舶和长江主要支流干支直达运输船

舶。针对长江不同区域的特点,采用不同的政策推进长江干线船型标准化工作。

1. 对于川江及三峡库区,以提高三峡船闸的通过能力和库区船舶安全、环保性能为主要目标和切入点,严格禁止新建非标准船进入三峡库区,采用主尺度加技术方案的形式推广标准船型。对现有的非标准船,特别是安全、环保方面达不到新规范要求的船舶加快更新改造。禁止小吨位船舶通过三峡船闸,鼓励其提前退出航运市场。

2. 对于长江中下游非限制航段,采用引导的方式推广标准船型,依托骨干航运企业开发主流船型的技术方案,通过示范作用,引导市场船型逐步向标准化方向发展;研究提高中下游船舶的技术要求,通过技术手段促进船舶环保、安全性能的提升。

3. 在采取上述措施限制新建非标准船、推广标准船型的同时,积极采取有效措施,加快长江线船舶运力结构调整,鼓励现有老旧船舶提前退出航运市场。

(四)长江干线船型标准化的成效

2009—2013年,交通运输部会同财政部与沿江各省通过采取经济鼓励政策共同推进长江干线船型标准化,引导船舶运力结构调整,共使用政府补贴资金16亿元,其中中央资金9.3亿元,拆解改造船舶7 700艘,取得了显著的经济社会效益。

1. 船闸通航效率大幅提高

长期以来,内河船舶船型杂乱、平均吨位小,导致航道和船闸等通航设施的利用率与通过能力不能得到有效发挥,成为制约内河航运发展的重要因素。长江干线船型标准化工作实施后,通过政府引导,在较短时间内淘汰了大量老旧落后船舶以及小吨位船舶。内河船舶大型化、标准化趋势明显,显著提升了航道、船闸通过能力。

2013年,三峡船闸通过货物达到10 558万t,平均每闸次通过船舶实载货运量达到9 547 t,过闸船舶平均吨位达3 759 t,分别是2004年的3.08倍、2.43倍和3.58倍。平均每闸运次时间为92.9 min,较2004年缩短7 min。2 000吨级以上过闸船舶占过闸船舶艘数百分比达到了75.75%,较2004年提高66.85个百分比。

2. 内河船舶运力结构明显改善

长江干线船型标准化加快了内河运力结构调整步伐,促进了内河水运的科学发展。内河船舶逐步向大型化、标准化、专业化方向发展。

截至2013年,长江沿江七省二市内河运力规模达到7 736.4万载重吨,货船平均吨位达到809 t,较2010年的536 t提高了50.9%。其中长江干线货船平均吨位达到1 200 t,较2010年的880 t提高了36.4%。近年来,川江及三峡库区共新建符合川江及三峡库区标准船型主尺度系列标准的船舶2 705艘。川江及三峡库区新建船舶符合川江及三峡库区标准船型主尺度系列的比率达到了98.5%。此外,通过船型标准化工作,还提高了船舶专业化水平,集装箱船、油船、化学品船、滚装船和商品汽车运输船等专业化船舶得到了较快发展。

3. 船舶节能减排水平显著提升

随着高能耗老旧运输船舶的退出，以及节能船型和节能技术在新船上的应用和船舶大型化发展，内河船舶平均燃油单耗水平逐步降低，同时减少了CO_2的排放。据统计，2010年长江水系货运船舶千吨公里油耗平均为7.56 kg。根据抽样调查，2012年长江水系船舶千吨公里油耗平均为6.18 kg，较2010年下降了18.3%。2012年长江水系完成货物周转量4 754亿t·km，据此推算当年节省燃油消耗658万t，减少CO_2排放2 078万t。此外，三峡库区完成了单壳油船、单壳化学品船的拆解改造，极大降低了船舶泄露造成库区水体污染的风险和隐患。

4. 船舶安全技术状态得到改善

船型标准化淘汰了大量安全技术状况差的老旧运输船舶，明显降低了船舶密度，极大改善了船舶航行秩序，减少了水上交通事故的发生。长江海事局统计数据显示，2013年长江海事局辖区全年发生一般等级以上交通事故14件，死亡失踪37人，沉船12艘，直接经济损失1 150万元，四项指标比2009年分别下降67.1%、14.0%、57.1%和69.6%。水上交通安全形势的改善是管理部门加强安全监管、航道条件改善、企业增加安全投入等多种因素共同作用的结果，其中船舶本身安全技术水平的提高也起到了至关重要的作用。

5. 单位运输成本有所降低

单位运输成本降低主要体现在两个方面：一是由船舶大型化所带来的规模经济效益；二是船舶技术进步带来的运输成本降低。

2010—2013年长江干线船舶平均吨位从880 t提高到1 200 t，西江干线船舶平均吨位从777 t提高到1 150 t。以干散货船为例，按目前长江和西江干线平均运距400 km计算，不同吨位船舶的必要运费率如图2.7-32可知，当船舶吨位从800吨级提高到1 200吨级时，必要运费率从0.087 5元/(t·km)下降到0.075 9元/(t·km)，即单位运输成本下降了13.3%。按2012年长江和珠江水系完成货物周转量8 757亿t·km计，因船舶大型化当年节约运输成本101.6亿元。

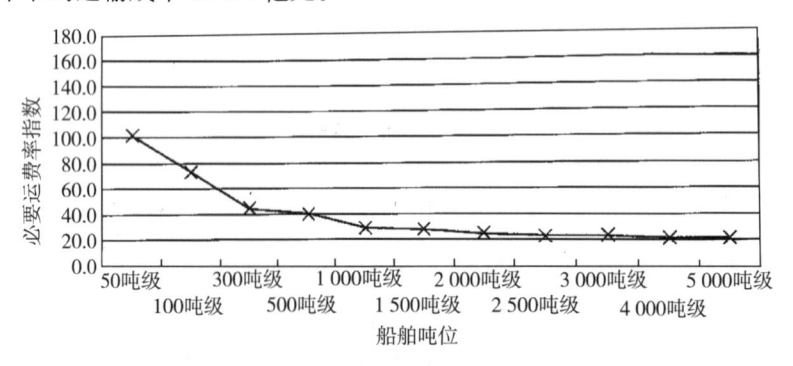

图2.7-32 不同吨级船舶必要运费变化趋势

四、实例1-2：京杭运河船型标准化示范工程简介

（一）示范工程背景材料

自1982年以来，国家投入巨大资金整治航道，建设船闸，使古老的京杭运河焕发青春，成为我国航道等级最高、渠化程度最好、船闸设施最为完善的人工航道。然而与运河条件不相匹配的是，京杭运河船舶吨位普遍较小、船型杂乱，且大量充斥着水泥船、挂桨机船等落后船舶，严重影响了航道的通航能力与通航设施的利用效率。为此，国家对淘汰水泥船和挂桨机船等落后船型制定明确的时间表，通过法律、经济和行政手段，推进京杭运河船舶技术的更新与提高。

（二）京杭运河船舶现状

京杭运河主力船型为挂桨机船，该船型吨位小、船型杂乱、技术状况差，不仅影响了运河的通过能力和设施利用率，更存在安全隐患、噪声污染、油污染等突出问题。挂桨机船的影响主要在以下几方面。

1. 油污染

挂桨机船的油污染主要来源于主机本身燃润油的渗漏、挂桨机润滑油的渗漏和维修作业引起的油污染。挂桨机船的发动机主要为S 195型农用柴油机，密封性能差，航行中由于机身振动，造成主机燃润油渗漏到甲板，然后直接流入河道造成油污染。另外，挂桨机船的建造追求简易、廉价，工艺要求低，导致齿轮箱与套管结合处密封性差，也易造成润滑油渗漏。

2. 噪声污染

挂桨机船单机的噪声大都在100～110 dB。按照国家标准，交通干线两侧民居执行四类标准，昼间噪声应小于70 dB，夜间应小于55 dB；而挂桨机船无论在白天还是黑夜，都很难在200 m范围内达到要求，严重影响船员的健康和沿岸居民的工作和生活。随着人民环保意识的不断增强，对噪声的投诉日益增多。

3. 安全隐患

挂桨机船舶操作不方便，尤其是多机船，操作性能较差，舵反应能力不足，到船性能更差，难以实现船舶操纵的灵活运动要求。而且，挂桨机船吨位普遍较小，多为"夫妻船"，船员、管理人员的素质参差不齐，事故隐患较多。以浙江省的钱江水系为例，1996年度共发生事故58起，其中挂桨机船应负主要责任的有30起，占事故总数的52%；这些事故多以碰撞为主，反映出挂桨机船舶操纵性能差的弊病。

（三）示范工程实施方案

2003年12月5日，原交通运输部、山东省等人民政府发布了《京杭运河船型标准化示范工程行动方案》。方案中，在阐述京杭运河标准化示范工程实施的背景、必要性的情

况下,提出了示范工程的总体目标以及实施范围,特别提出水泥船、挂桨机船退出运输市场的时间表,以及挂桨机船退出航运市场的补贴措施、示范工程实施的相关配套措施等。本节仅对挂桨机船技术改造方案加以介绍。

1. 浙江改造方案

采用的技术方案主要为:主机落舱、噪声封闭在舱中,最大限度降低对环境的影响;设置油污水储存装置,由接收点或接受船做到在水域中零排放;采用船舶最常见的机—齿—轴—桨动力传动方式,因为技术成熟、部件配套、成本较低,广大船户普遍能够接受;针对不同的主尺度采用不同机型的主机落舱,保证船舶有一定的经济性,能够较快收回成本,同时覆盖全省所有的挂桨机船。

对实船改造效果检测表明:挂桨机船可以通过机器"落舱"改造,使油污染得到彻底控制,噪声达到《京杭运河标准化船舶技术规范》的相关要求;挂桨机落舱后,通过齿轮转动及合理设计螺旋桨可使推进效率得到较大提高;船舶操纵性也得到了提高,船员的居住环境也得到了改善。

2. 江苏改造方案

对现有挂桨机船改造前的测试显示,每只挂桨消耗和渗漏机油 3 kg/200 h,柴油机下设的接油盘由于下雨或回收不及时随意流入河水中,生活污水、固定垃圾随意处理;距船尾 25 m 处的辐射噪声更是达到了 83 dB(A)。

主要技术方案为:对于 100 吨级以下挂桨机船,尽量使用原有船舶配套设备,进行落舱改造;对于最大量的 100~300 吨级挂桨机船,考虑船舶推进效率,落舱改造采用机械传动推进系统。挂桨机船"落舱"轴系采用 U 型机械传动,主要包括主机的选型、齿轮箱和万向节的选择、轴系振动及噪声的控制等。机械内设置污油水箱,以收集机舱油污水和污油,污油水箱内污油水可由手摇泵泵至主甲板上出口处;在机舱中还设有生活污水储存箱,以收集船上的生活污水;同时还设置有固定垃圾收集箱,以实现机舱油污水和生活污水等的零排放。

实船改造效果:经过改造后实船测试,航速大大提高,船舶的操纵性能得以改善;船舶噪声得到有效控制,特别是船舶的辐射噪声降至 30 dB(A)以下;船舶实现了零排放。

(四)示范工程成果

京杭运河船舶标准化示范工程的实施取得的社会经济效益主要体现在以下几方面。

1. 大量水泥船、挂桨机船被淘汰,新建船舶大型化趋势显著,船舶结构得到明显优化。以江苏省为例,2004 年江苏省共拆解报废的挂桨机船 7 033 艘,共 25 万总吨,平均每艘为 35 总吨;而新建内河运输船舶 5 960 艘,共 121 万总吨,平均每艘 203 总吨;新建船舶艘数比拆解船舶艘数下降 15 个百分点,吨位净增 3.8 倍,平均每艘新建船舶吨位较每艘拆解船舶吨位增加 4.8 倍。

2. 船舶技术状况得到明显改善,技术、营运指标有了很大提高,对环境的污染明显减少。示范工程的实施使京杭运河船队结构得到显著改善,船舶技术标准有很大的提高。江苏省、浙江省挂桨机船改造检测报告显示,150载重吨左右的船舶,改造后在船舶主机功率、航速增加1倍的前提下,噪声下降12%,油污排放实现零排放。

3. 京杭运河挂桨机船的改造,大大提高了船舶的操纵性与适航性,减少了船舶的事故率。挂桨机船改造后总体布置合理,主要机电设备的选择注重先进性和经济实用性相结合,总体方案体现了"安全、环保、经济、美观"的原则,有利于船舶的推广应用和维护管理。同时油污水和生活污水汇集于机舱专门的箱柜内,由岸上接收,有效控制了船舶油污水、生活污水及垃圾对内河水质的污染。

自2004年7月1日起苏北运河禁止水泥船航行,加上挂桨机船数量的减少,苏北运河沉船明显减少,水上交通事故与同期相比下降了40%。

4. 京杭运河船舶标准化示范工程的实施,提高了航道、船闸的通过能力。示范工程实施以来,船舶总艘数有所减少,船舶平均载重吨明显增加,加上改造后船舶航速的提高,使京杭运河航道、船闸通过能力有了较大的提高。据江苏省统计,2004年7~9月京杭运河苏北段的船闸通过量净增20%左右,待闸船舶数净降70%左右,船舶航速净增20%左右,航次周转率净增30%左右。

5. 2020年7月1日起,大运河扬州段的流动船舶污染物接收船通过第三方服务正式投入运营。2021年以来,扬州通过公开招标委托专业的企业,在京杭运河扬州城区段运行1艘船舶污染物接收船,实现船舶污染物接收量、电子联单运转量的大幅上升。2021年9月28日,京杭运河高邮段绿色现代航运示范区开建。

五、实例2-1:长江水系过闸干散货船、液货船标准船型主尺度系列

为推进长江水系内河运输船舶船型标准化工作,在分析和总结多年来实践经验的基础上,国家相关部门补充了长江水系有关主要支流过闸船舶的主尺度系列,制定了《长江水系过闸运输船舶标准船型主尺度系列》,其中,通过长江水系船闸、升船机等通航建筑物(不含三峡升船机)的内河干散货船、液货船标准船型主尺度应符合表2.7-7的要求。

表2.7-7 长江水系过闸干散货船、液货船标准船型主尺度系列

船型名称	B_{OA} (m)	L_{OA} (m)	参考设计吃水 (m)	参考载货吨级 (t)	适用航域
长江水系货-1	6.6	40~45	1.6~1.7	300~450	信江
长江水系货-2	7.0	36~44	1.3~2.0	200~300	嘉陵江、岷江;江汉运河—汉江丹江口枢纽以下、汉江丹江口枢纽以下—河口段、汉江安康—白河

续表

船型名称	B_{OA}(m)	L_{OA}(m)	参考设计吃水(m)	参考载货吨级(t)	适用航域
长江水系货-3	8.0	36~41	1.4~1.7	300	湘江、沅水中下游航域
长江水系货-4		41~45	1.5~1.7	300~450	赣江
长江水系货-5		44~45	1.7~2.2	300	合裕线
长江水系货-6		40~48	1.6~2.0	500	嘉陵江、岷江
长江水系货-7	8.8	43~46	1.3~1.5	300	江汉运河—汉江丹江口枢纽以下、汉江丹江口枢纽以下—河口段、汉江安康—白河
长江水系货-8		42~54	1.4~2.0	300~500	适用于湘江、沅水中下游
长江水系货-9		46~54	1.8~2.4	700	嘉陵江、岷江
长江水系货-10		48~53	1.8~2.1	450~700	赣江
长江水系货-11		40~55	1.8~2.1	450~700	信江
长江水系货-12		44~45	2.0~2.3	500	合裕线
长江水系货-13	9.2	49~52	2.2~2.4	500	乌江
长江水系货-14	10.0	50~58	2.0~2.4	900	嘉陵江、岷江
长江水系货-15		53~56	1.6~2.5	800	乌江
长江水系货-16	11.0	55~67	2.2~2.6	1 000	长江干线、嘉陵江、岷江
长江水系货-17		53~56	2.3~2.9	1 000	乌江
长江水系货-18		52~64	1.6~2.4	500~1 000	湘江、沅水中下游
长江水系货-19		50~58	1.6~1.9	500	江汉运河—汉江丹江口枢纽以下、汉江丹江口枢纽以下—河口段、汉江安康—白河
长江水系货-20		56~64	2.0~2.2	800	江汉运河—汉江丹江口枢纽以下、汉江丹江口枢纽以下—河口段
长江水系货-21		56~65	2.0~2.5	800~1 000	赣江
长江水系货-22		60~65	2.0~2.5	800~1 000	信江
长江水系货-23		53~55	3.0~3.2	1 000	合裕线
长江水系货-24	13.0	60~75	2.2~3.0	1 500	长江干线、嘉陵江、岷江、乌江白马枢纽以下
长江水系货-25		61~76	2.1~2.6	1 000~1 500	湘江土谷塘航电枢纽以下
长江水系货-26		61~68	2.0~3.3	1 000~1 500	汉江运河—汉江王甫洲枢纽以下、汉江王甫洲枢纽以下—河口段、赣江
长江水系货-27		57~65	1.9~3.3	1 000~1 500	信江
长江水系货-28		58~60	3.2~3.4	1 500	合裕线

续表

船型名称	B_{OA} (m)	L_{OA} (m)	参考设计吃水 (m)	参考载货吨级 (t)	适用航域
长江水系货-29	13.8	72~88	2.4~3.5	2 000~2 500	长江干线、嘉陵江、岷江
长江水系货-30		72~84	2.4~2.9	1 500~2 000	湘江土谷塘航电枢纽以下
长江水系货-31		70~80	2.2~2.4	1 500	汉江运河—汉江王甫洲枢纽以下、汉江王甫洲枢纽以下—河口段
长江水系货-32		70~85	3.0~3.4	2 000~2 500	赣江
长江水系货-33		68~73	3.3~3.5	2 000	合裕线
长江水系货-34	15.0	82~88	2.8~3.5	2 000~3 000	长江干线、湘江土谷塘航电枢纽以下、赣江、信江
长江水系货-35	16.3	82~88	3.3~4.3	2 500~3 500	长江干线、湘江土谷塘航电枢纽以下、赣江、
长江水系货-36		90~105	4.1~4.3	3 500~5 000	长江干线
长江水系货-37		125~130	4.1~4.3	5 500~6 000	长江干线

注:①总宽可下浮不超过2%;设计吃水为参考值,应满足主管部门的相关限制要求。
②在满足船舶航行安全的前提下,用户可根据实际优化配置主机功率。
③船舶高度应充分考虑航道、桥梁及水上过江电缆等的限制。
④就乌江、信江限制水域而言,本尺度系列仅适用干散货船,不适用液货船。
⑤长江水系货-35~37型船的型宽不超过16.2 m。
⑥长江水系货-37型尺度仅适用长江干线干散货船,不适用长江干线液货船。
⑦进入内河其他通航水域的过闸船舶应满足相关水域标准船型主尺度系列的要求。

六、实例2-2:京杭运河、沙颍河—淮河干线过闸散货船、液货船标准船型主尺度系列

京杭运河、沙颍河—淮河干线过闸的内河干散货船、液货船标准船型主尺度应符合表2.7-8的要求。

表2.7-8 京杭运河、沙颍河—淮河干线过闸干散货船、液货船标准船型主尺度系列

船型名称	B_{OA} (m)	L_{OA} (m)	参考设计吃水 (m)	参考载货吨级 (t)	适用航域
京淮货-1	7.0	36~40	1.7~2.2	300	京杭运河、沙颍河—淮河干线
京淮货-2	8.0	42~45	2.0~2.5	400	京杭运河
京淮货-3	8.8	42~45	2.2~2.5	500	京杭运河
京淮货-4		44~45	2.0~2.3	500	沙颍河—淮河干线
京淮货-5	10.0	44~55	2.5~3.0	800	京杭运河
京淮货-6		53~55	2.5~2.6	800	沙颍河—淮河干线
京淮货-7	11.0	47~58	2.7~3.1	1 000	京杭运河
京淮货-8		53~60	2.7~3.0	1 000	沙颍河—淮河干线
京淮货-9	13.0	57~63	3.0~3.3	1 500	京杭运河

续表

船型名称	B_{OA}(m)	L_{OA}(m)	参考设计吃水(m)	参考载货吨级(t)	适用航域
京淮货-10	13.8	63～68	3.0～3.3	2 000	京杭运河

注：①总宽可下浮不超过 2%；设计吃水为参考值，应满足主管部门的相关限制要求。
②在满足船舶航行安全的前提下，用户可根据实际优化配置主机功率。
③船舶高度应充分考虑航道、桥梁及水上过江电缆等的限制。
④进入内河其他通航水域的通过枢纽船舶应满足相关水域标准船型主尺度系列的要求。

第五节 新能源船舶

节能减排是未来船舶行业发展的必然方向。全球海事正处于环保创新这个关键的转折时刻，船舶行业尝试节能减排的手段繁多，LNG、电池动力等新能源技术层出不穷。经过一个世纪的发展，到 21 世纪初，各种新能源动力技术取得了长足进步，甚至大部分还在汽车等领域得到了验证，因此此时发展新能源船舶有一定的技术基础。在成本方面，技术的进步带来了成本的下降，船用燃油的经济性也就不再明显，加之 IMO(International Maritime Organization，国际海事组织)出台的一系列环保法规的约束，船用燃油的成本优势慢慢开始受到行业的质疑，因此各种新能源的利用又被提上日程。本节介绍了目前在船舶领域的节能环保以及相关智能技术的发展情况。

一、新能源(清洁)船型分类

新能源(清洁)船型主要是指采用天然气、甲烷、电池、风能、太阳能、核能、低硫油等动力源和能量源的船型，与常规柴油(高硫油)船型相比，在节能减排特性上具有较明显的效果，并推动动力、船型和新系统等创新技术的发展。

(一) LNG 动力船舶和 LNG 加注船

作为一种清洁能源，LNG 可以减少氮氧化物和 CO_2 的排放，消除硫化物和微小颗粒等排放。运营成本方面，功效相同的情况下，使用 LNG 清洁能源比使用柴油约节约 20% 的费用。LNG 动力船舶的燃料补给可以通过 LNG 加注船完成，还可以通过槽车、岸基管道、趸船、直接换罐等其他方式进行加注。除了 LNG 外，船舶还可以使用其他类似的低闪点替代燃料作为动力燃料，如 LPG、甲醇等。甲醇发动机与 LNG 发动机相差无几，能使硫氧化物、氮氧化物、颗粒物排放分别减少 99%、60% 及 95%，能较好地满足海事法规要求。

（二）柴电动力推进船

柴电动力系统由发电机、电动机、配电盘和推进装置等构成，柴油机驱动发电机，并通过电动机提供所需电力，主要包括混合电力推进和全力推进。柴电混合动力不仅解决发动机低转速时功耗高、柴油燃烧不充分问题，还能做到在柴油机的高效工作区间内削峰填谷。这种技术具有较大的灵活性，适用于高变载荷和高辅助载荷工况。同时对于静音有需求的船舶，柴电动力也是不错的选择。柴电推进船舶可节约运营成本，提高能效及减少所需电力，进而实现发电机小型化和减少燃油消耗，提高环保性能。

（三）电池动力船舶

作为电力推进系统的电池主要包括燃料电池、超级电容器、动力电池等三种。电池动力船舶是指以锂动力电池或燃料电池为主要动力的船舶，前者的能源主要来自岸电，燃料电池则是将燃料（如氢、天然气、丙烷和甲醇等）中的化学能转换为电能的发电装置。电池动力船舶实际上属于电力推进船舶，混合电力推进模式中，发电机和柴油机以及电池系统相连。作为船舶新一代能源推进系统，电池动力系统的能量转化效率高达68%，远高于柴油机机械推进31%的效率和柴电推进28%的效率。由于船舶电池动力不排放NO_X、SO_X、PM2.5等有害气体及CO_2等温室气体，符合日益规范化的环保要求而受到瞩目。

（四）风动力推进船舶

进入20世纪后，以风为动力的帆船因为不可靠而被视为落伍。但在2003年，出于对环境恶化以及日益高涨的油价的担忧，英国最大的风力发电商B9能源公司研制出一种新式帆船，其拥有长长的船身、高耸的桅杆以及昂贵的帆篷，外形酷似从19世纪海上飘来的纵帆船。相关专家表示，除非航运公司能够提出一种依靠船帆提供大部分动力、运输能力不弱于当下船舶的帆船方案，否则，风能很难在经济上拥有竞争力。目前风能推进船舶有固定翼、圆筒和天帆等型式。

（五）太阳能推进船舶

太阳能是可再生能源。它资源丰富，既可免费使用，又无须运输，对环境无污染。太阳能电池板运用于远洋船舶并不新鲜，但到目前为止，由于太阳能能量密度太小、相关技术不够成熟，太阳能电池仅被用于为船员舱和住舱供能，用于照明等生活用电，起辅助作用。

（六）低硫油船舶

为应对IMO关于2020年船舶使用低硫燃料油规定，即全球船舶船用油硫含量不得超过0.5% m/m，航运界正在为低硫油燃料推进而主动或被动采取措施。低硫油规定主要是为了降低航运硫排放，因此低硫油船舶属于清洁能源船舶。

(七)脱硫脱硝船舶

脱硫脱硝船舶是指采用脱硫设备(例如洗涤器)和脱硝设备(催化还原系统或废气再循环系统等)等先进脱硫脱硝设备的船舶,主要是应对 2020 年船舶使用低硫燃料油规定、硫排放控制区和氮排放控制区等国际法定要求。

(八)智能节能环保船舶

除了在动力和推进方面应用新能源燃料之外,提升船舶能源利用效率和降低船舶能源需求也成为提升船舶节能环保性能的重要方向,例如优化主机系统、采用废热能再利用技术和涡轮增压器、采用超低摩擦船底涂层、优化航程支持系统、安装桨毂帽鳍等。详见表 2.7-9。通过系统性能及相关数据的智能化管理,推动船舶能效的提升进而减少气体排放,因此本书将安装有智能管理系统的节能环保型船舶亦归为新能源(清洁)船舶。

表 2.7-9　船舶节能环保技术类型及节能水平汇总

节能方法	可改装(是/否)	节能水平 低	节能水平 高	全生命周期成本(低/中/高)
船体			
船舶涂料	是	1%	4%	低/中
船型优化	否	2%	20%	低
空气润滑	是	5%	25%	中/高
推进器及附件			
高效推进器	视情况而定	3%	10%	低/中
大尺度/低速	否	3%	10%	低/中
导管推进器	是	3%	10%	低/中
可调距桨	是	3%	10%	低/中
对转螺旋桨	否	3%	10%	低/中
吊舱/全回转	否	3%	10%	低/中
预旋装置	是	2%	6%	低/中
定子	是	2%	6%	低/中
预旋定子管	是	2%	6%	低/中
后旋装置	是	2%	6%	低/中
舵推鳍	是	2%	6%	低/中
非对称舵	是	2%	6%	低/中
整流	是	2%	6%	低/中
桨毂帽鳍	是	2%	6%	低/中

续表

节能方法	可改装(是/否)	节能水平 低	节能水平 高	全生命周期成本(低/中/高)
可再生能源				
风能	是	5%	35%	低/中
天帆	是			
转子风帆	是			
硬帆/刚性帆	是			
布帆	视情况而定			
波浪能	是	不详		不详
太阳能	是	0%	1%	中/高
机械/电动				
原动机(发动机)	视情况而定	5%	20%	多种
直接驱动电机	否			低
柴电动力	否	5%	10%	低/中
变速发电机	是	3%	10%	中
电池混合动力	是	5%	20%	中/高
纯电池动力	视情况而定	100%		中/高
燃料电池	视情况而定	不详		高
废热回收	视情况而定	3%	15%	中/高
废气涡轮发电机(EGTG)	是	3%	5%	中
蒸汽涡轮发电机(STG)	视情况而定	4%	8%	中/高
联合发电机(EGTG+STG)	视情况而定	8%	11%	中/高
有机朗肯循环(ORG)	是	7%	13%	中/高
超临界CO_2发电(SCO_2)	视情况而定	8%	11%	中/高
运营方式				
燃料消耗监控	是	2%	10%	低
航线优化		0%	20%	低
速度优化		0%	20%	低
天气路线		2%	4%	低
准时制航行		1%	5%	低
纵倾/吃水优化		1%	2%	低
船体表面清理		1%	5%	低

二、新能源(清洁)船舶的市场应用现状

由于新能源(清洁)燃料目前处于产业的发展初期,因此大部分应用范围主要集中在几种典型的船型和试运营阶段,具体而言:LNG 燃料发展相对成熟,应用船型涵盖几乎所有民船船型、部分海工船型和执法船型;LPG 和甲醇燃料处于发展起步阶段,应用船型极为有限;柴电推进模式技术较为成熟,可应用船型较实际船型广泛;动力电池可应用于大部分的民船和近海工程船;脱硫脱硝船舶主要应用于民船市场;低硫油是传统油品的升级换代,可以应用于所有船型。详见表 2.7-10。

表 2.7-10 目前新能源(清洁)船舶分类和应用船型

新能源(清洁)燃料		应用船型
低闪点燃料	LNG	客渡船、油船/化学品船、平台供应船、集装箱船、邮轮、气体运输船、客滚船、拖船、特种船、杂货船、散户船、车辆运输船、高速运输船、巡逻船、滚装船
	LPG	LPG 运输船、沿海船舶
	甲醇	油船/化学品船,客滚船
柴电混合动力		工况复杂的公务船,海洋工作船
锂电池		客渡船、海洋供应船、油船/化学品船、邮轮、原油船、渔船、拖船、其他海工船、其他船型
氢燃料电池		邮轮、客滚船、汽车运输船、多用途船、渔船、游艇、巡逻艇、无人潜航器
风能		远洋散货船、油船、滚装船
太阳能		有大面积空旷甲板的船型,如散货船
低硫油		各种船型
脱硫脱硝		散货船、油船/化学品船、集装箱船、邮轮、滚装船、气体运输船、客滚船、杂货船、原油船、汽车运输船、客滚船

据目前应用现状看,基本上排名前三的船型占据了该型新能源(清洁)燃料应用总量的 1/2~2/3 以上规模。根据目前应用现状看,基本上排名前三的船型约占该类新能源船舶应用总量 1/2~2/3 的规模。

从全球正在运营和计划建造的新能源(清洁)船舶规模看,截至 2018 年 9 月中旬(根据 DNV GL 统计),全球共有新能源(清洁)船舶 1 982 艘(未包括低硫油船舶等),其中安装有洗涤器设备的船舶占 66.6%,LNG 和 LNG-Ready 占 19.9%,电池动力船舶占 12.5%。相比于全球 IMO 登记的 9 万多艘船舶,目前新能源船舶的数量不到 2%,未来发展前景极大。

三、新能源(清洁)船舶的基础设施支撑

新能源(清洁)船舶的发展既需要船型优化、动力电力系统、加注输转系统、电池系统

等核心技术的研制,同时也离不开基础设施运营的支撑,例如 LNG 岸基基础设施和加注船、电动船电池充换电设施、信息化智能化网络系统和管理系统等。从全球角度看,欧洲在新能源(清洁)船舶基础设施和信息化智能化系统方面的研制处于领先地位,日本、韩国船东和造船厂亦纷纷开展智能化管理系统的研制布局。

(一) LNG 加注设施/船舶

根据 DNV GL 统计,截至 2018 年 4 月 1 日,全球已建有船用 LNG 加注点共 67 个,另已计划建造加注点 26 个,目前正在研究考虑的加注点 38 个。其中现有运营的 67 个加注点中,欧盟 26 个,挪威 15 个,亚洲 13 个。根据 DNV GL 的研究预测,2030 年全球每年将有 200 万 m^3 的 LNG 将由加注船进行加注,2050 年这一数字将达到 800 万 m^3,要达到上述预测目标,预计 2030 年的资本性支出将投资 10 亿欧元,2050 年总成本达到 37 亿欧元。

(二) 电池充换电设施

相比于新能源(清洁)船型所需的 LNG 基础设施、岸电设施等方面的大范围发展,目前全球船用电池基础设施的建设相对落后,多数都在规划中。不过近几年以来,欧洲为推动电池动力船舶的快速发展,在全球率先示范建设充换电设施,例如挪威为世界首艘全电客渡船配备了岸基充电站,采用 Corvus 能源公司的液冷能量储存系统技术,由 63 个 Corvus AT6500-LQ 模块组成,储能 410 kW·h,航线两个港口各配备有一套该型储能系统,每次充电 10 min 可以获得 200 kW·h 的电能。

(三) 海洋环境监测信息化系统

欧洲为推动船舶的清洁化和节能化发展,欧盟制定了 MRV 法规监测计算船舶燃油消耗和 CO_2 排放信息等,主要技术手段包括:①采用燃油供应单;②采用舱内油位监测系统;③流量计监测方式;④ CO_2 排放直接测量方式。产业领域,以 ABB、西门子、康士伯格公司为代表的欧洲电气和控制设备巨头推出了系列化、持续化、智能化的 $CO_2/SO_2/NO_X$ 等模块化监测系统,充分利用数字化信息化技术提高航运和船舶的减排监测精准度。

四、新能源(清洁)船型及智能技术发展趋势

从新能源(清洁)船型的技术发展趋势看,未来船舶动力电力发展将从当前重柴油的绝对垄断地位向重柴油(配备洗涤器)、低硫油、LNG(特定区域的新船居多)、甲醇/乙醇(无化石航运)、锂电池(续航力和充电时间是关键)、生物燃料和燃料电池(长期需求)等多种能量源共存的模式转变,船型设计的多样性将变得越来越有吸引力和乐趣,为船东设计具有环保节能、全生命周期经济性、技术可行性等三大性能指标协调的船舶将成为市场竞争优势产品。

从上述对新能源(清洁)船型的部分智能系统和技术分析看,智能化在核心系统、关

键技术、基础设施、数字化减排等方面发挥重要作用，尤其是随着电力技术的发展，智能技术将发挥精度控制、精确自主、精准减排等重要作用。随着海陆空交通设施的一体化，智能和绿色交通将深入协同发展，呈现出绿色与智能融合的局面。

相比于欧洲和日本、韩国积极推动新能源(清洁)船型和智能技术的研制和试验的综合性政策举措，我国目前在新能源船型上的发展还存在一些不足，例如新能源船舶补贴力度较小(电动船暂没有专门补贴)、LNG加注站建设审批难度大、智能核心技术仍有待攻关等。面对充满机遇的市场，以及为绿色航运和船舶发展的责任心，中国发展新能源(清洁)船舶产业一方面需要船舶、航运、电力、能源等相关产业的协调，另一方面更需要国家在船舶环保新动能、新产业发展初期给予科研和建设政策支持，建议国家相关部委加大对发展新能源(清洁)船型相关的科研研发、船型示范支持、基础设施建设补贴、智能减排系统和设施强化自主创新和应用推广力度等领域的政策支持力度，以在产业发展初期对核心竞争力和产业集群予以培育。建议国家近期重点支持双燃料船舶研制及核心系统自主开发，以及在内河沿海示范应用锂电池船舶；中期建议重点研制柴电(锂电池为主)混合推进远洋船舶及核心系统自主研制，氢燃料船舶的示范应用；远期建议重点推广电动船舶的批量化、标准化、国际化发展，特别是自主电动船舶的开发应用。

思考题

1. 运输船舶有哪些种类？
2. 简述主船体及上层建筑各主要部位的名称。
3. 船舶总吨位和净吨位的区别是什么？
4. 载重线标志的组成有哪些？
5. 吨位丈量时量吨甲板下围蔽处所的容积如何量计？
6. 内河船舶航行需具备的条件有哪些？
7. 我国内河船型标准化经历了哪些阶段？
8. 长江干线船型标准化的成效有哪些？
9. 按照能源划分，新能源的船型有哪些？

参考文献

[1] 江苏省交通运输厅航道局. 江苏航道职工培训教材[M]. 南京：河海大学出版

社,2005.
- [2] 程昌华,刘晓平,唐寿鑫,等.航道工程学[M].北京:人民交通出版社,2001.
- [3] 李青云.疏浚工程[M].北京:人民交通出版社,2000.
- [4] 长江航道局.航道工程手册[M].北京:人民交通出版社,2004.
- [5] 周素真.港口航道工程学[M].北京:中国水利水电出版社,2000.
- [6] 徐金环.航道整治[M].北京:人民交通出版社,2011.
- [7] 吴丽华.航道整治[M].北京:人民交通出版社,2011.
- [8] 闵旭光.工程制图[M].北京:机械工业出版社,2010.
- [9] 赵毅力.建筑力学[M].北京:中国水利水电出版社,2008.
- [10] 程建伟.土力学与地基基础工程[M].北京:机械工业出版社,2010.
- [11] 周明月.建筑材料与检测[M].北京:化学工业出版社,2010.
- [12] 清华大学水力学教研组.水力学[M].北京:人民教育出版社,1981.
- [13] 詹道江,徐向阳,陈元芳.工程水文学[M].4版.北京:中国水利水电出版社,2010.
- [14] 谢世平.船舶结构与设备管理[M].北京:人民交通出版社,2004.
- [15] 高惠君,等.内河船型标准化[M].北京:人民交通出版社,2015.
- [16] 裴自来.船舶新能源动力系统的现状与发展趋势[J].大众标准化,2021(11):18-20.
- [17] 张嵩云,黄黎辉.船行波对港口的影响[J].水运工程,2018(6):150-153.
- [18] 刘洋.船行波对港口航道周边工作船舶的影响及应用[D].大连:大连海事大学,2007.
- [19] 焦芳芳,骆义.内河船型标准化历程回顾与规律总结[J].水运管理,2017,39(11):1-7.
- [20] 马珺,黄晓滨,肖志乔.内河河道船行波浅析[J].科技风,2013(5):20-21.
- [21] 秦琦,王宥臻.全球新能源(清洁)船舶及相关智能技术发展[J].船舶,2018,29(Z1):29-41.
- [22] 严新平,刘佳仑,范爱龙,等.智能船舶技术发展与趋势简述[J].船舶工程,2020,42(3):15-20.
- [23] 范爱龙,贺亚鹏,严新平,等.智能新能源船舶的概念及关键技术[J].船舶工程,2020,42(3):9-14.

第三篇 船闸基础

第一章 船闸概述

第一节 船闸的组成和类型

一、船闸的组成

船闸(图 3.1-1)主要由闸首、闸室、引航道、导航建筑物和靠船建筑物等部分及其相应的设备组成,同时还包括引航道口门区与上下游航道连接段和外停泊区及前港。这些部分相互关联,组成一个过船建筑物综合体,缺一不可,是船舶安全通畅过闸的保证。

闸首是将闸室与上、下游引航道隔开的挡水建筑物。位于上游端的称上闸首,位于下游端的称下闸首。在多级船闸中,将上、下相邻两个闸室隔开的闸首称为中闸首。在闸首内设有工作闸门、输水系统及闸、阀门的启闭机械等设备。工作闸门是用来封闭闸首口门的,以保证闸首的挡水。输水系统包括输水廊道和输水阀门,是供闸室灌水和泄水用的。启闭机械是用来启闭工作闸门和输水阀门的。此外,在闸首范围内还设有检修闸门、交通桥、启闭机房以及其他辅助设备等。

闸室是指船闸的上、下闸首和两侧闸室墙环绕而形成的空间,是供过闸船舶停泊用的。当船闸灌水或泄水时,闸室中的水面逐渐由下游水位上升到与上游水位齐平,或逐渐由上游水位下降到与下游水位齐平,停泊于闸室内的过闸船舶随闸室水面的升降而升降。由于灌泄水时闸室中水面升降较快,为保证过闸船舶的平稳停泊与安全升降,沿闸室墙设有系船设备和其他辅助设备。

引航道是连接船闸闸首与主航道的一段航道,其作用是引导船舶迅速安全地进出闸室。与上闸首相接的称上游引航道;与下闸首相接的称为下游引航道。在引航道内设有导航建筑物与靠船建筑物。导航建筑物的作用是引导船舶顺利地进出闸室,一般均与闸首相连接。靠船建筑物是供等待过闸的船舶停靠用的,布置在引航道的停泊段内。在有些船闸中,船舶过闸时需要重新编、解队,更换推(拖)轮,或上游引航道伸入大型水库时,则还要在引航道的出口设置外停泊区或前港,以供过闸船舶编、解队和安全避风使用。

(a) 纵剖面图

(b) 平面图

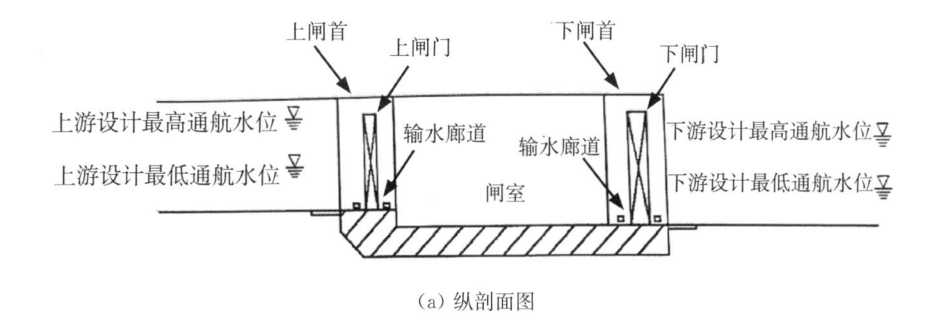

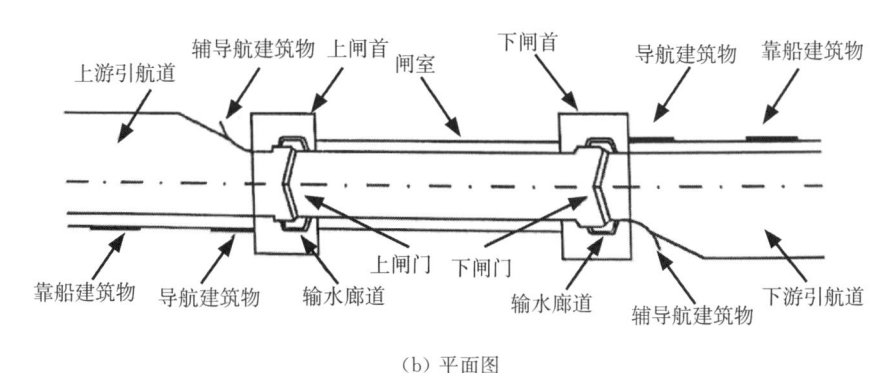

图 3.1-1　船闸组成示意图

二、船闸的类型

船闸的种类很多,根据船闸不同的特征,如闸室数目、位置、功能、输水型式、结构型式及闸门型式等等,可以分为不同的种类。

1. 内河船闸和海船闸

按照船闸所处的地理位置和过闸船舶不同,可分为内河船闸与海船闸。内河船闸是指建于内陆河流及人工运河上,供内河船舶航行的船闸。海船闸是指建于封闭式海港港池口门、海运河及入海河口,供海船航行的船闸。与内河船闸相比,海船闸的平面尺寸及门槛水深均较大,一般多承受双向水头作用,无上、下闸首的区分。

2. 单级船闸和多级船闸

根据船闸级数的不同,可分为单级船闸与多级船闸。单级船闸(图 3.1-2)是指只有一个闸室的船闸。多级船闸(图 3.1-3)是指沿船闸轴线方向连续有两个以上闸室的船闸,如三峡船闸为五级船闸(图 3.1-4)。

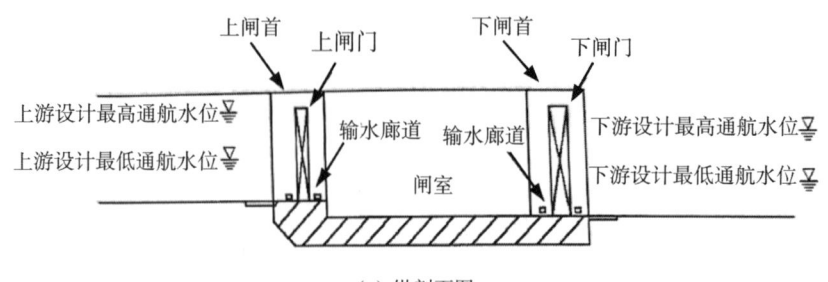

(a) 纵剖面图

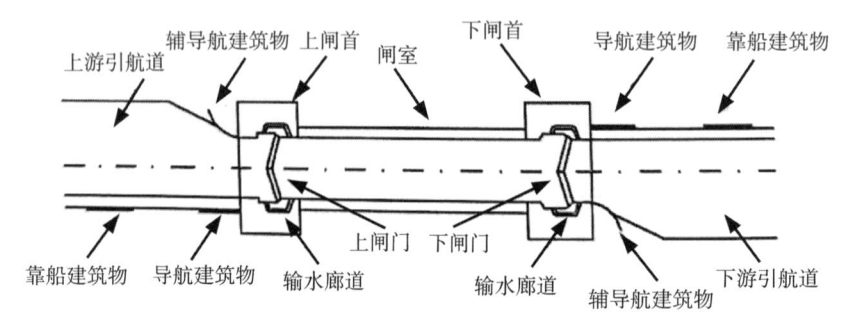

(b) 平面图

图 3.1-2　单级船闸示意图

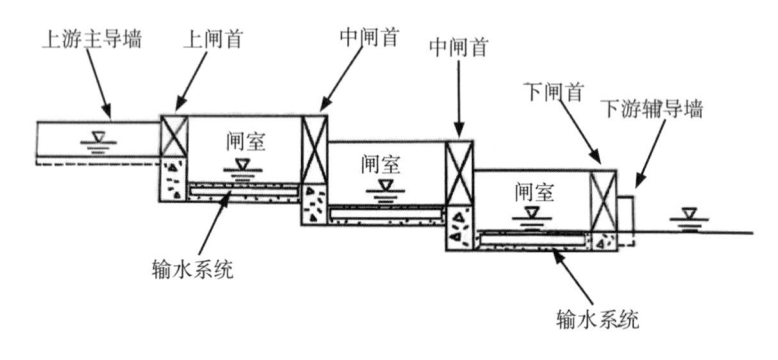

(a) 纵剖面图

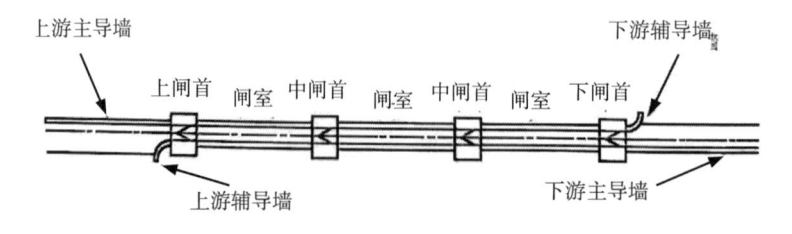

(b) 平面图

图 3.1-3　多级船闸示意图

图 3.1-4 三峡船闸

与多级船闸相比，单级船闸的船舶过闸时间较短，船舶的周转较快，船闸通过能力较大，建筑物及设备集中，管理比较方便。但是，当船闸的水头较大时，采用单级船闸，不但过闸用水量大，而且灌泄水时高速水流挟带着巨大能量进入闸室或引航道，将影响船舶的停泊及输水阀门的工作条件。此外，水头愈高，闸室、闸首和闸门等结构愈复杂。如果船闸所处位置的地形、地质条件又受到限制时，采用单级船闸在技术上和经济上都会产生许多困难，有时甚至是不可能的，这时可考虑采用多级船闸。

《船闸总体设计规范》(JTJ 305—2001)规定船闸级数的确定可按下列情况进行：
（1）水头<30 m，采用单级船闸；
（2）水头 30~40 m，采用单级或两级船闸；
（3）水头>40 m，采用两级或多级船闸。

多级船闸的级数划分，应综合分析上、下游水位变幅和地形、地质条件研究确定，并宜使各级船闸的结构尺度、灌泄水时间一致，减少补、溢水量。

3. 单线船闸和多线船闸

根据船闸线数，可分为单线船闸与多线船闸。单线船闸是指在一个枢纽为只建有一座船闸（图3.1-5）。多线船闸是指在一个枢纽内建有两座以上的船闸（图3.1-6）。

船闸的线数应全面研究单线船闸对设计水平年内运输要求的适应性，凡属下列情况之一者，应设置双线或多线船闸：

（1）采用单线船闸不能满足设计水平年内过闸船舶数量、总吨位数、客货运输量过闸的通过能力要求的；

（2）客货运量大，船舶过闸繁忙的连续多级船闸，由于单线船闸迎向运转要等待和延长过闸时间、降低通过能力和船舶运输效率而不经济的；

（3）运输繁忙和重要航道在年通航期内，不允许由于船闸检修、疏浚、冲沙和事故等原因造成断航的；

（4）客运、旅游等船舶多，过闸频繁，需解决快速过闸的；

（5）区间小船、渔船和农副业船舶数量多，过闸频繁影响通过能力的。

图 3.1-5　单线船闸

图 3.1-6　多线船闸

4. 其他类型的船闸

根据船闸使用的特点,在已建的船闸中还有广室船闸、省水船闸、井式船闸等各种类型。

(1) 广室船闸

一般船闸的平面形状均为长方形,闸首口门的宽度与闸室宽度相等。但在以通过小型船舶为主的小型船闸上,有采用广式船闸(图3.1-7)的,即闸首口门的宽度小于闸室的宽度。在有的船闸上,闸室的宽度甚至等于两倍或两倍以上的闸首口门的宽度。这样既可以使闸门及相应的启闭机械简单,节省钢材用量,同时由于广室船闸中的船舶需要横向移动,使过闸船舶的操纵复杂化,延长了过闸时间。因此广室船闸仅用于小河支流上的小型船闸中。

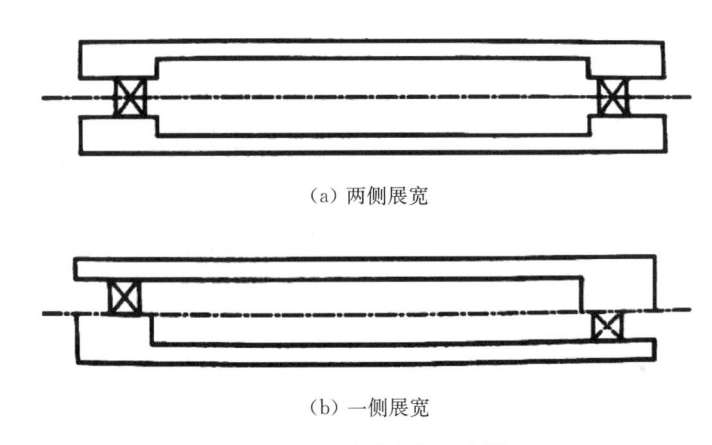

(a) 两侧展宽

(b) 一侧展宽

图 3.1-7 广式船闸示意图

(2) 省水船闸

船舶过闸时,不可避免地要把上游一定的水量排到下游。对于上游水量缺乏的河道,特别是在需抽水补水的运河越岭段上,为减少过闸排水量,也有采用省水船闸的,即在闸室的一侧或两侧设置贮水池,暂时贮存闸室泄出的部分水量,待闸室灌水时又将其灌入闸室,从而节省过闸排水量(图3.1-8)。显然,省水船闸的贮水池数目越多,面积越大,可减少的过闸排水量也越多。

国外已建省水船闸较多,其中德国是经验最丰富的国家,从莱茵河的班贝格到多瑙河的凯尔海姆全长171 km、水位差高达243 m,共建造了16座船闸,其中13座为省水船闸。图3.1-9为巴拿马运河第三线船闸,采用连续3级、每级在一侧布置3级台阶型开敞式省水池的布置形式。国内的省水船闸有乌江银盘省水船闸、郑家岗省水船闸等。

(3) 井式船闸

当船闸水头较高,地基又较好时,为减小下游闸门的高度,在下闸首的上部建造一道

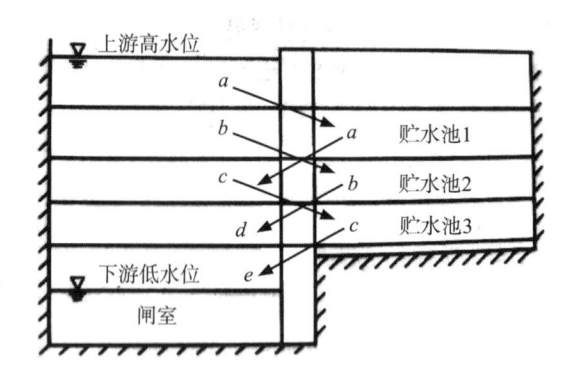

图 3.1-8　省水船闸示意图

图 3.1-9　省水船闸

横向胸墙。过闸船舶从胸墙下面进出闸室，胸墙下缘的高程取决于设计船舶所必须的通航净空，这种船闸称为井式船闸（图 3.1-10）。

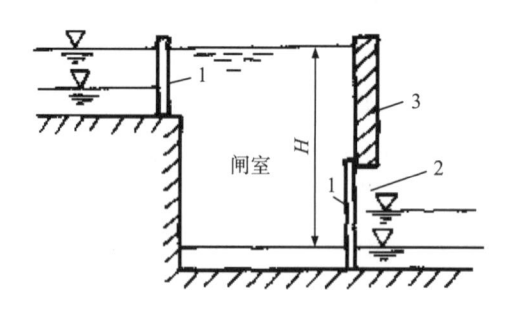

1—闸门；2—通航孔口；3—胸墙；H—水头
图 3.1-10　井式船闸

第二节　船闸的有效尺度

船闸的有效尺度是指闸室有效长度、闸室有效宽度及门槛最小水深，必须满足船舶安全进出闸和停泊的条件，并应满足下列要求：

（1）船闸设计水平年内各阶段的通过能力满足过闸船舶总吨位数量和客货运量的要求；

（2）满足设计船队，能一次过闸；

（3）满足现有运输船舶和其他船舶过闸的要求。

一、闸室的有效长度

闸室有效长度是指船舶过闸时，闸室内可供船舶安全停泊的长度。其上、下游边界的起算位置应满足下列规定：

上游边界应取下列四种界面的最下游界面：

（1）帷墙的下游面；

（2）上闸首门龛的下游边缘；

（3）采用头部输水时镇静段的末端；

（4）其他伸向下游构件占用闸室长度的下游边缘。

下游边界应取下列四种界面的最上游界面：

（1）下闸首门龛的上游边缘；

（2）双向水头采用头部输水时镇静段长的一端；

（3）防撞装置的上游面；

（4）其他伸向上游构件占用闸室长度的上游边缘。

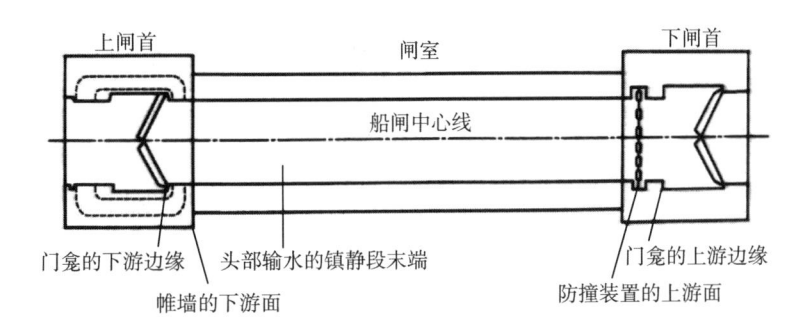

图 3.1-11　船闸有效长度示意图

上下游界面之间的距离即为船闸的闸室有效长度,它不应小于按(式3.1-1)计算的长度,并取整数。

$$L_x = L_c + L_f \qquad (式3.1-1)$$

式中:L_x —— 闸室有效长度(m);

L_c —— 设计船队、船舶计算长度(m),当一闸次只有一个船队或一艘船舶单列过闸时,为设计最大船队、船舶的长度;当一闸次有两个或多个船队船舶纵向排列过闸时,则为各设计最大船队、船舶长度之和加上各船队、船舶间的停泊间隔长度;

L_f —— 富裕长度(m),顶推船队 $L_f \geqslant 2+0.06 L_c$;拖带船队 $L_f \geqslant 2+0.03 L_c$;机动驳和其他船舶 $L_f \geqslant 4+0.05 L_c$。

二、闸室的有效宽度

闸室有效宽度指闸室两侧闸墙面间的最小净宽度。当闸室墙底设置护角时,护角在闸室有效宽度内的高度,不得影响船舶、船队的安全,在设计最低通航水位时,必须满足船舶、船队过闸与停泊对水深的要求。

船闸有效宽度不应小于按(式3.1-2)和(式3.1-3)计算的宽度,并宜采用现行国家标准《内河通航标准》(GB 50139—2014)中规定的 8 m、12 m、16 m 或 18 m、23 m、34 m 宽度。

$$B_x = \sum b_c + b_f \qquad (式3.1-2)$$

$$b_f = \Delta b + 0.025(n-1)b_c \qquad (式3.1-3)$$

式中:B_x —— 闸室有效宽度(m);

$\sum b_c$ —— 同一闸次过闸船舶并列停泊于闸室的最大总宽度(m),当只有一个船队或一艘船舶单列过闸时,则为设计最大船队或船舶的宽度 b_c;

b_f —— 富裕宽度(m);

Δb —— 富裕宽度附加值(m),当 $b_c \leqslant 7$ m 时,$\Delta b \geqslant 1$ m;当 $b_c > 7$ m 时,$\Delta b \geqslant 1.2$ m。

n —— 过闸停泊在闸室的船舶的列数。

三、门槛最小水深

船闸门槛最小水深指设计最低通航水位至门槛顶部的最小水深,并满足设计船舶、船队满载时的最大吃水加富裕深度的要求,可按(式3.1-4)计算。设计采用的门槛最小水深在满足计算的最小水深值基础上,应充分考虑船舶、船队采用变吃水多载时吃水增大以及相邻互通航道上较大吃水船舶、船队需通过船闸的因素,综合分析确定。

$$\frac{H}{T} \geqslant 1.6 \qquad (式3.1\text{-}4)$$

式中：H——门槛最小水深(m)；

　　　T——设计船舶、船队满载时的最大吃水(m)。

第三节　船闸的设计水位和高程

一、船闸的设计水位

1. 通航水位的确定原理

航道的水深太小或水位太高以及洪水流速过大等,都满足不了航行条件,会阻碍船舶航行。因此,保证船舶正常航行的水位 G 应满足下列条件。

$$G_{\min} \leqslant G \leqslant G_{\max} \qquad (式3.1\text{-}5)$$

式中的 $G_{\min}$ 和 $G_{\max}$,分别代表具有控制意义的两个极限水位,即最低和最高通航水位。

一年中航道能够保证上述条件水位的历时,称为正常通航历时 t,以日计,即

$$t^* = t(G_{\min} \leqslant G \leqslant G_{\max}) \qquad (式3.1\text{-}6)$$

如图 3.1-12 所示。正常通航历时 $t^* = t_1 + t_3 + t_5 + t_7$

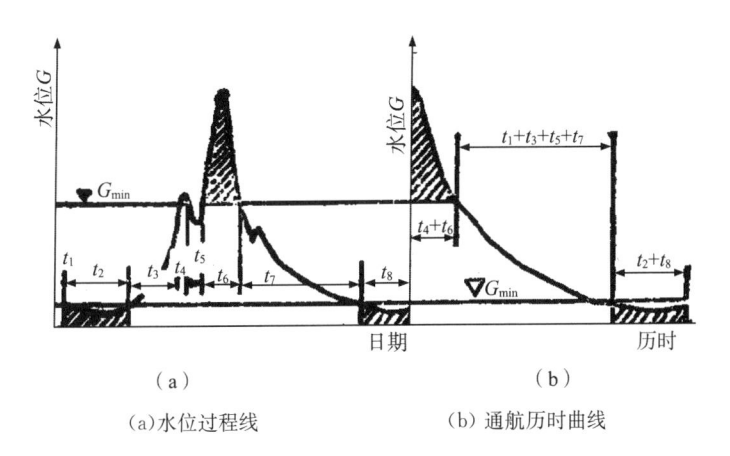

(a) 水位过程线　　(b) 通航历时曲线

图 3.1-12

在一年的其余时间里,正常通航条件遭到破坏的历时为:

$$T' = 365 - t^* = t_2 + t_4 + t_5 + t_8 \qquad \text{(式 3.1-7)}$$

可见,当设计通航水位确定后,其通航历时也就确定了。通航历时,工程上通常是采用通航保证率,即用相对通航历时的百分数来表示:

$$通航保证率 = \frac{正常通航天数}{全年总天数} \times 100\% \qquad \text{(式 3.1-8)}$$

实际上,由于河川径流是不断变化的,水位不仅有年内变化,而且有年际变化。各年水位过程线和通航历时曲线都不一样,只能用平均值来说明情况。因此,工程设计中,需要提出一个能反映多年期间保证正常通航的指标,这就是设计通航保证率。它是反映航运工程设计标准高低的指标。当设计标准定得过高时,工程投资就大;通航保证率定得过低,河流的利用率就不高。一般说来,大河(一、二级航道)航运任务繁忙,保证率应定得高些,小河和山溪型河流则可定低一些。因此,设计通航保证率应根据河流的特性、航运要求、技术经济的可能条件,并考虑以往的实际经验,照国家统一制定的规范来确定。从理论上说,通航保证率应同时考虑高低水的通航情况,但在具体分析计算时,是对高水和低水分别计算的,分为设计最高通航水位和设计最低通航水位两种。前者是通航建筑物正常运营的上限水位和跨河建筑物净高的起算水位;后者是航道与通航建筑物标准水深和水下过河建筑物标高的起算水位。例如通航桥梁净高设计及船闸闸门、闸墙、导航墙等顶高程的确定,均应以设计最高通航水位为依据。而船闸闸首门槛、引航道底高程以及整治工程中水下过河建筑物等都需根据设计最低通航水位来确定。由此可见,设计通航水位是航运工程规划设计施工的重要依据,其数值的大小直接影响航道的过水能力及工程造价。

一般情况下,设计最高通航水位以"频率"作为设计指标,设计最低通航水位以"保证率"或"保证率频率"作为设计指标。这里的某一频率或保证率的水位,只是表示满足该频率或保证率的高水位或低水位,并非同时考虑高低水通航要求。例如某一保证率的设计最低通航水位,它只表明当水位大于和等于此水位时所能保证通航的程度,不考虑高水断航情况;同样,对于某一频率的设计最高通航水位,它只考虑当小于和等于该水位时满足通航的设计频率,而不考虑低水断航情况。

2. 船闸的设计水位确定

船闸的设计水位包括船闸上下游设计最高通航水位、设计最低通航水位、校核高水位、校核低水位、检修水位和施工水位,应根据水文特征、航运要求、船闸级别、有关水利枢纽和航运渠化梯级运用调度情况,考虑航道冲淤变化影响、两岸自然条件和综合利用要求等因素,综合研究确定。

船闸上游设计最高通航水位,应按表 3.1-1 规定的设计洪水频率确定,对水利水电枢纽不得低于正常蓄水位,对航运枢纽不得低于正常挡水位和设计挡水位。

表 3.1-1　船闸设计最高通航水位设计洪水频率

船闸级别	Ⅰ、Ⅱ	Ⅲ、Ⅳ	Ⅴ～Ⅶ
洪水重现期(a)	100～20	20～10	10～5
频率(%)	1～5	5～10	10～20

注:①对出现高于设计最高通航水位历时很短的山区性河流,Ⅲ级船闸的洪水重现期可采用 10 年;Ⅳ、Ⅴ级船闸可采用 3～5 年;Ⅵ、Ⅶ级船闸可采用 2～3 年执行。
②在平原地区运输繁忙的Ⅴ～Ⅶ级船闸设计最高通航水位,通过论证洪水重现期可采用 10～20 年。
③山区中小型船闸经论证允许溢洪的,其上游设计最高通航水位,可根据具体情况通过论证后确定,但不应低于船闸建设前航道的通航标准。

船闸上游设计最低通航水位,应按表 3.1-2 规定的保证率,与枢纽的死水位和最低运行水位相比较取低值。

表 3.1-2　船闸设计最低通航水位保证率

船闸级别	Ⅰ、Ⅱ	Ⅲ、Ⅳ	Ⅴ～Ⅶ
保证率(%)	99～98	98～95	95～90

在确定上游设计最高通航水位和最低通航水位时,应考虑下列因素:

(1) 满足航运的需要和船舶安全畅通的要求;
(2) 改善上游航道滩险的需要;
(3) 综合利用水资源对上游水位的要求;
(4) 回水淹没的损失,以及对重要城镇、铁路、公路、厂矿、农业基地、文物古迹、环境保护等的影响;
(5) 工农业生产和城镇生活用水对上游来水的影响;
(6) 水电站运行、船闸灌水和风浪等引起的水位变化;
(7) 船闸或船闸所在枢纽的特殊运行的水位情况;
(8) 由于河床淤高引起的水位变化。

船闸下游设计最高通航水位,应采用表 3.1-1 规定的设计洪水频率相应的最大下泄流量对应的下游最高水位,在下游有梯级衔接时,尚应考虑受下一梯级回水的影响。

船闸下游设计最低通航水位,在下游为天然河道时,应采用表 3.1-2 规定的保证率。在下游有衔接梯级时,应采用下一梯级上游设计最低通航水位回水到船闸的相应水位。

枢纽下泄的最小瞬时流量必须满足下游河段设计最低通航水位相应流量。

在确定下游设计最高通航水位和最低通航水位时,应考虑下列因素:

(1) 满足航运的需要和船舶安全畅通的要求;
(2) 枢纽建成后对下游河床下切或下游河床冲淤变化引起的同级流量相应的水位降

低或升高；

(3) 引排水引起的水位变化和有关方面对水位的特殊要求；

(4) 下游航道整治、疏浚引起的水位变化；

(5) 重要建筑物或河道条件对水位的限制和影响；

(6) 枢纽运行调节、船闸泄水及风浪波动引起的水位变化；

(7) 位于潮汐河段的船闸、建闸后引起的潮位变化；

(8) 交汇河口高水位或洪水顶托的影响。

船闸上游校核高水位可采用枢纽的校核洪水水位或非常运用水位。船闸下游校核高水位可采用枢纽的校核洪水位或非常运用时最大下泄流量相应的下游最高水位。不受枢纽影响的船闸，可按船闸级别，参照有枢纽的同级别情况，研究分析校核洪水位或非常运用时的水位，确定上、下游校核高水位。

船闸下游校核低水位可采用枢纽最小瞬时下泄流量相应的下游最低水位。

船闸上、下游检修水位，应根据船闸的规模、重要性、航运要求、水文情况、枢纽运行条件与检修情况、检修能力和检修延续时间等，综合分析确定。

船闸施工水位应根据施工能力与强度、施工进度安排，河道洪、中、枯水期的水文情况、地形条件、施工导流与施工围堰设施等情况，以保证安全施工和满足施工需要为原则，对不同的施工期限和工程部位，经论证比较后，综合分析确定。施工围堰的洪水设计标准可参照水利、水电有关现行标准确定。

二、船闸的高程

1. 闸首闸门顶部高程

船闸挡水前缘闸首的闸门顶部高程应为上游校核高水位加安全超高确定。对溢洪船闸的闸门顶部高程应为上游设计最高通航水位加安全超高。

船闸非挡水前缘闸首的闸门顶部高程应为上游设计最高通航水位加安全超高。

船闸闸门顶部最小的安全超高值，Ⅰ～Ⅳ级船闸不应小于 0.5 m，Ⅴ～Ⅶ级船闸不应小于 0.3 m，对于有波浪或水面涌高情况的闸首门顶高程应另加波高或涌高影响值。

2. 闸首墙顶部高程

船闸闸首墙顶部高程应根据闸门顶部高程和结构布置等要求确定，并不得低于闸门和闸室墙顶部高程。位于枢纽工程中的船闸，其挡水前缘的闸首顶部高程应不低于与相互连接的枢纽工程建筑物挡水前缘的顶部高程。

3. 闸首门槛高度

船闸上、下闸首门槛的高度应有利于船闸运用和检修，顶部高程应为上、下游设计最低通航水位值减去门槛最小水深值。

4. 闸室墙顶部高程

船闸闸室墙顶部高程应为上游设计最高通航水位加超高值,超高值不应小于设计过闸船舶、船队空载时的最大干舷高度。

5. 闸室底板顶部高程

船闸闸室底板顶部高程不应高于上、下闸首门槛顶部高程。

6. 导航和靠船建筑物的顶部高程

船闸上、下游导航和靠船建筑物的顶部高程应为上、下游设计最高通航水位加超高值,超高值不宜小于设计过闸船舶、船队空载时的最大干舷高度。

7. 其他部位高程

船闸上、下游引航道和口门区及连接段的底部高程应为上、下游设计最低通航水位减去引航道设计最小水深值。

船闸与相邻建筑物或堤岸的连接建筑物属前缘挡水的,其顶部高程应与其他前缘挡水建筑物的顶部高程的标准一致。涉及两侧堤岸工程的,堤岸顶部高程应根据船闸工程的安全需要和防洪要求研究分析确定。

多级船闸采用闸墙侧向溢流堰作为溢水设施时,其下游闸首阀门井顶部高程应考虑阀门前廊道水流动能恢复所导致的门井水位升高的影响。

第四节　船闸的引航道

一、引航道的平面布置

引航道的作用在于保证船舶安全、顺利地进出船闸,供等待过闸的船舶安全停泊,并使进出闸船舶能交错避让。引航道应由导航段、调顺段、停泊段和制动段等组成(图 3.1-13),并具有足够的水深和合适的平面布置以保证通航期内过闸船舶(队)畅通无阻,安全行驶。船舶在引航道内航速较小,对水流和侧向风的影响比较敏感。引航道应具有较好的掩护,以满足过闸船舶(队)在引航道内安全停泊和航行的条件。

引航道的平面布置,直接影响船舶进出闸的时间,从而影响船闸的通过能力。在确定引航道的平面布置时,应根据船闸的级别、线数、设计船型船队、通过能力等,结合地形地质、水流、泥沙及上、下游航道等条件综合考虑。

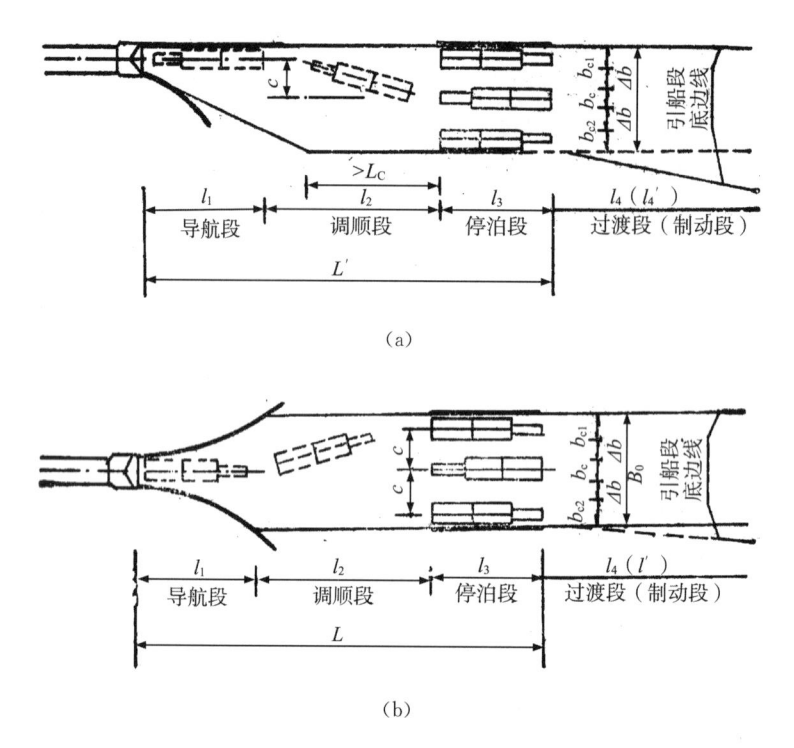

图 3.1-13 引航道的组成

单线船闸引航道平面布置,一般有对称型、反对称型、不对称型三种型式(图 3.1-14)。

对称型引航道的轴线与船闸轴线重合[图 3.1-14(a)],等待过闸的船舶(队)停靠在引航道一侧的靠船建筑物旁,船舶(队)沿曲线行驶,出闸可以沿直线。船舶进闸行程短,出闸速度快,船闸的通过能力较大。当引航道的宽度较小时,采用这种布置型式,等候过闸的船舶需停泊在闸首以外一定距离处,船舶进出闸均沿曲线行驶,进出闸速度慢,影响船闸通过能力。

反对称型引航道是上、下游引航道向不同的岸侧拓宽[图 3.1-14(b)]。在这类引航道中,船舶可以沿直线进闸,曲线出闸,进闸速度可以较快。但按双向过闸的要求,船舶候闸靠船线要建在离闸首口门 2.5 倍船长以后,势必增加船舶(队)进出闸行程,延长过闸时间。有时船舶(队)往往还需曲进曲出。这类引航道对单向过闸较为有利,因为可使候闸船舶(队)停靠在距闸首最近处。

不对称型引航道是上、下游引航道向同一岸侧拓宽,一个方向的船舶进出闸都是直线,另一个方向的船舶进出闸沿曲线行驶[图 3.1-14(c)]。这类引航道一般适用于岸上牵引过闸,或有明显的单向货流,或者有大量木排过闸的情况。有时受地形或枢纽布置限制,引航道只能向同一岸侧拓宽时,也采用这种平面布置型式。

(a)对称型

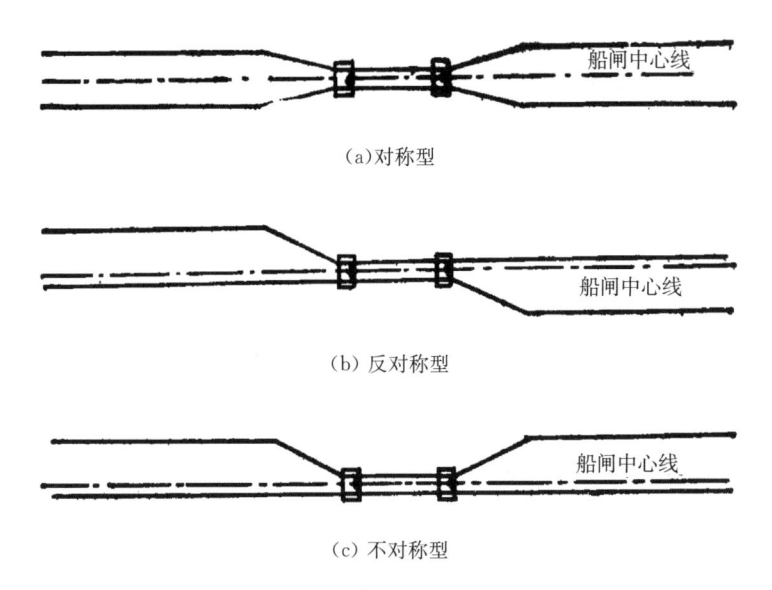

(b)反对称型

(c)不对称型

图 3.1-14　引航道平面布置型式图

引航道内不宜有小河、溪沟等汇入，当难以避免时，应采取工程措施，满足航行要求。

引航道、口门区和连接段内严禁装卸货物或布设客、货运码头及其他有碍船舶、船队航行和停泊安全的建筑物。

船闸应在导航段内布置主导航建筑物和辅导航建筑物。主导航建筑物可兼作反对称、不对称型引航道单向过闸的靠船建筑物。主导航建筑物长度应与导航段长度相同，辅导航建筑物的长度，可根据具体情况确定。

引航道停泊段内，应布置船舶、船队双向过闸用的靠船建筑物，见图 3.1-15。

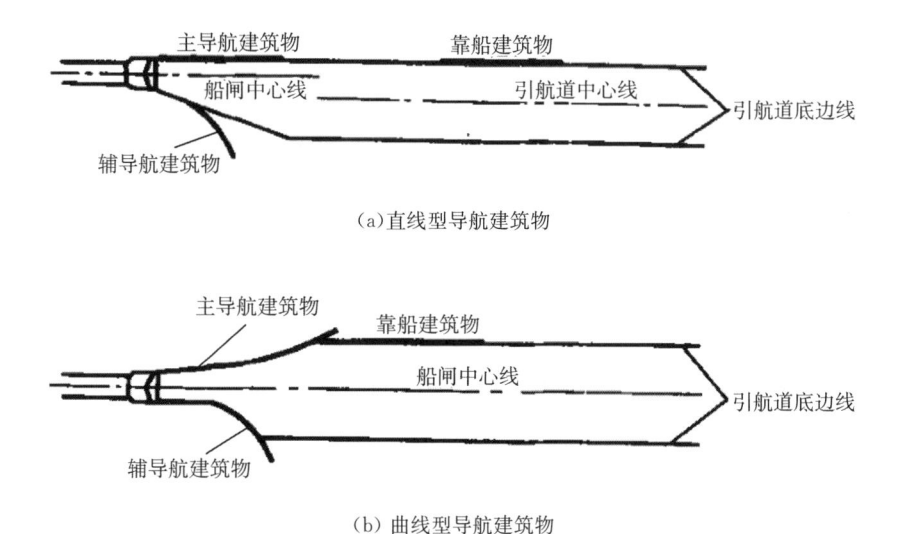

(a)直线型导航建筑物

(b)曲线型导航建筑物

图 3.1-15　单线船闸导航和靠船建筑物布置示意图

双线船闸共用引航道时，Ⅰ～Ⅴ级船闸，均应按双向过闸布置导航和靠船建筑物，见图 3.1-16；Ⅵ～Ⅶ级船闸至少应有一线船闸按双向过闸布置导航和靠船建筑物。

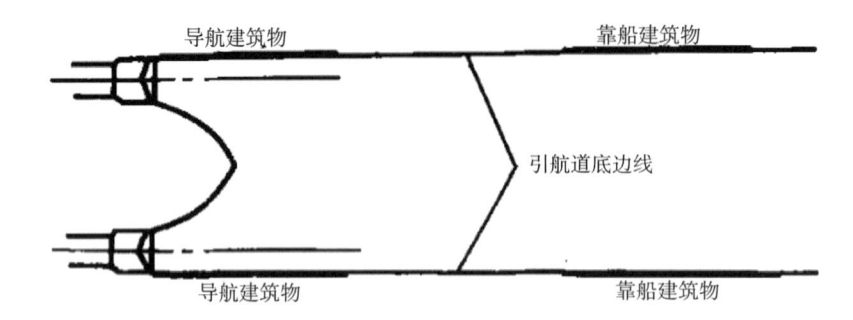

图 3.1-16　双线船闸共同引航道导航和靠船建筑物布置示意图

二、引航道的尺度

1. 引航道长度

引航道的长度主要取决于设计船型的船舶(队)尺度及船舶(队)的操纵性能。

当采用直线进闸、曲线出闸布置时，引航道的各段长度（图 3.1-13），应符合下列规定：

（1）导航段长度 l_1：

$$l_1 \geqslant L_c \quad \text{（式 3.1-9）}$$

式中：l_1——导航段长度(m)；

L_c——顶推船队为设计最大船队长，拖带船队或单船为其中的最大船长(m)。

（2）调顺段长度 l_2：

$$l_2 \geqslant (1.5 \sim 2.0)L_c \quad \text{（式 3.1-10）}$$

（3）停泊段长度 l_3：

$$l_3 \geqslant L_c \quad \text{（式 3.1-11）}$$

当引航道内停泊的船舶(队)数不止 1 个时，应按需要加长。

（4）引航道直线段的总长度 L：

$$L = l_1 + l_2 + l_3 \quad \text{（式 3.1-12）}$$

（5）当各种设计船队的推轮均具有良好的操纵性能时，调顺段通过论证可适当缩短。

（6）通航多种船队的船闸，引航道直线段的总长度 L 应分别计算，并取其大值。

(7) 对山区Ⅲ~Ⅶ级和平原Ⅳ~Ⅶ级的船闸,当受地形等条件限制,不能满足直线段长度要求时,可在满足安全进、出闸和通过能力要求的条件下,通过技术经济论证进行布置。

(8) 当曲线导航墙具备导航与调顺功能时,可采用曲线进闸、直线出闸方式过闸,其引航道直线段长度应大于等于导航段长度与停泊段长度之和。

(9) 制动段的长度,应满足船舶、船队制动的需要,并根据口门区流速大小、设计最大船舶(队)的长度和性能确定。制动段宜在引航道直线段的延伸线上,当曲线布置时,其弯曲半径和弯道加宽值应符合最小弯曲半径和弯道加宽值规定。

2. 引航道宽度

引航道的宽度应满足设计最大船舶(队)有航行偏差时错船所需要的宽度。从闸首口门至引航道最宽处可用渐变方法连接。

(1) 单线船闸引航道的宽度,应根据下列型式确定:

① 反对称型和不对称型引航道宽度:

$$B_0 \geqslant b_c + b_{c1} + \Delta b_1 + \Delta b_2 \qquad (式3.1\text{-}13)$$

式中:B_0 —— 设计最低通航水位时,设计最大船舶、船队满载吃水船底处的引航道宽度(m);

b_c —— 设计最大船舶、船队的宽度(m);

b_{c1} —— 一侧等候过闸船舶、船队的总宽度(m);

Δb_1 —— 船舶、船队之间的富裕宽度,取 $\Delta b_1 = b_c$;

Δb_2 —— 船舶、船队与岸之间的富裕宽度,取 $\Delta b_2 = 0.5 b_c$。

② 对称型引航道宽度:

$$B_0 \geqslant b_c + b_{c1} + 2\Delta b_1 + b_{c2} \qquad (式3.1\text{-}13)$$

式中:b_{c2} —— 另一侧等候过闸船舶、船队的总宽度(m)。

(2) 双线船闸共用的引航道宽度

双线船闸共用引航道分一线双向过闸、另一线单向过闸和两线均双向过闸(图3.1-17)两种情况。

一线双向过闸,另一线为单向过闸时,引航道宽度为:

$$B_0 \geqslant b_c + b_{c1} + b_c' + 3\Delta b \qquad (式3.1\text{-}15)$$

两线均为双向过闸时引航道宽度为:

$$B_0 \geqslant b_c + b_{c1} + b_c' + b_{c2} + 3\Delta b \qquad (式3.1\text{-}16)$$

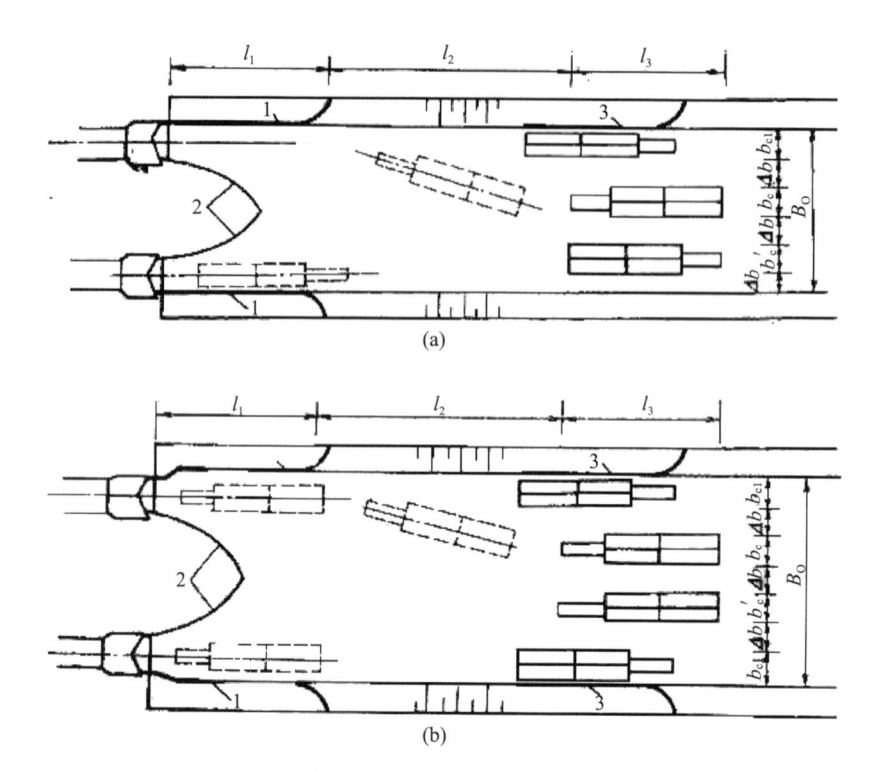

图 3.1-17 双线船闸共用引航道示意图

1—主导航建筑物；2—辅导航建筑物；3—靠船建筑物

式中：B_0 —— 双向船闸引航道宽度；

b_c、b_c' —— 分别为两座船闸的设计最大船舶、船队的宽度(m)；

b_{c1}、b_{c2} —— 分别为两侧等候过闸船舶、船队的总宽度(m)；

Δb —— 船舶、船队之间的富裕宽度(m)，可相应采用 b_c 或 b_c'。

(3) 双线船闸不共用引航道宽度，其宽度应分别按单线船闸计算。

在任何情况下，引航道直线段的宽度不应小于相邻两线船闸的外闸墙内缘之间的距离。

3. 引航道最小水深

引航道的最小水深 H_0 视船闸等级而定。

Ⅰ～Ⅳ级船闸，采用 $\dfrac{H_0}{T} \geqslant 1.50$； (式 3.1-17)

Ⅴ～Ⅶ船闸，采用 $\dfrac{H_0}{T} \geqslant 1.40$。 (式 3.1-18)

淤积较多或地质为基岩的引航道，$\dfrac{H_0}{T}$ 可适当加大。

T 为设计最大船舶(队)满载吃水(m)。

4. 最小弯曲半径 R

引航道的最小弯曲半径应根据下列情况确定：

(1) 顶推船队和机动驳：

Ⅰ～Ⅲ级船闸 $\qquad R \geqslant 4L_c \qquad$ (式 3.1-19)

Ⅳ～Ⅶ级船闸 $\qquad R \geqslant 3L_c \qquad$ (式 3.1-20)

(2) 拖带船队：

$$R \geqslant 5L_c \qquad \text{(式 3.1-21)}$$

式中：L_c —— 设计最大船队长或最大船长(m)。

(3) 在引航道口门区和连接段考虑到水流、风浪等的影响，其最小弯曲半径值尚应加大一个 L_c 的长度。

5. 弯道加宽

弯道加宽 ΔB 应按(式 3.1-22)确定，当弯道中心角大于 $35°$ 时，ΔB 应适当加大。

$$\Delta B = \frac{L_c^2}{2R + B_0} \qquad \text{(式 3.1-22)}$$

式中：L_c —— 设计最大船队长或最大船长(m)；

R —— 最小弯曲半径(m)；

B_0 —— 引航道宽度(m)。

上述的引航道尺度布置是以顶推船型为主要过闸形式的引航道的布置。在江苏的实际运用中，除了苏北运河有少量的顶推船队在运行，大量的是货轮和拖带船队在运行，因此在江苏的船闸建设布局中，为减少船舶进闸距离，缩短船舶进闸时间，提高运行效率，常将导航建筑物与靠船建筑物连在一起，如刘山二号船闸上下游主导航墙与靠船墩连为一体(如图 3.1-18)。

图 3.1-18 刘山二号船闸上下游主导航墙与靠船墩

三、引航道与主航道的连接

引航道通过口门区和连接段(图3.1-19)过渡到主航道。引航道口门区指船闸引航道与河流、水库、湖泊中航道相连接的一段区域,是引航道静水与河流动水交界的水域。引航道口门宽度不宜小于1.5倍引航道宽度,当受水流、风、浪的影响较小时,可适当减小。口门宽度应向引航道内延伸$(0.5 \sim 1.0) L_c$的长度,渐变至引航道直线段末端过渡。当口门区不能与主航道直接平顺衔接时,应设置连接段。引航道口门与主航道之间应有足够距离的视野,使航行船舶、船队能看清其他船舶、船队的动态和引航道口门,并能进行有效的控制。引航道、口门区和连接段的中心线与河流或引河的主流流向之间的夹角宜缩小。在没有足够资料的情况下,此夹角不宜大于25°。引航道口门至主航道严禁采用反曲线连接。

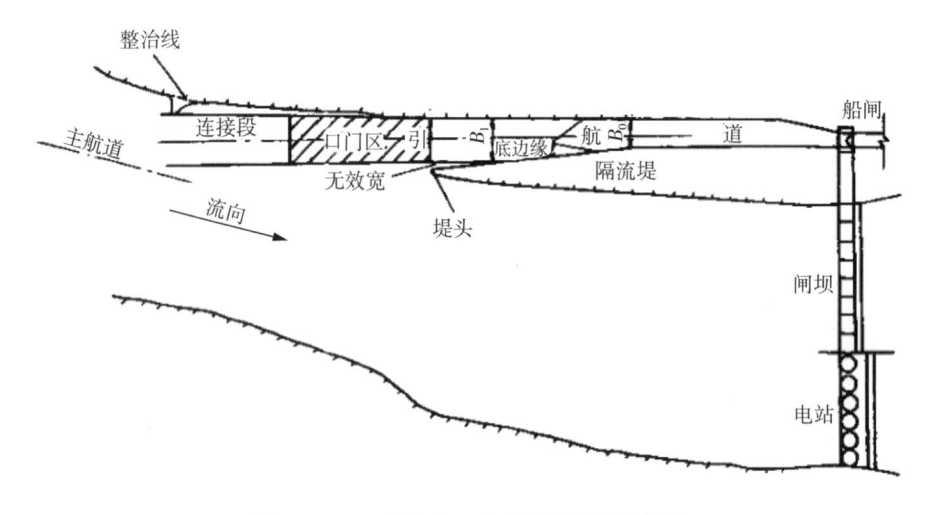

图3.1-19 引航道、口门区、连接段示意图

连接段应与口门区及主航道平顺衔接,确保船舶、船队安全通畅行驶。连接段的宽度和水深应与口门区相同,连接段的长度视条件而定,其通航水流条件可参照表3.1-3的规定。当连接段航道尺度和通航水流条件达不到要求时,应采取工程措施,满足通航要求。

表3.1-3 口门区水面最大流速限值

船闸级别	平行航线的纵向流速 (m/s)	垂直航线的横向流速 (m/s)	回流流速 (m/s)
Ⅰ~Ⅳ	≤2.0	≤0.30	≤0.4
Ⅴ~Ⅶ	≤1.5	≤0.25	

注:引航道内的流速限制——一般应不大于0.5 m/s。

第五节 船闸的锚地

船闸上、下游引航道外宜设锚地(图 3.1-20)。锚地应选择在风浪小、水流缓、无泡漩、河床底质为黏性土的水域,不宜选在淤砂严重的水域,锚地的水域面积应满足船闸最繁忙时过闸船舶、船队停泊和作业的需要。锚地水深不应小于引航道内最小水深,并应根据船舶、船队安全停泊和运行需要,分别设置靠船码头、趸船、锚泊船、系船柱、系船浮筒及港作拖轮等。

运输繁忙的船闸,有排筏通过时,宜另设排筏锚地。有装载危险品船舶、船队通过的船闸,应另设危险品船舶、船队锚地。

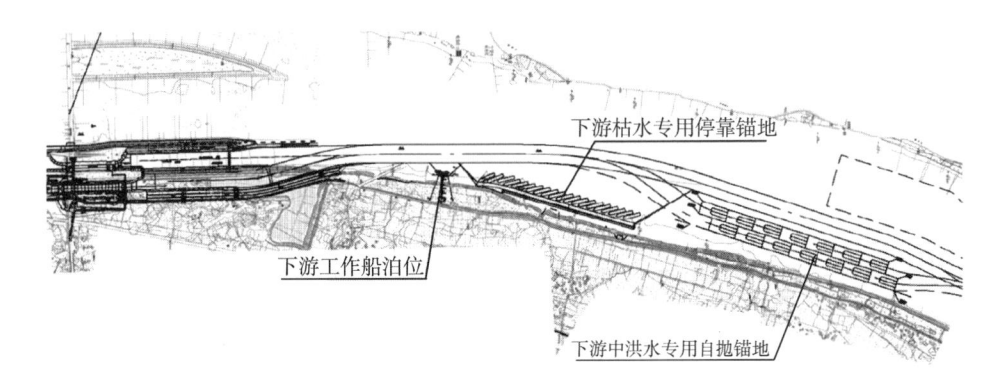

图 3.1-20 株洲船闸下游锚地布置

第六节 船闸通过能力计算

船闸通过能力的计算应包括在设计水平年内各期的过闸船舶总载重吨位、过闸货运量两项指标,并应以年单向通过能力表示。

船闸通过能力应根据一次过闸平均吨位、一次过闸时间、日工作小时、日过闸次数、年通航天数、运量不均衡系数等因素确定。

一、一次过闸平均吨位

一次过闸平均吨位,应以设计船型船队和其他各类船型船队,根据运量、货种、船队中船型组合的比重,并结合船闸有效尺度进行组合确定。各期的通过能力,应采用相应的一次过闸平均吨位进行计算。

二、一次过闸时间

一次过闸时间,应根据船舶、船队进出闸时间,闸门启闭时间,灌泄水时间,船舶、船队进出闸间隔时间等因素确定。对不同的过闸方式应分别计算。

船舶、船队进出闸时间,可根据其运行距离和进出闸速度确定,并符合下列规定:

(1) 船舶、船队进出闸运行距离可按下列情况分别确定:

① 单向过闸,进闸为船舶、船队的船首自引航道停靠位置至闸室内停泊位置之间的距离;出闸为船舶、船队的船尾自闸室内停泊位置至闸门外侧边缘的距离。

② 双向过闸,进闸为船舶、船队自引航道停靠位置至闸室内停泊位置之间的距离;出闸为船舶、船队自闸室内停泊位置至靠船建筑物之间的距离。

③ 连续多级船闸,为船舶、船队自一闸室进入另一闸室的运行距离,为闸室加中间闸首的长度。

(2) 进出闸的平均速度宜根据同类船闸实测资料确定,当无资料时,可按表 3.1-4 采用。

表 3.1-4 进出闸的平均速度(m/s)

船舶类别	进闸平均速度(m/s) 单向	进闸平均速度(m/s) 双向	出闸平均速度(m/s) 单向	出闸平均速度(m/s) 双向	由一闸室到另一闸室平均速度(m/s)
船 队	0.5	0.7	0.7	1.0	0.4
拖轮牵引的排筏	0.3	0.5	0.5	0.6	0.2
机动单船	0.8	1.0	1.0	1.4	0.7
非机动船	0.4	0.5	0.4	0.5	0.3

闸门启闭时间应根据闸门启闭机设计确定。在初步估算时,可参照现行行业标准《船闸启闭机设计规范》(JTJ 309—2005)的有关规定采用。

船闸灌泄水时间,可参照现行行业标准《船闸输水系统设计规范》(JTJ 306—2001)计算确定。

船舶、船队进出闸间隔时间,系指同一闸次第一个船舶、船队与最后一个船舶、船队启动的间隔时间。当无实测资料时可采用 3~10 min。

对单级船闸,一次过闸时间应符合下列规定:

(1) 单向过闸：
$$T_1 = 4t_1 + t_2 + 2t_3 + t_4 + 2t_5 \qquad (式3.1\text{-}23)$$

式中：T_1——单向一次过闸时间(min)；

t_1——开门或关门时间(min)；

t_2——单向第一个船队进闸时间(min)；

t_3——闸室灌水或泄水时间(min)；

t_4——单向第一个船队出闸时间(min)；

t_5——船舶、船队进闸或出闸间隔时间(min)。

(2) 双向过闸：
$$T_2 = 4t_1 + 2t_2' + 2t_3 + 2t_4' + 4t_5 \qquad (式3.1\text{-}24)$$

式中：T_2——上、下行各一次的双向过闸时间(min)；

t_2'——双向第一个船队进闸时间(min)；

t_4'——双向第一个船队出闸时间(min)。

(3) 一次过闸时间应根据单向过闸和双向过闸的闸次比率确定。当单向过闸与双向过闸次数相等时，可按下式确定：
$$T = \frac{1}{2}\left(T_1 + \frac{T_2}{2}\right) \qquad (式3.1\text{-}25)$$

式中：T——一次过闸时间。

对于连续多级船闸，可根据下列不同的过闸方式分别计算一次过闸时间，并应符合下列规定：

(1) 单向过闸：
$$T_3 = 4t_1 + t_2 + 2t_3 + (m+1)t_5 + t_6 \qquad (式3.1\text{-}26)$$

$$T_4 = 2mt_1 + t_2 + mt_3 + t_4 + (m+1)t_5 + (m-1)t_6 \qquad (式3.1\text{-}27)$$

式中：T_3——连续多级船闸船舶通过一个闸室所耗时间(min)；

T_4——船舶单向通过连续多级船闸的总时间(min)；

m——连续多级船闸级数；

t_6——船舶、船队由一个闸室进入相邻闸室所需时间(min)。

(2) 双向过闸：
$$T_5 = 4mt_1 + 2t_2' + 2mt_3 + 2t_4' + 2(m+1)t_5 + 2(m-1)t_6 \qquad (式3.1\text{-}28)$$

式中：T_5——上、下行各一次的双向通过连续多级船闸总时间(min)。

(3)成批过闸：

$$T_6 = T_3 + \frac{T_5 - 2T_3}{n_H + n_B}$$ （式 3.1-29）

式中：T_6——每一船队成批通过连续多级船闸的平均时间(min)；

n_H——每批下行过闸的船舶、船队数；

n_B——每批上行过闸的船舶、船队数。

(4)一次过闸时间应根据单向过闸、双向过闸和成批过闸三种过闸方式所占的闸次比率及过闸方式转换所需的换向时间等因素确定。

在连续多级船闸三种过闸方式的 T_3、T_4、T_5、T_6 的计算中，应考虑船舶过闸时间受各级中最慢一个船队过闸时间控制的影响。

设中间渠道的多级船闸的一次过闸时间可按单级船闸计算。

三、日工作小时数

船闸的日工作小时可采用 20～22 h，对未实现夜航等情况的船闸，可根据具体情况确定。

四、日平均过闸次数

船闸日平均过闸次数应按下式计算：

$$n = \frac{\tau \times 60}{T}$$ （式 3.1-30）

式中：n——日平均过闸次数；

τ——日工作小时(h)；

T——船舶、船队一次过闸的时间(min)。

五、年通航天数

船闸年通航天数，应考虑检修、事故、清淤、洪枯水及气象等停航因素的影响，从全年日历天数中扣除停航天数。

六、运量不均衡系数

运量不均衡系数应根据统计资料按(式 3.1-31)计算，当无资料时，可取 1.3～1.5。

$$\beta = \frac{\text{年最大月货运量}}{\text{年平均月货运量}}$$ （式 3.1-31）

式中：β——运量不均衡系数。

七、船舶装载系数

船舶装载系数与货物种类、流向和批量有关，可根据各河流统计或规划资料选用。在没有资料的情况下，可采用 0.5～0.8。

八、船闸年通过能力计算

单级船闸年通过能力可按(式 3.1-32)和(式 3.1-33)计算：

（1）单向年过闸船舶总载重吨位：

$$P_1 = \frac{n}{2}NG \qquad (式 3.1\text{-}32)$$

式中：P_1——单向年过闸船舶总载重吨位(t)；

　　　n——日平均过闸次数；

　　　N——年通航天数(d)；

　　　G——一次过闸平均载重吨位(t)。

（2）单向年过闸客货运量：

$$P_2 = \frac{1}{2}(n-n_0)\frac{NG\alpha}{\beta} \qquad (式 3.1\text{-}33)$$

式中：P_2——单向年过闸客、货运量(t)；

　　　n_0——日非运客、货船过闸次数；

　　　α——船舶装载系数；

　　　β——运量不均衡系数。

单线连续多级船闸或双线连续多级船闸应按其运行方式计算通过能力。设中间渠道的多级船闸的通过能力可按单级船闸计算。

对受潮汐影响的船闸及承受双向水头的船闸，当具备开通闸条件时，可设开通闸，开通闸的运行时间可根据实际情况确定，开通闸通过能力的计算应考虑开通闸运行通过能力的提高。

第七节　船闸耗水量的计算

一、常规计算方法

单级船闸排放水量等于过闸用水加上闸、阀门漏水。过闸用水即从上游泄放一定量水体到下游,其大小取决于船闸水头、闸室的尺寸、过闸船舶大小和过闸方式。漏水即闸阀门止水不密封,从上游到下游所排放的水量,漏水量取决于水头大小、止水构造及其安装质量、使用年限及维修保养情况。

1. 直立式闸室墙单级单向排放水量 V_0：

$$V_0 = (1.15 \sim 1.20)\Omega H_0 = (1.15 \sim 1.20)L_x B_x H_0 \qquad (式3.1-34)$$

式中：Ω——上、下闸门之间水平面积(m^2)；

H_0——船闸计算水头(m)；

L_x——闸室有效长度(m)；

B_x——闸室有效宽度(m)。

2. 每次过闸排放水量：

从上游到下游：$V_0' = V_0 - V_1$ （式3.1-35）

从下游到上游：$V_0' = V_0 + V_2$ （式3.1-36）

式中：V_1、V_2——闸门、阀门的漏水损失。

3. 双向过闸时,每船平均过闸用水量(未做要求时,$V_1 = V_2$)：

$$V = \frac{1}{2}(V_0 + V_2 - V_1) = \frac{V_0}{2} \qquad (式3.1-37)$$

4. 单级每昼夜排放水量：

假设每昼夜单向过闸船数等于双向过闸船数,则平均每次过闸用水量：

$$V = \frac{1}{2}(V_0 + \frac{V_0}{2}) = 0.75\,V_0 \qquad (式3.1-38)$$

单级每昼夜排放水量 $= 0.75\,V_0 \times$ 单(双)向过闸次数。

案例：某一设计船队总排水量 1 200 t,通过单级船闸,闸墙为直立式,船闸上、下闸门之间水面积为 $1.2 \times 120 \times 12 = 1\,728\ m^2$,水头 4 m,求双向过闸时,每个船队的平均过闸排放水量。

$$V = \frac{V_0}{2} = \frac{1\,728 \times 4}{2} = 3\,456 \text{ m}^3$$

二、规范方法

船闸一天内平均排放水量可按(式 3.1-39)和(式 3.1-40)计算：

$$\overline{Q} = \frac{nV}{86\,400} + q \qquad (式\ 3.1\text{-}39)$$

$$q = eu \qquad (式\ 3.1\text{-}40)$$

式中：$\overline{Q}$ —— 一天内平均排放水量(m^3/s)；

V —— 一次过闸排放水量(m^3)，必要时应考虑上、下行船舶、船队排水量差额；

q —— 闸门、阀门的漏水损失(m^3/s)；

e —— 止水线每米上的渗漏损失[$\text{m}^3/(\text{s}\cdot\text{m})$]，当水头小于 10 m 时取 0.001 5～0.002 0 $\text{m}^3/(\text{s}\cdot\text{m})$，当水头大于 10 m 时取 0.002～0.003 $\text{m}^3/(\text{s}\cdot\text{m})$；

u —— 闸门、阀门止水线总长度(m)。

思考题

1. 船闸由哪些部分组成？
2. 船闸有哪些分类方式？每种方式又分为哪些类型？
3. 船闸的基本尺度包括哪些？
4. 船闸的设计水位有哪些？船闸的高程包括哪些，怎么确定的？
5. 引航道平面有哪些布置型式，分别适合于什么情况？
6. 引航道的尺度包括哪些？
7. 船闸通过能力是如何计算的？

第二章 船闸水工结构型式及其特点

第一节 闸室结构型式及其特点

闸室由闸墙与底板组成,按受力状态可分为整体式结构和分离式结构。

整体式闸室(图3.2-1、图3.2-2)是指两侧闸墙和底板浇筑在一起形成整体的闸室,有分段缝时,缝设在闸墙上,底板是传力结构,将荷载较均匀地传给地基。闸室整体性较好,适用于松软地基。

分离式闸室(图3.2-3)是指两侧闸墙和底板用沉陷缝分开的闸室,闸墙传力,底板仅起防渗抗冲作用,一般适用于岩基或压缩性小的土基。

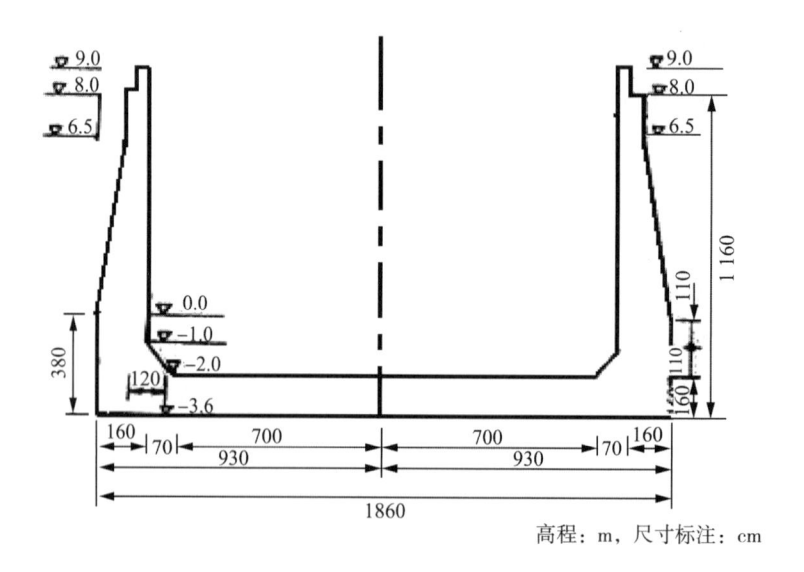

高程:m,尺寸标注:cm

图3.2-1 整体式闸室——坞式

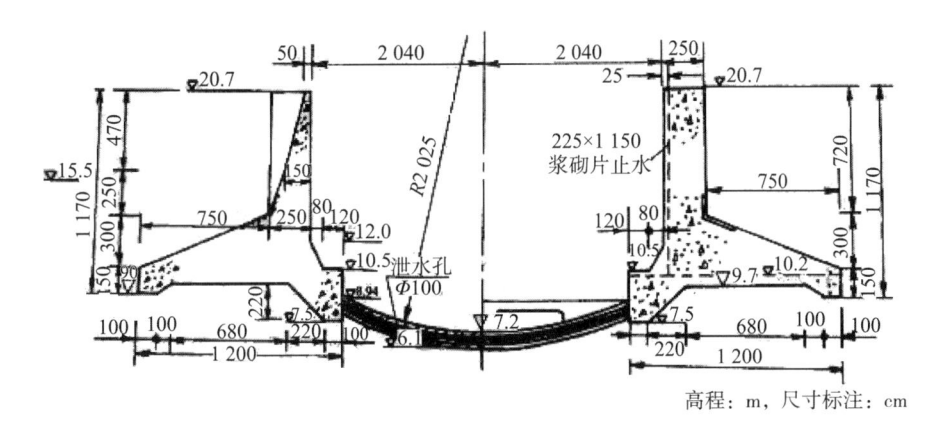

图 3.2-2　整体式闸室结构——反拱式

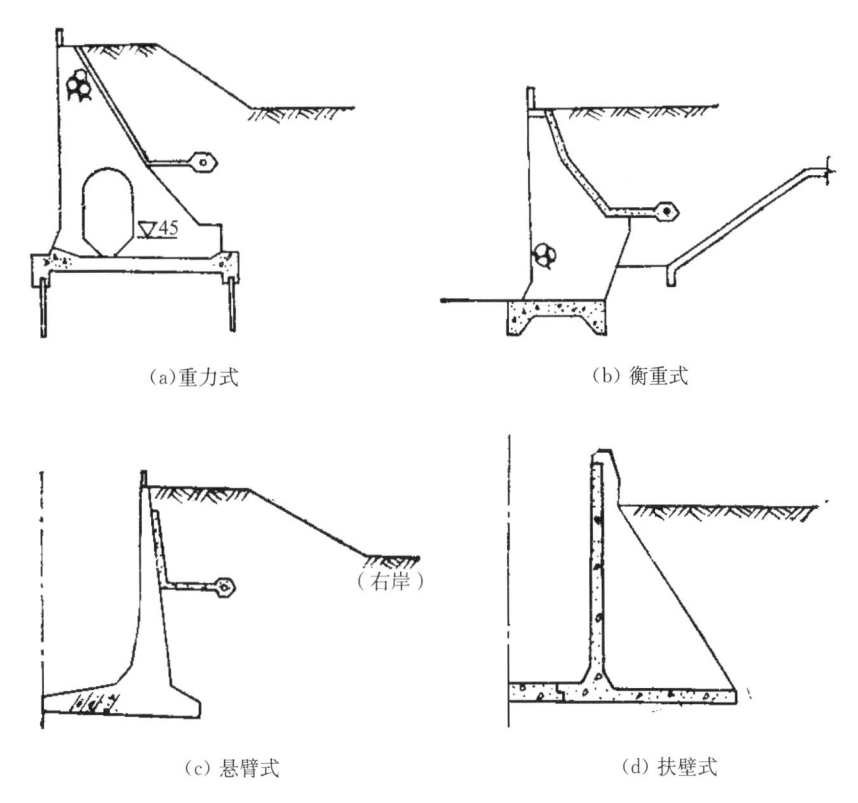

图 3.2-3　分离式闸室结构断面图

(a)重力式　(b)衡重式　(c)悬臂式　(d)扶壁式

闸室结构型式应根据地基条件、水头大小、输水系统型式、材料来源和施工条件等因素,通过经济比较确定。

土基上的分离式闸墙,可分为重力式、悬臂式、扶壁式、板桩和地下连续墙等型式。大多采用带有横撑格梁的透水闸底,这种闸底比较经济,但只适用于水级较小、地基对渗透变形不敏感的情况。当水级较大,地基为粉砂、细砂或淤泥时,闸室则可采用双铰式不透水底板或采用整体式结构。

岩基上分离式闸室结构的闸墙,可分为重力式、衬砌式和混合式(图3.2-4)。当岩基坚硬、完整,闸底不设输水廊道时,可不设底板,并应直接由岩石开挖形成闸墙面;当岩基不耐冲刷或闸底需设输水廊道时,应设置底板,底板宜采用双铰式(图3.2-5)。

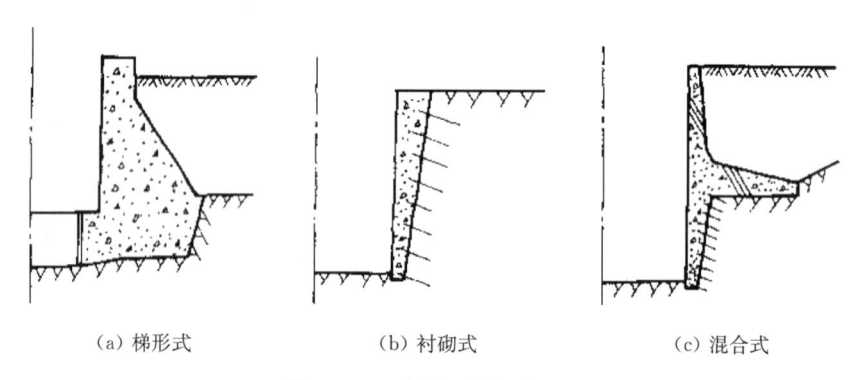

(a) 梯形式　　　　　(b) 衬砌式　　　　　(c) 混合式

图 3.2-4　岩基上的闸墙结构

系船设备和爬梯等辅助设施均应置于壁龛内,壁龛边角应做成圆弧形或采用钢板镶护。运输繁忙的船闸,在最低通航水位以上的闸墙宜采用钢护木或耐磨损材料护面。闸墙底部前趾可设有利于结构受力的斜托,但不得妨碍船舶在最低通航水位时的运行。

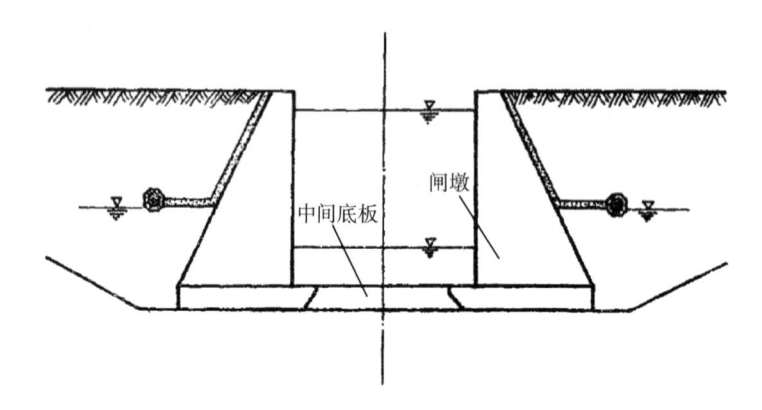

图 3.2-5　双铰式闸室结构示意图

一、分离式闸室

(一) 闸墙

1. 重力式闸墙

重力式闸墙是靠自重维持稳定,地基反力较大,且又承受水平力作用,其合力产生偏心致使地基反力不均匀,最大反力往往接近于平均反力的 2 倍,对地基承载能力要求较高,因此重力式结构只适用于较好的地基。对于淤泥质土、冲填土、杂填土或其他高压缩性土层,则不宜采用重力式结构,若必须采用时,则应对地基采取工程措施,以改善受力状态或增强地基强度。

重力式结构按材料分为浆砌条(块)石结构、混凝土结构及配筋混凝土结构等。

重力式结构按断面型式分为梯形式[图 3.2-3(a)]和衡重式[图 3.2-3(b)]两种。

混凝土和浆砌块石闸墙背坡可采用折线形,浆砌条石闸墙背坡可采用阶梯形;衡重式闸墙墙背宜在 0.4～0.5 倍墙高处设置卸荷平台,平台以上为梯形断面,平台以下设坡度为 1∶0.2～1∶0.25 的反坡;浆砌石闸墙顶宽不宜小于 0.6 m,顶部应设置高度不小于 0.3 m 的现浇混凝土压顶;当闸身基础采用混凝土底板时,应在墙身与底板结合部的混凝土内预埋石榫;砌体应砌筑密实,墙面和背坡应严密勾缝。

2. 扶壁式闸墙

扶壁式闸墙结构应由立板、肋板和底板组成(图 3.2-6)。底板可分为趾板和内底板两部分,不宜设置尾板。肋板的数量和间距应通过技术经济比较确定,立板两端部宜采用悬臂结构。

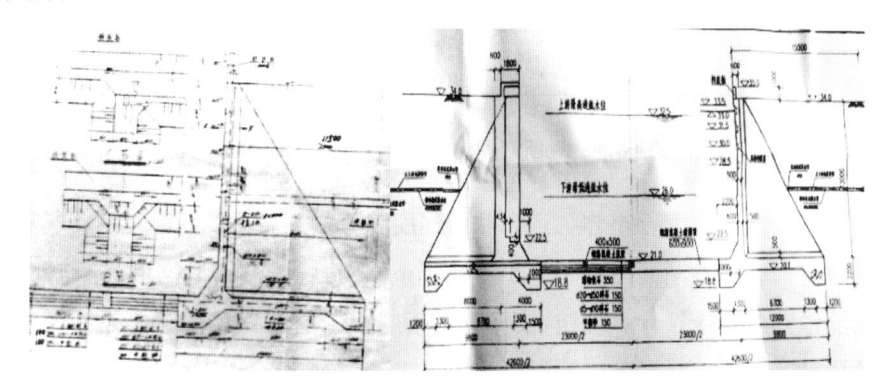

图 3.2-6 扶壁式闸墙

扶壁式结构各构件尺寸需由计算确定,扶壁立板厚度应根据扶壁高度和混凝土施工工艺确定,预制扶壁立板厚度不应小于 0.3 m,悬臂端厚度应满足布置止水的构造要求;扶壁肋板厚度不应小于 0.3 m,顶宽不宜小于 0.8 m,底宽应与底板宽相同;趾板前端厚度不应小于 0.25 m,内底板厚度不应小于 0.3 m;立板、肋板和底板等连接部位应设置加强斜托。当扶壁结构顶部设有胸墙时,立板和肋板竖向钢筋应伸入胸墙。邵伯复线船闸采用了扶壁式闸室结构。

3. 衬砌式闸墙

当岩面高于闸墙设计顶高程时,可采用重力式或薄壁式衬砌闸墙(图 3.2-4)。当岩石质地松软或裂隙发育时,宜采用重力式衬砌闸墙,其材料宜采用混凝土,小型船闸也可采用浆砌石。当基岩坚硬、完整时,可采用钢拉锚钢筋混凝土薄壁式衬砌闸墙。

衬砌闸墙后应设置排水设施,排水设施宜采用竖向、横向和纵向相互联通的排水系统。

混凝土重力式衬砌墙宜采用倒梯形断面(图3.2-7),其底宽不应小于0.4 m,后坡坡度可取1∶0.1～1∶0.4,墙底嵌入闸底深度不应小于0.5 m;浆砌条石重力式衬砌墙墙背宜采用阶梯形(图3.2-8),其底宽不应小于0.8 m,台阶高度宜为2.0 m,台阶宽度不应小于0.4 m,墙底嵌入岩基深度不应小于0.5 m。对大型衬砌墙,应经专门论证确定墙底埋设深度。

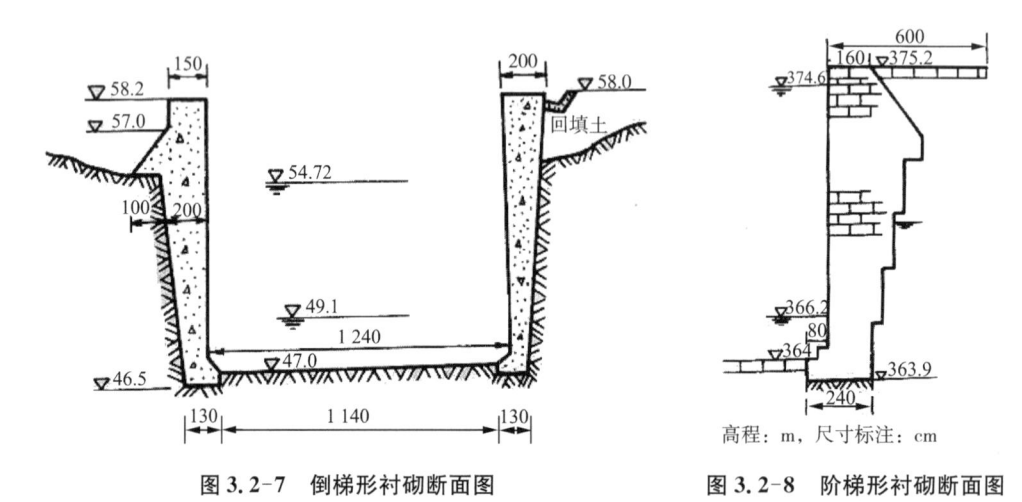

图3.2-7 倒梯形衬砌断面图　　　图3.2-8 阶梯形衬砌断面图

重力式衬砌闸墙应进行整体稳定和截面强度验算。强度验算可采用材料力学方法。

拉锚薄壁衬砌墙的断面厚度不应小于0.4 m,锚筋可按衬砌墙高度等距离水平平行布置。锚筋锚固深度应按计算确定,锚孔直径不应小于锚筋直径的3倍。重要工程应根据锚筋拉拔试验确定。拉锚薄壁式衬砌闸墙应进行截面强度验算和锚筋计算;可按支承在锚筋上的无梁楼盖或弹性支承上的多跨连续梁验算强度。

4. 混合式闸墙

当岩面处于墙高的中部时,闸墙可采用上部为重力式、下部为衬砌式的混合式结构(图3.2-9)。混合式闸墙应保证上部重力墙和下部衬砌墙与岩基牢固连接。

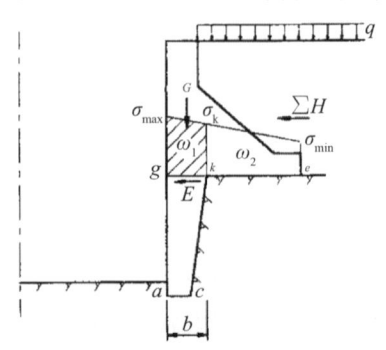

图3.2-9 混合式闸墙结构示意图

混合式闸墙应验算整体稳定性,并假设上部重力墙与下部衬砌墙为独立结构,分别进行稳定性、强度和地基承载力验算。

5. 板桩和地下连续墙闸墙

板桩和地下连续墙的设计应按现行行业标准《码头结构设计规范》(JTS 167—2018)的有关规定执行。板桩和地下连续墙结构设计应满足闸墙附属设施布置的要求,墙身应具有足够的刚度,产生的挠曲变形和闸墙变位不应影响闸室有效宽度。

在设计最低通航水位以下 0.5 m 至墙顶范围内,地下连续墙的闸墙面应设现浇钢筋混凝土衬砌,并应与墙体整体连接。板桩接缝处,应在墙后设置可靠的防渗设施,保证墙后土体的渗透稳定。板桩和地下连续墙入土深度应满足整体稳定和地基渗透稳定的要求。

案例:某船闸工程为 Ⅱ 级船闸,建设规模为 260 m×23 m×5 m(闸室长×口门宽×槛上水深)。三线船闸位于一线船闸与引河之间,与一线船闸平行,两闸中心距 66.5 m,创造了国内不同期建设的两大型船闸之间的最小距离,且上游引航道受一级防洪大堤的制约,不允许进行常规的大开挖施工。闸室采用 Z 型钢板桩(图 3.2-10)加多层分散压缩型土锚背拉式闸室墙结构(图 3.2-11)、地连墙对拉锚碇系统的防洪大堤(图 3.2-12)、土锚地连墙和沉井分隔堤与驳岸接头等多种结构形式。

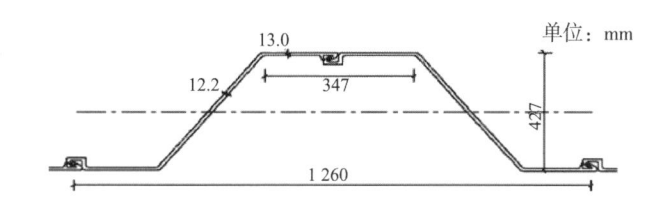

图 3.2-10 Z 型非对称式钢板桩断面

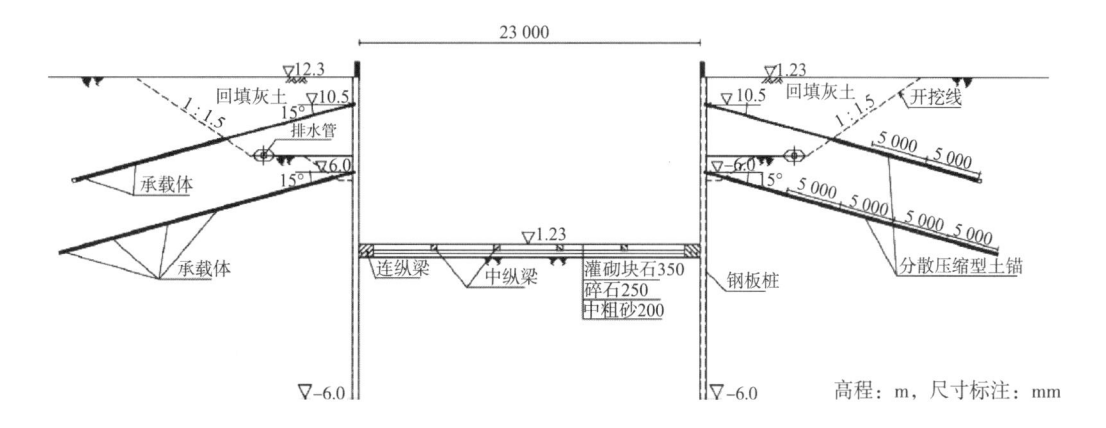

图 3.2-11 闸室断面结构图

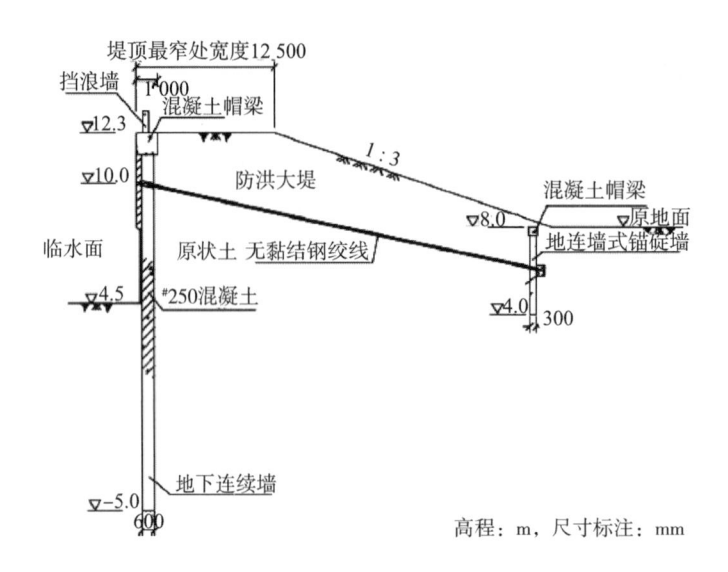

图 3.2-12　钢绞线对拉锚碇地连墙驳岸

6. 悬臂式闸墙

悬臂式闸室是由闸墙、底板和后悬臂组成,是从船闸轴线分成两半的对称结构,在底板中间接缝中设置有止水,形成不透水的闸底。当地基承载力较低,闸墙高度和闸室宽度之比较大,且两侧荷载对称时,可采用悬臂式结构(图 3.2-13)。闸墙与底板的断面尺寸应满足强度和构造要求。闸墙顶部宽度宜取 0.4~0.6 m,中缝处的底板厚度应满足止水布置的构造要求,不宜小于 0.6 m。悬臂式结构的优点是中间分缝设止水后减小底板内力、耗材少;缺点是中间止水构造复杂。

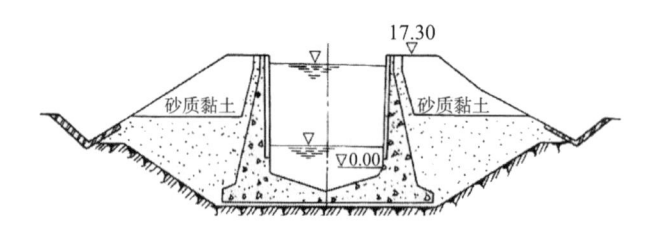

图 3.2-13　悬臂式闸室

(二) 底板

分离式船闸,一般选用透水闸底板。为防止由闸室水位、流速的频繁变化而可能引起的冲刷、流土及管涌,以及船舶螺旋桨、撑篙等造成闸底的破坏,必须加以保护。

闸室透水底板下部应设反滤层,当顶层采用浆砌石或混凝土结构时,闸底板顶层应设排水孔,排水孔间距可取 2~3 m,孔内应采用透水材料填充。

近年来为防止船舶倒锚钩拉破坏闸室底板,对干砌块石的透水底板多采用 150~

200 mm厚的混凝土封面加排水孔的做法,以保护透水底板,延长其使用寿命,减少维护量。

闸室透水底板应布置纵横格梁,每个梁格控制的平面尺度不宜大于 30 m²,纵横格梁断面尺寸不宜小于 0.4 m×0.4 m。当利用格梁起横撑作用时,格梁宜采用钢筋混凝土结构。格梁设计应考虑边墩不均匀沉降的影响,按偏心受压构件计算。

双铰底板铰的位置可按闸底板最大正、负弯矩相近的原则确定。中间底板宽度可取闸室宽度的 3/5～4/5,厚度可取宽度的 1/12～1/8,沿宽度方向可采用变厚度。

双铰底板铰的型式可采用搭接式或斜接式(图 3.2-14),接缝缝宽可取 20～30 mm,并应设置止水。

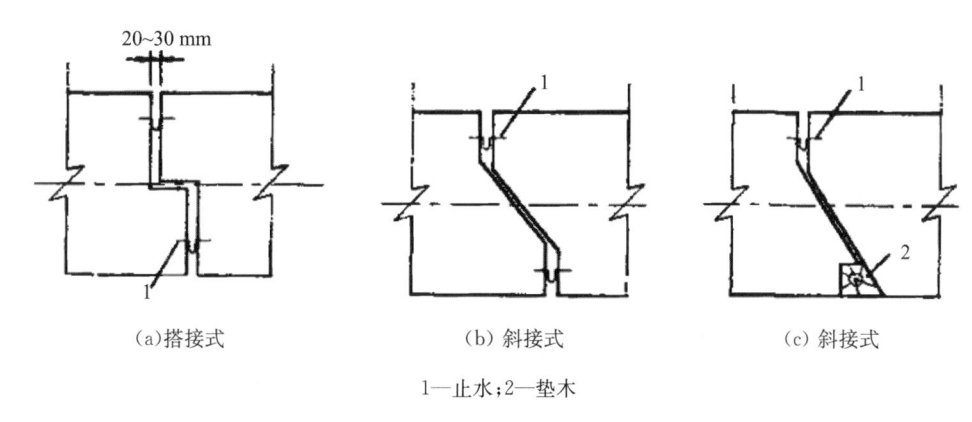

(a)搭接式　(b)斜接式　(c)斜接式

1—止水;2—垫木

图 3.2-14　铰的型式示意图

二、整体式闸室

当水头较大、闸墙较高、地基条件较差或地震烈度较高时,可选用整体式闸室。

坞式结构闸室是典型的整体式闸室,为钢筋混凝土结构。近年来,预应力工艺也多次被引入整体式闸室结构中,较好地解决了采用普通钢筋混凝土设计整体式闸室结构时存在的截面尺寸大、配筋量大及裂缝开展宽度不易满足的问题。

坞式结构闸室闸墙顶宽可取 0.4～0.6 m。墙后填土高度应考虑其对闸室结构的影响,当墙后填土不到顶时,闸墙顶宽根据需要可适当加宽。闸墙底宽与底板厚度可取 0.16～0.25 倍的墙高。

坞式结构的优点是地基受力均匀,结构简单,地基承载力要求低;缺点是底板较厚,材料用量大。

反拱式底板的优点是底板截面尺寸小,混凝土钢材用量小;缺点是对闸室墙不均匀沉陷相对水平位转角相当敏感。

由于矩形闸室用水量少,灌泄时间短,启用方便,通过能力大,大多数船闸皆采用这种结构。

整体式大型船闸,施工期可在底板上设临时施工宽缝,并在宽缝底部设临时止水,待闸墙沉降基本稳定后,再进行封缝形成整体。在底板内力分析计算中,可考虑闸墙和回填土自重力对地基的预压效果。

第二节 闸首结构型式及其特点

船闸闸首是船闸的关键部位,不仅布置在闸首的设备多,而且闸首受力状态十分复杂,是克服水位差的主要结构。闸首结构的安全稳定是整个船闸正常工作的保证。

船闸闸首由底板、边墩及工作闸门等组成挡水结构,一般设有输水廊道、闸门、阀门、闸阀门启闭机械及其相应的设备等。因此闸首布置及尺寸与所选用的闸门型式、输水系统及有无帷墙等有密切关系。典型闸首布置如图 3.2-15 所示。

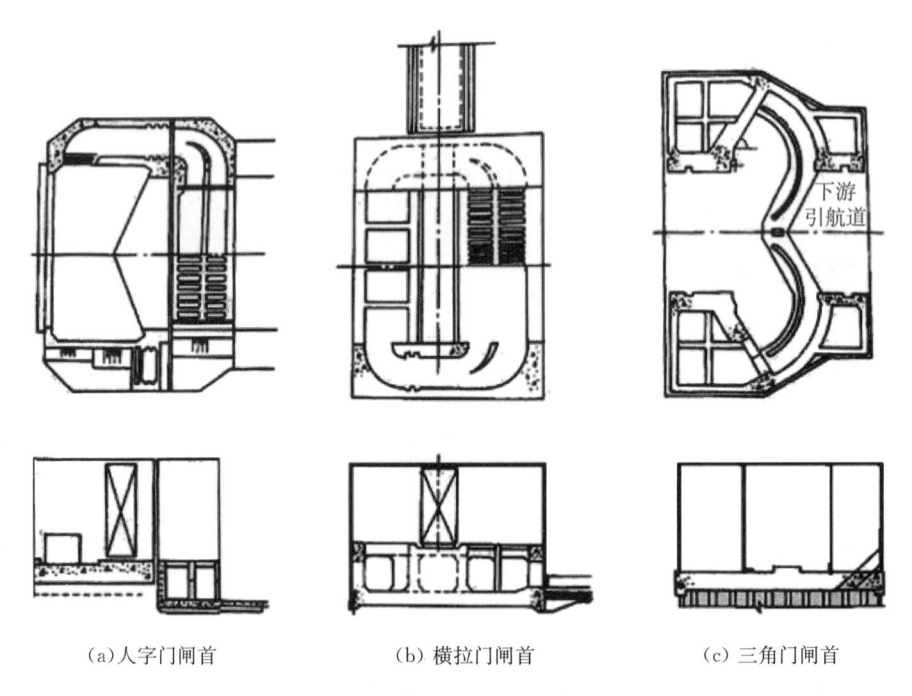

(a) 人字门闸首　　(b) 横拉门闸首　　(c) 三角门闸首

图 3.2-15 闸首布置型式

闸首结构按其受力状态可分为整体式结构和分离式结构。

在土基上为避免由于边墩不均匀沉降而影响闸门正常工作,一般采用整体式闸首结构;岩基上的闸首,则可采用分离式结构。如葛洲坝工程 1、2、3 号船闸,建于砂岩上,其上、下闸首均采用分离式结构。当岩石较完整时，可不设底板，只有当岩石裂隙较多或岩石较软弱时，才考虑加设底板或护底，必要时也可采用整体式结构。

闸首边墩一般采用重力式和空箱式（图 3.2-16）两种，空箱式可利用空箱式布置输水系统。

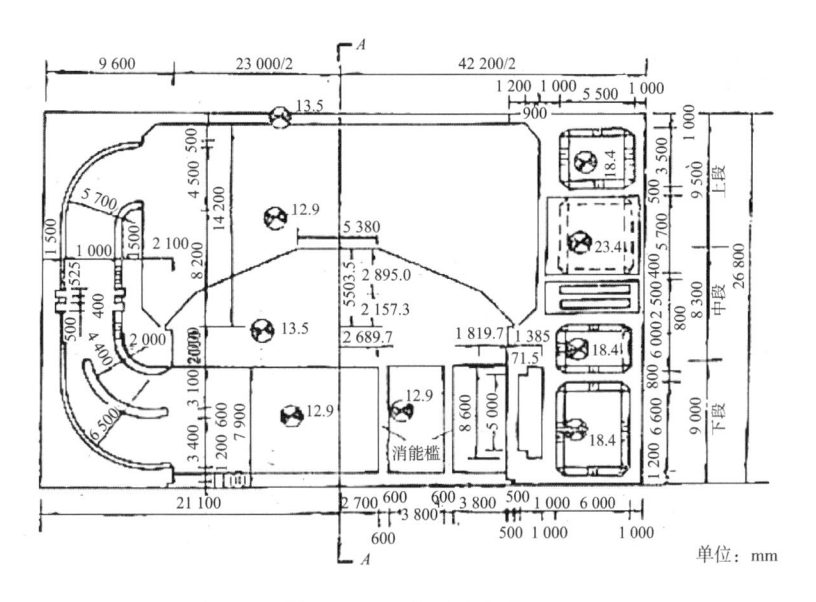

图 3.2-16　空箱式闸首

闸首边墩厚度应根据门库深度、廊道宽度、弯曲半径和阀门井尺度等因素确定。有廊道的边墩厚度可取 2～3 倍廊道宽度。

闸首边墩顶部宽度应根据启闭机械及机房、交通通道和其他设备的布置、管理和维修所需的场地等因素确定。边墩顶部可根据布置要求加宽。闸首纵向长度可分为门前段、门库段和闸门支持墙段三部分（图 3.2-17）。门前段长度应根据检修闸门尺度、门槽

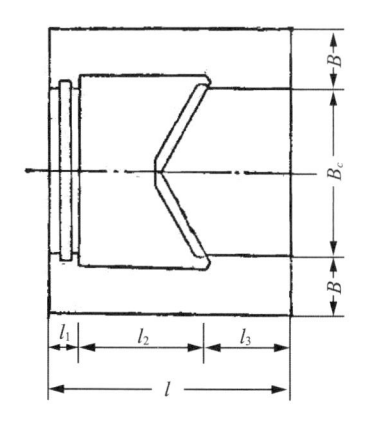

l_1—门前段；l_2—门库段；l_3—闸门支持墙段

图 3.2-17　人字闸门的闸首分段图

构造及检修要求确定;门库段长度应根据闸门的型式和尺度确定;闸门支持墙段长度应根据廊道布置、结构稳定和强度验算确定。

当闸首设置帷墙时,可利用帷墙内空间布置消能室,其设计应符合现行行业标准《船闸输水系统设计规范》(JTJ 306—2001)的有关规定。当分离式闸首的纵向长度较长时,可在门库段内增设横向永久缝。闸首纵向分段长度可取 15～20 m。输水廊道壁可根据廊道内流速、泥沙情况和运用条件等因素,采取适当的抗冲耐磨措施。

第三节　导航和靠船建筑物及护坡和护底结构型式及其特点

船闸引航道中设有导航和靠船建筑物以及护坡、护底等结构,它们都是为船舶安全进出船闸和船舶等待过闸而设置的。船闸引航道中的导航及靠船建筑物是船闸不可缺少的组成部分,对保证船闸正常使用、确保船舶安全过闸、最大限度提高船闸通过能力起着重要作用。

导航建筑物分主、副导航墙,紧靠上、下闸首布置。有时主导航墙还兼作翼墙挡土之用,亦可配合闸首防渗要求,在导航墙前做不透水铺盖或在导航墙下加打板桩。

导航及靠船建筑物与护坡及护底结构型式应根据地质条件、水流条件、水位变幅、船行波、船闸规模、材料来源、施工条件和使用要求等因素确定。选择结构型式时,应考虑技术经济条件,力求结构简单、耐久性好,并便于施工。

一、导航建筑物、靠船建筑物

船闸导航及靠船建筑物结构型式较多,可分为固定式和浮式两类。常见的固定式导航及靠船建筑物有重力式、墩式、框架式、空箱式、扶壁式等(图 3.2-18)。导航及靠船建筑物结构型式的选择应根据地基特性、船闸规模、材料来源、施工条件及使用要求等因素确定,应尽可能采用结构简单、便于施工、使用方便、经济合理的结构型式。固定式导航和靠船建筑物有隔流要求时,可采用岸壁式结构(图 3.2-19);无隔流要求时,导航建筑物也可采用桩墩式结构(图 3.2-20),靠船建筑物可采用独立墩式结构。当水深或水位变幅较大时,可采用浮式导航和靠船建筑物。

导航和靠船建筑物的尺度应由稳定性和强度验算确定,并应满足系船、靠船、交通、照明和信号装置等布置的要求。

导航和靠船结构前沿应采用直立式墙面,底部加强角不应妨碍船舶航行。

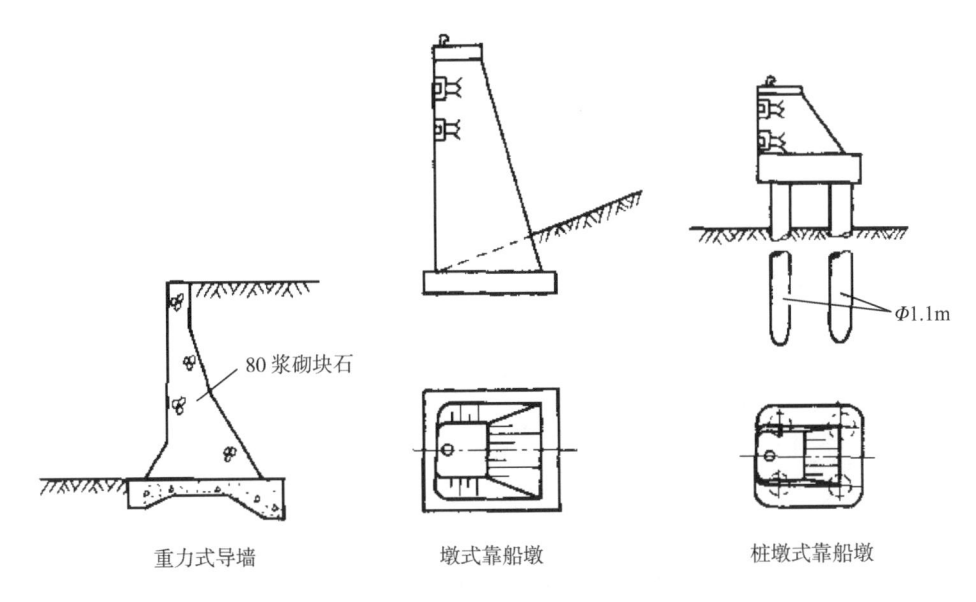

图 3.2-18 导航、靠船建筑物

图 3.2-19 岸壁式结构靠船建筑物

独立墩式靠船建筑物应等间距布置，中心距应根据过闸船舶的船舶长度确定，保证间距不大于 0.8 倍的单船长度。江苏航道船闸过去中心距为 15 m，随着船舶的大型化，间距已调整到 20～25 m。同时应设置系船设备、爬梯、交通桥和照明等设施。

当靠船墩采用混凝土或浆砌石结构时，其靠船面水位变动区宜设置钢护面或钢护角。

图 3.2-20　桩墩式靠船建筑物

当导航和靠船建筑物采用浮式结构时,可采用数个趸船柔性连接组成。

二、护坡和护底

引航道的岸坡和底部,由于经常受船闸泄水和溢洪时水流的冲刷以及暴雨、风浪及船行波等的影响,容易造成岸坡崩塌,引起引航道泥沙大量淤积,阻碍船舶航行。因此靠近闸首附近的一段引航道的边坡和底部,应适当加以保护。已建船闸一般采用浆砌块石、干砌块石、混凝土块体及模袋混凝土等护坡,基本上满足了岸坡不致被破坏的要求。

护坡结构的护面厚度应通过计算确定:浆砌石和干砌石不宜小于 30 cm,混凝土板不宜小于 8 cm,模袋混凝土不宜小于 15 cm。护坡结构应设置反滤层,可采用分层反滤层、混合反滤层或土工织物反滤层。分层反滤层可由碎石层和"瓜米石"层、粗砂层或砾砂层组成,每层厚度不宜小于 15 cm;混合反滤层可采用级配较好的天然石料、石渣或砂卵石等,其厚度不宜小于 40 cm,水下反滤层厚度宜适当加大;土工织物反滤层材料宜选用无纺土工织物和有机土工织物,不得采用编织土工织物,其技术性能要求应符合现行行业标准《水运工程土工合成材料应用技术规范》(JTS/T 148—2020)的有关规定。护坡坡度应根据土质、水文、护坡结构型式和施工条件等通过整体稳定性验算确定。

当岸坡较高时,可设置肩台,其宽度可取 1.0～1.5 m。护坡和护底结构宜设加强格梗,其间距可取 10～15 m,格梗强度应适当提高。

当采用浆砌石和混凝土板护坡时,应设置排水孔,其纵、横向间距可取 2～5 m,孔径可取 50～100 mm。溢洪船闸下游引航道的护坡和护底应采用浆砌石或混凝土板。

根据江苏船闸多年的实践，8 cm 厚混凝土板＋土工织物＋反滤层的护坡形式，耐久性很差，使用时间不到 5 年，受到船舶的碰撞的混凝土板就会大面积破碎损坏，现不建议使用薄混凝土板的护坡结构形式。

第四节　船闸防渗与排水

船闸防渗与排水设施应根据工程地质条件、水文地质条件、水头、结构型式和船闸在枢纽中的位置等因素，综合考虑选用下列形式：

（1）防渗墙、板桩、帷幕、高压喷灌、齿墙、铺盖、止水、防渗土工布和劈裂灌浆等防渗设施；

（2）排水管、排水盲沟、排水廊道、明沟、减压井和反滤层等排水设施。船闸防渗设计应考虑渗流的空间性。挡水线闸首的侧向防渗设施与纵向基底防渗设施相适应。当闸室布置在挡水线下游时，墙后填土应设置排水设施；当闸室布置在挡水线上游时，墙后排水设施的设置应经过论证确定。当闸室结构基础透水时，应沿闸室纵向和横向设置防渗设施。

一、防渗和排水设施的布置

船闸防渗和排水设施的布置，一般需根据船闸所处地基条件、作用水头大小、船闸的结构型式及船闸在枢纽中所处的位置以及渗流方向等因素综合考虑确定。其中地基条件是主要因素。

1. 砂土类地基

当船闸处于砂土类地基上时，闸首底部的纵向防渗，一般首先考虑在闸首前河底处设置铺盖，如江苏省宝应船闸、盐邵船闸均设置了钢筋混凝土铺盖。若铺盖尚不能满足防渗要求或不经济时，可在闸首底板上游端加一道板桩，如江苏省淮安船闸。若为细砂地基，有时还需要在底板的下游端增加一道板桩，以保证地基渗流的稳定，如江苏省的淮阴船闸。也有在闸首的四周设置封闭式板桩，以保证正、反向地基渗流的稳定性，如江苏省的施桥船闸。

对于分离式闸室墙底的横向（垂直于船闸轴线）渗流，一般都在闸室内侧底板下渗流出口处设置一道板桩，如江苏省的五里窑船闸；或在闸室墙的内外侧各设一道板桩，如江苏省的施桥船闸。

在渗流出口处的闸墙底部设置齿墙，也有利于防渗和防止管涌。

2. 黏土类地基

当船闸处于黏性土地基上时，闸首底部的纵向防渗，一般只设铺盖而不必设板桩，如江苏省皂河船闸和刘老涧船闸；也可在闸底设较深的齿墙，对防渗和结构抗滑均有利，如江苏省的邵伯船闸。

3. 多层土地基

（1）当上部砂层较厚，而下部黏土层较薄时，应按砂土地基进行防渗布置。当上层砂层较薄时，可采用板桩截断水流，板桩须深入不透水层 0.5～1.0 m。

（2）当上部黏土层较厚，不会被下层砂层中承压水顶起时，可以按黏土地基布置防渗。当黏土层较薄时，可以在渗流出口处设置排水孔或排水井，如江苏省泗阳船闸在底板上设永久排水孔，在墙后回填土中设排水井。

（3）在黏土层中夹有较薄的砂层时，可用板桩截断砂层，或在底板下设排水井直通砂层，也可综合采用两种措施。

4. 岩石地基

当船闸水头较大时，在挡水线的闸首底部设置帷幕灌浆，如湖北省葛洲坝船闸、湖南省双牌船闸，水头均在 20 m 以上。当闸首上游岩溶发育时，也有设置钢筋混凝土铺盖的，如广东省青霜船闸；也有采用地基处理后设置黏土铺盖的，如广东省黄燕船闸。建于岩基上的闸墙，一般多设有深 0.5 m 左右的齿墙嵌入新鲜岩层内。

为防止闸首两侧回填土内产生集中渗流，闸墩背面不宜设向填土侧的倒坡，水下部分沿墙高不宜设有突出部分。当闸首为挡水线的一部分时，在闸首两侧回填土内或上游侧宜设置黏土防渗墙，必要时尚应设置刺墙等防渗设施，使绕过闸首两侧的渗流途径不小于闸首底部的渗径长度。四川省河段的船闸设计中，对于土岸情况，其上游段岸墙长度一般不小于 3 倍水头。对于岩岸，当水头不大且岩石新鲜时，可只设刺墙插入新鲜岩层 0.5 m 以上。对于软弱易风化的岩岸，除设刺墙外，上游岸墙长度不小于 2 倍水头。京杭大运河江苏省船闸设计中，考虑到渗流的空间性，要求侧向渗径长度为水头的 6～6.5 倍。

为减小墙后水压力和地基渗透力，船闸一般布置在下游，并在闸室墙后回填土中设置排水，排水设施的起始点位置应满足防渗要求，宜布置在闸室的起点附近，出口高程可根据检修要求确定。以前规范中出水口高程取高于下游最低通航水位 0.5～1.0 m，但有些船闸需要在高水位期安排检修，为降低墙后地下水位，需调整出水口高程，如江苏省刘老涧、谏壁船闸，墙后排水管出口高程低于下游最低通航水位，其出口的平面位置设在检修船闸时所筑的围堰范围内，这样可以保证在船闸检修时期，墙后地下水位有较大的降低。在闸室墙后填土中的排水管及排水盲沟，距闸墙背的距离宜取 2～3 m。当在闸墙内设置排水设施时，可采用排水廊道；为检测排水管的效果，排水设施应设检查井，其间距宜取 25～

50 m;排水管及明沟的纵坡宜取 1∶200～1∶500。高水头船闸或双向水头的船闸,必要时可设置上下两层排水设施。双向水头船闸的排水设施出口处应设有可控制的阀门,防止高水流入墙后;墙后排水设施可采用工程塑料、铸铁和混凝土等材料的排水管。

二、防渗、排水的设计与构造

岩基上的闸首和闸室等挡水结构,应根据防渗需要,设置防渗帷幕和排水设施,并符合下列要求:

(1) 位于枢纽挡水线上的闸首或闸室,防渗帷幕设计应满足下列要求:①减少基础渗流和绕结构渗流;② 防止在软弱夹层、断层破碎带、岩石裂缝充填物和抗水性能差的岩层中产生管涌;③具有连续性和耐久性;④ 防渗帷幕的设计参照现行行业标准《混凝土重力坝设计规范》(SL 319—2018)的有关规定执行。

(2) 闸首和闸室等挡水结构的排水设施设计应满足下列要求:①在良好闸基的帷幕下游设置排水设施,排除渗水,降低闸基渗透压力;②防止在地质条件较复杂的岩基上因设置排水而产生管涌;③排水设施的设计参照现行行业标准《混凝土重力坝设计规范》(SL 319—2018)的有关规定执行。

1. 防渗铺盖

防渗铺盖设置在船闸上闸首外上游河底部,其主要作用是延长渗径长度以减小结构所受的渗透压力。防渗铺盖的长度是根据地基特性以及其他防渗设施情况确定的。一般采用水头的 2～3 倍,或地下轮廓线水平投影长度的 25%～40%。防渗铺盖有柔性和刚性两种,柔性铺盖主要采用黏土或壤土铺筑,刚性铺盖则采用混凝土或钢筋混凝土制成。

黏土铺盖适用于砂性土地基,混凝土铺盖适用于透水性较小的地基。铺盖材料的渗透系数与地基土的渗透系数之比宜小于 1%。黏土铺盖的厚度,上游端采用 0.5～1.0 m,向下游逐渐加厚。黏土铺盖与闸首底板接触面宜做成斜面,并设止水,必要时也可将铺盖和底板均加深形成齿墙。为保护黏土铺盖,在铺盖层上设置反滤层及块石护面,如图 3.2-21 所示。

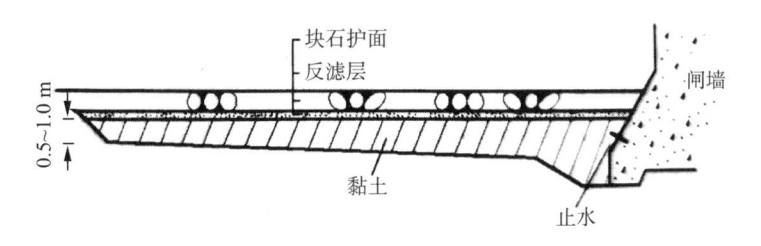

图 3.2-21　黏土铺盖

混凝土铺盖厚度约为 30～50 cm,必要时应验算抗浮稳定性,其表面可涂防水材料。为适应地基沉降,铺盖应纵、横分块,缝距可取 10～20 m,缝内应设置止水;土质较好时,其边长不超过 15～20 m,中等土质时为 10～15 m,土质较差时为 8～12 m,如图 3.2-22 所示。

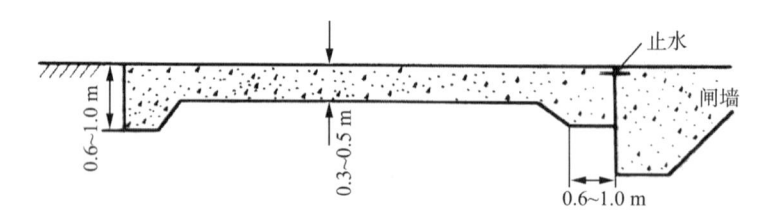

图 3.2-22　混凝土铺盖

2. 反滤层

反滤层可采用分层反滤层、混合反滤层或土工织物反滤层。反滤层的主要作用是增加地基的抗渗能力和防止产生渗透变形,防止土体颗粒被渗流所带走,通常设置在渗流溢出处。反滤层一般是由 3～4 层不同粒径、经过选择的砂石料铺设而成的,反滤层设计应满足被保护土的稳定性、反滤层滤料的透水性、被保护土与反滤层滤料的颗粒级配曲线大致平行的要求。

分层反滤层的级配可按下列公式确定:

$$D_{15}/d_{85} \leqslant 5 \qquad (式 3.2\text{-}1)$$

$$D_{15}/d_{15} = 5～40 \qquad (式 3.2\text{-}2)$$

$$D_{50}/d_{50} \leqslant 25 \qquad (式 3.2\text{-}3)$$

式中:D_{15}、D_{50}——反滤层滤料颗粒级配曲线上小于含量 15%、50% 的粒径(mm);

　　　d_{15}、d_{50}、d_{85}——被保护土料颗粒级配曲线上小于含量 15%、50%、85% 的粒径(mm)。

分层反滤层的每层厚度不宜小于 0.15 m,反滤层的铺设长度应使其末端的渗流坡降小于地基在无反滤层时的允许坡降。

混合反滤层的厚度不宜小于 0.6 m。土工织物反滤层的设计应按现行行业标准《水运工程土工合成材料应用技术规程》(JTS/T 148—2020)的有关规定执行。

反滤层的构造如图 3.2-23 所示。

3. 混凝土防渗墙

混凝土应有足够的抗渗性和耐久性,可在混凝土防渗墙内掺入黏土、粉煤灰或其他外加剂。混凝土防渗墙顶应做成光滑的楔形,并插入上部结构一定深度。

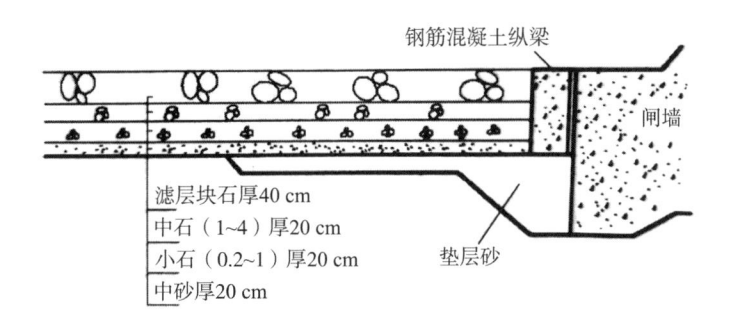

图 3.2-23 反滤层构造

4. 防渗刺墙

防渗刺墙可用混凝土、黏土或土工织物等材料制成。刺墙与边墩间应设止水。刺墙长度可取水头的 1~3 倍或嵌入岩层 0.5~1.0 m。刺墙顶应高于侧向渗流面,墙底最低处应与边墩高程相等,其厚度应根据防渗要求和受力情况确定。

5. 齿墙

岩基上齿墙较浅,一般嵌入新鲜岩层 0.5~1.0 m,在软基上,闸墙底板下多设齿墙,齿墙深度一般不宜大于 2.0 m,底宽不小于 0.5 m。

6. 砂砾石地基防渗

砂砾石地基防渗设施的型式应根据地质、水头和结构等条件,通过技术经济比较确定。防渗设施可采用截水槽、防渗墙、帷幕等垂直防渗设施和水平防渗铺盖。

7. 防渗板桩

防渗板桩可采用钢筋混凝土板桩,其厚度一般为 15~30 cm;入土深度不小于 2.5 m,桩尖应埋入不透水层一定深度。当需要设两道板桩时,其间距应大于两道板桩长度之和的 1.5 倍,但当两道板桩长度相差较大时,也可采用其和的一半。

8. 排水暗管

墙后填土中的排水暗管,一般采用预制混凝土管,管径大小与填土性质、排水量大小有关。江苏省船闸多采用直径为 30 cm 的预制混凝土管,管壁厚 5 cm,管的下半部开有直径为 10 mm 的小孔或采用透水混凝土管,小孔总面积约为排水管表面面积的 1%~3%,管外做反滤层,如图 3.2-24 所示。

9. 止水

伸缩-沉降缝中的止水,应能保证相邻建筑物间发生变位时仍能满足使用要求。因此,要求止水材料要与混凝土能结合良好、不透水、耐腐蚀、耐久性强、能适应变位、施工方便等。一般采用一道止水,重要部位可采用两道止水。

过去,水工建筑物的止水一般采用铜片、不锈钢片或橡胶片等,随着塑料工业的发

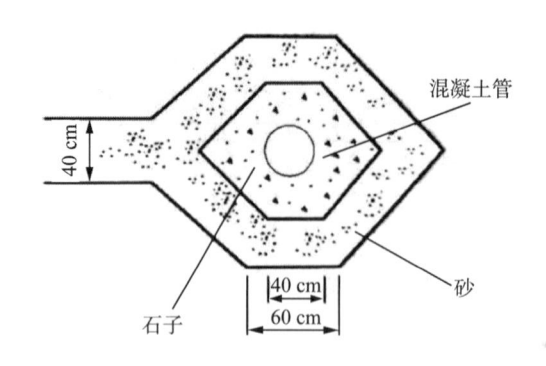

图 3.2-24　排水暗管构造

展，一些国家已广泛采用聚氯乙烯止水片(聚乙烯比聚氯乙烯止水片性能更好)代替铜片及其他材料。如美国1940年就开始采用塑料来防止接缝漏水；日本1958年开始采用塑料止水，1963年已用于100 m高的凤屋重力坝、186 m高的黑部第四拱坝等水利工程中。塑料止水具有质地轻软、便于施工和运输、有弹性、可随着混凝土膨胀收缩、易于加工成各种形状、适应工程需要且价格便宜等优点。塑料止水的关键问题是止水片的寿命。塑料止水的寿命主要表现为抗拉强度和伸长率的下降。对于水工建筑物所用的止水片的作用，主要须适应结构物的位移，抗拉强度一般是可以满足的，关键在于满足伸长率的要求。伸长率因使用范围不同而异，一般认为50%～100%是安全的。浙江省七里泷船闸已采用塑料止水，经十多年的使用尚未发现问题，因此塑料止水片用于中小型船闸或大型船闸的第二道止水是合适和经济的。紫铜片由于价格较高，一般用于大型船闸，其厚度视水头大小而定，一般为1.0～1.6 mm，每段埋入混凝土的长度一般为20～25 cm，紫铜片做成可伸缩的"⌒"形。塑料止水片按其基本形状，可分为平板形、伸缩形、锯齿形和十字板形等，可根据接缝位置和要求而选择。试验和实践证明，中间有空心孔的止水片性能较好。

思考题

1. 闸室按照受力状态分为哪两种型式？分别适用于什么情况？
2. 土基上分离式闸室有哪些结构型式？
3. 闸首按照受力状态分为哪两种型式？分别适用于什么情况？
4. 导航及靠船建筑物有哪些类型？举例说明。
5. 引航道护坡一般有哪些方法？
6. 船闸的常用防渗措施有哪些？

第三章　船闸的输水系统

第一节　船闸输水系统概述

一、船闸输水系统的组成及基本要求

在船闸建筑物上，为闸室灌水和泄水而设置的包括进水口、阀门段、输水廊道、出水口、消能工和镇静段等全部设施称为船闸的输水系统。输水系统是船闸的重要组成部分之一，直接关系到过闸船舶的停泊安全、船闸的通过能力及船闸的工程投资等。

船闸输水系统的设计应满足下列基本要求：

(1) 灌水和泄水时间不大于为满足船闸通过能力所规定的输水时间；

(2) 船舶(队)在闸室及上、下游引航道内具有良好的停泊条件和航行条件；

(3) 船闸各部位在输水过程中不至于由于水流冲刷、空蚀、振动等造成破坏。

对有双向水头、多线船闸或船闸与升船机共用引航道、多级船闸补溢水、设置中间渠道、省水、防咸等要求的船闸，除满足上述规定外，尚应满足各自特殊的要求。

船闸输水系统可分为集中输水系统和分散输水系统两大类。

集中输水系统是将输水系统集中布置在闸首范围内。灌水时，水经上闸首由闸室的上游端集中流入闸室；泄水时，水从闸室的下游端经下闸首泄入引航道，因而也称为头部输水系统。

分散输水系统是将输水系统分散布置在闸首及闸室内。灌、泄水时，水流通过设在闸室底板或闸室墙内的纵向输水廊道上的一系列出水支管、出水孔分散地流入闸室，因此也称为长廊道输水系统。

输水系统类型的选择可根据判别系数按(式 3.3-1)初步选定。当 $m>3.5$ 时，采用集中输水系统；当 $m<2.5$ 时，采用分散输水系统；当 m 在 $2.5\sim3.5$ 之间时，应进行技术

经济论证或参照类似工程选定。

$$m = \frac{T}{\sqrt{H}} \qquad (式\ 3.3\text{-}1)$$

式中：m——判别系数；

H——设计水头(m)；

T——闸室灌水时间(min)。

船闸输水系统的设计，宜将水力计算分析和水工模型试验相结合。多级船闸的上、下游水位变幅较大且不同步时，应考虑闸室输水过程的补水和溢水措施。

二、船舶的停泊标准

对只设有固定系船设备的船闸，闸室灌泄水时的最大水面升降速度应不大于 0.05～0.06 m/s，设有浮式系船柱时，可不受此限制。当船闸闸室灌泄水时，闸室水面的最大惯性超高、超降值，在采取提前关闭输水阀门及水面齐平时开启闸门等措施后，不宜大于 0.25 m。

船闸灌泄水时，引航道内非恒定流的水面波动、比降及流速等水力特性，除应满足引航道内船舶、船队停泊条件标准外，尚应满足船舶、船队在引航道内的航行条件和停靠码头的操作要求。引航道内水面的降低应保证航行船舶的富裕水深。上游引航道中最大纵向流速应不大于 0.5～0.8 m/s，下游引航道中应不大于 0.8～1.0 m/s。但在上游引航道码头处应不大于 0.5 m/s。

船闸正常运转时，输水系统各部位不宜出现负压，在特殊情况下，其局部压力不宜产生超过 3 m 水柱的负压。输水系统进水口水面不应产生有危害性的串状吸气漩涡。输水廊道中的流速不宜大于 15 m/s。当流速超过 15 m/s 或水流含沙量较大时，应采取防护措施。

多级船闸采用输水阀门兼作补水阀门时，应核算补水操作时阀门的工作条件以及闸室输水时间。采用闸室侧溢流堰作为溢水措施时，溢流孔口顶高程应低于船舶底部高程。同时在确定闸室下闸首阀门井顶部高程时，应考虑阀门前廊道水流动能恢复所导致的阀门井水位增高。

第二节　集中输水系统

一、集中输水系统的水力特性

集中输水系统的水力特点是灌入或泄出闸室的水体完全集中地由靠近闸首的一端流入或流出。由于水流的纵向流动对过闸船舶产生一定的水流作用力，该力称为水流力。由于流入或流出闸室的流量随着时间而变化，水流由闸室一端向另一端推进，从而在闸室内形成长波，使闸室水面倾斜，对过闸船舶产生另一种作用力，即波浪力。此外，由于水流集中地进入闸室，流入闸室的水流所具有的能量，除在输水廊道内沿程消耗一部分外，都集中在靠近闸首一端的闸室段内，加之流速分布不均匀，因而造成水流的翻滚旋转，极其紊乱，且有局部水面下降的现象，使船舶受到冲击和吸力，而对船舶产生另一种水流作用力，这种水流作用力称为局部力。为减少局部水流对过闸船舶的危害，通常在水流出口处设置消能工，使水流经消能后在一段距离内得到扩散，这一使水流得到扩散的范围称为镇静段。在镇静段内船舶不能停泊，船舶必须停泊在该段范围以外。

为减少或消除局部力，首先应对输水系统采取合适的布置，力求在水流进入闸室以前，在输水系统内部尽可能地消减水流所挟带的能量。其次，在水流出口处应根据具体条件设置消能工消减水流所挟带的剩余能量，改善水流出口处的局部水力现象，使水流均匀而平静地流入闸室。集中输水系统的消能工主要型式有消能室、消力齿、消力槛、消力梁、消力格栅、垂直挡板、水平遮板、消力池和消力墩等，各类消能工均有其特定的作用，应根据要求和具体条件采用。

（1）消能室——消能室是利用闸首帷墙的高度或将闸底部分挖深而构成的一个顶上封闭或开敞的消能空间。消能室内及出口可设其他消能构件。

（2）消力齿、消力槛——消力槛的作用主要是将底部较大的流速向上挑起，兼起撞击消能、扩散及转变水流方向的作用。消力齿是一个锯齿形的消力槛。消力齿或槛一般用在底速较大的消能室出口、短廊道出口及消力池内。

（3）消力梁及消力格栅——消力梁的作用主要是调整竖向流速分布，可由单根或多根组成。它的间距应根据水流情况及下游水位来布置，底流速大时应下密上疏。消力格栅由一排立柱所组成，它的作用主要是调整横向流速分布，稳定闸室水面。消力梁及消力格栅多用在有帷墙的上闸首消能室出口。

（4）垂直挡板和水平遮板——垂直挡板主要用来阻挡水流的冲击并迫使水流转变方

向。水平遮板是用来促使水流漩滚消能并防止水面翻滚以稳定闸室水面的。挡板及遮板多用在水流直接冲入闸室的大门门下输水或槛下输水。

（5）消力池——消力池是用来增大消能水深,增强消力齿或槛及消力墩消能作用的。

（6）消力墩——消力墩是一个较短的立柱,常采用多排交错排列,它一方面有挑流的作用,另一方面也起立柱式消能工调整横向流速分布的作用,常与消力池配合使用。

集中输水系统的消能措施按其有无消能工以及消能工的复杂程度可分为无消能工、简单消能工(图 3.3-1)和复杂消能工(图 3.3-2)。

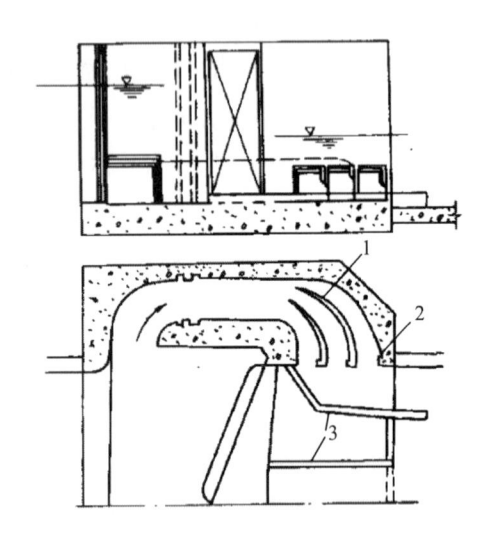

(a) 短廊道输水设消力槛
1—隔墩；2—竖向槛；3—消力槛

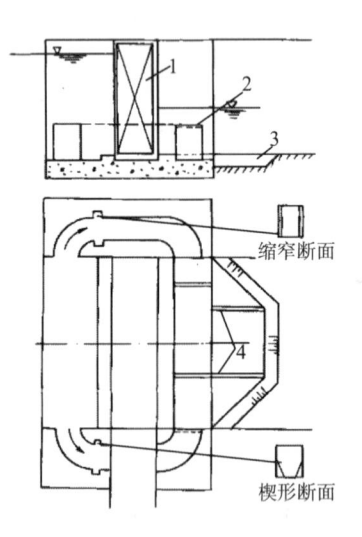

(b) 短廊道输水设消力槛和消力池
1—横拉门；2—顶横梁；3—消力池；4—消力槛

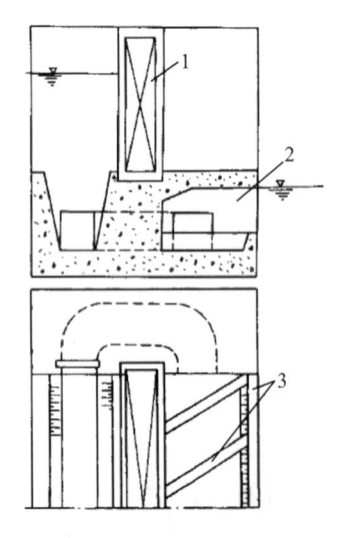

(c) 短廊道输水设简单消能室
1—横拉门；2—消能室；3—消力槛

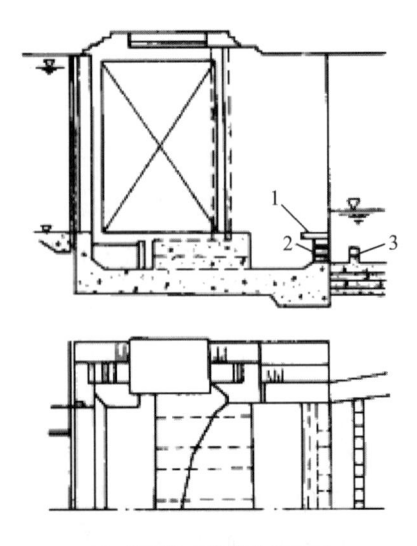

(d) 槛下输水设简单消能工
1—平面遮板；2—消力梁；3—消力齿

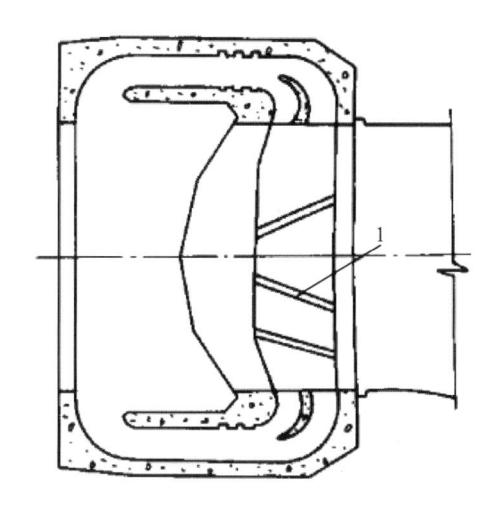

（e）短廊道输水设消力槛
1—消力槛

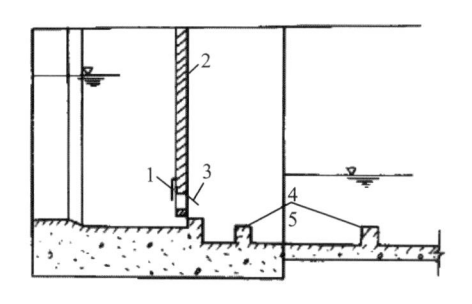

（f）闸门上小门输水设导流板及消力槛和消力池
1—平面阀门；2—闸门；3—导流板；4—消力槛；5—消力池

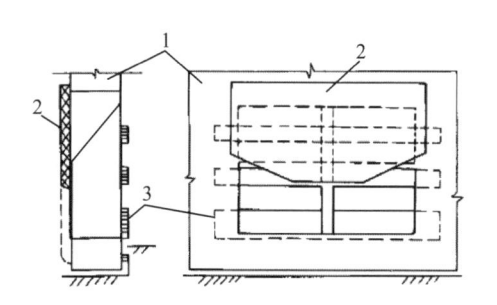

（g）闸门上小门输水设消力梁
1—闸门；2—平面阀门；3—消力梁

图 3.3-1　简单消能工

无消能工是指利用水流本身对冲、扩散或水垫进行消能。

简单消能工是指在上闸首采用消力齿或消力槛、消力墩、消力池、水平格栅或遮板、消力梁或消能室等进行消能。在下闸首采用单道或多道消力齿或消力槛进行消能。

复杂消能工是指在上闸首利用帷墙或开挖闸底构成消能室，并需采用消力齿或消力槛、复杂的消力梁、垂直格栅、挡板等进行消能。在下闸首可采用消力齿、消力槛、水平格栅、水平遮板、简单的消力梁并结合消力池进行消能。

一般来说，引航道的过水断面面积较闸室大，且水位基本不变，过闸船舶的停靠处距水流的出口处较远。因此，下闸首输水系统和消能工的布置一般比上闸首简单。

除在输水系统的结构上采取适当的布置外，为减少波浪力和流速力，在船闸的运转操作上可采用如下方法：

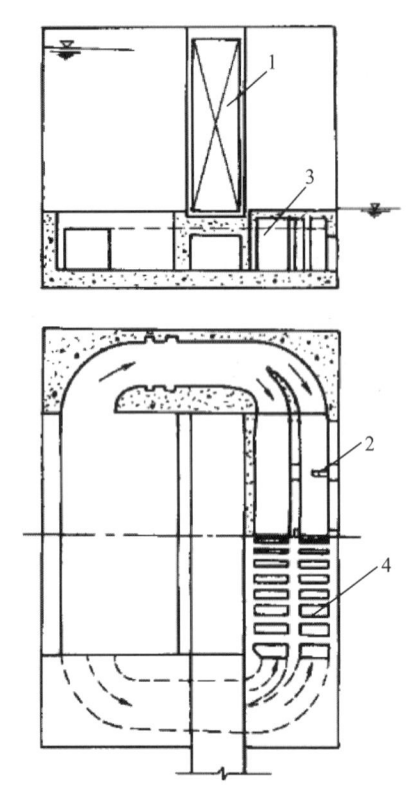

(a) 短廊道输水格栅式帷墙消能室
1—横拉门；2—挡水板；3—消能室；4—格栅

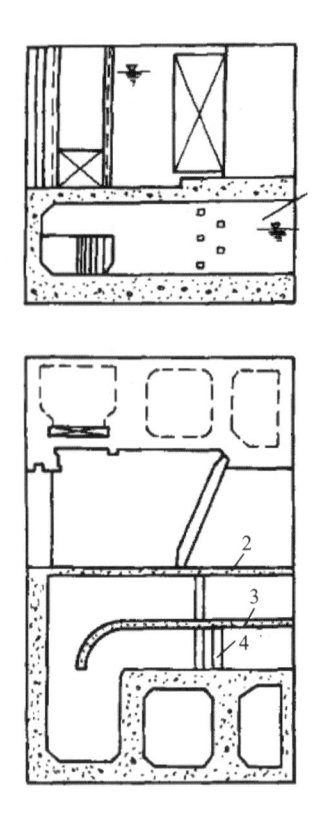

(b) 短廊道输水封闭式帷墙消能室
1—消能室；2—隔墙；3—导流墙；4—消力梁

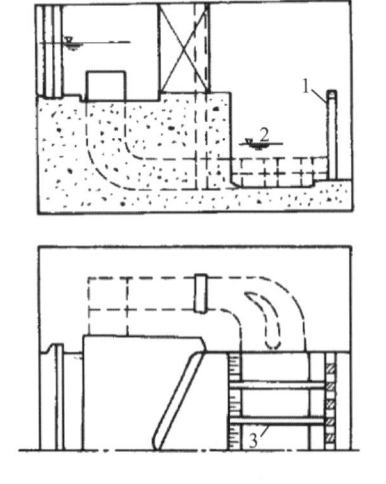

(c) 短廊道输水开敞式帷墙消能室
1—消力栅；2—消能室；3—消力槛

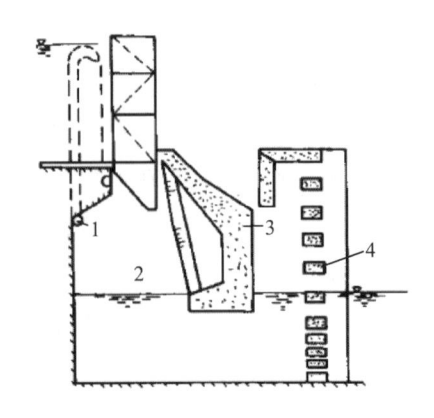

(d) 平面闸门门下输水开敞式消能室
1—通气孔；2—消能室；3—挡板；4—消力梁

(e) 上闸首倒口消能输水
1—出水孔；2—消力池

(f) 短廊道输水设消力槛和消力池
1—消力池；2—消力槛

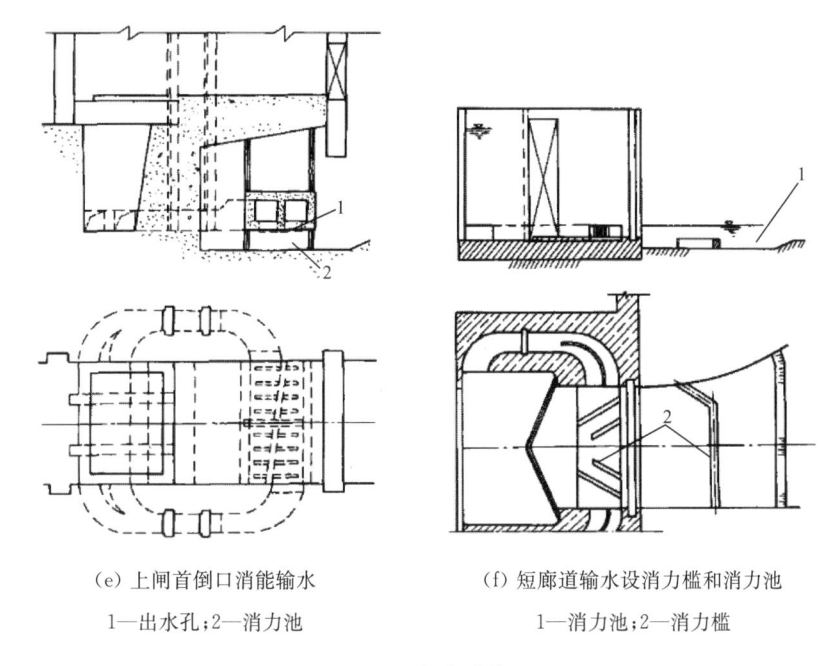

图 3.3-2 复杂消能工

1. 均匀慢速开启输水阀门。减少闸室灌泄水过程的流量及其增率，从而减少水流对船舶的作用力。

2. 变速开启输水阀门。均匀慢速开启阀门虽可改善水流条件，但延长了输水时间，为此，可考虑采取变速开启阀门的方式，即在灌水初期，采用较小的开启速度，而在以后逐渐加快开启速度。因为灌水过程中，随着闸室水面的上升，有效的过水断面面积逐渐加大，波浪力将逐渐减小。因而，采用变速开启阀门的方式可以减少灌水初期的波浪力，而在灌水后期逐渐增大开启速度则可以缩短输水时间。这样，既不影响输水时间，过闸船舶的停泊条件又可得到一定程度的改善。

3. 改变阀门处廊道的断面形状。例如采用宽度由下而上逐渐放宽的楔形断面形状（图 3.3-3），这样可以减小灌水初期的流量增率，从而可减少作用在过闸船舶上的波浪力。

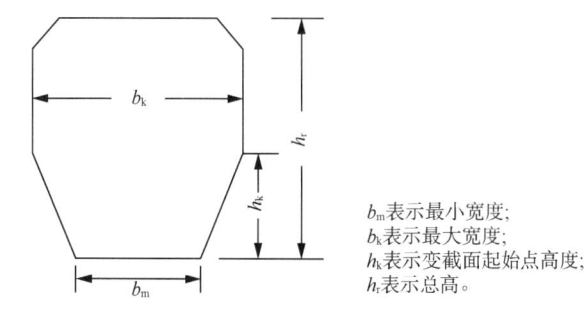

b_m 表示最小宽度；
b_k 表示最大宽度；
h_k 表示变截面起始点高度；
h_r 表示总高。

图 3.3-3 输水廊道的楔形断面

二、集中输水系统的分类

根据输水方式的不同,集中输水系统可分为有廊道输水、直接利用闸门输水和组合式输水。其中,有廊道输水包括短廊道输水和槛下输水,直接利用闸门输水包括三角闸门门缝、平面闸门门下和闸门上开小门输水。组合式输水由上述两种输水型式组成。

(一) 有廊道输水系统

1. 短廊道输水系统

短廊道输水是集中输水系统中用得最多的一种型式。它是在闸首两侧边墩内设置绕过工作闸门的环形的输水廊道,在廊道上设有输水阀门以控制灌、泄水。这种型式的特点是水流自上游经过两侧输水廊道流出,水流相互对冲,消除部分能量,从而使进入闸室的水流具有较好的水流条件。但仅依靠水流对冲并不能把水流经过廊道和阀门后所挟带的剩余能量全部消除。经过对冲,水流聚集在中央,在平面上形成中间大、两边小的流速分布状态,而且竖向分布也不均匀。这种水流需要有一定的长度才能扩散。在扩散段内,水流旋转翻滚,流态紊乱,对船舶作用有较大的局部力。因此,在扩散段内船舶不能停泊。为了缩短这一扩散段(即镇静段)的长度,通常在输水廊道的出口处设置消能工,以进一步消减对冲后的剩余能量,例如在廊道出口设消力槛,在闸室和引航道内开挖消力池等。

根据上述水力特点,为使这种输水系统具有较好的水流条件,一方面应使该系统具有较大的流量系数,使灌泄时间短,另一方面应使从输水廊道流出的水流的单位流量所挟带的能量较小。为提高输水效率,输水廊道各部位局部水头损失要小,这就要求廊道进出口的轮廓要平滑,廊道的弯曲段要平滑渐变,曲率半径要大,以使廊道各区段的流速分布均匀。为增加水流对冲消能的效率,水流出口处的过水面积要扩大,使出流分布均匀。这样不但可以使输水廊道的流量系数增加,单位流量所挟带的能量减小,而且可以使水流对冲的面积增大。因此,输水廊道的布置直接影响输水系统的水流条件,在设计时应予以足够的重视。

此外,在短廊道输水中,两侧廊道的布置应注意对称,以充分发挥对冲消能的作用。

对于无帷墙的闸首,当采用短廊道输水时,主要是依赖水流对冲消能,但也可加设其他消能工以增强消能效果。由于通航水深的限制,消能工通常采用高度较小的消力槛,开挖消力池[图 3.3-1(a)、(b)]或在廊道出口处设静水池等。此外,也可在廊道出口加设鼻槛。消力槛的高度不宜小于廊道出口高度的 1/5,否则消能效果不明显。这些消能工的消能效率较低,扩散均匀水流的作用较差。

下闸首一般均无帷墙,采用短廊道输水时,输水廊道和消能工的布置应注意和引航道布置形状相适应。若引航道是对称的,则它们的布置应是对称的。在不对称型引航道中,通常在引航道相对于船闸轴线扩大一侧的廊道出口附近加设消力槛,使水流偏于引航道的扩大侧,利用导航建筑物的导流作用,使水流得到较好的扩散。当输水廊道不对称时,也可利用这种不对称性,将较大的出流引向引航道的扩大侧。当水头较大时,由于水流能量集中,主流流速较大,布置不对称的消力槛只能使主流有所偏转而无法使其充分扩散。此时,可在廊道出口附近布置对称的斜槛,并将位于曲线形导航建筑物一侧的廊道出口顶部压低,将水流压向底部,以增强消力槛的消能和导流作用。

对于有帷墙的闸首,可利用帷墙的空间构成消能室。在消能室内及其出口还可设置消能工,使水流自输水廊道流出后,直接进入消能室,在其内消除一部分能量,并将水流调整成与闸室过水断面相适应的均匀水流进入闸室。这样经过消能室流入闸室的水流一般都比较平静。消能室是效果比较好的一种消能措施。船闸上常用的消能室按其结构形式可分为格栅式、封闭式、开敞式和倒口式四种。

(1) 格栅式消能室

格栅式消能室适用于帷墙高度不大的情况,其出水总面积应大于廊道出口总面积的2倍,消能室顶部出水面积与正面出水面积的比值,宜近似于闸室出现最大断面平均流速时消能室顶板以上与顶板以下水深的比值。顶面格栅应中间密两侧疏,正面出水可由立柱或用挡板调整流量分布。

图3.3-2(a)为我国某一具有格栅式帷墙消能室的船闸。在消能室正面设有出水孔,在顶面设置格栅。水流在消能室内对冲消除一部分能量,然后由顶面格栅及正面出水孔同时出水。格栅式帷墙消能室适用于帷墙高度较矮的上闸首。

(2) 封闭式消能室

封闭式帷墙消能室比较适合的帷墙高度为近于闸室起始水深的情况。消能室顶板应设通气孔,在闸室出现最大断面平均流速时消能室应全部淹没。消能室的进口应尽量置于闸首前端。消能室内应设导墙及隔墙以引导水流,使其在平面上扩散,并应设消力梁及消力齿或消力槛以调整竖向流速分布。封闭式消能室的出口面积应大于2倍廊道出口断面面积。

封闭式帷墙消能室[图3.3-2(b)]与格栅式帷墙消能室的不同特点是:在其顶部设置封闭的顶板(仅开些排气孔),顶部不出水,水流全部由消能室正面进入闸室;消能室的体积不随闸室水位而变化,其消能及稳定水流的作用较开敞式消能室好,可以减少因水体波动和水流紊乱而进入闸室的水流能量,输水时闸室水面波动较小。为充分利用帷墙的空间,增加消能的效果,输水廊道的出口应尽可能置于闸首的上游端。封闭式消能室有两种基本布置方式:一是使廊道流出的水流先在消能室内对冲消能,然后再经消力梁、栅等消能工使流速分布均匀;二是先引导水流在平面上基本扩散,然后再用消力梁、消力坎来调整竖向流速分布。

(3) 开敞式消能室

开敞式帷墙消能室由帷墙及消力梁等消能工所构成[图 3.3-2(c)]。消能室的顶部没有顶板,是开敞的。消能室的体积将随闸室水位变化而变化。它主要利用水流对冲及消能工消能。消能工的高度一般应大于最大断面平均流速出现时段的闸室水深。采用这种消能室时,闸室水面波动较大,消能效率较前两者为低,但构造简单。一般适用于帷墙高度较大的上、中闸首。

(4) 倒口式消能室

新近发展的倒口消能输水型式[图 3.3-2(e)],由于其出口水流向下,经水垫及底板撞击消能,消能效果较好,可不设置镇静段,以缩短闸室长度,节省工程投资,但由于该型式运行经验较少,故其布置应通过试验确定。

倒口式消能室连接左右两侧廊道出口的两条横向廊道应互相隔开,中间隔墙可开一定面积孔口使其相通。横向廊道顶位于下游最低通航水位以下,廊道顶部应设通气孔。廊道底部设出水口,其布置应满足闸室横向水流均匀的要求。倒口廊道外壁应与帷墙壁保持一定距离。廊道底部出口下部,应设消力池,消力池底距出水口的高度应满足水流消能及泄流的要求。消力池出口与闸室底可用斜坡相接。

采用帷墙消能室的短廊道输水系统可适用于 10～12 m 水头的船闸上。当采用作为多级船闸的中闸首输水系统时,其适用的水头可以更高一些。

当船闸采用短廊道输水而工作闸门采用横拉闸门时,输水廊道的布置就不可能对称,这时有两种布置方式,一种是将一侧的廊道绕过门库。由于两侧廊道的长度不等,进入闸室的水流就不对称,闸室内主流偏斜。为此可在长度较短的廊道内,增加附加的阻力,并在出口处设置隔墙,以调整出口流速的分布。另一种布置方式是将输水廊道穿过门库[图 3.3-1(b)]。为改善出流不对称的情况,可设置不对称消能工来调整。例如,当引航道不对称时,可将门库置于引航道的扩大侧,利用另一侧廊道出流的较大流量使水流偏向引航道扩大的一边,这对消除下游引航道的偏流,改善流速分布有较好的效果。此外,还可采取改变廊道断面形状来调整。

2. 槛下输水

在闸首门槛下的底板内,沿着宽度布置输水孔口,并利用隔墙将孔口分隔成若干个直通的输水廊道,水流通过槛下输水廊道直接流入闸室[图 3.3-1 (d)]。整个输水孔口用一扇矮而宽的提升式平板阀门控制。槛下输水的水力特点是流入闸室的水流方向与船闸轴线平行,而且沿着闸室宽度方向的流速分布基本均匀。但水流没有经过对冲消能,而从槛下的短廊道直接流入闸室。水流集中在底部,底流速较大,可能产生较大的横轴表面漩涡,靠近闸首处闸室水面局部下降,将过闸船舶吸向闸首。为改善水流条件,需设置适当的消能工,以调整竖向流速的分布,减小并消除有害的表面漩涡。例如,在出口处设置消力池、消力梁、消力齿或消力槛和水平遮板、格栅等消能工。槛下输水不设置任何消能工是不合适的。槛下输水一般多用于水头不大的小型船闸,适用于矮帷墙的情况。

(二) 直接利用闸门输水系统

在直接利用闸门输水中,最常用的有:闸门上开小门输水,门下输水和门缝输水。

1. 闸门上开小门输水

在集中输水系统中构造最简单的输水方式是在工作闸门上设置几个输水孔口。输水孔口的阀门可采用绕水平轴或垂直轴转动的蝴蝶阀门,或提升式平板阀门。阀门由设置在闸门工作桥上的启闭机械启闭。

为使水流迅速扩散,输水孔口的数目应多些,一般不宜少于4个,且应均匀布置。输水孔口的尺寸和布置,应与工作闸门的梁格布置相协调。输水孔口的淹没水深不应小于1 m。一般适用于水头不大于2 m的小型船闸。

2. 门下输水

门下输水系统在灌水时,先将工作闸门按一定的速度提升至一定的高度,水流从闸门的下缘与闸槛之间的缝隙流入闸室,待闸室内水面与上游水面齐平后,再将闸门下降至闸槛以下的门龛中,过闸船舶即可通过。常用的闸门型式有下降式平面闸门和下降式弧形闸门。门下输水的水力特点是水流沿闸室宽度方向均匀地流入闸室,但水流系直接跌入闸室,底部流速较大,且水流掺气严重,将在闸室内形成表面漩涡。

为改善流入闸室的水流条件,一般均在门后设置消能工,以消减水流所挟带的能量。平面闸门门下输水的消能工通常采用:阻挡水流、调整水流方向的挡板;调整流速分布的消力梁以及起挑流和分流作用的消力槛。图3.3-4为平面闸门门下输水的布置图。在挡板后设置上疏下密的消力梁,使流速的竖向分布较均匀。这样就在帷墙后面构成一个

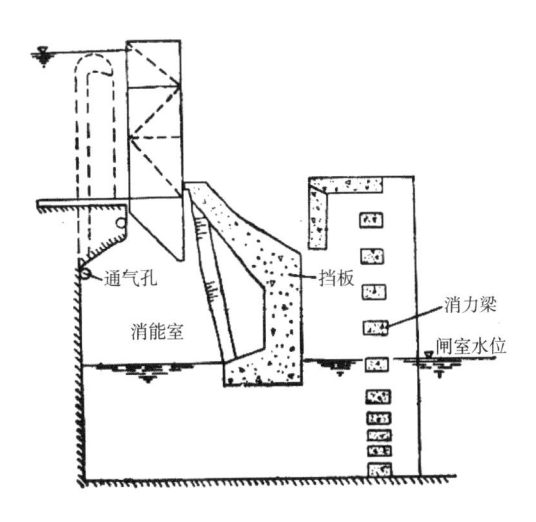

图 3.3-4　平面闸门门下输水布置图

开敞式帷墙消能室。由闸门下缘流出的水流在消能室内可消减大部分能量。此时,流入闸室的水流沿闸室宽度方向分布比较均匀。在平面闸门门下输水的布置上应注意挡板的顶面不能高出闸槛高程,以免影响船舶通航。挡板的前缘应尽量贴近闸门,以免水流由此缝隙冲出,越过挡板进入闸室。

图 3.3-5 为弧形闸门门下输水的布置,其中图(a)的帷墙较矮,可在闸门下降轨迹的后面设置消力梁和消力齿或消力槛,以调整流速的竖向分布,减少底流,增大面流,同时设水平遮板以避免水流翻滚而影响闸室水面的平稳。图(b)用在高帷墙时,可利用帷墙构成开敞式帷墙消能室。

门下输水的特点是不需设置输水廊道和输水阀门,闸首结构简单。通常用于有帷墙的上、中闸首。采用弧形闸门时,由于闸门能平放在帷墙内,可用于低帷墙的情况。由于水流掺气的影响,门下输水不宜用于水头大于 10 m 的船闸上。水头大于 5 m 时,即应慎重考虑水流掺气的影响。

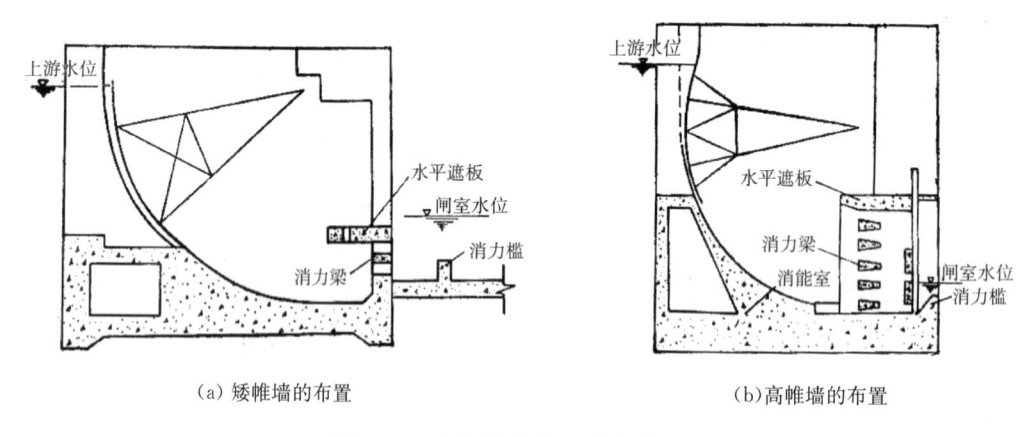

(a) 矮帷墙的布置　　　　　(b) 高帷墙的布置

图 3.3-5　弧形闸门门下输水的设置

3. 门缝输水

门缝输水系指利用三角闸门(即绕垂直轴转动的弧形闸门,又称扇形闸门)本身输水的一种输水型式。当闸门开启时,水流通过两扇门扇间的中缝,并绕过闸门通过两侧边缝流入闸室(图 3.3-6)。两侧边缝的水流经门龛边壁的冲击再通过水流对冲,消减水流所挟带的部分能量。但从中缝流出的水流,居高临下直冲闸室,闸室内水流不够平稳,同时难以设置消能工,过闸船舶的停泊条件不能令人满意。为改善闸室的水流条件,应限制中缝的出流量,增强两侧边缝水流的对冲消能,例如,采用较大的闸门中心角(一般不宜小于 70°),并在两扇门扇之间采用适宜的接触形状,使在闸门开启初期,闸门中缝呈关闭状态,以限制中缝出流流量,两侧门龛的形状应有利于水流的扩散,并增强两侧边缝出流的对冲消能。三角闸门门缝输水的缺点是水流条件差,所需的灌泄水时间较长,闸室镇静段较长。

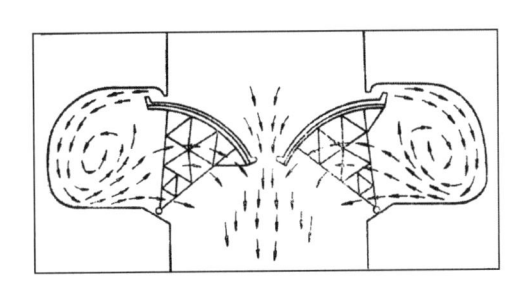

图 3.3-6 三角形闸门的门缝输水

闸首边墩内需设置门龛,结构复杂,工程量大。但三角闸门能承受双向水头,且能在动水中启闭,启门力小。在感潮河段的船闸上采用门缝输水可利用平潮"开通闸"以加快过船速度。门缝输水在感潮河段的船闸上得到广泛应用,在山区河段也可利用泄洪冲淤。三角闸门门缝输水一般适用于闸室最大断面平均流速 V_{max} 小于 0.25 m/s,设计水位差小于 4 m 的情况。当高于上述水力指标时,应增设门上小门或短廊道等形成组合式输水。水头在 1.4 m 以下可直接用三角门门缝输水,水头在 1.4～4 m 之间,必须严格控制三角门的开启方式,采用分段间歇开启。

(三) 组合式输水系统

组合式输水是由以上所述输水型式的某两种型式组成的输水系统,如三角闸门门缝输水和短廊道输水的组合式输水,闸门上开小门输水和短廊道输水的组合式输水等。它适用于采用一种输水型式不能满足消能或输水时间要求的情况。在进行组合式输水的布置时,应考虑组合后的相互影响。

第三节　分散输水系统

一、分散输水系统的水力特性

分散输水系统的进、出口布置有两类:一类是布置在闸首边墩或闸槛上,另一类是布置在接近闸首的引航道底或导墙上。因为前者水流比较集中,适用于水头较低的第一类分散输水系统;后者水流比较分散,一般用于水头较高的第二类和第三类分散输水系统。分散式输水系统与集中输水系统相比,集中输水系统的水流集中在闸首一端进入闸室形成不稳定流,产生较大的水流作用力作用在过闸船舶上;分散输水系统的水流是在闸室的相当范围内流入闸室,水流比较均匀,这样必将大大减小作用在船舶上的水流作用力,特别是波浪力。

二、分散输水系统的分类

分散输水系统可根据输水水力特点和布置型式分为三大类。

1. 第一类分散输水系统(简单式)

第一类分散输水系统是指直接在闸室墙长廊道上,于闸室长度的中段布置一系列短支管(图 3.3-7)或支孔(图 3.3-8)向闸室供水。

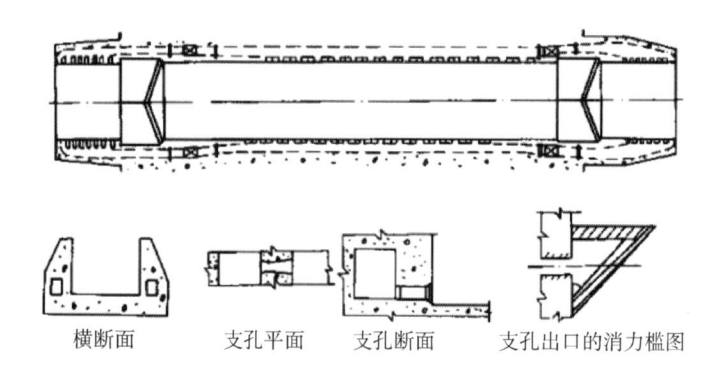

图 3.3-7 闸墙长廊道侧支孔输水系统示意图

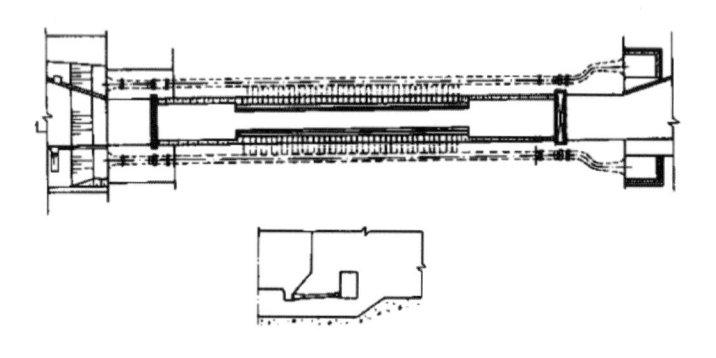

图 3.3-8 闸墙长廊道多支孔输水系统示意图

2. 第二类分散输水系统(较复杂式)

这一类分散输水系统的布置形式较多,它针对前述闸室长廊道侧向支孔出水存在的阀门单边开启及水流消能条件较差的缺点,采用了便于水流在闸室内均匀分布、阀门单边开启影响较小的闸底廊道短支孔出水。其闸底廊道可以是纵向的也可以是横向的,其出水支孔可以设在廊道顶部,也可以设在廊道两侧,前者采用盖板消能,而后者采用明沟消能。在布置上，这类分散输水系统仍采用与简单式相同的单区段供水或者是简单的等惯性输水，因而其各支孔的水流分布仍将受到水流惯性的影响，有一定的不均匀性，使船舶受到一定的波浪力。这一类的布置形式有以下几种。

(1)闸底长廊道顶、侧支孔出水(图 3.3-9、图 3.3-10)

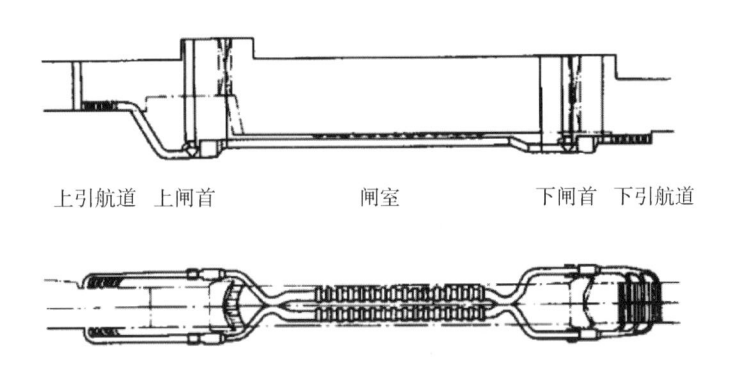

图 3.3-9　闸底长廊道顶支孔输水系统示意图

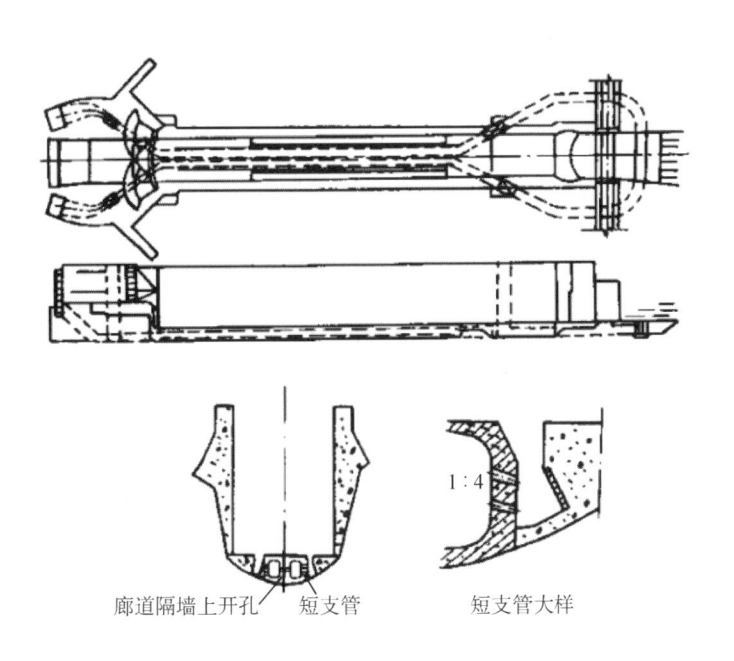

图 3.3-10　闸底长廊道侧支孔输水系统示意图

(2)槛下长廊道与闸底长廊道分区段出水(图 3.3-11、图 3.3-12)

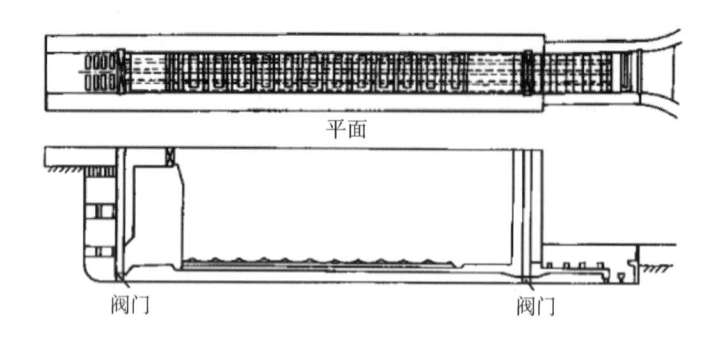

图 3.3-11　槛下长廊道分区段出水输水系统示意图

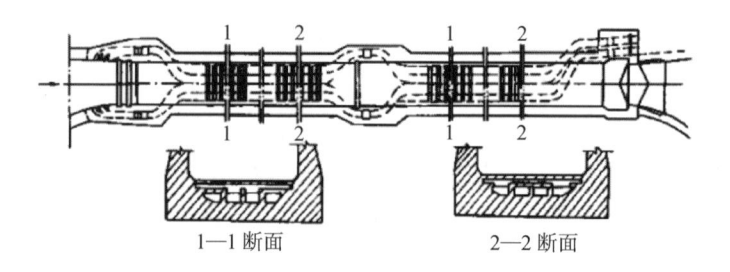

图 3.3-12　闸底长廊道分区段出水输水系统示意图

(3)闸墙长廊道经闸室中部横支廊道支孔出水(图 3.3-13)

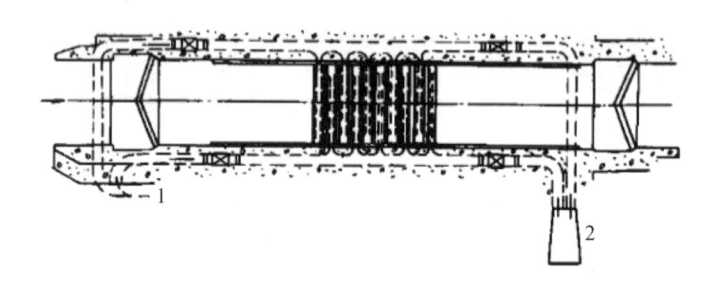

1—旁侧进水口；2—旁侧泄水孔
图 3.3-13　闸墙长廊道闸室中部横支廊道输水系统示意图

(4)闸墙长廊道经闸室中段进口纵、横支廊道支孔出水(图 3.3-14)

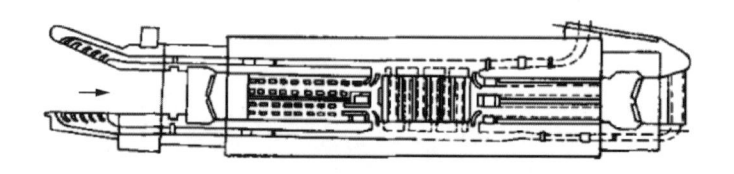

图 3.3-14　闸墙长廊道闸室中段进口纵横廊道输水系统示意图

(5)闸墙长廊道经闸室中心进口水平分流闸底支廊道二区段出水(图3.3-15)

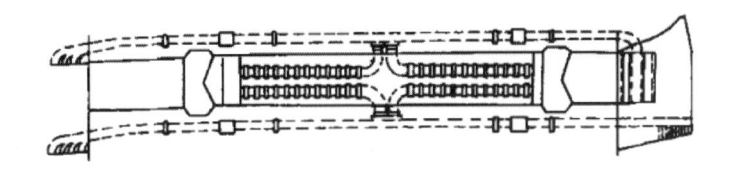

图 3.3-15　水平分流闸底纵支廊道二区段出水输水系统示意图

3. 第三类分散输水系统(复杂式)

第二类分散输水系统虽然在出水口分布及水流消能上已达到较为满意的程度,但其在布置上仍属于简单的等惯性输水系统。水流的分配形式也比较简单,所以即使为多区段供水,但廊道水流对各区段的惯性影响仍不相同,加之水流分配不够均匀稳定,所以对船舶停泊条件仍有一定影响。而第三类分散输水系统又称为全动力平衡系统,不但供水区段数较多,而且廊道水流惯性对各供水区段的影响基本相同,消除了各出水区段出流之间的差别。同时在水流分配上采用了较为复杂的立体交叉垂直分流的形式,保证了分流的均匀和稳定,因此,它对闸室水流条件及船舶停泊条件均有较大改善。目前这种形式的典型布置有闸墙长廊道经闸室中心进口垂直分流闸底支廊道二区段出水(图3.3-16)以及闸底支廊道四区段出水(图3.3-17)两种。前者适用于长宽比较大的闸室,而后者适用于长宽比较小的闸室。

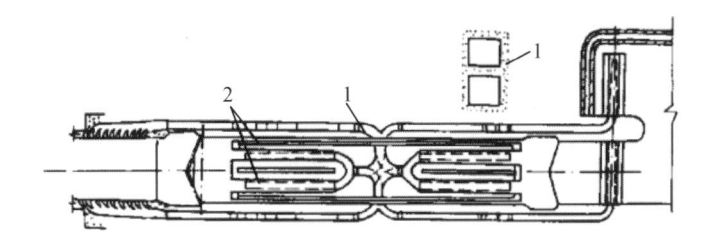

1—垂直分流口;2—纵支廊道
图 3.3-16　垂直分流闸底纵支廊道二区段出水输水系统示意图

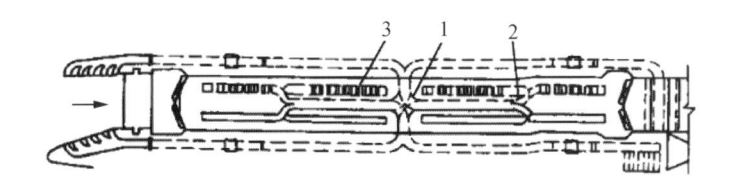

1—第一垂直分流口;2—第二分流口;3—纵支廊道
图 3.3-17　垂直分流闸底纵支廊道四区段出水输水系统示意图

三、分散输水系统的选择

影响输水系统型式选择的因素主要有:作用在船闸上的水头的大小,闸室灌、泄水时间的长短,闸室的平面尺度及门槛水深,闸首和闸室的结构型式及工程造价等。合理的输水系统应该是:闸室的灌、泄水时间短,能满足船闸通过能力的要求,过闸船舶在闸室及引航道内具有良好的停泊条件,同时工程造价和运输费用均较低。

分散输水系统的选择可根据(式 3.3-1)计算的判别系数 m 值初步选择:当 $m>2.4$ 时,可采用第一类简单式分散输水系统;当 m 值为 2.4~1.8 时,可采用第二类较复杂分散输水系统;当 $m<1.8$ 时可采用第三类复杂式分散输水系统。

分散输水系统闸室的水流条件较好,输水好,输水时间可以缩短,且没有镇静段,闸室长度可充分利用,船舶过闸更加安全。针对江苏河网地区中低水位的特点,有一种介于长廊道及头部输水系统之间的输水方式——半长廊道输水系统,长廊道的长度只做到闸室一半的位置,灌水时采用长廊道,泄水时仍采用短廊道,运行效果很好。在今后的工程实践中,应尽可能地采用半长廊道或长廊道输水系统(简单式)。

思考题

1. 船闸的输水系统包括哪些设施?
2. 船闸的输水系统分为那两大类?分别有什么特点?
3. 集中输水系统的消能工有哪几种?
4. 集中输水系统有哪些类型?各有什么优缺点?

第四章　船闸的闸门和阀门

　　船闸的闸门和阀门是船闸的主要组成部分之一，是船闸的挡水设施，对船闸完成船舶过闸起着重要作用，也是船闸日常运行中最主要的构件。

第一节　闸阀门的组成及其主要型式

一、闸门和阀门的主要组成

　　闸门和阀门由门扇结构、支承移动(转动)部分、止水部分、悬吊启闭装置及必要的附属设施组成。

　　1. 门扇结构：封闭孔口的挡水承重结构。

　　2. 支承移动(转动)部分：支承门扇结构并将其传来的荷载由埋设铸件传给闸首，门扇结构依靠它移动或转动。

　　3. 止水部分：封闭门扇与闸首接触处缝隙的防漏装置。

　　4. 悬吊启闭装置：悬吊门扇结构的装置，由门扇上的吊座通过柔性缆索、链条或刚性杆和启闭机械起重部分相连。

　　5. 附属设施有：

　　(1) 工作闸门的工作桥、爬梯、通道、护舷、限位装置和锁定等；

　　(2) 工作阀门和检修阀门的锁定和锚钩等；

　　(3) 检修闸门和检修阀门必要的平压设施；

　　(4) 淤积严重地区的清淤设备；

　　(5) 冰冻地区防止闸门承受冰压力和防冻的设施；

　　(6) 保证溢洪船闸安全度汛的设施。

二、闸阀门的分类

1. 按工作性质分

船闸闸门可分为工作闸门、检修闸门和事故闸门。

船闸阀门可分为工作阀门和检修阀门。

船闸上、下闸首应设置工作闸门和检修闸门,当工作闸门失事可能引起严重后果时,船闸上闸首应设置事故闸门,并可兼作检修闸门。

船闸输水廊道应设置工作阀门,根据需要可设置检修阀门和拦污栅。

2. 按结构型式分

工作闸门按结构型式分为人字形闸门、三角形闸门、横拉闸门、平面闸门、一字闸门和弧形闸门。

工作阀门按结构型式可划分为平面阀门和反向弧形阀门。

3. 按门扇启闭方式分

闸阀门可分为直线移动式和绕轴转动式。

4. 按制造材料分

闸门可分为钢闸门、木闸门、钢筋混凝土闸门、混合材料结构(如木、压合木、钢丝网水泥面板和钢骨架的混合结构)等类型。常用的是钢闸门。

三、闸门的基本要求

船闸的工作闸门,在船闸正常运用情况下用来封闭通航孔口,保证船舶安全进出闸室,除兼作输水用的闸门外,一般都是在无压的静水中启闭。根据闸门的工作特点,对闸门的基本要求如下:

1. 在使用上,应满足启闭迅速,止水可靠,检修方便,闸门开启后具有足够的通航净空和水下航道尺寸等要求。

2. 在结构上,闸门门扇结构简单,具有足够的强度、刚度和稳定性,以适应闸门可能承受的各种荷载的作用,适应地基的不均匀沉陷,检修安装方便。

3. 在经济上,应将闸门、闸首和输水系统三者综合考虑。在满足使用的前提下,总的工程量要小,构造简单,尽量减轻门重和埋设铸件的重量,以节省材料;减小启闭力,从而降低启闭机械的造价。闸门的制造、安装、检修应简便,以节省施工费用。

四、闸阀门的选择

船闸闸门和阀门的型式,应根据通过能力、通航净空、孔口尺寸、水位组合、水力学条件和水工建筑物型式等因素,通过技术经济综合比较选定。

1. 船闸的工作闸门应根据使用条件，按下列规定选用。

（1）承受单向水头在静水条件下启闭的工作闸门，特别是中、高水头的工作闸门宜选用人字闸门。

（2）承受双向水头在动水条件下启闭或在局部开启条件下输水的工作闸门宜选用三角闸门。

（3）承受双向水头在静水条件下启闭的工作闸门宜选用横拉闸门。

（4）有帷墙的上闸首、井式船闸或动水启闭的工作闸门宜选用升降式平面闸门。

2. 船闸工作阀门应综合考虑使用条件和水力学条件，按下列设计水头分档选用。

（1）10 m以下的低水头船闸宜选用升降式平面阀门。

（2）10～20 m水头的船闸可选用升降式平面阀门或反向弧形阀门。

（3）20 m以上的高水头船闸宜选用反向弧形阀门。

3. 船闸检修闸门可根据闸首的布置及检修闸门的存放、启吊和运转等条件选用叠梁式闸门、升降式平面闸门或浮式闸门等。

4. 事故闸门和检修阀门宜选用升降式平面门。

五、工作闸门的主要型式

根据门扇启闭方式和门扇结构特征不同，常用的工作闸门有以下型式。

1. 沿垂直方向运行的闸门

沿垂直方向运行的闸门一般是平板闸门，它可以是上升的，也可以是下降的。其运行方式是直上直下的，特点是结构简单、刚度、止水易满足，能承受双向水头，可以动水启闭，门槽宽度小，闸首结构简单，尺寸小。闸门安装方便，可提出水面，便于检修。上升式平板闸门开启后限制了通航净空，须设置锁定装置，启闭力较大。

下降式平板闸门除具有上升式平板闸门的优点外，还有不影响通航净空，不需设置锁定装置等优点。缺点是启闭力大，启闭机械较笨重，同时启闭机械还须设置同步装置。

上升式平板闸门适用于水头很大的下闸首，特别适用于井式船闸和升船机中。下降式平板闸门适用于具有帷墙的上闸首中。

2. 绕水平轴转动的闸门

船闸常用的绕水平轴转动的闸门有卧倒闸门和弧形闸门。

（1）卧倒闸门

这是一种绕水平轴转动的单扇平板闸门。闸门关闭时的位置近于垂直，一般略向上游倾斜，其倾斜度约为1∶10，以便在开启时闸门能借自重卧倒。开启时闸门向上游卧倒于闸首底板的门龛中。

卧倒门的结构简单,刚度大,止水效果好,沉陷影响小。缺点是支承构造复杂,检修安装困难,门龛内易淤积杂物,影响运行。启闭力大且时间长,船舶进出船闸时门体易摆动。

(2) 弧形闸门

弧形闸门通常采用下降式弧形闸门,它可利用闸门本身来输水。输水时将闸门提升一定高度,输水结束后,闸门降至门龛中。其优点是启闭力小,操作简单,可以动水启闭且可兼作输水系统,水流条件好,能承受双向水头,检修方便;缺点是闸首尺寸较大,闸门刚度小,底侧止水困难,必须确保同步启闭。

3. 沿水平方向移动的闸门

横拉闸门是沿水平方向移动的闸门,开门时,闸门横向移入闸首一侧的门库中。其主要优点是能承受双向水头,启闭力较小;缺点是闸门的水下滚轮易发生故障,检修不便,必须设置门库,闸首工作量增大。同时由于设置门库,闸首平面布置因而不对称,也使闸首结构及底板受力情况复杂化。闸门的厚度较大。横拉闸门适用于门宽较大的船闸上。

4. 绕垂直轴转动的闸门

(1) 三角闸门

这种闸门由两扇绕垂直轴转动的竖向弧形门扇组成,向下俯视,形如三角而得名。三角闸门挡水时,作用于面板上水压力的合力,通过旋转轴,因而闸门的启闭力较小,能在动水中启闭,可以兼作事故闸门,能承受双向水头,还可利用闸门本身进行输水。常用在感潮河段的船闸上,利用平潮开通闸门提高船闸的通过能力。主要缺点是闸门所占空间较大,闸首结构庞大,布置复杂;闸门门扇结构及支承部件的材料用量较多,工程造价较高;闸门的止水困难,闸门的安装难度较大。

(2) 人字闸门

人字闸门由两扇绕垂直轴转动的门扇组成。关门时,两个门扇互相支承在彼此的斜接柱上,构成三铰拱以封闭通航孔口,开启后,两个门扇分别隐蔽在闸首边墩的门龛内。优点是利用三铰拱的作用来承受水压力,门体用料少,闸首结构简单,启闭力较小,启闭迅速,操作简便;缺点是不能承受双向水头,更不能动水启闭,水下支承部分检修困难,闸门的制作安装精度要求高,止水复杂困难。

人字闸门在单向水头船闸中得到最广泛的应用。特别是下闸门采用人字闸门较多。三角闸门在双向水头船闸中,特别是在江苏沿江口门的船闸中得到广泛的应用。

第二节　常见闸门及阀门

一、人字闸门的构造

1. 人字闸门的组成

(1) 门扇结构:由面板、主梁、次梁、门轴柱及斜接柱构成的承重骨架。

(2) 支承部分:包括支垫座、枕垫座、顶枢和底枢及辅助支承设备。

(3) 止水设备:根据止水所在位置不同可分为斜接柱止水(即两扇闸门之间的门缝止水);门轴柱止水(也称门侧止水,即门轴与闸首墙之间的止水);底部止水(即闸门与门槛间的止水)。

(4) 工作桥:为便于管理人员的工作和通行而设置。

2. 人字闸门的类型

根据人字闸门门扇结构的平面形状,可以分为平面人字闸门和拱形人字闸门。在平面人字闸门中(图3.4-1、图3.4-2、图3.4-3),门扇结构成平面形式,其主横梁受轴向力和弯矩共同作用。在拱形人字闸门中,门扇结构成圆拱形,其门扇轴线和三铰拱的压力轴线相重合,主横梁只承受轴向压力,材料较为节省。但拱形人字闸门制作安装均较复杂,门龛深度较大,门体整体刚度差,耐碰撞性能低,目前应用较少。

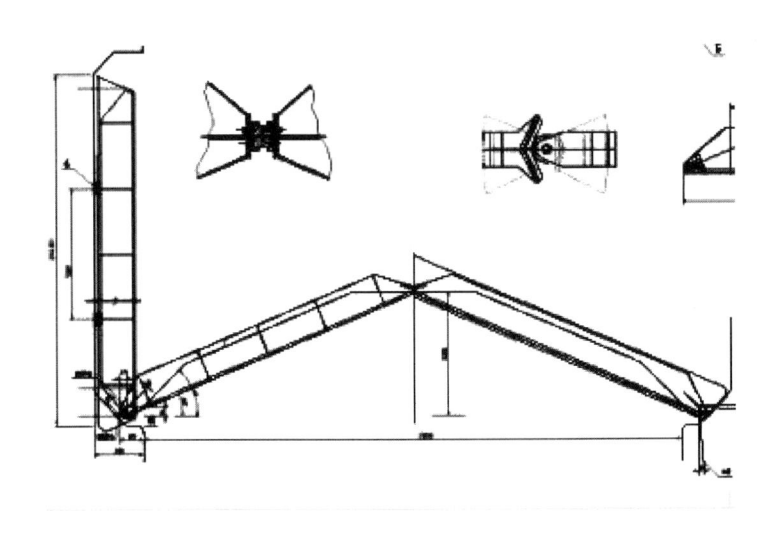

图 3.4-1　人字闸门平面图

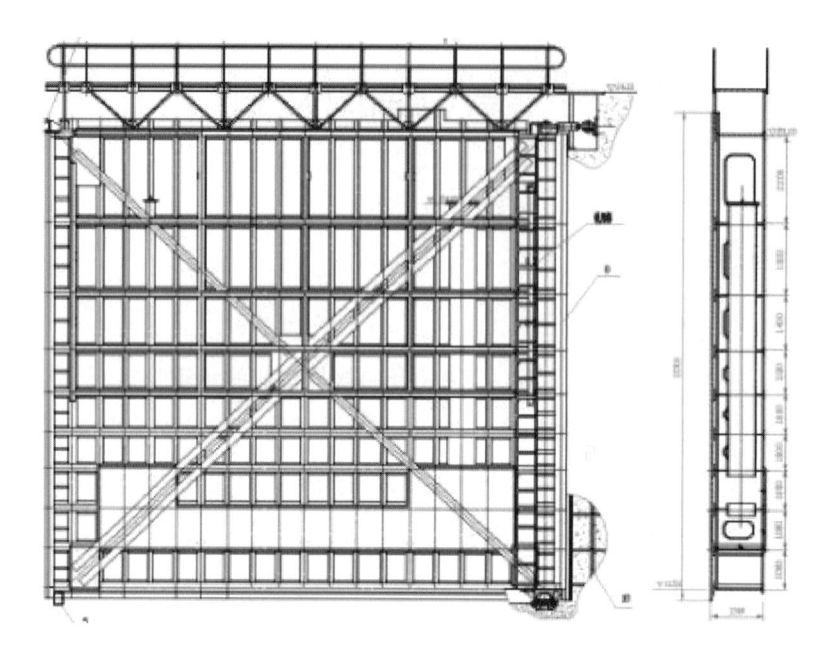

图 3.4-2 人字闸门门叶背立面图

图 3.4-3 人字闸门

根据门扇结构梁格布置方式不同,平面人字闸门又可分为横梁式和立柱式。

在横梁式人字闸门中,水平面的主横梁是它的主要承重构件,在主横梁间布置竖次梁,水压力由面板和次梁传给主横梁,然后再由主横梁通过斜接柱和门轴柱上的支垫座和枕垫座形成三铰拱而传至闸首边墩。当闸门高度较高时,一般多采用横梁式。

在立柱式人字闸门中,以竖直的主梁(简称立柱)来代替横梁式人字闸门中的主横梁作为它的主要承重构件,在立柱之间布置竖次梁和水平次梁,立柱两端和顶、底横梁相连。水压力由面板、次梁、立柱传至顶、底横梁。底横梁所承受的荷载直接传至闸首门槛,顶横梁所承受的荷载通过三铰拱的作用而传至闸首边墩。立柱式人字闸门主要用于门宽比门高大的情况。

3. 人字闸门的主要支撑及运转件

(1) 底枢

在人字闸门中,底枢(图3.4-4)承担着门体的全部重量,其运行至关重要的2个部件是蘑菇头和与之相配套的铜衬套。在人字闸门蘑菇头与铜衬套的设计及材料选用中,过去较多地选择45钢的蘑菇头和与之相配套的ZQAL9-4铜衬套(图3.4-5),这种结构形式由于蘑菇头与铜衬套之间的磨损,久而久之,门体的门轴柱发生倾斜,使门体止水不严,并且门体时有挤卡振动的现象发生,这些都会影响船闸的正常运行。

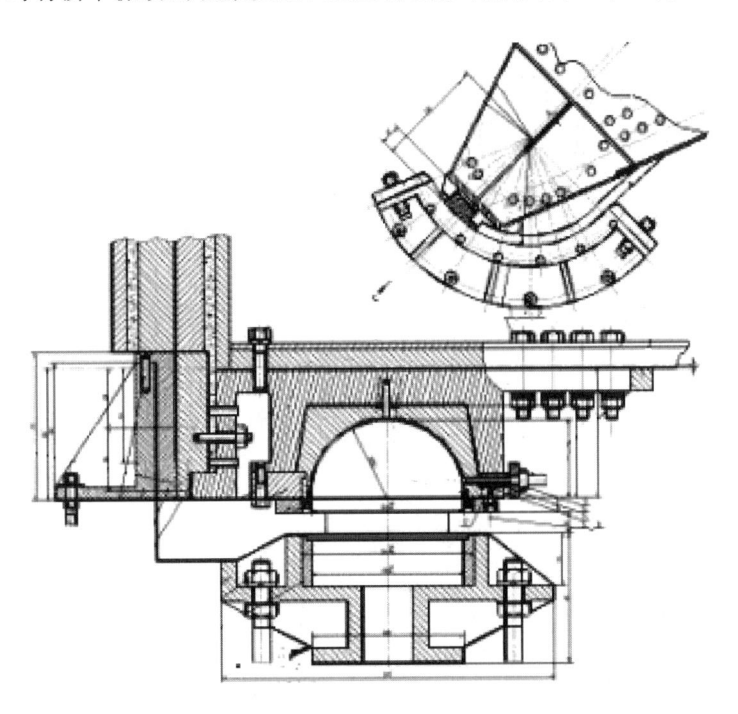

图 3.4-4 底枢装配图

底枢的摩擦副材料目前在使用的主要有两种:一是在船闸建设中使用的具有自润滑性能的 ZQAL9-4Q 铜,也就是图 3.4-5 中有孔眼的衬套;二是在船闸大修中蘑菇头采用锻 40Cr,表面淬火(HRC45),蘑菇头帽采用球墨锻铁 QT600-3 材料,并且都增加了强制润滑。这两种材料的耐磨性能较过去都有了很大的提高,延长了底枢的使用寿命。

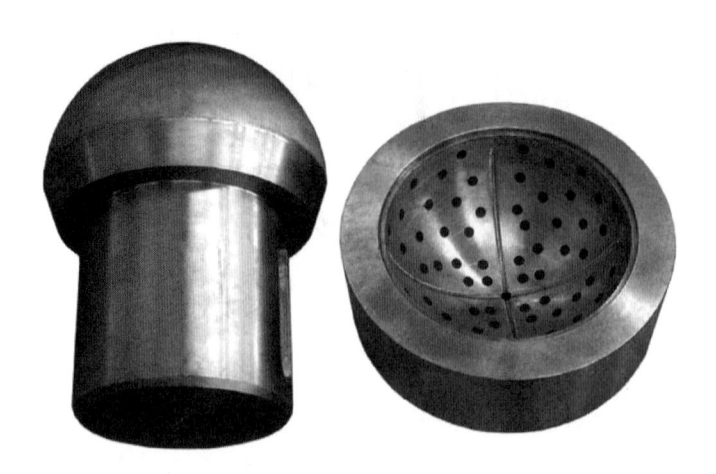

图 3.4-5　45 钢的蘑菇头和与之相配套的 ZQAL9-4 铜衬套

(2) 顶枢

顶枢是防止门扇倾倒的上部支承,并可利用它调整门扇的转动轴,使门扇保持垂直位置。一般由拉杆、颈轴和锚碇构件等组成(如图 3.4-6)。一端具有套环的两根拉杆套于固定在门扇顶横梁的颈轴上,使门轴在套环内自由转动,拉杆的另一端连接在埋设于边墩混凝土内的锚碇构件上。拉杆由其中间的连接法兰螺母调节长度。拉杆轴线一般分别布置在开门位置及关门位置的门扇轴线附近。

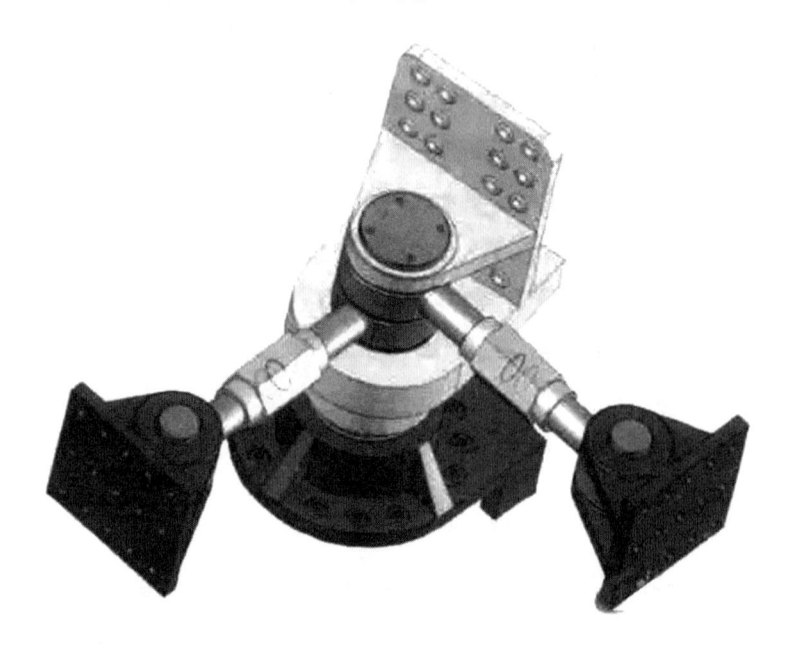

图 3.4-6　顶枢结构图

(3) 承压条或支承垫

在人字闸门中，常采用支垫座和枕垫座来传递主横梁的反力。支垫座和枕垫座是一对具有三角形加强肋板的铸钢或球墨铸铁的铸件，在二者接触处装有特制的高强度的钢衬垫。衬垫装配在底座上，利用特种合金制成的垫板来调整衬垫的位置。为了减少闸门启闭时支垫座和枕垫座间接触部分的摩擦，并为传力明确起见，一般采用线接触方式，即将枕垫座的接触面制成平面，而将支垫座的接触面制成弧面。弧面中心应位于主横梁反力的作用线上，使弧面只受径向挤压的作用(图 3.4-7)。

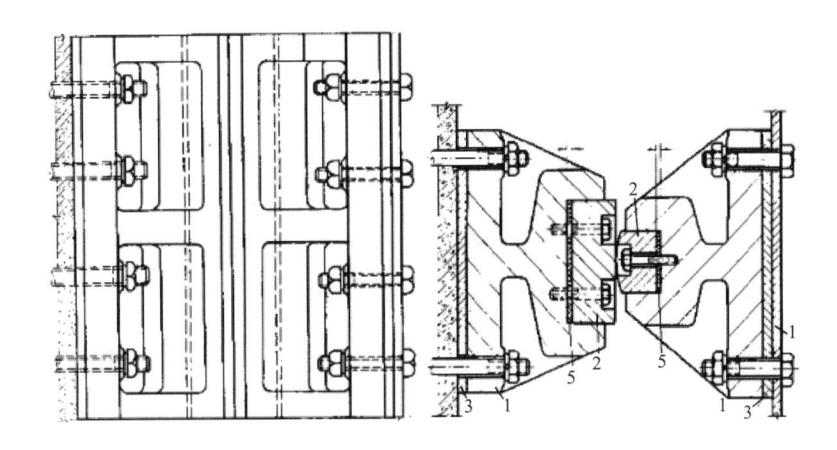

图 3.4-7 人字闸门支垫座和枕垫座构造图

国内外在高水头人字闸门上，常用连续的支垫座和枕垫座(图 3.4-8)。

斜接柱的主要作用是将所有主横梁的端部连接起来，构成门扇的骨架，使门扇有足够的刚度。斜接柱多采用封闭截面，由型钢骨架与端部面板构成，目前江苏船闸的端部面板多采用经特殊处理的承压条，抗压、耐磨，同时止水(图 3.4-9)

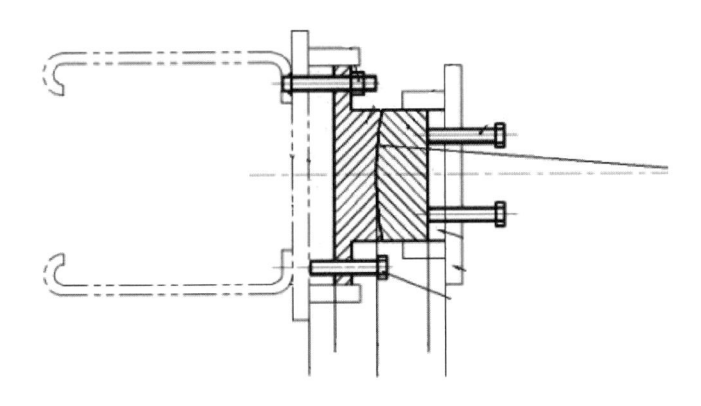

图 3.4-8 人字闸门连续支垫座和枕垫座构造图

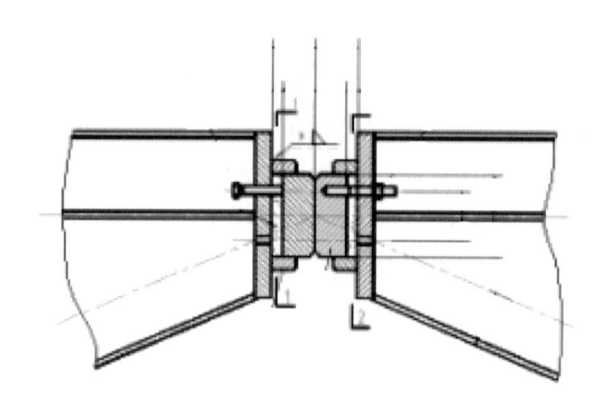

图 3.4-9　人字闸门斜接柱承压条构造图

(4) 止水

人字闸门的止水通常包括三部分：

① 斜接面的止水：两个门扇缝间的防渗，借助斜接面承压条的挤压、紧密配合实现。

② 门侧止水：通常采用在门轴柱下游面设置橡皮止水，当采用连续支垫座和枕垫座构造时，门侧止水由支枕垫块挤压实现。

③ 门底止水：多采用橡皮止水，球头橡皮固定在闸门底部角钢上，在水压力作用下贴紧闸门侧面，起到止水效果。橡皮止水止水效果好，便于维修。

二、横拉闸门的构造

横拉闸门(图 3.4-10)是一种沿着垂直于船闸轴线方向移动的单扇平板门，它的门扇结构与一般的多横梁式平板闸门相同。主横梁通常也是按等荷载原则布置的，但在门顶与门底要布置顶横梁与底横梁，其布置方法与人字闸门大致相同。上横梁一般常用矩形桁架，当主横梁跨度较小或设置浮箱时，也可采用实腹式组合梁。

1. 门体

横拉闸门的截面一般采用矩形，也有采用梯形的。采用矩形截面时，横拉闸门的门厚的确定应满足启闭时抗倾稳定的要求，并适当考虑主横梁的经济高度。当采用梯形截面时，门顶厚度可由工作桥的使用条件而定，门底厚度按截面的强度要求确定，并应满足抗倾稳定的要求。

2. 顶平车及轨道

横拉闸门通过顶、底两个小车实现移动。顶平车(顶小车)装置在靠近门库一端的门顶，连接在横拉闸门门扇端部外伸的吊架上，沿着门库两侧边墙外伸的牛腿上所设置的轨道移动，如图 3.4-11 所示。

立面图

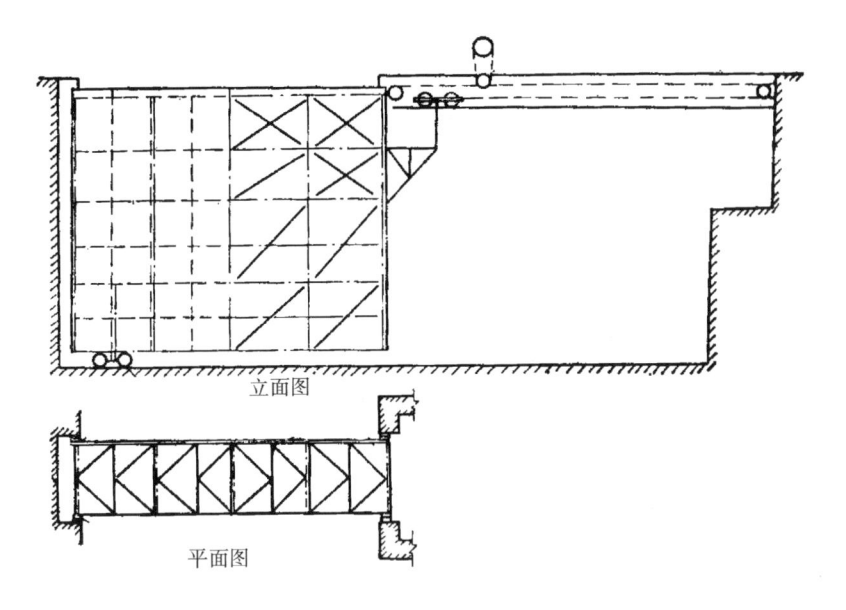

平面图

图 3.4-10　矩形剖面横拉闸门

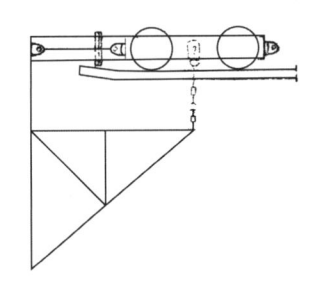

图 3.4-11　横拉闸门顶平车及轨道示意图

3. 底台车及轨道

底台车(底小车)安装在门库对侧门体下,沿设于闸首底板上的底轨道移动,以实现闸门的开关。底轨伸入门库一段距离,以实现门体完全关入门库内。在靠近底台车处成对设置侧滚轮,除起导向作用外,还作为闸门启闭过程中保证门体抗倾稳定的主要受力运转件。如图 3.4-12、图 3.4-13 所示。

三、三角闸门的构造

三角闸门常利用闸门本身向闸室输水,它既是挡水的工作闸门,又是控制输水阀门。在利用闸门本身进行输水时,一方面门扇结构要承受水压力的作用,而且在开启过程中,整个门体又将承受动水压力的作用。因此门扇结构的布置不但会影响到门扇结构的受力条件,而且将对闸室的水流情况的好坏有直接影响,对门扇结构的布置应给以充分的

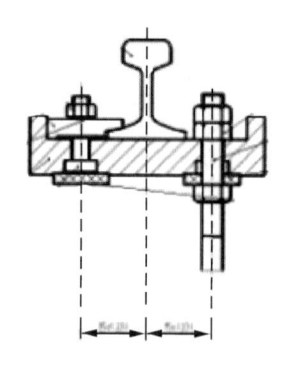

图 3.4-12　横拉闸门底轨道构造图

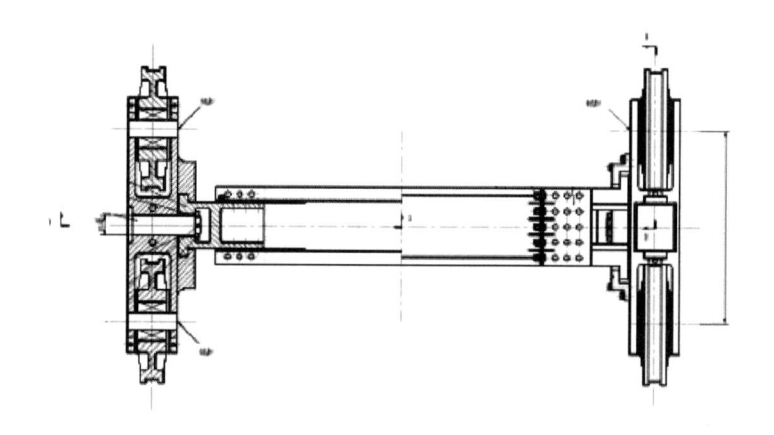

图 3.4-13　横拉闸门底台车构造图

注意。

三角闸门由面板系统、主横梁、端支臂桁架、纵向联结系统、端柱以及顶、底枢轴、止水等部件组成。

1. 门扇的基本尺度

(1) 闸门中心角

闸门中心角(图 3.4-14)的大小与闸室灌、泄水的水力条件、闸门的启闭速度、启闭力以及闸门和闸首结构的工程投资有关。工程实践中中心角一般取为 60°～80°。

(2) 门扇面板的平面形状及羊角大小

在大中型船闸中,三角闸门面板一般做成以闸门转动中心为圆心的圆弧形,较小的三角闸门的面板一般做成直线形。

在三角闸门两端的端梁上一般设有一对凸起的边止水,通称为羊角。羊角的作用,一是调整边缝进水的宽度,以便增大边缝进水的流量;二是设置止水设备。为减小作用在羊角上的水压力对闸门转轴产生较大的偏心力矩,在中缝处还布置与边缝对称的羊

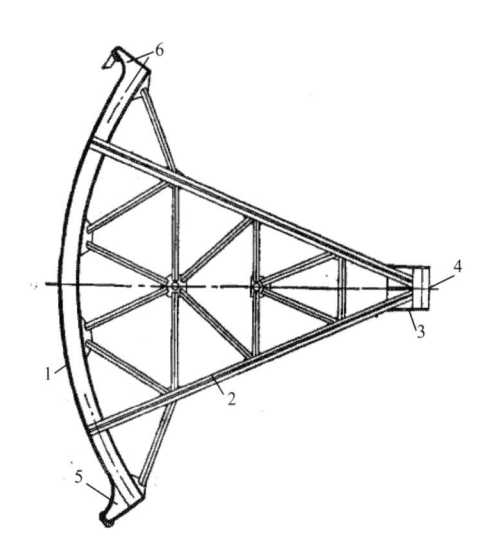

1—面板;2—水平桁架;3—立柱;4—旋转中心;5—中羊角;6—边羊角

图 3.4-14　三角闸门俯视图

角。为保证闸门门扇能全部隐藏在门库内,一般使边羊角的长度略大于中羊角,但边缝止水点到转轴中心的距离和中羊角外缘至转轴中心的距离应大致相等。为使边缝进流量随闸门的开度增大而增加,边羊角止水面的切线与船闸纵轴线的夹角应不小于 20°。羊角的长度应根据闸室灌、泄水的水流条件确定。

2. 门扇结构

(1) 面板系统

面板系统包括挡水面板、水平、竖次梁、水平主桁架的上弦梁及中、边羊角等,它直接承受水压力,并把它传到端支臂桁架上,见图 3.4-15。

(2) 主横梁

主横梁主要承受面板系统传来的水压力,主横梁通常采用桁架结构。其桁架型式可分为复式和简式两种。

(3) 端支臂桁架及端柱

端支臂桁架是承受水平桁架、竖立次梁所传来的水压力,并通过端支臂桁架末端交会处的端柱将水压力及闸门自重传到闸首边墩上。

(4) 纵向联结系

纵向联结系主要用于克服启闭力矩与动水作用在门体上的扭转力矩。对于没有动水启闭的三角门,由于启闭是在平水时期进行的,这时只需克服枢轴上摩阻力,此力一般很小。空间桁架一般按构造要求决定。

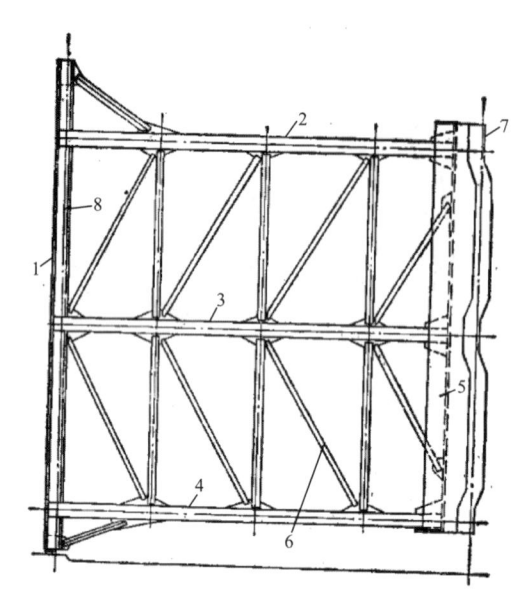

1—面板；2—顶水平桁架；3—中间水平桁架；4—底水平桁架；5—立柱；6—竖向桁架；7—旋转中心线；8—纵轴

图 3.4-15　三角门侧视图

（5）枢轴

一般情况下,对于中、小三角闸门,为使结构受力明确,只设顶枢轴、底枢轴。顶枢轴的受力和人字闸门相似。底枢轴和人字闸门的底枢不同,底枢头只承受垂直力,水平力由后面的撑杆承担。

（6）止水

三角闸门在水压力作用下,在门体底部的变形最大,三角闸门的止水结构及布置应适应于门体的最大可能变形,变形值一般取为 ±0.5 cm。止水一般选用橡皮或气压式,由于橡皮是易损材料,布置时应考虑便于水下更换。

四、平面阀门

输水阀门是船闸上主要的经常运转的基本设备。阀门的布置方式直接影响到闸首的布置。输水阀门的好坏,不仅直接影响船闸的正常运转,而且还关系到船闸渗漏耗水的大小。

输水阀门是在水压作用下开启,而在无水压的情况下进行关闭的。但在发生事故时,必须能及时停止开启并立即关闭。

根据输水阀门的工作特点,对阀门的要求是：结构简单可靠,止水性能好,具有良好的水力特性,启闭简单,检修方便,阀门的型式应便于闸首的布置,阀门开启时,必须要提到输水廊道顶面。船闸上比较常见的阀门是平面阀门,这是目前用得最广泛的一种输水阀门。其特点是结构简单可靠,检修方便,在闸首上布置简便,占地较小。

平面阀门(图 3.4-16)的门扇结构通常采用多主梁式,主梁一般为实腹梁。根据支承移动设备的不同,平板阀门可分为滚轮式和滑动式。

滚轮式平板阀门的启闭力较小,启闭迅速,但构造复杂,止水性能差。

滑动式平阀门构造简单,止水情况较好,门槽尺寸较小,但启闭力大,适用于水头较小的船闸上。当水头较大时,通常采用滚轮式平板阀门。

江苏省内的船闸的阀门轨道,经改造后多采用燕尾槽结构,该结构安装简便,故障率低,易维修(图 3.4-17)。

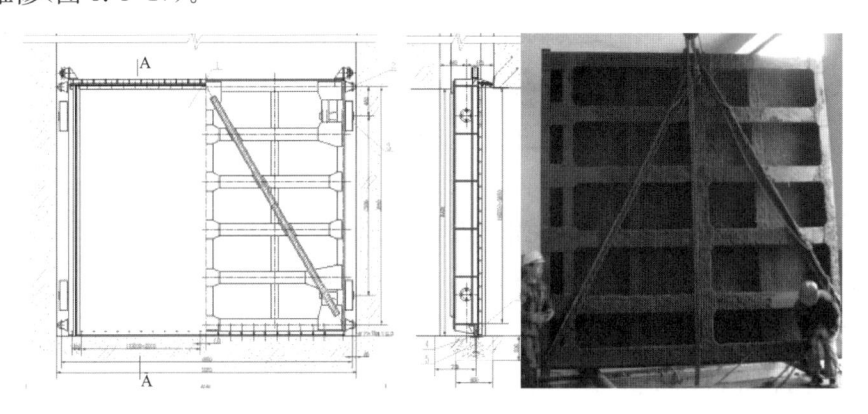

图 3.4-16　平板阀门

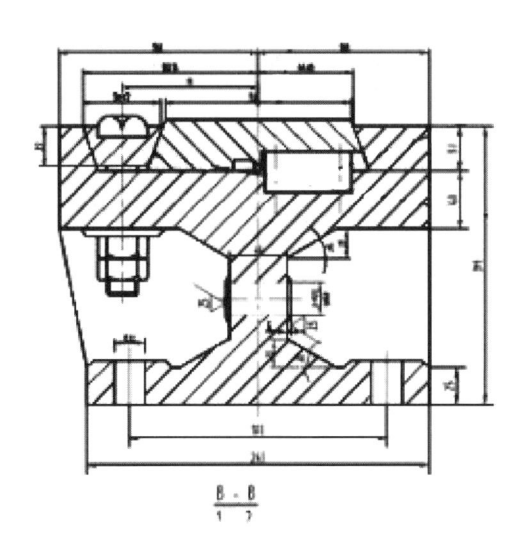

图 3.4-17　阀门轨道

第三节 闸门、阀门及启闭机械的选择

闸门和阀门及其启闭机械的造价,在整个船闸的投资中所占比重虽不很大,工程量也不比其他水工结构多,但这些设备在工作上的完善和灵活以及可靠程度关系着船舶过闸的快慢和安全。在通航期的大部分时间中,闸阀门是在不间断地运转着,因而容易发生故障,有些构件也容易磨损,须经常维护和保养。而且闸阀门的许多重要部件均位于水下,一旦发生故障常需将闸室或闸首中的水抽空修理,从而造成断航。为此,在进行闸门、阀门及其启闭机械选型和设计时,首先应注意它们在使用上、结构强度上的要求,其次才考虑经济上的造价。同时从运转角度来讲,闸门、阀门及其启闭机械是代表整个船闸运转水平的主要标志之一,因此,必须予以充分的重视。

闸门、阀门的启闭机械和一般起重机械相比,有以下特点:

(1) 由于闸门、阀门在启闭过程中受力情况在不断变化,启闭力的大小也随之变化,且变化的幅度很大。

(2) 闸门、阀门的型式很多,对启闭机械的要求也各不相同,例如有的闸门还需要变速启闭、同步操作等。因此,往往一种启闭机械只适用于一种型式的闸门。

(3) 闸门的启闭速度很小,一般在 1~2 m/min,这比一般起重机械升降速度小得多。因此,启闭机械的选择应根据闸门型式及其工作要求选定,通常不能采用通用机械。

闸门、阀门及启闭机械一般均布置在闸首上,它们的布置不仅影响闸首的布置方式,而且也影响输水系统的型式和输水廊道的布置。同时闸门、阀门及其启闭机械本身和所承受的荷载均通过固定的预埋部件传到闸首上。这样就使闸首外形轮廓复杂、预埋部件多、受力复杂。因而闸门、阀门及启闭机械和闸首以及输水廊道的布置是互相影响的,是不可分割的整体,应进行综合比较确定。

第四节 闸阀门防腐

一、内河钢闸门腐蚀的主要原因

根据腐蚀的作用原理,腐蚀可分为物理腐蚀、化学腐蚀和电化学腐蚀。金属在水中、大气或土壤中的腐蚀多属于电化学腐蚀。内河的钢闸门在水中和大气中工作,水和大气是内河钢闸门的电解质。从外观上看,钢的材质是均一的,但是,当它浸入电解质中时,由于不同材料或金属本身组织结构及表面物理状态的不均匀性,在金属表面上形成许多宏观或微观的阳极区和阴极区,阴、阳极之间通过介质产生微电流。电子从阳极区向阴极区移动,阳极区失去电子,一部分金属就会成为离子溶于电解质中,使得阳极区金属受到腐蚀。

根据这一原理,铁离子在电解质中流动形成电流,电流的方向与电子移动的方向相反,进而铁离子与水中的 OH^- 反应生成 $Fe(OH)_2$,而后又变成沉积在钢表面的 $Fe(OH)_3$ 镀层。以上化学反应式可表示为:

阳极反应: $\qquad Fe-2e \rightarrow Fe^{2+}$

阴极反应(吸氧反应): $\qquad \frac{1}{2}O_2 + H_2O + 4e \rightarrow 2OH^-$

靠近阳极溶液中的反应: $\qquad Fe^{2+} + 2OH^- \rightarrow Fe(OH)_2$

$\qquad\qquad\qquad\qquad\qquad O_2 + 4Fe(OH)_2 + 2H_2O \rightarrow 4Fe(OH)_3$

这种腐蚀反应的速度受水的 pH 值、水的湍流度、水流速度、水温、盐度和微生物等环境因素的影响。

二、水工钢闸门常用防腐方法

1. 优先选用耐候钢

耐候钢的耐腐蚀性能优于一般结构用钢的钢材,一般含有磷、铜、镍、铬、钛等金属,使金属表面形成保护层,以提高耐腐蚀性。

2. 漆涂层法

涂层法施工的第一步是除锈。优质的涂层依赖于彻底的除锈,要求高的涂层一般多用喷砂喷丸除锈,露出金属的光泽,除去所有的锈迹和油污。现场施工的涂层可用手工除锈。涂层的选择要考虑周围的环境,不同的涂层对不同的腐蚀条件有不同的耐受性。涂层一般有底漆、中间漆和面漆之分。底漆含粉料多,基料少,成膜粗糙,与钢材黏附力强,中间漆的作用是增加涂层的厚度以提高整个涂层系统的屏蔽性能,中间漆对于底漆和面漆要有很好的附着力。面漆则基料多,成膜有光泽,能保护底漆不受大气腐蚀,并能抗风化。选用不同涂料时要注意它们的相容性。涂层的施工要有适当的温度(5~38 ℃)和湿度(相对湿度不大于85%)。涂层的施工环境粉尘要少,构件表面不能有结露。涂装后 4 h 之内不得淋雨。涂层一般做 4~5 层,干漆膜总厚度可加厚为 200~300 μm,施工方便。一般油漆涂层寿命为 3~5 年。漆涂层法防腐蚀性一般不如长效防腐蚀方法,它一次成本低,但维护成本相对较高。

3. 热浸锌

热浸锌工艺是将除锈后的钢构件浸入 600 ℃左右高温熔化的锌液中，使钢构件表面附着锌层，锌层厚度：对于 5 mm 以下薄板不得小于 65 μm，对于厚板不得小于 86 μm，从而起到防腐蚀的目的。这种方法的优点是耐久性好，生产工业化程度高，质量稳定；缺点是要经过酸洗除锈和清洗两道工序，处理不彻底会给防腐蚀留下质量隐患。

4. 热喷铝(锌)复合涂层

这是一种与热浸锌防腐蚀效果相当的长效防腐蚀方法。具体做法是先对钢构件表面作喷砂除锈，使其表面露出金属光泽并打毛；再用乙炔-氧焰将不断送出的铝(锌)丝熔化，并用压缩空气吹附到钢构件表面，以形成蜂窝状的铝(锌)喷涂层(厚度 80～100 μm)；最后用油漆等涂料封闭毛细孔，形成复合涂层。优点是对构件尺寸适应性强，热影响是局部的，不会产生热变形；缺点是工业化程度较低，喷砂喷铝(锌)的劳动强度大，质量易受操作者的工作状况影响，而且无法在管状构件的内壁施工。

5. 阴极保护

阴极保护技术是外加电流或牺牲阳极，使金属在电解质中无电流流动，无腐蚀电流，从本质上进行防腐。在电解质中对被保护金属进行阴极极化，当阴极电流通过钢表面时，大部分电流优先流到阴极区，从而降低了原有的电位，使之阴极极化。随着电流增大，钢表面阴极区的负极化也增大。当极化到阴极区和阳极区的电位差为零时，腐蚀电流消失，因而抑制了腐蚀过程，达到保护的目的。阴极保护工作原理见图 3.4-18。

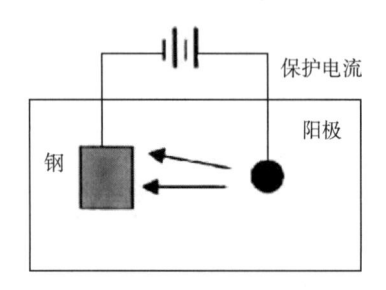

图 3.4-18 阴极保护原理

保护电位值可以用来作为判断阴极保护是否充分的基准，利用参比电极和高阻电位计直接测量被保护结构各部位的电位，从而了解保护情况。

（1）外加电流法

外加电流法是用外加可调直流电源（恒电位仪或整流器），电源的正极接辅助阳极，负极接被保护的金属，其工作原理见图 3.4-19。

（2）牺牲阳极法

牺牲阳极法是用一种电位比所要保护的金属还要负的金属或合金与被保护的金属

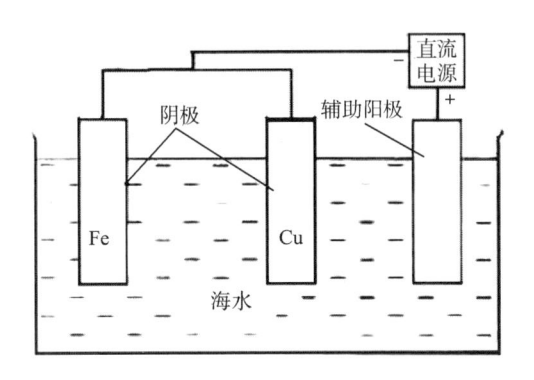

图 3.4-19 外加电流系统

连接在一起,依靠电位比较负的金属或合金不断地腐蚀溶解所产生的电流来保护其他金属的方法。常用的牺牲阳极材料有锌、铝、镁及其合金。其工作原理见图 3.4-20。

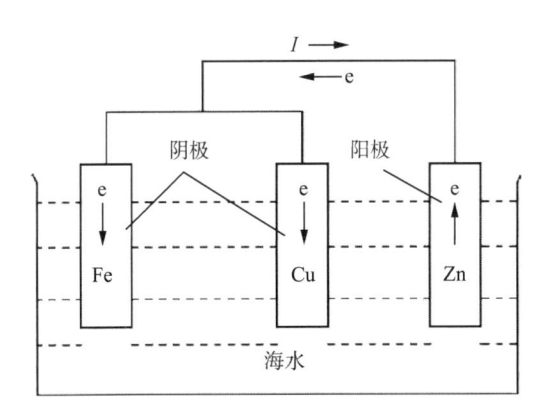

图 3.4-20 牺牲阳极系统

两种方法比较:无论是外加电流法还是牺牲阳极法,均可以对被保护结构物实施完全保护,但由于提供电流的方法不同,两种方法又各有特点,所以根据保护对象所处的环境及当地条件,选择其一是必要的。

6. 锌加防腐技术

用于钢结构防腐保护的锌加涂料(Zinga)是由电解锌粉、有机树脂和挥发性溶剂组成的单组分涂料。其中电解锌粉为纯度高于 99.995%,采用原子化方法提炼的超细化颗粒,呈椭球状、颗粒直径为 3~5 μm;有机挥发性溶剂为不饱和碳氢化合物、挥发性芳香烃,系无毒环保型溶剂。在锌加涂料中固体成分质量占 80%,体积占 37.8%;在锌加保护涂层干膜中含锌量为 96%,锌颗粒间接接触面积大,排列紧密、空隙极小。由于锌加干膜含有 96%以上的纯锌,足以为钢结构材料提供较好的阴极保护。当锌加被氧化时,会在锌加表面缓慢产生一层锌盐来提供屏障保护。同时,锌加中的黏结剂能提供一层附加的屏障保护,从而减缓锌的氧化。锌加的复合防腐性能,有效地结合了锌层的镀锌性质和有机涂料的屏障保护,对钢铁的防锈效果优异。锌加保护具有阴极保护和屏障保护双重保护作用。

思考题

1. 闸、阀门由哪些部分组成?
2. 闸、阀门有哪些分类方式?分别分为哪些类型?
3. 根据闸门的工作特点,闸门的基本要求有哪些?
4. 船闸的工作闸门应根据使用条件选择,三角闸门、横拉闸门、人字闸门分别在什么情况下使用?
5. 工作阀门有哪些型式?举例说明。
6. 人字闸门的止水包括哪三部分?
7. 水工钢闸门常用防腐方法有哪些?各有什么优缺点?

第五章　船闸的助航设施

第一节　系船设施

船闸的系船设施是用来系带过闸船舶的缆绳的。在闸室、引航道、锚地和前港的靠船建筑物靠船一侧，应设置系船设备，并不得突出墙面。

船闸的系船设施主要包括：位于闸室墙和靠船建筑物顶部的固定系船柱；置于闸室墙和靠船建筑物正面的浮式系船柱（钩）以及龛式系船柱（钩、环）。

闸室墙、引航道等靠船建筑物的顶部宜设置固定系船柱，其在闸室内的布置，首尾系船柱距闸室的有效长度两端的距离宜为 7.5～10 m，系船柱的间距应与设计单船长相适应。设计水头大于 5 m 的船闸，在闸室墙面上宜采用浮式系船柱；设计水头小于 5 m 的船闸，可采用浮式或龛式系船柱。系船柱位置宜在建筑分段中线墙面上。

浮筒井在墙内的高程布置应从闸室底开始至闸室墙顶或挡浪板顶为止。井顶应设活动盖板，以便吊出维修和更换。对Ⅰ～Ⅲ级船闸宜采用双层浮式系船柱，其系缆点应分别高出水面 1.2～2.5 m。

在引航道、锚地和前港的靠船建筑物和导航墙靠船的墙面上，宜按建筑分段中线，从设计最低通航水位时的设计最大船队满载干舷高度处开始，至墙顶以下 1～1.5 m 处的范围内，按 1.5～2.5 m 等距分层设置龛式系船柱。Ⅵ、Ⅷ级船闸，设计水头小于 5 m 的，除在建筑分段中线分层设龛式系船柱外，还应在其前后各 5～7.5 m 处分层设助航设施。

第二节　安全防护和检修设施

当船闸闸门发生事故可能造成严重后果时,应在上闸首设置事故闸门,并能在全水头情况下动水迅速关闭。Ⅰ~Ⅲ级船闸宜在下闸门的上游边墩上设防撞设施。船闸各部顶面临水侧或高于地面 2.5 m 的通道一侧,应设置高度不小于 1.2 m 刚性安全护栏或挡浪板。对于设护栏的闸室墙前沿还应设置护轮坎。

引航道每一个靠船墩应在朝闸首一侧,距前沿 0.7~1 m 处设凸出式爬梯一道。闸首、闸室、导航墙等其他部位,如空箱、门库、阀门井等内部应设凸出式爬梯,空箱爬梯在出地面或顶面应设活动盖板。

闸首、闸室、导航墙爬梯高程布置,应自闸底板至闸墙顶或挡浪板顶;靠船墩应自引航道底至墩顶;空箱、门库、阀门井等视需要布置。每一梯级间距最大不得超过 0.3 m。

船闸设计时应考虑闸首、闸室等主要部位在设计检修水位的情况下能把水抽干进行检修和设备更换,并应满足下列规定:

(1) 在上闸首的上游面和下闸首的下游面应设置检修门槽、检修门。同一河流检修门型式、门槽规格尺寸等宜做到标准化、系列化、通用化。

(2) Ⅰ~Ⅲ级船闸宜配备专用阀门检修门、抽水设备、维修车间。同一流域的各梯级船闸宜统一设维修厂。

第三节　信号和标志

为保证船舶迅速、安全和有秩序地通过船闸和引航道,使船舶过闸时船舶的操作和船闸的操作互相配合,应对进出船闸的船舶进行管理和调度,这一般由船闸工作人员利用信号装置来进行。因此,船闸均应设置通行信号和航行标志,并要满足昼夜通航的要求。信号和标志的电气布设和要求,应按《船闸电气设计规范》(JTJ 310—2004)的有关规定执行。每道工作闸门上、下游均应设置水尺。

一、通行信号

通行信号主要用来指引船舶安全通过船闸。根据所在位置的不同,可以分为远程信号、进闸信号和出闸信号。

远程信号是用以指引或禁止船舶进入引航道停泊区的标志。远程信号由双标志的红、绿色透镜灯组成，灯光上下排列，上部为红色灯光，下部为绿色灯光。远程信号设置在船闸的上、下游引航道船舶停泊区的远端端部（上游停泊区的上游端部，下游停泊区的下游端部），距最高通航水位约 4~5 m 的支柱上。当船舶停泊区有空余泊位时，远程信号显示绿色灯光，允许来船进入停泊区，否则显示红色灯光，禁止来船进入停泊区。远程信号的灯光，应保证在正常气候条件下能清晰地指示距信号装置 4 倍闸室有效长度范围内的船舶。

进闸及出闸信号是用来指挥船舶是否可以进出船闸。进闸及出闸信号由三标志的红、黄、绿三色透镜灯组成，灯光上下垂直排列，上部为红色灯光，中部为黄色灯光，下部为绿色灯光。进闸及出闸信号设置在上、下闸首上，信号装置高程距最高通航水位 2~5 m。红色灯光表示禁止通行信号，黄色灯光表示预告信号，绿色灯光表示允许通行信号。进、出闸信号灯均在中央控制室进行操作。当为程序控制时，进、出闸信号应能随程序切换。当为单项控制和就地控制时，应用单独的开关进行手动操作。

二、航行标志

船闸航行标志分为停船界限标志灯、多线船闸编号标志和多级船闸闸室编号标志。

停船界限标志灯为红色灯，主要用来标示船闸闸室和引航道可供船舶停靠的有效长度或界限。闸室停船界限标志灯（或界限标）设置在闸室有效长度两端闸墙的两侧（或闸墙上）作对称布置。通常设置在上闸首门龛下游边缘或帷墙的下游面，或集中输水系统的闸室镇静段末端，或其他伸向下游的构件的下游边缘，下闸首门龛的上游边缘或其他伸向上游的构件的上游边缘。具体位置根据闸门门型及灌、泄水影响而定。必要时，还应设置船闸宽度界限灯、闸室中心线灯。闸室宽度界限灯为白色信号灯，宜设置在上、下游闸门外两侧闸墙上。闸室中心线灯为紫色信号灯，宜设在闸门内侧中心线上，面向闸室。

在双线船闸中，应在每一线上设置与单线船闸相同的通行信号灯及航行标志灯，并应采取有效措施避免指挥各线船舶的信号互相混扰，如设置船闸编号标志灯。多线船闸编号标志应设置在各线船闸引航道的远端端部，标志应为蓝底白字的反光标志。

在多级船闸中，应在每个闸门处设置进、出闸信号，并在每个闸室有效长度的两端设置停船界限标志灯。

此外，在船闸上，还采用发声信号，借助于扩音机或传话筒向船舶的驾驶人员、水手等预告应准备的操作或其他注意事项。同时船舶工作人员也可用汽笛或传话筒通知船闸值班人员说明准备的情况，尤其是船舶进闸后的系缆情况。

思考题

1. 船闸的助航设施有哪些?
2. 船闸上的系船设施有哪几种?分别设置在哪里?
3. 船闸上有哪些检修设施?分别有什么用途?
4. 通行信号灯有哪几种类型?分别有什么功能?
5. 航行标志灯有哪些类型?分别设置在哪些位置?有什么功能?

第六章　船闸维护

第一节　水工建筑物及附属设施维护

一、一般规定

水工建筑物维护包括闸首、闸室、导航墙、靠船墩、护岸、护坦、停泊锚地等。附属设施维护包括护角、护面、护木、爬梯、栏杆、水尺、系船设施、电缆沟、闸顶挡墙等。水工建筑物及附属设施在出现异常的水文、气象、地震等情况或受到意外的剧烈碰撞后,应对其进行专项检查。引航道水工建筑物及附属设施在汛后应及时检查。水工建筑物及附属设施修理工艺应满足相关规范要求。

二、水工建筑物及附属设施日常巡检

水工建筑物及附属设施日常巡检应包括运行观察、杂物清理等。闸首、闸室、导航墙、护岸等墙后填土区应无塌陷、无积水,排水沟应畅通。浮式系船柱应升降灵活自如,无卡阻、下沉等现象,固定式系船设施无缺损,紧固件无松动脱落。

三、水工建筑物及附属设施保养

水工建筑物及附属设施保养应包括运行观测、隐患排查等。船闸水面应保持清洁,水面垃圾应及时打捞,影响船闸安全运行的水下障碍物应及时清除。水工建筑物出现以下情况,应增加观测频次:

a) 变形观测、墙前泥面观测数据异常;
b) 开裂、破损、露筋、松动、渗漏、坍塌等。

栏杆、爬梯等设施应清洁完好。水尺应定期进行清洁,保持醒目完好。固定式系船

设施应齐全完好、无松动。进水孔、排水孔、通气孔等应保持畅通。电缆沟应排水通畅，配件设施齐全。

四、水工建筑物及附属设施修理

混凝土建筑物出现裂缝，应采取修补措施。对于缝宽大于 0.2 mm 时，应根据情况选用喷涂、嵌缝、充填等方法进行表面处理；对于深层裂缝或对结构受力、防渗有影响的表面裂缝应采用灌浆处理；对贯穿裂缝或灌浆处理不能满足结构强度要求的深层裂缝，应进行结构加固处理。

混凝土建筑物表面出现损伤，应采取修补措施。若表面损伤面积小于 0.01 m^2，且深度小于 30 mm，可采用砂浆抹补；对于损伤面积或深度较大的，应采用浇筑混凝土，喷射砂浆或混凝土等方法修补；对于表面露筋的，应对裸露的钢筋除锈处理后再进行修补；对破损表面修补前应进行凿毛处理。

混凝土结构出现渗漏，应采取修补措施。对于结构缝渗漏不大于 0.5 L/min 的，可采用表面封堵处理；对渗漏变化较大、渗漏较为严重的结构缝，可采取表面封堵与化学灌浆相结合的方式处理。

浆砌块石结构，若块石及勾缝脱落或开裂的，应凿除损坏部分，清理干净后进行修复。对于产生一般浅缝的，可沿裂缝凿开，清理干净后可进行填封。对于裂缝宽度大于 2 mm 且长度大于 3 m，结构处于安全稳定状态的，可灌浆处理；裂缝危及结构安全稳定的应局部拆除修复。墙身渗漏严重的，可采用灌浆处理。

伸缩缝填料如有缺损，应及时修复。止水设施损坏，渗漏严重时，及时进行专项处理。水工建筑物发生倾斜或有滑动迹象的，应及时采取必要的安全措施。护面、护木、护角松动、脱落、损坏的，应及时处理；损坏严重的，应予修复或更换。爬梯、栏杆、固定式系船设施应安装牢固，满足使用要求，危及安全的，应及时修复或更换。浮式系船柱出现卡阻、下沉、轮系脱落、系船架损坏等情况时，应吊出修复。水尺出现缺损、脱落，应及时修复或更换。电缆沟、墙后降水井、墙后水位计井等结构体如有变形、损坏、坍塌，应及时进行修复。闸顶挡墙如有损伤或损坏，应进行修复。

第二节　闸、阀门维护

一、闸门维护

1. 一般规定

闸门维护包括门体结构、支承运转件、止水装置、推拉牵引装置、轨道、锁定装置、润滑系统等维护。

2. 闸门日常巡检

闸门日常巡检包括运行观测、连接紧固件检查、顶枢检查、止水效果检查、润滑系统检查等。闸门运行应平稳,无抖动,无异常响声,闸门启闭时间应在规定范围内。人字闸门、三角闸门左右两扇闸门运行应同步,关门状态对中良好,闸门进出门龛应顺畅。横拉闸门运行应平稳顺直,无明显跑偏现象,关门到位时每对支承块均应对位良好,相对偏移不大于 3 mm。升卧闸门应运转顺畅,滚轮或滑块与主轨道对位良好,侧轮或导向滑块与导轨之间无卡阻,提升到位时锁定可靠,落门时锁定能顺利解除。人字闸门导卡应运转正常,无响声,闸门关闭过程中导轮与卡舌间不应发生卡阻现象。闸门柔性护舷螺栓应无松动、脱落。顶枢拉杆及拉座应不出现裂纹或明显变形。顶枢调整螺母防松装置应可靠锁紧,螺栓应无损坏、松动,止动板应未松动或脱落。润滑系统的各润滑点应连接可靠,无油脂渗漏;润滑管路应畅通、固定牢靠,运行时管路应无异常震动,管接头处应无油脂渗漏;润滑泵各部件应密封良好、不渗油,运行时应压力正常,平稳无异响、无异常发热。

3. 闸门保养

闸门保养包括门体水平跳动量、门体漂移量、浮箱、承压条、止水及限位装置、底枢、推拉牵引装置、轨道等周期性检测或检查。人字闸门、三角闸门运行的水平跳动量应定期进行检测,检测周期应不大于一个季度。人字闸门、三角闸门关闭时应无明显漂移,并对闸门漂移量做定期检测。闸门浮箱内应无积水,并对浮箱的气密性做定期检测,检测周期应不大于一年。人字闸门门轴柱及斜接柱承压条应无松动、损坏,关门时应无错位或漏水。闸门止水应无明显漏水,并定期对止水橡皮进行检查,记录损坏长度,检查周期应不大于半年。止水压板应无明显变形、损坏,并定期对止水压板进行检查,检查周期应不大于半年。止水紧固螺栓应无松动、脱落,并定期对止水螺栓进行检查,检查周期应不大于半年。人字闸门门底限位装置应无松动、脱落,并定期对限位装置进行检查,检查周期应不大于一个季度。人字闸门、三角闸门底枢紧固螺栓应无松动、脱落,人字闸门底枢支承插块应无松动,并定期进行水下检查,周期应不大于一个季度。横拉闸门推拉牵引装置应连接可靠,无松动、磨损,链条长短正常,并定期对推拉牵引装置进行检查,检查周期应不大于一个月。横拉闸门吊杆应无变形、损坏,销轴应连接可靠,吊杆应转动灵活。横拉闸门侧向导轮应运转顺畅,无卡阻,其固定螺栓、螺母无松动、脱落,并定期进行检查,检查周期应不大于一个季度。

横拉闸门轨道、轨床应无松动,无明显变形、磨损,轨道压板及螺栓无缺损、脱落,并定期对顶轨道的直线度与平行度进行检查。升卧闸门滚轮、滑块紧固螺栓应无松动、脱落,并定期对滚轮、滑块进行检查,检查周期应不大于一个月。

4. 闸门修理

闸门修理包括门体及构件修理、防腐处理、支承运转件拆检与更换、止水件更换、润滑泵元件更换等。挡水面板及其他钢构件局部变形严重或开裂部位应采取矫正、补强等措施修复。构件表面局部锈蚀部位应进行清理并重新补漆。焊缝及其热影响区出现裂纹、脱焊等缺陷部位应进行清理并补焊。锅护木出现破损应修复或更换。工作桥面板、扶手栏杆等变形严重或损坏的应矫正或更换,锈蚀部位应进行清理并重新补漆。运转轴与滑动轴承之间应配合紧密,运转自如,对磨损严重、间隙过大导致运行不平稳的应进行拆解检测。

轴类若出现裂纹或工作表面出现啃伤、镀铬层脱落或最大磨损量超过 1 mm 时,应予以更换。

轴承类若出现裂纹或与轴之间出现黏着磨损或最大磨损量超过 2 mm 时,应予以更换。

滚轮类若出现裂纹或踏面磨损超过 5 mm 时,应予以更换。

止水橡皮磨损严重、发生撕裂,止水压板变形损坏,影响安全使用的应予以更换。润滑泵元件损坏或严重磨损,应予以更换。

二、阀门维护

1. 一般规定

阀门维护包括门体结构、支承运转件、止水装置、起吊和锁定装置等维护。阀门修理一般工艺要求应符合下列规定:

(1) 阀门修理前应清理检修平台,确保支垫梁、锁定装置及起吊装置的安全可靠,做好人身安全保护。

(2) 吊杆宜采用从上到下的顺序逐节拆卸,吊杆拆卸完毕可将门体锁定至检修平台,如需要更换滚轮及底止水等,应将阀门完全吊入检修平台并支承固定好。

(3) 门体及轨道槽中的杂物与水生物应予以清理,清理时不得破坏原构件的保护层。

　　(4) 初步判断止水、滚轮、镶面板等零部件的老化、磨损及完好性,对需要修复或更换的零部件进行拆卸并清洗,拆卸时不得破坏零部件原有使用功能,清洗时应彻底。

　　(5) 拆卸清洗后的零部件应进行编号、测量并记录,记录资料应进行专业分析。阀门零部件的修复或更换应符合下列规定:

　　① 止水件更换时,止水件螺栓孔应与门体原孔位配钻。

　　② 主侧滚轮、轴及轴承的修复与更换应成套进行。

　　③ 可拆卸镶面板更换时应检查限位键,限位键锈蚀应一并更换。

　　(6) 需要更换的或已修复的零部件应进行检测和及时保护,各参数应满足设计要求,并在有效时限内进行安装。

　　(7) 阀门吊入门槽前,宜按从下到上的顺序逐节进行解锁与吊杆安装。

　　(8) 阀门安装完毕应进行全过程运行观测。

　2. 阀门日常巡检

　　阀门日常巡检包括阀门运行观察、止水效果检查等。阀门开启和关闭过程中,应无障碍物卡阻、无异常振动、无异常声响等现象。阀门按设计或使用要求应启闭到位,开门到位时应无明显下滑现象。阀门关门挡水时,应无明显漏水等现象。

　3. 阀门保养

　　阀门保养包括杂物清理、变形测量、紧固件检查等。阀门应定期吊入检修平台进行保养或修理,吊检周期应不大于一年。清除附着在阀门门体、主侧滚轮、吊座及吊杆等处的杂物及水生物等。检查阀门吊座、吊杆、连接杆、销轴或抱箍、锁定装置、紧固件等可靠性,对脱落或松动的紧固件进行补齐并紧固。检查并测量门体的变形及裂纹、运转件的磨损量、止水的撕裂或破损程度、螺栓的锈蚀松动或脱落情况等。阀门主轨道镶面板、压板及紧固件应无松动、磨损或脱落现象,并定期进行检查,检查周期应不大于半年。

　4. 阀门修理

　　阀门修理包括门体结构加固或更换、防腐处理、支承运转件拆检或更换、止水件矫正或更换、起吊和锁定装置拆检或更换等。门体结构锈蚀严重时,应进行强度、刚度和稳定性复核,不满足使用要求的,应加固或更换,并重新补漆。门体结构开裂或焊缝撕裂时,应清理裂纹并补焊,必要时应补强处理。门体结构变形严重影响正常启闭时,应予更换。主滚轮和侧滚轮、滚轮轴和侧滚轮轴、主滚轮轴套和侧滚轮轴套的更换标准应符合闸门的滚轮类、轴类、轴承类更换规定。可拆卸镶面板磨损量超过 5 mm 时,可进行修复或更换。止水橡皮出现变形、老化、撕裂等现象或造成严重漏水时,应予更换。止水压板轻微变形的可矫正,出现严重变形、开裂或大部分螺栓孔径扩大等情况应予更换。止水螺栓脱落的应补全,发生松动变形的应更换。

吊座或辅助吊耳出现焊缝开裂或严重锈蚀等现象，应及时补强或更换。吊座与门体的连接螺栓出现松动、脱落或严重锈蚀时，应及时紧固或更换。吊座轴的更换应符合闸门轴类更换的有关规定，吊座轴承的修理应符合闸门轴承类更换的有关规定。吊杆出现折弯或严重锈蚀时，应予更换；因连接杆、销轴或抱箍导致吊杆松动等现象，应予更换。锁定板的固定销轴因锈蚀无法顺利拔出时，应予更换。

思考题

1. 水工建筑物及附属设施日常巡检包括哪些内容？
2. 当船闸混凝土出现裂缝时，采取什么修补措施？
3. 闸门日常巡检包括哪些内容？
4. 闸门保养具体包括哪些内容的周期性检测或检查？
5. 阀门日常巡检、维护、保养的内容分别有哪些？

第七章　船闸建设管理基础

第一节　船闸识图

一、水工图的分类

水利工程的兴建一般需要经过勘测、规划、设计、施工和竣工验收等几个阶段,每个阶段都要绘制相应的图样。勘测、调查工作是为可行性研究、设计和施工收集资料,提供依据,此阶段要画出地形图和工程地质图等。可行性研究和初步设计的主要任务是确定工程的位置、规模、枢纽的布置及各建筑物的形式和主要尺寸,提出工程概算,报上级审批。此阶段要画出工程位置图(包括流域规划图、灌区规划图等)、枢纽布置图。技术设计和施工设计阶段是通过详细计算,准确地确定建筑物的结构尺寸和细部构造,确定施工方法、施工进度,编制工程预算等。此阶段要绘制建筑物结构图、构件配筋图、施工详图等,工程建设结束还要绘出竣工图。下面介绍几种主要的水工图样。

1. 规划图

规划图是表达水利资源综合开发全面规划意图的一种示意图。按照水利工程的范围大小,规划图有流域规划图、水利资源综合利用规划图、灌区规划图、行政区域规划图等。

规划图通常绘制在地形图上,采用符号图例示意的方式反映出工程的整体布局、拟建工程的类别、位置和受益面积等内容。如图 3.7-1 所示为某河流域规划图,此河流是乌江的一条支流,在该河流上拟建六个水电站。规划图表示范围大,图形比例小,一般采用比例为 1∶5 000~1∶10 000,甚至更小。

2. 枢纽布置图

将整个水利枢纽的主要建筑物的平面图形画在地形图上，这样的图形就称为水利枢纽布置图。枢纽布置图可以单独画在一张图纸上，也可以和立面图等配合画在一张图纸上，如图 3.7-2 所示。枢纽布置图一般包括以下内容：

(1) 水利枢纽所在地区的地形、河流及流向、地理方位(指北针)等。

(2) 各建筑物的平面形状、相应位置关系。

(3) 建筑物与地面的交线、填挖方坡边线。

(4) 建筑物的主要高程和主要轮廓尺寸。

为了使主次分明，结构上的次要轮廓线和细部构造一般省去不画或用示意图表达它们的位置、种类，图中尺寸一般只标注建筑物的外形轮廓尺寸和定位尺寸、主要部位的标高、填挖方坡度等。所以枢纽布置图主要用来表明各建筑物的平面布置情况，作为各建筑物的施工放样、土石方施工及绘制施工总平面图的依据等。

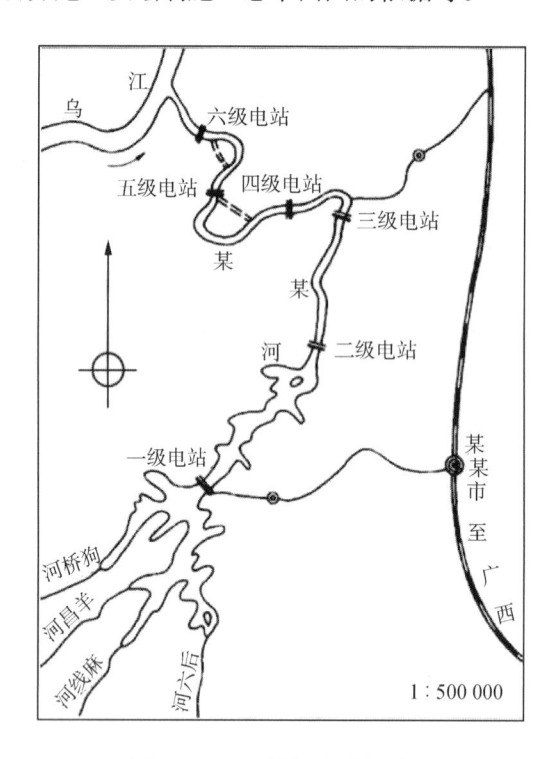

图 3.7-1　某河流域规划图

3. 建筑物结构图

建筑物结构图是以枢纽中某一建筑物为对象的工程图样，包括结构平面布置图、剖面图、分部和细部构造图、混凝土结构图和钢筋图等。主要用来表达水利枢纽中单个建筑物的形状、大小、结构和材料等内容。

4. 施工图

施工图是按照设计要求,用于指导施工所画的图样。主要表达施工过程中的施工组织、施工程序和施工方法等。

5. 竣工图

工程完工验收后要绘出完整反映工程全貌的图样称为竣工图。竣工图详细记载着建筑物在施工过程中经过修改后的有关情况,以便汇集资料、交流经验、存档查阅以及供工程管理之用。

二、水工图的特点

水工图的绘制,除遵循制图基本原理以外,还根据水工建筑物的特点制定了一系列的表达方法,综合起来水工图有以下特点:

(1) 比例小:水工建筑物形体庞大,画图时常用缩小的比例。特殊情况下,当水平方向和铅垂方向尺寸相差较大时,允许在同一个视图中的铅垂和水平两个方向采用不同的比例。

(2) 详图多:因画图所采用的比例小,细部结构不易表达清楚。为了弥补以上缺陷,水工图中常采用较多的详图来表达建筑物的细部结构。

(3) 断面图多:为了表达建筑物各部分的断面形状及建筑材料,便于施工放样,水工图中断面图应用较多。

(4) 图例符号多:水工图的整体布局与局部结构尺寸相差较大,所以在水工图中经常采用图例、符号等特殊表达方法及文字说明。

(5) 考虑水的影响:水工建筑物总是与水密切相关,因此水工图的绘制应考虑到水的问题。如挡水建筑物应表明水流方向和上、下游特征水位。

(6) 考虑土的影响:由于水工建筑物直接修筑在地面上,所以必须表达建筑物与地面的连接关系。

三、水工图的表达方法

(一) 基本表达方法

1. 视图的名称和作用

(1) 平面图

在水工图中,平面图(即俯视图)是基本视图。平面图分表达单个建筑物的平面图及表达水利枢纽的总平面图(枢纽布置图)。表达单个建筑物的平面图主要表明建筑物的平面布置,水平投影的形状、大小及各部分的相互位置关系、主要部位的标高等。

平面图的布置与水有关:关于挡水坝、水电站等挡水建筑物的平面图把水流方向选为自上向下,用箭头表示水流方向,如图 3.7-2 所示;对于过水建筑物(水闸、渡槽、涵洞等)则把水流方向选作自左向右。根据《水利水电工程制图标准》规定:视向顺水流方向观察建筑物,建筑物左边为河流左岸,右边为河流右岸。

图样中表示水流方向的符号,根据需要可按图 3.7-3 所示的三种形式绘制。枢纽布置图中的指北针符号,根据需要可按图 3.7-4 所示的两种形式绘制,其位置一般画在图形的左上角,必要时也可以画在右上角,箭头指向正北方向。图中"B"值根据需要自定。

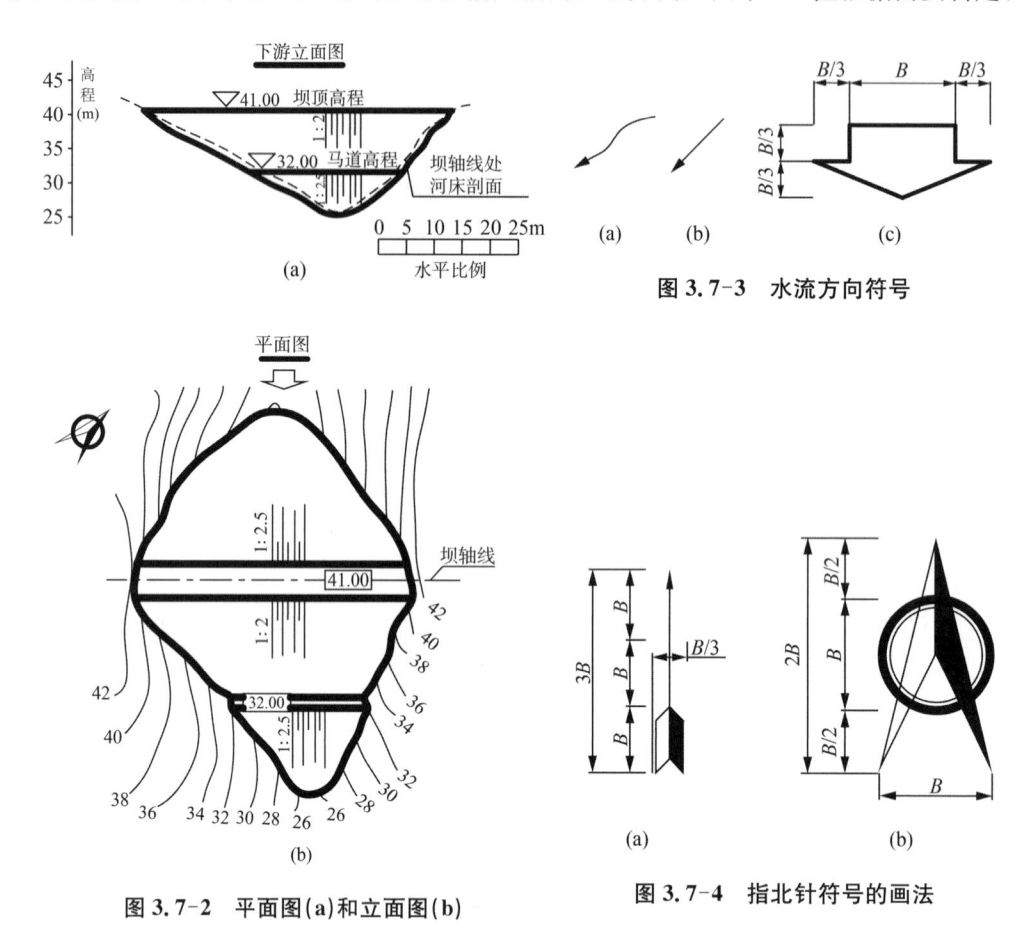

图 3.7-3 水流方向符号

图 3.7-2 平面图(a)和立面图(b)

图 3.7-4 指北针符号的画法

(2) 立面图

表达建筑物的各个立面的视图叫立面图(即正、左、右、后视图)。水工图中立面图的名称与水流有关,视向顺水流方向观察建筑物所得的视图称为上游立面图;视向逆水流方向观察建筑物所得的视图称为下游立面图。立面图主要表达建筑物的外部形状,上、下游立面的布置情况等,如图 3.7-2 所示下游立面图。

(3) 剖视图

在水工图中,剖切平面平行于建筑物轴线或顺河流流向时所得的视图,称为纵剖视图,如图 3.7-5 所示 A-A。剖切平面垂直于建筑物轴线或河流流向时所得的视图,称为横剖视图,如图 3.7-5 所示 B-B。剖视图主要表达建筑物的内部结构形状及相对位置关系,表达建筑物的高度尺寸及特征水位,表达地形、地质情况及建筑材料。

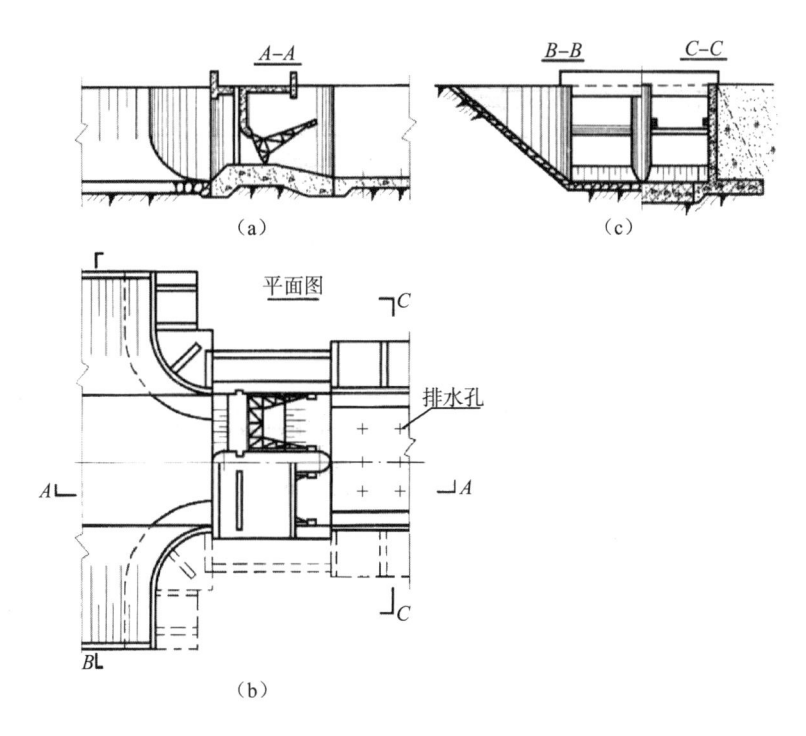

图 3.7-5　合成视图、拆卸画法与简化画法

(4) 剖(断)面图

剖面图表达建筑物组成部分的断面形状及建筑材料,土石坝剖面图中筑坝材料的分区线应用中粗实线绘制并注明各区材料名称,当不影响表达设计意图时,可不画剖面材料图例,如图 3.7-6、图 3.7-7 所示。

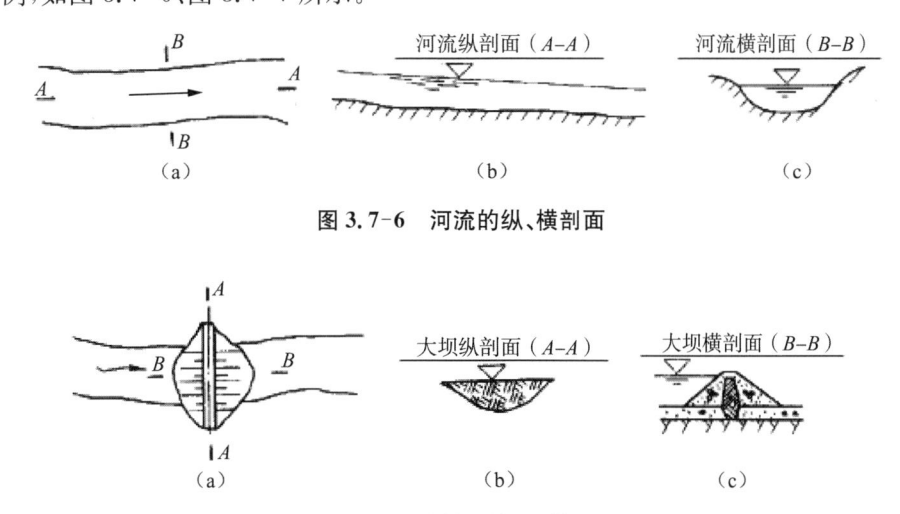

图 3.7-6　河流的纵、横剖面

图 3.7-7　建筑物的纵、横剖面

(5)详图

将物体的部分结构用大于原图形所采用的比例画出的图形称为详图。详图一般应标注,其形式为:在被放大部分处用细实线画小圆圈,标注字母。详图用相同的字母标注其图名,并注写比例,如图 3.7-8 所示。详图可以画成视图、剖视图、剖面图,它与被放大部分的表达方式无关。必要时,详图可用一组(两个或两个以上)视图来表达同一个被放大部分的结构。

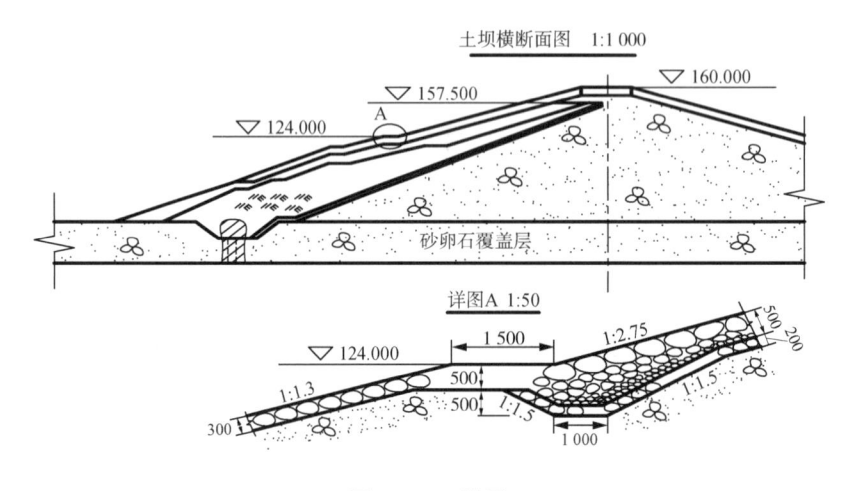

图 3.7-8 详图

2. 视图配置和标注

表达建筑物的一组视图应尽可能按投影关系配置。由于水工建筑物的大小不同,有时为了合理利用图纸,允许将某些视图不按投影关系配置,而是将其配置在图幅的合适位置,对于大而复杂的建筑物,可以将某一视图单独画在一张图纸上。

为了读图方便每个视图一般均应标注图名,图名统一注写在视图的正上方,并在图名的下边画一条粗实线,长度以图名长度为准。

当整张图只使用一种比例时,比例统一注写在标题栏内,否则,应逐一标注。比例的字高应比图名的字高小 1~2 号。具体标注方式如图 3.7-9 所示。

图 3.7-9 图名标注方式

由于水工建筑物一般都比较庞大,所以水工图通常采用缩小的比例。绘图时比例大小的选择要根据工程各个不同的阶段对图样的要求、建筑物的大小以及图样的种类和用途来决定。

不同阶段的各种水工图一般采用的比例如下:

规划图	1∶2 000～1∶10 000
枢纽布置图	1∶200～1∶5 000
建筑物结构图	1∶50～1∶500
详图	1∶5～1∶50

为便于画图和读图,建筑物同一部分的几个视图应尽量采用同一比例。在特殊情况下,允许在同一视图中的铅垂和水平两个方向采用不同的比例。土坝长度和高度两个方向的尺寸相差较大,所以在下游立面图中,其高度方向采用的比例较长度方向大,但这种视图不能反映建筑物的真实形状。

(二) 特殊表达方法

1. 合成视图

对称或基本对称的图形,可将两个视向相反的视图(或剖视图或剖面图)各画一半,并用点画线为界合成一个图形,分别注写相应的图名,这样的图形称为合成视图,如图 3.7-5(c)所示 $B\text{-}B$ 和 $C\text{-}C$ 合成的剖视图。

2. 拆卸画法

当视图(或剖视图)中所要表达的结构被另外的结构或填土遮挡时,可假想将其拆掉或掀去,然后再进行投影。如图 3.7-5(b)所示平面图中对称线前半部分将桥面板拆卸、翼墙及岸墙后回填土掀掉后绘制图,因此,翼墙与岸墙背水面轮廓可见,轮廓虚线变成实线。

3. 简化画法

对于图样中的一些细小结构,当其成规律地分布时,可以简化绘制,如图 3.7-5(b)中的排水孔。图样中的某些设备(如闸门启闭机、发电机、水轮机调速器、桥式起重机)可以简化绘制。

4. 对称符号的画法

当图形对称时,可以只画对称的一半,或只画对称的四分之一,但必须在对称线上加注对称符号,对称符号的画法如图 3.7-10 所示。

在不影响图样表达的情况下,根据不同设计阶段和实际需要,视图和剖视图中某些次要结构和附属设备因属外部构件或另有图纸表达,在建筑物结构图中可简化绘制或省略不画。

图 3.7-10 对称符号的画法

5. 展开画法

当构件或建筑物的轴线(或中心线)为曲线时,可以将曲线展开成直线后,绘制成视图(或剖视或剖面)。这时,应在图名后注写"展开"二字,或写成"展视图",如图 3.7-11 所示。

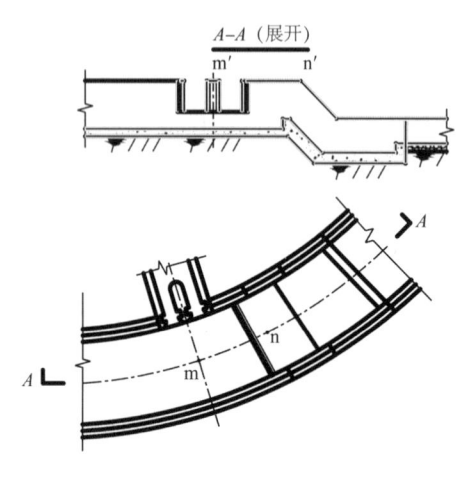

图 3.7-11　展开画法

6. 连接画法

当图形较长而又需要全部画出时,可将其分段绘制,再画出连接符号表示相连的关系,并用大写拉丁字母编号。如图 3.7-12 所示的土坝立面图。

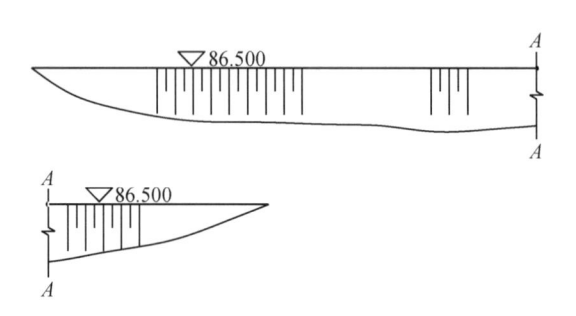

图 3.7-12　连接画法

7. 断开画法

当构件较长,沿长度方向形状一致,或按一定的规律变化时,可用断开画法绘制,如图 3.7-13 所示。

8. 分层画法

当建筑物或某部分结构有层次时,可按其构造层次分层绘制,相邻层用波浪线分界,并且用文字注写各层结构的名称,如图 3.7-14 所示。

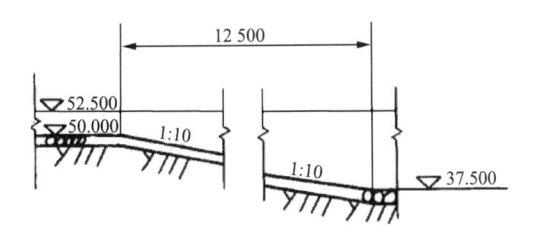

图 3.7-13　断开画法

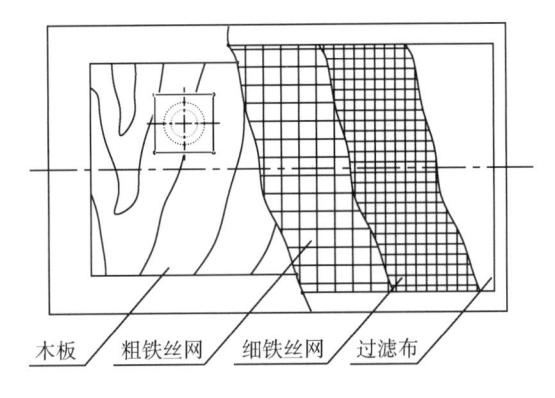

图 3.7-14　分层画法

9. 缝线的画法

在绘制水工图时,为了清晰地表达建筑物中的各种缝线,如伸缩缝、沉陷缝、施工缝和材料分界缝等,无论缝线两边的表面是否在同一平面内,在绘图时这些缝线按轮廓线处理,规定用粗实线绘制。如图 3.7-15 所示。

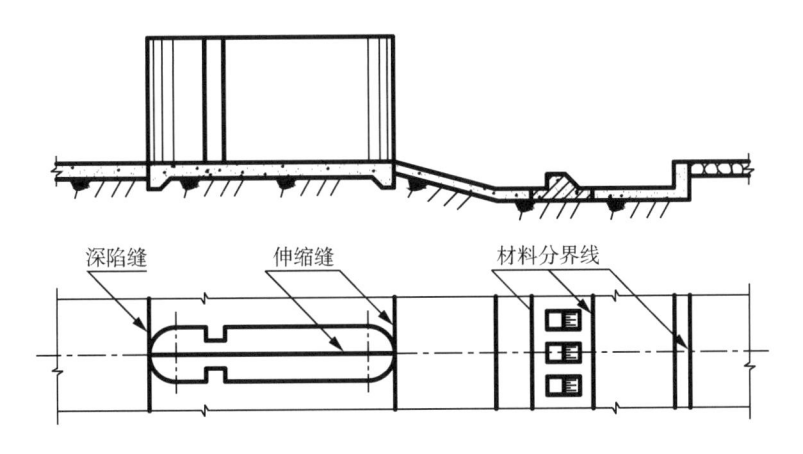

图 3.7-15　缝线的画法

10. 示意画法

在规划示意图中,各种建筑物是采用符号和平面图例在图中相应部位示意表示。这种画法虽然不能表示结构的详细情况，但能表示出它的位置、类型和作用。常见的水工建筑物平面图例如表 3.7-1 所示。

表 3.7-1　常见水工建筑物平面图例

序号	名称		图例	序号	名称		图例
1	水库	大型		13	泵站		
		小型		14	暗沟		
2	混凝土坝			15	渠		
3	土石坝			16	船闸		
4	水闸			17	升船机		
5	水电站	大比例尺		18	码头	栈桥式	
		小比例尺				浮式	
6	变电站			19	溢洪道		
7	渡槽			20	堤		
8	隧洞			21	护岸		
9	涵洞			22	挡土墙		
10	虹吸			23	防浪堤	直墙式	
11	跌水					斜坡式	
12	斗门			24	明沟		

四、水工图纸识读方法与步骤

水工建筑施工图的识读一般应按先整体后局部,先看主要结构后看次要结构,先粗后细,逐步深入的方法进行,这样经过几次反复,直到将施工图全部看懂。具体步骤如下:

(1) 概括了解。阅读标题栏和有关说明,了解建筑物的名称、作用、比例、尺寸单位等内容。分析水工建筑物总体和各部分采用了哪些表达方法;找出有关视图和剖视图之间的投影关系,明确各视图所表达的内容。

(2) 深入阅读。概括了解之后,还要进一步仔细阅读,除了要运用形体分析法外,还需要知道建筑物的功能和结构常识,运用对照的方法读图,即平面图、剖视图、立面图对照着读,图形、尺寸、文字说明对照着读等。

(3) 归纳总结。通过归纳总结,对水利水电工程建筑物或建筑物群的大小、形状、位置、功能、结构特点、材料等有一个完整和清晰的了解。

第二节　BIM 技术及其应用

一、BIM 技术的概念

BIM 是 Building Information Modeling(建筑信息模型)的缩写,是应用这种模型进行建筑性能模拟、规划、施工、运营的活动,建筑信息模型是一种活动,不是一个对象。BIM 应用模型来进行设计、建筑、运营、管理,并随着建设过程的推进,建筑信息模型中的信息也在不断地被补充和完善。

BIM 并不能简单地被理解为一种工具,它体现了建筑业广泛变革的人类活动,这种变革既包括了工具的变革,也包含了生产过程的变革。由此可见,随着 BIM 理论的不断发展,广义的 BIM 已经超越了最初的产品模型的界限,正被认同为是一种应用模型来进行建设和管理的思想和方法,这种新的思想和方法将引发整个建筑生产过程的变革。

BIM 中重要的不是 3D 模型,而是其中有序、可靠、及时的信息,信息(内容)的创建、共享、应用和管理是 BIM 发挥其功能和价值的基础。

BIM 的根本价值点是能极大地改进建筑业在过程、专业、组织等方面割裂的问题,通过提高各方面协同集成水平,从而提高建筑业的生产效率。

二、技术的特征

1. 技术特征

（1）以参数化建模作为创建模型的主要技术。BIM 的主要技术是参数化建模技术。操作的对象不再是点、线、圆这些简单的几何对象，而是墙体、门、窗、梁、柱等建筑构件。BIM 将设计模型（几何形状与数据）与行为模型（变更管理）有效结合起来，在屏幕上建立和修改的不再是一堆没有建立起关联关系的点和线，而是由一个个建筑构件组成的建筑物整体。

（2）信息存储结构具有多元化特征。相比 2D CAD 设计软件，BIM 最大的特点就是摆脱了几何模型的束缚，开始在模型中承载更多的非几何信息，如材料的耐火等级、材料的传热系数、构件的造价与采购信息、质量、受力状况等一系列扩展信息。也正是 BIM 构件信息的多元化特征，使其除了具有一般 3D 模型的功能外，还可以模拟建筑设施的一些非几何属性，如能耗分析、照明分析、冲突检查等。

（3）以通用数据交换标准作为系统间信息交换的基础。BIM 的核心是信息的交换与共享，而解决信息交换与共享的核心在于标准的建立，有了统一的数据表达和交换标准，不同系统之间才能有共同语言，信息的交换与共享才能实现。

（4）以联合数据库的分类模型作为模型系统的实现方法。由于 BIM 内含的信息覆盖范围包括了项目的整个建设周期，因此模型必须包含相当多的建筑元素才能满足项目各参与方对信息的需求，采用联合数据库的分类模型则可让不同专业的组织参与方通过一个模型进行交流，从设计准备到初步设计再到施工图设计的各阶段，项目不同的参与方通过基本模型获取所需的信息来完成自己的专业模型，然后把他们的成果通过 IFC 格式交换反馈到信息模型当中，传递到下一个阶段以供使用和参考，这种系统可行性强，而且模型在整个生命周期中可以充分利用。事实上，目前使用的 BIM 系统大都采用联合数据库的分类模型，而最终的信息集成则依靠专门的集成软件来实现，如图 3.7-16 所示。

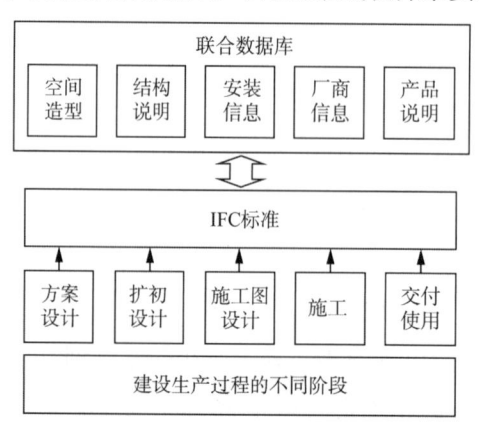

图 3.7-16　BIM 的分布式数据库模型

2. 实践特征

较之传统建筑业信息技术（如 2D CAD），BIM 技术具有创新性，其不是对现有行业技术进行简单改进修补式的局部创新，而是突破性创新。BIM 技术的出现，改变了工程项目信息的内容、表达方式及使用方式，如图 3.7-17 所示。结合现有文献研究和实践成果，BIM 技术主要有三种实践特征：技术跨组织性、内嵌高度任务相依性及外源非定制性。

基于 BIM 技术的应用过程，可以将其应用任务活动分为两种：模型构建及功能分析、基于模型的信息沟通与协调。

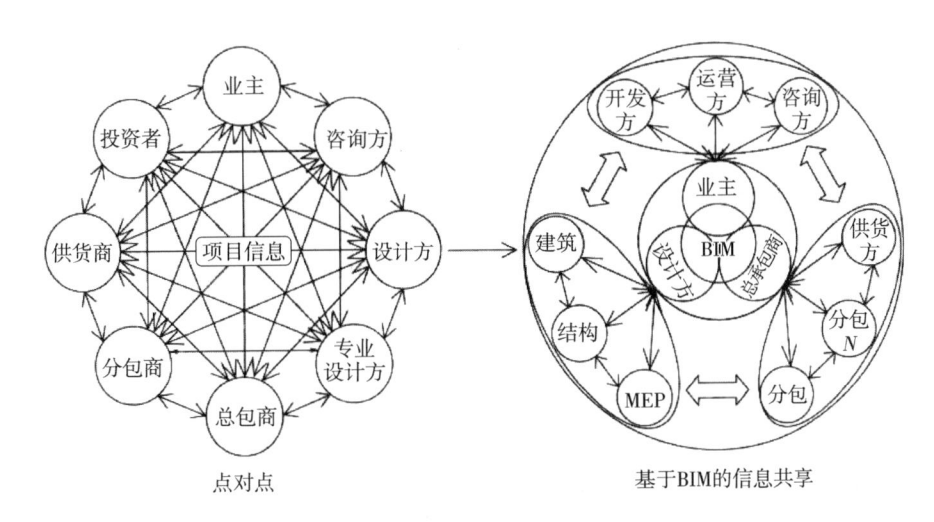

图 3.7-17　基于 BIM 的信息共享

三、BIM 标准

建筑数据模型中的信息随着建筑全生命周期各阶段（包含规划、设计、施工、运营等阶段）的展开，将会被逐步积累。考虑到这些信息横跨建筑全生命周期各个阶段，并由大量的技术和管理人员使用不同的应用软件产生并共享，为了更好地进行信息共享，有必要制定和应用与 BIM 技术相关的标准。

BIM 标准将规定什么人在什么阶段产生什么信息，信息应该采用什么格式，以及信息应该如何分类三方面的内容。

1. 与 BIM 标准相关的基础标准

目前，在 BIM 标准的编制过程中，主要利用了三类基础标准，即建筑信息组织标准、BIM 信息交付手册标准以及数据模型表示标准。在这三类标准中，建筑信息组织标准用于分类编码标准和过程标准的编制，BIM 信息交付手册标准用于过程标准的编制，而数据模型表示标准则用于数据模型标准的编制。

2. 分类编码标准

建筑全生命周期涉及大量的信息,有效地存储与利用这些信息是相关参与方降低成本、提高工作效率的关键,而实现信息的有效存储与利用的基础是信息分类和代码化,而分类编码标准则是实现这些目标的必不可少的部分。

OmniClass 标准是参考国际标准 ISO 12006-2 与 ISO/PAS 12006-3 开发的建筑信息分类与编码标准,涵盖了建筑全生命周期(包含规划、设计、施工、运维等各阶段)的所有信息(如建筑原料、建筑过程、建筑产品、建筑专业等),图 3.7-18 展示的是 OmniClass 标准表 21 "元素"分类结构示意图。

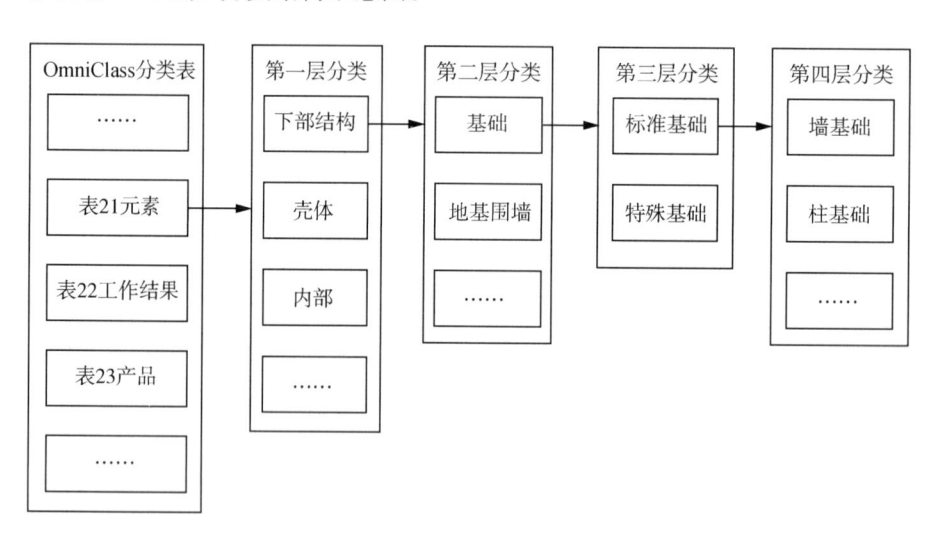

图 3.7-18　OmniClass 标准表 21 "元素"分类结构示意图

3. 数据模型标准

数据模型标准规定用以交换的建筑信息的内容及其结构,是建筑工程软件交换和共享信息的基础。目前国际上获得广泛认可的数据模型标准包括 IFC 标准、gbXML 标准和 CIS/2 标准。我国已经采用 IFC 标准的平台部分作为数据模型标准。

IFC 标准是开放的建筑产品数据表达与交换的国际标准,由国际组织 IAI 制定并维护,可被应用在从勘察、设计、施工到运营的工程项目全生命周期中。IFC 标准采用面向对象方法进行描述,其体系架构如图 3.7-19 所示,由 4 个层次构成,从下到上分别是资源层、核心层、共享层和领域层。

4. 过程标准

在建筑工程项目中,BIM 信息的传递分为横向传递(不同专业间)与纵向传递(不同阶段间)两种,制定过程标准就是为了保证信息传递的准确性与完整性,对传递过程中涉及的信息内容、传递流程、参与方等部分进行规定,从而提高项目各参与方、各阶段间的

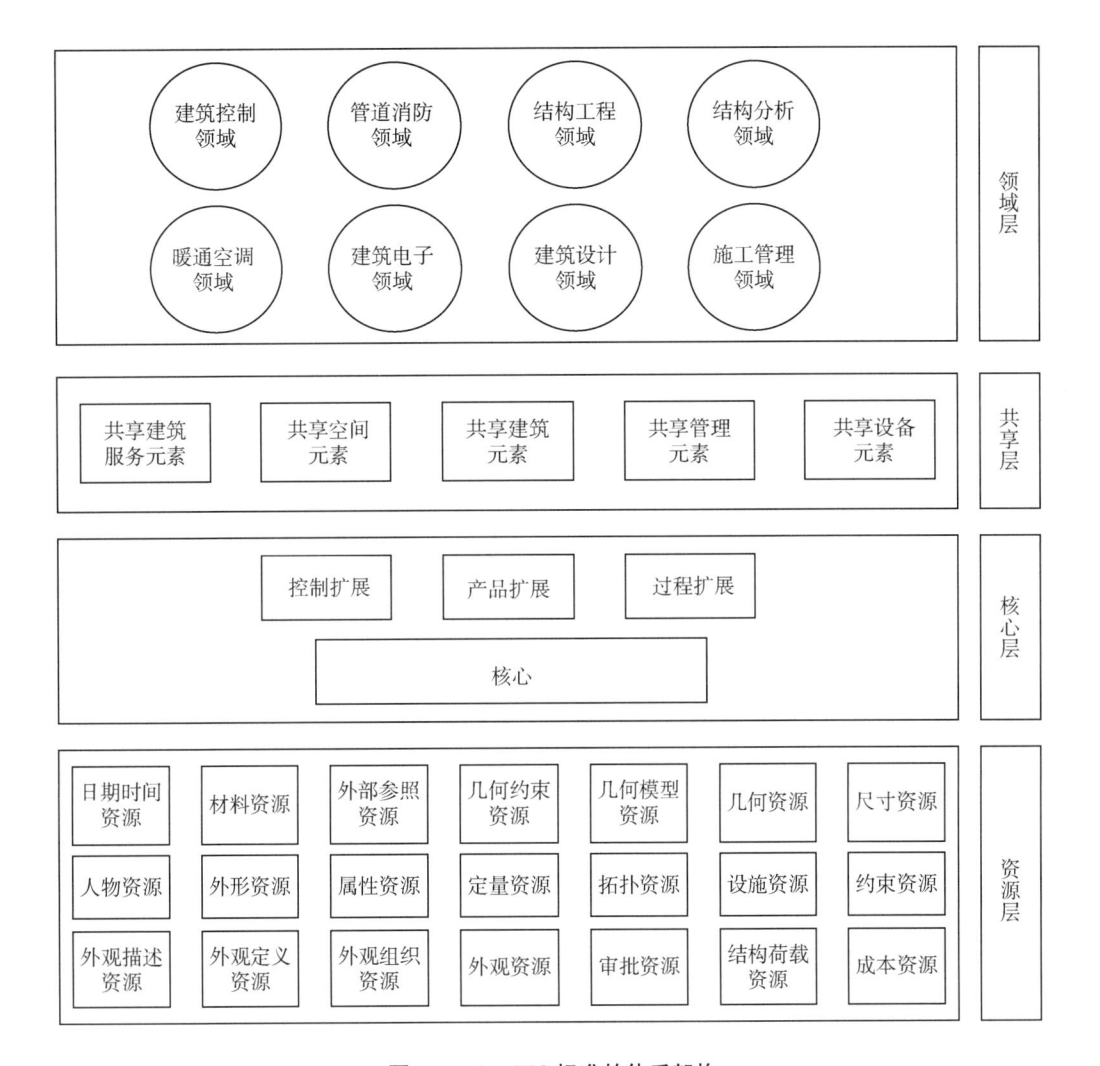

图 3.7-19　IFC 标准的体系架构

BIM 信息传递的效率与可靠性。过程标准主要包含三类标准,即 IDM 标准、MVD 标准以及 IFD 库。

四、BIM 应用

1. BIM 的功能应用

美国《BIM 项目实施计划指南(第二版)》归纳得出了 BIM 技术的 25 种常见的应用,如图 3.7-20 所示。由此可见,BIM 功能应用涉及工程项目策划、设计、施工到运营的各阶段,范围较为宏观、概括,便于 BIM 团队根据工程项目的实际情况从中选择计划实施的 BIM 应用。

此外,美国教授萨勒曼·爱资哈尔(Salman Azhar)、迈克尔·海因(Michael Hein)等指出 BIM 模型是由包含建筑物的所有相关信息的一系列"SMART 对象"所组成,可用于可视化和参数化设计、图纸复核、法规分析、成本估计、建造模拟、界面和碰撞检测等方面。

上海国际航运服务中心西船闸在 BIM 技术运用的基础上,运用系统工程理念,首次提出"BIM+"理论进行船闸工程的建设。通过 BIM 技术与 3D 打印、三维水流数值模拟、互联网等技术的有机结合,进行船闸工程的规划分析、设计优化、施工组织及运维管理等工作,实现了基于"BIM+"理论的船闸工程建设新模式。工程实践表明,该模式简单高效,破解了船闸工程复杂结构建设的难题,具有广阔的应用前景,可为类似工程提供理论指导与技术借鉴。

2. BIM 应用趋势

对于 BIM 技术,各国政府和专业协会、学会也积极出台相关政策及实施规划,促进 BIM 的使用。美国总务管理局(GSA)自 2003 年即开始实施国家"3D-4D-BIM"项目,自 2007 年起便要求其所属的所有联邦建设项目均采用 BIM 技术。韩国则于 2010 年实施了公共采购服务项目,计划在 2016 年前所有公共建设项目采用 BIM 技术。我国政府则把对 BIM 的支持和引导列入"十二五""十三五""十四五"规划当中,另外在上海市通过的《关于在本市推进建筑信息模型技术应用的指导意见》中也明确了对 BIM 技术的应用推广。

3. BIM 的应用价值

BIM 的应用价值具体归纳起来主要有以下几个方面:

(1) 提高业主对设计方案的评估能力。在项目进行的各个阶段,业主都需要有管理和评价设计方案的能力。在传统的建设模式下,二维的图纸限制了业主对设计方案的理解,业主对设计方案的管理和评价都是依靠设计人员对业主的描述以及效果图来判断的,业主的需求经常会发生变化,但有时候很难判断新的要求是否已经被实现。BIM 的可视化功能可以极大地提高业主对方案的理解能力,有助于业主和设计人员及其他项目参与方之间进行更好的沟通。

(2) 更快速、更准确地计算成本,加强业主对成本控制的能力,减少成本超支的风险。在 One Island East Office Tower 项目上,因为采用了 BIM 的算量方法,将不可预见费降到最低。在 Hillwood 项目上,工程造价人员应用 BIM 算量方法节约了 92% 的时间,误差与手工计算相比只有 1%。

(3) 提高业主对市场的反应速度。在美国通用汽车厂房扩建的案例中,业主需要提高建设速度来抓住市场机遇,但同时又希望预算不要超支。项目团队应用了全新的建设流程——基于 BIM 的建设工程项目集成化交付模式(IPD),运用了自动化设计出图、模拟、场外构件生产等一系列创新的方法,最后比业主要求的工期提前了 12.5%。

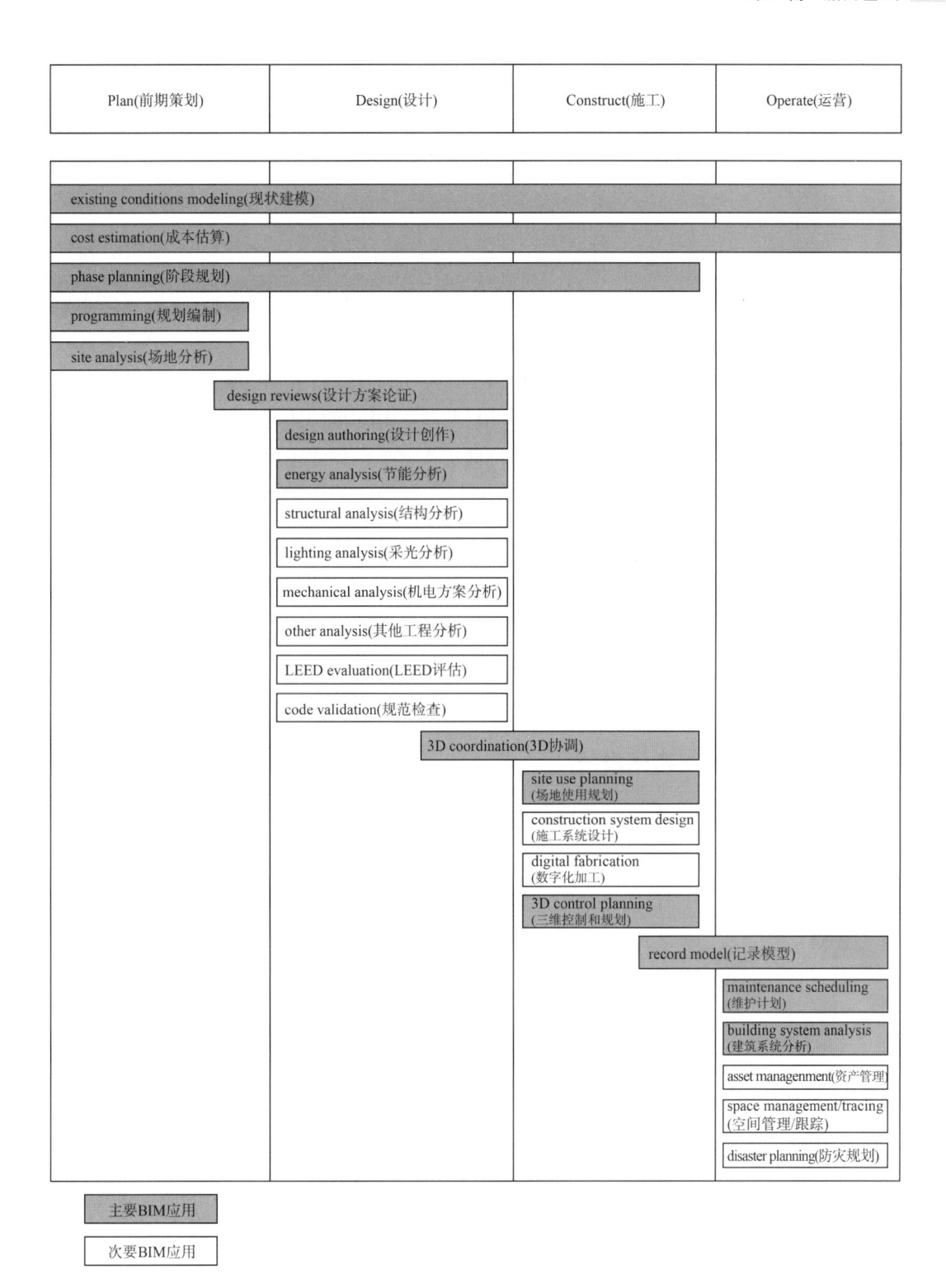

Plan(前期策划)	Design(设计)	Construct(施工)	Operate(运营)

existing conditions modeling(现状建模)

cost estimation(成本估算)

phase planning(阶段规划)

programming(规划编制)

site analysis(场地分析)

design reviews(设计方案论证)

design authoring(设计创作)

energy analysis(节能分析)

structural analysis(结构分析)

lighting analysis(采光分析)

mechanical analysis(机电方案分析)

other analysis(其他工程分析)

LEED evaluation(LEED评估)

code validation(规范检查)

3D coordination(3D协调)

site use planning(场地使用规划)

construction system design(施工系统设计)

digital fabrication(数字化加工)

3D control planning(三维控制和规划)

record model(记录模型)

maintenance scheduling(维护计划)

building system analysis(建筑系统分析)

asset management(资产管理)

space management/tracing(空间管理/跟踪)

disaster planning(防灾规划)

主要BIM应用

次要BIM应用

图 3.7-20　BIM 的 25 种功能应用

（4）提高建设设施的可持续性。据统计，一个 465 m² 的建筑物 1 年的能耗为 7.5 万美元到 10 万美元。使用节约能源的系统可以每年减少 10% 的能耗，也就是 8 000 美元到 1 万美元。而这样一套系统的投资大约是 5 万美元，相当于 6 年所节约的能源总量。BIM 通过提供更好的设计和分析服务，使建筑物可以更好地适应环境的变化，提高能源的利用效率。

（5）为设施管理提供更好的平台。在美国海岸警卫队建筑设施规划的案例中，设施管理者利用 BIM 来更新和编辑数据库，比传统的方法节省了 98% 的时间，不但提高了信息管理的效率，同时也节省了很多用来输入这些信息的人力。

BIM 正在改变建筑业内外部团队合作的方式，为了实现 BIM 的最大价值，需要重新思考工程项目管理团队成员的职责和工作流程，基于 BIM 的工作方式打破了原来不同的企业和数据使用者之间的固有界限，通过协同工作实现信息资源的共享。

BIM 技术的应用，能带来生产力和企业效能的提升，但在短期内却有可能因为对新技术的消化不够，而引起对工作流程的干扰，旧有业务失衡，产生项目风险。因此，在充分了解 BIM 应用价值的同时，也应深刻理解 BIM 技术应用可能带来的顾虑和担忧。研究表明，针对 BIM 技术应用而进行的业务工作流程改造项目，其中大约有 70% 会因为以下三个原因而失败：一是缺乏持续的有力的中高层领导的支持；二是不切实际的 BIM 项目目标和期望；三是项目成员对改变的抗拒。

五、BIM 技术的未来发展

市场和技术趋向更好地反映了任何领域中未来的发展趋势，BIM 也不例外。业主开始逐渐提出运用 BIM 的要求，并通过改变合同条件来实现它。

1. BIM 应用对于项目实施过程的影响

BIM 应用对应项目实施过程的影响包括以下几个方面：

(1) BIM 4D 工具成为施工管理的技术手段

目前，很多 BIM 软件开发商都将 4D 功能作为 BIM 软件不可或缺的一部分，甚至一些小型的软件开发公司专门开发 4D 软件工具。BIM 的 4D 功能优势是基于 2D 图纸的传统施工管理模式所不能比拟的，主要表现在以下几个方面：

①优化进度计划，相比传统的甘特图可直观地模拟施工过程以检验施工进度计划是否合理有效；

②模拟施工现场，更合理地安排物料堆放、物料运输路径及大型机械位置；

③跟踪项目进程，可以快速辨别实际进度是否提前或滞后；

④使各参与方与各利益相关者更有效地沟通。

(2) 工程人员组织结构与工作模式发生变革

由于 BIM 智能化的应用，工程人员组织结构、工作模式及工作内容等将发生革命性的变化，体现在以下几个方面：

①IPD 模式下的人员组织结构不再是传统意义上的处于对立的单独的各参与方，而是集成工作的一个团队组织；

②由于工作效率的提高，某些工程人员的数量编制将有所缩减，而专门的 BIM 技术人员数量将有所增加，对于人员 BIM 培训的力度也将增加；

③制定统一规范的 BIM 标准。

(3) 一体化协作模式的优势得到认同

一些建筑业的领头企业已经逐渐认识到未来的项目实施过程将需要一体化的项目团队来完成，且 BIM 的应用将发挥巨大的利益优势，一些规模较大的施工企业未来的发展趋势是设立自己的设计团队。

(4) 更多地服务于绿色建筑

BIM 技术可以为设计人员分析能耗，选择环境影响低的材料等方面提供帮助。

2. BIM 技术的发展趋势

未来 BIM 主要往以下几个方向发展：

(1) BIM 模型自动检测是否符合规范与可施工性。在新加坡，一些项目的 BIM 模型已经具备了自动检测是否符合规范与可施工性的性能。而一些以创新为主的公司，如 Solibri 和 EPM，其基于 IFC 标准已经开发出了具有模型自动检测功能的软件（如 Jotne2007、Solibri2007）。

(2) 多维(nD)项目管理模式。未来项目管理的维度将由三维(3D)发展到四维(4D)、五维(5D)甚至是多维(nD)，虚拟建设模式已经不再停留在研究领域而是被广泛应用到项目管理中，并且越来越多的软件涌现出来支撑其应用。

(3) 制造商启用 3D 产品目录。越来越多的制造商顺应 BIM 发展的趋势，将其产品目录以 3D 的格式上传网络，用户可以下载需要的 3D 产品，并将其插入到已建的 BIM 模型中检查是否符合要求。

(4) 实现预制加工工业化与全球化。依靠 BIM 模型详尽且准确的信息，场外预制加工得以实现，且未来的发展将是实现预制加工的工业化与全球化，这些都大大节省了工期，提高了生产效率。

(5) BIM 与 GIS。地理信息系统(GIS)是用来收集、存储、分析、管理和呈现与地理位置有关的城市信息数据，如城市的道路、燃气、电力、通信、供水等。在 2D 图纸时代，建筑信息与其他城市信息一起仅能呈现其位置，其间的联系与影响无从体现与管理。而到了 3D 模型时代，BIM 参数模型融入 GIS 系统中，二者相互联系，相互影响，BIM 建模过程需要充分考虑到是否与周围的城市信息数据相冲突，而城市设施的改造等也将考虑到既有建筑，BIM模型将为决策提供指导意义。到了"3D+环境"的时代，BIM与GIS的结合将发挥更智能化的作用，但无论是技术还是管理，所面临的挑战也无疑是巨大的。

第三节　船闸水工建筑物观测

一、一般规定

船闸水工建筑物的原型观测可分为一般性原型观测和专门性原型观测，并应符合下列规定。

一般性原型观测应满足下列要求：

（1）掌握施工期水工建筑物的结构状况，保证施工质量；

（2）监视工程安全运行。

专门性原型观测可根据下列需要进行：

（1）验证设计的合理性；

（2）为船闸工程的设计、施工、管理和科学研究工作提供资料。

船闸应进行一般性原型观测。工程复杂、设计难度大，需通过原型观测验证或运行过程中发生不利情况的船闸，尚应根据需要进行专门性原型观测。

工程原型观测设计应符合下列规定：

（1）观测项目和测点布设能全面地反映工程及其结构的工作状态；

（2）根据工程的规模、地形、地质和结构等特点选择具有代表性的位置和区段；

（3）明确规定测次和时间；

（4）观测仪器的选择符合操作方便、经济适用和抗干扰能力强的原则，各项观测成果能互相验证。

观测的精度要求可参照《江苏省水闸工程管理规程》(DB32/T 3259—2017)的有关规定执行。

二、原型观测

船闸水工建筑物一般性原型观测项目应包括下列内容：

（1）引航道和闸室水位观测；

（2）地基扬压力和墙后地下水水位观测；

(3) 结构物垂直变位、水平变位、沉降和倾斜观测;

(4) 裂缝和沉降缝观测;

(5) 回填土沉陷观测。

地下水水位观测可在墙后设置观测井或埋设测压管。地基扬压力观测可在基面下埋设测压管和渗压计。防渗板桩结构的测压管应在板桩墙后成对布置。

变位观测应在建筑物上设置固定标点。闸室每区段墙顶两端应各设固定标点一个,闸首边墩顶面四个角点处应各设固定标点一个。在船闸区域内应设置可靠的平面和高程控制点。

混凝土裂缝观测应对裂缝分布、位置、长度、宽度、深度及是否形成贯穿裂缝进行观测,可在裂缝两侧的混凝土表面各埋设一个金属标点,用游标卡尺测量。对沉降缝观测时,应同时观测混凝土温度、气温和水温及上、下游和闸室水位。

船闸水工建筑物专门性原型观测项目应根据需要进行下列观测:

(1) 船闸结构观测,包括墙后土压力、地基反力、混凝土应力和钢筋应力等观测;

(2) 船闸地基和回填土的深层观测,包括墙后回填土和地基分层沉陷观测;

(3) 船闸结构温度场和温度应力观测,包括闸室墙和底板、闸首边墩和底板等大体积混凝土结构的观测;

(4) 船闸渗流观测,包括翼墙后的绕流、闸底板渗流和混凝土结构内部的渗流等观测。

钢筋应力观测可采用弦式钢筋计进行,见图 3.7-21。

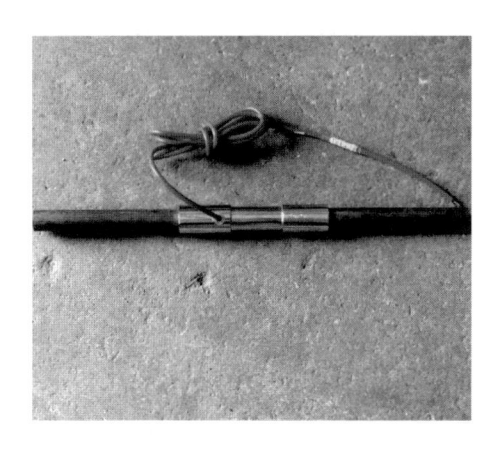

图 3.7-21 弦式钢筋应力计

土压力观测可分别在闸首边墩和闸室选择 1~3 个断面,沿墙高布设土压力计和渗压计,每个断面上测点不应少于 3 个。地基反力的观测,可分别选择 1~3 个断面埋设土压力计和渗压计。地基和回填土的深层观测,应在底板下埋设深标点,并应在结构混凝土浇筑完成后,接至顶面。

第四节　船闸工程概预算

一、基本建设与工程概预算的概念

基本建设项目,是指在行政上有独立的组织形式,在经济上实行独立核算,可直接与其他企业或单位建立经济往来关系.按照一个总体设计进行施工的建设工程。一般以一个企业或联合企业单位、事业单位或独立工程作为一个建设项目,例如独立的工厂、矿山、水库、水电站、港口、灌区工程等。凡属于一个总体设计中的主体工程和相应的附属配套工程、综合利用工程、环境保护工程、供水工程、供电工程以及水库的干渠配套工程等,只作为一个建设项目。

一个基本建设项目往往规模大、建设周期长、影响因素复杂。因此,为了便于编制基本建设计划、工程概预算,组织材料供应、工程招标投标,安排施工和控制投资,拨付工程款项,进行经济核算等生产经营管理的需要,通常按项目本身的内部组成,将其按层次分解为建设项目、单项工程、单位工程、分部工程和分项工程。船闸建设项目的单项、单位、分部、分项工程划分如表 3.7-2、表 3.7-3、表 3.7-4、表 3.7-5、表 3.7-6 所示。

表 3.7-2　船闸主体工程分部、分项工程划分

序号	分部工程	分项工程
1	基坑开挖	水下基坑开挖、陆上基坑开挖等
2	地基与基础	地基换填、抛石挤淤、预制桩沉桩、灌注桩、挤密砂桩和碎石桩、水泥搅拌桩、旋喷桩、帷幕灌浆、岩石固结灌浆、塑料排水板、垫层、土工织物垫层等
3	闸首	现浇底板、现浇消能设施、现浇门槛、现浇输水廊道、现浇闸首边墩、门库与门槽、变形缝及止水等
4	闸室	现浇底板、现浇撑梁、现浇输水廊道、现浇消能设施、现浇闸墙、板桩闸墙、地连墙闸墙、现浇接缝和接头、挡浪板、变形缝及止水、砌石护底等
5	墙后工程	倒滤层、墙后排水设施、观测井和水位计井管、土石方及混凝土回填、防渗盖面、铺砌面层、排水管道与明沟、检查井与雨水井等
6	附属设施	护舷、护角与护面、铁梯、钢栏杆、系船设施、电缆槽、拦污栅、水尺、水位计安装等
7	船闸启闭机房	现浇结构、填充墙砌体、屋面工程、装饰装修、给水排水及采暖工程、通风与空调工程、建筑电气工程、节能等

表 3.7-3　引航道导航、靠船建筑物工程分部、分项工程划分

序号	分部工程	分项工程
1	引航道及锚地	陆上开挖、水下开挖、岸坡削坡及整平、护底护坦、垫层、倒滤层等
2	基槽开挖	水下基槽开挖、陆上基槽开挖等
3	地基与基础	地基换填、抛石挤淤、预制桩沉桩、灌注桩、挤密砂桩和碎石桩、水泥搅拌桩、旋喷桩、帷幕灌浆、岩石固结灌浆、塑料排水板、垫层、土工织物垫层等
4	导航建筑物与靠船建筑物	现浇导航墙、现浇靠船墩、浆砌石导航墙、浆砌石靠船墩、排桩、板桩、地连墙、沉井、现浇挡浪板、变形缝及止水等
5	护岸与护底	现浇底板、现浇挡墙、浆砌石挡墙、排桩、板桩、地连墙、沉井、砌石护坡、模袋护坡、预制块铺砌护坡、砌石拱圈护坡、护底护坦、沉降伸缩缝等
6	墙后工程	倒滤层、排水设施、观测井管、土石方及混凝土回填、防渗盖面、铺砌面层等
7	附属设施	护舷、护角与护面、铁梯、钢栏杆、系船设施、电缆槽、拦污栅、水尺等

表 3.7-4　闸阀门和启闭机工程分部、分项工程划分

序号	分部工程	分项工程
1	预埋件	止水预埋件、轨道预埋件、支承预埋件等的厂内制造、防腐、现场安装
2	运转件	支承装置、止水装置、轨道装置等的厂内制造与组装、现场安装、润滑系统安装等
3	门体	门体厂内制作、现场门体拼装、防撞装置制作与安装、止水安装、防腐等
4	闸门启闭机	闸门油缸总成、限位支架、机械式启闭机等的厂内制造、出厂前试验、防腐、闸门启闭机安装
5	阀门启闭机	阀门油缸总成、限位支架、机械式启闭机、阀门吊杆装置、启闭机支座梁等的厂内制造、出厂前试验、防腐、阀门启闭机与吊杆装置、支座梁等的安装
6	液压泵站装置	液压泵站的厂内制造、出厂前试验、现场安装、油管配管及安装、油管清洗、现场防腐等
7	试运行	现场调试及试运行、闸室充水前联合试运行、闸室充水后联合试运行等

表 3.7-5　电气与控制系统安装工程分部、分项工程划分

序号	分部工程		分项工程
1	电气系统设备安装	变电所	动力配电柜与成套柜、电力变压器、箱式变压器、照明装置、配管、电缆支架与桥架、电缆敷设、硬母线、防雷与接地等
		供电和照明电气设备	动力配电柜与成套柜、电力变压器、箱式变压器、低压电器、电机、柴油发电机、不间断电源、照明与信号灯装置、配管、电缆支架与桥架、电缆敷设、滑接线与软电缆、防雷与接地装置等
2	控制系统设备安装	控制设备	配管、电缆支架与桥架、电缆敷设、检测与保护及执行元件、计算机及可编程序控制器、控制柜与操作台、接地等
		视频监视系统	配管、电缆支架与桥梁、电缆敷设、工业电视设备、控制柜与操作台、接地等
		通信和广播系统	配管、电缆支架与桥架、电缆敷设、通信与广播设备、控制柜与操作台、防雷及接地装置等
3	船闸电气与控制系统试运行		船闸电气与控制系统试运行、闸室充水前联合试运行、闸室充水后联合试运行

表 3.7-6　附属工程分部、分项工程划分

序号	分部工程	分项工程
1	闸区道路	基底层碾压、稳定土类基层与垫层、级配碎石基层与垫层、块石基层、水泥混凝土面层（包括钢筋混凝土板）、沥青混凝土面层、预制混凝土板块铺砌面层（包括联锁块、四角块、六角块等）、料石铺砌面层、侧缘石安砌等
2	闸区绿化	种植土、植物材料、树木种植、草本地被种植

我国现行《港口建设管理规定》规定了不同投资主体，其基本建设程序也不尽相同，但主要程序相差不大，综合起来，我国建设项目的基本建设程序主要分为决策阶段、勘察设计阶段、建设准备与施工阶段、竣工验收交付阶段四个阶段。

工程造价是指建设一项工程所花费（预期花费或实际花费）的全部费用。这种预期价格在实际工作中也称为概算造价和预算造价，它是国家对基本建设实行宏观控制、科学管理和有效监督的重要手段之一，对于提高企业的经营管理水平和经济效益，节约国家建设资金具有重要的意义。我国现行的制度规定，建设工程造价由建筑安装工程费用、设备和工器具购置费用、工程建设其他费用组成。

根据我国基本建设程序的规定，在工程的不同建设阶段，要编制相应的工程造价。项目建议书及可行性研究阶段编制投资估算；初步设计及技术设计阶段编制概算；施工图设计阶段编制施工图预算；施工阶段编制施工预算；招标阶段编制标底/招标控制价；投标编制投标报价；竣工阶段进行竣工结算和竣工决算。从基本建设程序与各阶段的工程造价之间的关系可以看出，建设项目的估算、概算、预算及决算，从确定建设项目，明确和控制基本建设投资，进行基本建设经济管理和施工企业经济核算，到最后核定项目的固定资产，它们以价值形态贯穿于整个基本建设过程之中。从投资估算、设计概算、施工图预算等预期造价到承包合同价、结算价和最后的竣工决算价等实际造价，整个造价编制过程由粗至细，由浅入深，逐步接近实际造价到最后确定建设工程实际造价；前者控制后者，后者对前者进行细化。一般情况下，决算不能超过预算，预算不能超过概算，概算不能超过估算。一经确定，工程造价基本上就确定了。从图 3.7-22 建设过程各阶段对工程造价影响曲线可以看出，对工程造价影响度最大的是项目前期决策及初步设计阶段，影响度约在 75% 以上。

针对不同阶段，在具备不同条件的情况下，工程造价测算的方法各有不同，主要包括综合指标法、定额单价法、实物工程量法和混合法。

1. 综合指标法

综合指标法也称综合指标投资估算法，是在项目建议书阶段，由于设计深度不足，提不出具体的项目和工程量，只能提出概括性的项目，在这种条件下，编制投资估算时常常采用综合指标法。

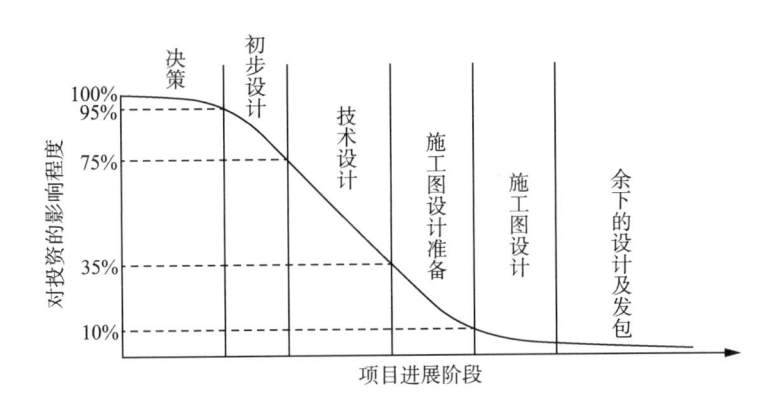

图 3.7-22　建设过程各阶段对投资的影响

综合指标投资估算法是依据国家有关规定，国家或行业、地方的定额、指标和取费标准，以及设备和主材价格等，从工程费用中的单项工程入手估算初始投资。采用这种方法，还需要相关专业提供较为详细的资料，有一定的估算精度，精确度相对较低。

2. 定额单价法

定额单价法又称工料单价法或预算单价法，是根据建筑安装工程设计文件和预算定额，按分部分项工程顺序，先算出分项工程的工程量，然后再乘以对应的定额单价，求出分项工程定额直接费。将分项工程定额直接费汇总为单位工程定额直接费，再加上其他直接费、间接费、利润和税金等，生成建筑安装工程造价。计算可用下列公式表达：

建筑安装工程费 = $\sum$ 分部分项工程量 × ($\sum$ 工料机定额消耗量 × 工料机预算单价 + 其他直接费 + 间接费 + 利润 + 税金)

或者用另一公式表达：

建筑安装工程费 = $\sum$ 分部分项工程量 × $\sum$ 工料机定额消耗量 × 工料机预算单价 × (1 + 综合费率)

定额单价法是我国目前编制建设工程概预算的主要方法，本书也主要是围绕上述公式阐述水运工程概预算编制过程。

3. 实物工程量法

实物工程量法是把项目分成若干施工工序，按完成该项目所需的时间配备劳动力和施工设备，根据分析计算的基础价格计算直接费单价，最后分摊间接费的工程造价计算方法。

实物量法是针对每个工程的具体情况来计算工程造价，计算准确、合理，常用于编制标底、招标控制价和投标报价。但相对复杂，且要求编制人员具备较高的业务水平和较丰富的经验,还要掌握翔实的基础资料和经验数据,在编制时间相对紧张的标底编制阶段,不具备全面推广应用的条件。但是针对工程量清单中对标底影响较大的主要工程单价,在设计深度满足需求、施工方法详细具体、符合实际、资料较齐全的条件下,应采用实物量法进行编制,可提高标底的准确性,保证标底的质量。

4. 混合法

因实物工程量法计算复杂,对造价编制人员要求高,在编标时,为提高工作效率,通常采用实物量法与定额单价法相结合的混合法,对于量大、价值高的分项工程宜采用实物量法,其余采用定额单价法,或直接费采用单价法,间接费采用实物法。

二、工程定额

建设工程定额是指在正常的施工条件和合理劳动组织、合理使用材料及机械的条件下,完成单位合格产品所必须消耗资源的数量标准。它是施工定额、预算定额、概算定额及投资估算指标等的统称。

(一) 定额分类

工程定额是工程建设中各类定额的总称,种类繁多,按不同的标准,有多种分类,主要分类如下。

1. 按照生产要素内容分类

生产要素包括劳动者、劳动手段和劳动对象。反映生产要素消耗的定额分为劳动定额、材料消耗定额和机械使用定额。

2. 按编制程序和用途分类

建设工程定额按定额的编制先后顺序与定额的使用,分为施工定额、预算定额、概算定额与投资估算指标。

(1) 施工定额

施工定额是以同一性质的施工过程——工序为标定对象,表示生产产品数量与时间消耗综合关系,即完成某种建筑产品所必需的劳动消耗量、材料消耗量和机械工作时间消耗量。施工定额是施工企业(建筑安装企业)内部使用的一种定额,用以编制施工作业计划,编制施工预算、施工组织设计、签发施工任务单、限额领料单,以及结算计件工资或计量奖励工资等。施工定额是建设工程定额中分项最细、定额子目最多的一种定额,是建设工程定额中的基础性定额,也是编制预算定额的基础。

(2) 预算定额

预算定额是以各分部分项工程为对象编制的定额,包括完成单位合格产品所必需的人工工日数、各种材料消耗量和机械台班数量。预算定额是以施工定额为基础综合扩大编制的,其定额子目的综合程度大于施工定额。预算定额是具社会性的计价性定额,是编制施工图预算的主要依据,是编制单位估价表、确定工程造价、控制建设工程投资的基础和依据,同时也是编制概算定额和估算指标的基础。

(3) 概算定额

概算定额是以扩大结构构件、分部工程或扩大分项工程为对象编制的,包括人工、材料和机械台班消耗量。概算定额是以预算定额为基础综合扩大编制的,每一综合分项概算定额都包含了数项预算定额。概算定额也属于计价定额,它用于编制概算,既可作为设计方案技术经济比较的依据,也可作为编制施工组织设计时确定劳动力、材料、机械台班需要量的依据。

(4) 投资估算指标

投资估算指标是在项目建议书和可行性研究阶段编制投资估算、计算投资需要量时使用的一种定额。投资估算指标概括程度高,它往往以独立的单项工程或完整的工程项目为对象编制,编制基础为预算定额、概算定额及已完工程。

3. 按编制部门、管理权限和适用范围分类

定额按编制部门和适用范围分为国家定额、行业定额、地区定额、企业定额四种。

4. 按专业性质分类

建设工程专业众多,几乎每个专业都有自己的定额,工程定额按专业性质分类,可分为建筑工程定额、设备安装工程定额、沿海港口建筑工程定额、公路工程定额、市政工程定额等等。

5. 按费用性质分类

按费用性质分类,工程定额可分为直接费定额、间接费定额、工器具定额、工程建设其他费用定额等。

(1) 直接费定额

直接费定额,是指概预算定额分项内容以内的,计算与建筑安装生产有直接关系的费用标准。

(2) 间接费定额

间接费定额,是指与建筑安装生产的个别产品无关,而为企业生产全部产品所必需,为维持企业的经营管理活动所必然发生的各项费用开支的标准。

(3) 工器具定额

工器具定额,是为新建或扩建项目投产运转首次配置的工具与器具数量标准。工具与器具,是指按照有关规定不够固定资产标准而起劳动手段作用的工具、器具和生产用家具,如容器、仪器、计量器、工具箱等。

(4) 工程建设其他费用定额

工程建设其他费用定额,是独立于建筑安装工程费、设备和工器具购置费之外的其他

费用开支的标准。其他费用定额是按各项独立费用分别编制的,以便合理控制这些费用。

(二)我国现行的水运工程定额体系

我国现行的水运工程定额包括沿海港口工程、内河航运工程、疏浚工程相关定额及编制规定。

1. 沿海港口定额

(1)《沿海港口水工建筑工程定额》(JTS/T 276—1—2019);

(2)《沿海港口工程参考定额》(JTS/T 276—3—2019);

(3)《沿海港口工程船舶机械艘(台)班费用定额》(JTS/T 276—2—2019);

(4)《水运工程混凝土和砂浆材料用量定额》(JTS/T 277—2019);

(5)《水运建设工程概算预算编制规定》(JTS/T 116—2019);

(6)《水运工程定额材料基价单价》(2021版)。

2. 内河航运工程定额

(1)《内河航运水工建筑工程定额》(JTS/T 275—1—2019);

(2)《内河航运工程船舶机械艘(台)班费用定额》(JTS/T 275—2—2019)

(3)《内河航运设备安装工程定额》(JTS/T 275—3—2019);

(4)《内河航运工程参考定额》(JTS/T 275—4—2019);

(5)《水运工程混凝土和砂浆材料用量定额》(JTS/T 277—2019);

(6)《水运工程定额材料基价单价》(2021年版)

(7)《水运建设工程概算预算编制规定》(JTS/T 116—2019)。

3. 疏浚工程定额

(1)《疏浚工程预算定额》(JTS/T 278—1—2019);

(2)《疏浚工程船舶艘班费用定额》(JTS/T 278—2—2019);

(3)《水运建设工程概算预算编制规定》(JTS/T 116—2019)。

三、工程量计算

根据《内河航运水工建筑工程定额》(JTS/T 275—1—2019),船闸现浇混凝土的工程量计算规则如下:

(1)混凝土及钢筋混凝土的工程量应根据设计图纸、浇筑部位及混凝土强度、抗冻、抗渗等级以体积计算。

(2)混凝土工程量不应扣除钢筋、铁件、螺栓孔、三角条等所占体积和单孔面积在 0.2 m^2 以内的孔洞所占体积。

(3)陆上现浇混凝土基础工程量计算应符合下列规定:

①独立基础根据断面型式以体积计算;

②带形基础根据断面型式以体积计算;其中有肋带型基础的肋高与肋宽之比在4∶1以内时按有肋带型基础计算,超过 4∶1 时底部按板式基础计算,底板以上部分的肋按墙计算;

③无梁式满堂基础的扩大脚或锥形柱墩并入满堂基础内计算工程量;箱式满堂基础按无梁式满堂基础、柱、梁、板等项目分别计算工程量;

④除块型以外其他类型的设备基础分别按基础、梁、柱、板、墙等项目计算。

(4) 陆上现浇混凝土柱工程量计算应符合下列规定:

①柱高自柱基上表面算至顶板或梁的下表面,有柱帽时柱高自柱基上表面算至柱帽的下表面;

②牛腿并入柱身体积计算。

(5) 陆上现浇混凝土梁工程量计算应符合下列规定:

①基础梁按全长计算体积;

②主梁按全长计算,次梁算至主梁侧面;

③梁的悬臂部分并入梁内一起计算;

④梁与混凝土墙或支撑交接时,梁长算至墙体或支撑侧面;

⑤梁与主柱交接时,柱高算至梁底面,梁按全长计算;

⑥梁板结构的梁高算至面板下表面。

(6) 陆上现浇混凝土板工程量计算应符合下列规定:

①有梁板按梁板体积之和计算;

②无梁板按板和柱帽体积之和计算;

③平板按板混凝土实体体积计算;

④伸入支撑内的板头并入板体积内计算。

(7) 陆上现浇混凝土墙工程量计算应符合下列规定:

①墙体的高度由基础顶面算至顶板或梁的下表面,墙垛及突出部分并入墙体积内计算;

②墙体按不同形状、厚度分别计算体积。

(8) 预制梁、板、柱的接头和接缝的现浇混凝土工程量应单独计算。

(9) 陆上现浇混凝土廊道、坑道、沟涵、管沟工程量,应将底板、墙体、顶板合并整体计算。

(10) 陆上现浇混凝土池工程量计算应符合下列规定:

①池底板、池壁、顶板分别计算;

②池底板的坡度缓于1∶1.7按平面底板计算,陡于1∶1.7的按锥形底板计算;

③池壁高度从底板上表面算至顶板下表面,带溢流槽的池壁将溢流槽并入池壁体积

计算；

(11) 通航建筑物及挡泄水建筑物混凝土工程量计算应符合下列规定：

①闸首混凝土工程量计算应满足下列要求：

a. 以闸首底板与边墩的施工缝为界划分边墩与底板，分别计算工程量；

b. 带输水廊道的实体边墩以廊道顶标高以上 1.5 m 为界，带输水廊道的空箱边墩以廊道顶板顶标高为界，分别计算工程量；

c. 闸首的门槛、检修平台、消力槛等并入底板计算，帷幕墙单独计算；

d. 边墩顶部的悬臂板、胸墙、挡浪墙、磨耗层、踏步梯等工程量单独计算。

②闸室混凝土工程量计算应满足下列要求：

a. 分离式以底板与闸墙竖向分缝处为界，整体式以底板与闸墙连接处底板顶标高为界划分闸墙与底板；

b. 墙体顶部的靠系船设施、廊道以及墙体上的阶梯可并入墙体计算。

③平底板工程量应包括齿槛体积；空箱底板应包括隔墙、分流墩、消力梁及面板，孔洞体积应扣除；反拱底板的拱部结构应按反拱底板计算，拱上结构应按梁计算；

④闸墙和系船墩上的系船环、系船钩等孔洞体积不应扣除；

⑤边墩、闸墙与其他混凝土构件交接时除另有说明外，其他混凝土构件均应计算至边墩和闸墙外表面；

⑥消力槛、消力齿、消力墩、消力梁、消力格栅等工程量，应分别计算；消力池如直接设置在底板上，可并入底板计算工程量；

⑦二期混凝土工程量应单独计算；

⑧升船机基础工程量应按轨道梁、连系梁、滑轮井、绳槽、车挡、托辊墩等分别计算；

⑨泄水闸底板、闸墩、溢流坝、溢流面、厂房等工程量应分别计算。

(12) 其他现浇混凝土工程量计算应符合下列规定：

①胸墙、导梁及帽梁的工程量，不扣除沉降缝、锚杆、预埋件、桩头嵌入部分的体积；

②挡土墙、防浪(汛)墙的工程量，不扣除各种分缝体积；

③堆场地坪、道路面层，按不同厚度分别计算，不扣除各种分缝体积。

(13) 碾压混凝土工程量应按设计图纸以体积计算。

(14) 回填混凝土工程量应按设计图纸或实际测量尺寸以体积计算。

(15) 水上现浇混凝土构件工程量应区分不同形状按设计图纸以体积计算。

(16) 水上现浇混凝土桩帽、帽梁、导梁工程量，不应扣除桩头嵌入部分的体积。

(17) 水上现浇混凝土桩基式墩台、墩帽、台身、支座工程量，不应扣除桩头嵌入墩帽的体积。

(18) 水上现浇混凝土码头面层、磨耗层工程量不应扣除分缝体积。

(19) 水上现浇预制构件接缝、节点、堵孔工程量,应按不同接缝种类以体积计算。

(20) 水下现浇混凝土工程量应按设计图纸要求以体积计算。

(21) 钢筋工程量应按设计图纸量与进入混凝土体积中的架立钢筋用量之和以重量计算。定额中包括对焊、切割损耗,如需搭接焊、帮条焊、搭接绑扎时,其搭接部分钢筋亦应计入钢筋工程量中。

四、概预算费用及项目组成

水运工程建设项目总概算应由工程费用、工程建设其他费用、预留费用、建设期利息和专项概算组成。各项费用组成见表 3.7-7。

表 3.7-7 建设项目总概算费用组成

建设项目总概算	第一部分 工程费用	建筑工程费	
		设备购置费	
		安装工程费	
	第二部分 工程建设其他费用	建设用地用海费	建设用地征用费
			建设用地、用海使用费
			其他
		建设管理费	项目单位开办费
			项目单位经费
			代建管理费
		前期工作费	可行性研究费
			研究试验费
			勘察观测费
			其他
		勘察设计费	勘察费
			设计费
			设计文件第三方技术咨询费
			其他
		监理费	
		研究试验费	
		招标费	
		引进技术和设备材料其他费	
		生产准备费	联合试运转费
			人员培训及提前进厂费
			办公和生产生活家具购置费
		竣工验收前相关费	
		其他相关费用	

续表

建设项目总概算	第三部分预留费用	基本预备费
		物价上涨费
	建设期利息	
	专项概算	

第一部分工程费用指建设期内直接用于工程建造、设备购置及安装所需的投资,以及为完成工程必须修建的临时工程等所需的费用。第一部分工程费用是建设项目总概算的计算基础,其他费用(专项概算除外)是在第一部分工程费用的基础上乘以一定的费率,费率具体取费标准见《水运建设工程概算预算编制规定》(JTS/T 116—2019)。

（一）第一部分工程费用

第一部分工程费用应由建筑工程费、设备购置费、安装工程费等组成,并应符合下列规定。

(1) 水运工程建筑工程费、安装工程费应由定额直接费、其他直接费、企业管理费、利润、规费、增值税和专项税费组成,费用构成应符合表 3.7-8 规定。

(2) 设备购置费应由设备原价、运杂费等费用组成。

表 3.7-8　建筑安装工程费费用项目组成

费用项目	费用项目组成	
建筑安装工程费用	定额直接费	人工费
		材料费
		施工船舶机械使用费
	其他直接费	安全文明施工费
		临时设施费
		冬季雨季及夜间施工增加费
		材料二次倒运费
		施工辅助费
		施工队伍进退场费
		外海工程拖船费
	企业管理费	
	利润	
	规费	社会保险费
		住房公积金
		其他
	增值税	
	专项税费	

1. 建筑安装工程费

建筑安装工程费的计算程序见表 3.7-9。

表 3.7-9　建筑安装工程费用计算程序表

序号	费用项目	计算办法及说明
1	基价定额直接费	以工料基价单价为基础,按定额规定计算的工料机费用之和
2	市场价定额直接费	以不含税工料机市场价单位为基础,按定额规定计算的工料机费用之和
3	其他直接费	$\sum$[(1)×分项其他直接费费率]
4	企业管理费	[(1)+(3)]×企业管理费费率
5	利润	[(1)+(3)+(4)]×利润率
6	规费	(1)×规费相应费率
7	税前合计	(2)+(3)+(4)+(5)+(6)
8	增值税	(7)×建筑安装工程增值税税率
9	专项税费	独立计算的税费
10	建筑安装工程费	(7)+(8)+(9)

注:市场价指工程所在地的材料、构配件、零件、半成品或成品及各种设备器材的市场价格,或有关部门发布的信息价格。

从上表可以看出,建筑安装工程费用计算的费用基础是定额直接费。定额直接费包括基价定额直接费和市场价定额直接费。定额直接费主要包括人工费、材料费和施工船舶机械使用费。

人工费指按规定支付给从事建筑安装工程施工的生产工人和附属生产单位工人的各项费用。主要包括计时工资或计件工资、奖金、津贴、补贴、加班加点工资及特殊情况下支付的工资等。

材料费指施工过程中耗用的构成工程实体的材料、辅助材料、构(配)件、零件、半成品或成品和周转材料摊销的费用。材料费应按各类材料单价乘以相应定额消耗量的累加之和计算;材料价格分为国内材料和进口材料。

施工船舶机械使用费指施工船舶机械作业时所发生的施工船舶和施工机械使用费。费用及计算应按下列规定执行:

(1) 施工船舶机械使用费按相应施工船舶机械艘(台)班单价乘以相应工程定额的施工船舶和机械艘(台)班用量的累加之和计算;

(2) 施工船舶机械艘(台)班单价根据相应工程船舶机械艘(台)班费用定额计算;司机及机械使用工、船员的定额人工单价包括工资、奖金、津贴、补贴、加班加点工资及特殊情况下支付的工资等。

工料机基价是根据我国沿海主要城市的钢材、木材、水泥、燃油等主要材料的价格信息而综合取定的,为定值;工料机预算价为建设年份工程所在地的工料机市场价格,为变化值。

表 3.7-10 为船闸底板现浇混凝土的基价及基价定额直接费的人工、材料和施工船舶机械的消耗。

表 3.7-10　船闸底板现浇混凝土定额

工程内容:组拼、安拆模板,浇筑及养护混凝土。　　　　　　　　　　　　　　　　　　10 m³

顺序号	项目	单位	代码	4001	4002	4003	4004	4005	4006
				船闸闸首、闸室底板					
				平底板			空箱底板	反拱底板	双铰底板
				板厚(m)以内					
				1	2	4			
1	人工	工日	193000010001	7.03	6.53	6.02	10.04	7.03	6.53
2	流动性混凝土,碎石最大粒径 40mm C25(现浇)	m³	198021107110	10.20	10.20	10.20	10.25	10.20	10.20
3	板枋材	m³	190503002020	0.016	0.009	0.005	0.084	0.020	0.026
4	定型组合钢模板面	kg	190321011040	4.21	3.87	2.32	23.46	5.51	7.08
5	定型组合钢模骨架支撑	kg	190321011050	2.35	1.55	0.90	12.67	3.07	3.94
6	定型组合钢模连接卡具	kg	190321011060	1.27	1.23	0.74	7.12	1.67	2.14
7	铁件	kg	190321010001	1.40	1.29	0.77	7.82	1.84	2.36
8	铁钉	kg	190301005001	0.07	0.03	0.02	0.39	0.08	0.11
9	其他材料	%	190233004001	0.59	0.53	0.40	0.64	0.26	0.32
10	混凝土搅拌站 43 m³/h	台班	193020501030	0.04	0.04	0.04	0.05	0.05	0.04
11	履带式起重机 15 t	台班	193020301030	0.02	0.02	0.02	0.10	0.02	0.03
12	自卸汽车 5 t	台班	193020203020	0.01	0.01	0.01	0.05	0.01	0.01
13	轮胎式装载机 3 m³	台班	193020105040	0.02	0.02	0.02	0.03	0.02	0.02
14	门座式起重机 30 t	台班	193020308010	0.08	0.08	0.08	0.10	0.09	0.08
15	自卸汽车 8 t	台班	193020203040	0.16	0.16	0.16	0.20	0.18	0.16
16	筛洗石子机 10 m³/h	台班	193020511010	0.01	0.01	0.01	0.02	0.02	0.01
17	其他船机	%	193021001140	0.60	0.60	0.60	1.41	0.50	0.60
18	基价	元		2234.59	2188.99	2137.83	2788.59	2275.25	2241.00

注:表中第 1 项为人工消耗,第 2~9 项为材料消耗,第 10~17 项为船舶机械消耗。

2. 设备购置费

设备购置费是指根据设计提出的设备清单(包括网络、货板)按设备原价和运杂费计算的费用,其中应包括备品备件的购置费。

(1) 设备原价。水运工程设备有国产和进口设备,国产设备原价是指生产厂家规定的现行出厂价格,非标产品则按生产厂家的实际价格或合同价格(不包括非标设计费)确定。进口设备价格因交货方式不同分为内陆交货价、目的地交货价、装运港交货价。水运工程进口设备原价按到岸价(CIF)计算。到岸价格(CIF)包括:进口设备货价(FOB)、国外运输费、国外运输保险费等费用,又称为关税完税价格。

(2) 运杂费。运杂费系指国产设备由出厂地点或调拨地点运至安装现场所发生的一切费用,包括运输费、包装费、装卸费、采购保管保养费和供销部门手续费。国产设备运杂费按设备原价(包括备品备件)乘以"国产设备运杂费费率"计算。

(二) 第二部分工程建设其他费用

工程建设其他费用指工程建设项目总概算费用中,自项目筹备开始至项目竣工验收交付使用的整个建设期间,除工程费用以外,为保证工程建设顺利完成和交付使用后能够正常发挥效用所需的费用。工程建设其他费用应包括建设用地用海费、建设管理费、前期工作费、勘察设计费、监理费、研究试验费、招标费、引进技术和进口设备材料其他费、生产准备费、竣工验收前相关费及其他相关费用。工程建设其他费用项目应根据规定和项目建设实际需要,严格按照国家及行业主管部门、省级人民政府发布的法律法规、政策规定和技术标准计列。

建设用地用海费主要包括根据国家相关法律法规,为进行水运建设工程所需的建设用地征用费或建设用地、用海使用费及其他。对于航运枢纽建设项目,库区土地征用及移民安置补偿费,应根据相关行业标准及规定在相应专项概算中计列。各项费用应符合下列规定:

(1) 建设用地征用费指根据国家相关法律规定,征用工程建设用地和施工用地所需的费用,主要包括土地补偿费、地上附着物及青苗补偿费、安置补助费等,费用应根据有关部门批准的工程建设用地和施工用地范围以及实际发生的费用项目,依据有关法律法规及建设项目所在地省级人民政府颁布的费用项目标准,以及相关行业颁布的专业标准计算。各项费用应按下列规定执行:

①土地补偿费指征用和占用土地(分耕地和其他土地)、鱼塘、水生物养殖场等所需的补偿费用;

②地上附着物及青苗补偿费指补偿附着于被征用土地之上的青苗、农作物、树木、水生物以及房屋、水井等所需的费用;

③安置补助费指因土地、渔场等被征用后,用于需安置的农民、居民等的补助费用;

④建筑物迁建费指被征用或占用土地上的房屋、建(构)筑物等的迁建补偿费用;

⑤耕地开垦费指建设项目占用耕地,由建设项目法人负责开垦与所占用耕地的数量和质量相当的耕地所需的费用;或因没有条件开垦及开垦的耕地不符合要求,按相关规定缴纳的耕地开垦费用;

⑥复垦费指建设项目临时占用耕地、鱼塘等,在工程完工后将其复还所需的费用;

⑦建设用地征用所需的其他费用,如耕地占用税、新菜地开发建设基金、用地地图编制费、勘界费等。

(2) 建设用地用海使用费指根据国家相关法律法规,经有关部门批准获得土地、海域(或水域)使用权所需的建设用地、用海(或水域)使用费及相关费用等。费用应根据国家、省级人民政府有关规定按相应标准计算。

(3) 依据国家、省级人民政府相关规定需要计列的建设用地所需的其他有关费用,如环境补偿费、森林植被恢复费等。费用根据国家、省级人民政府有关规定按相应标准计算。

建设管理费、前期工作费、勘察设计费、监理费、研究试验费、招标费、引进技术和进口设备材料其他费、生产准备费、竣工验收前相关费及其他相关费用的计算方式见《水运建设工程概算预算编制规定》(JTS/T 116—2019)。

(三) 第三部分预留费用

预留费用包括基本预备费和物价上涨费,费用应符合下列规定。

(1) 基本预备费指初步设计阶段预留的工程实施中不可预见的工程或费用,主要应包括下列内容:

①在初步设计范围内,施工图设计阶段或施工过程中由于设计变更等增加的工程内容及费用;

②一般自然灾害造成的损失及预防自然灾害所采取的措施等增加的费用;

③竣工验收时,为鉴定工程质量对隐蔽工程进行必要的挖掘、剥离和修复所需的费用。

(2) 基本预备费应根据工程复杂程度,按工程费用与工程建设其他费用之和乘以2%~5%计算。

(3) 物价上涨费指建设项目自概算编制时起至竣工投产期间内,由于利率、汇率或价格等因素的变化而预留的可能增加的、需要在概算中计列的费用。

(四) 建设期利息

建设期利息指在项目建设期内为工程项目筹措资金所需的债务资金利息和融资费用。具体取费方法见《水运建设工程概算预算编制规定》(JTS/T 116—2019)。

(五) 专项概算

专项概算项目指应在水运工程建设项目范围内需要单独列项、单独组织实施,并需要其他行业或地方管理的配套项目。专项概算应根据本规定按有关行业或地方标准单独编制,并应汇入建设项目总概算。专项概算应按照不同建设项目的管理需求和专业性质进行管理。

第五节　船闸大修案例

船闸大修是指船闸在停航并排干闸室和输水廊道的状态下,对设备设施进行的全面检查与修理。船闸大修分为一类大修和二类大修。船闸一类大修工程是指为了恢复船闸原设计标准而进行的快速修复工程,主要针对保障船闸安全运行的运转件、钢结构、水工结构、机电设备等船闸主要设施的损耗、损坏和老化进行修复。船闸二类大修工程是指为了提高船闸原设计标准,或者为了保证原有主体结构安全而进行的改建工程,主要针对船闸通过量已经超出原设计标准较多,不能满足当前航运的需要,或者船闸整体技术状况严重下降,危及主体结构安全,已经不能用一类大修的方法进行修复的情况。

以下案例为南通船闸 2021 年大修方案,属于一类大修,由南京瑞迪建设科技有限公司设计完成。

一、工程概况

南通船闸建成于 1960 年,船闸共历经 5 次大修,上次大修时间是 2005 年。在经济发展不断加快的情况下,南通船闸日益繁忙,通过船闸的船舶越来越多,且呈大型化趋势,2013 年货物通过量达到 2 552 万 t,是设计通过能力的 5 倍之多。随着船舶大型化发展,船闸设施经常承受船舶撞击,历经十多年时间的超负荷运行,船闸技术状况下降,给船闸安全及运行带来较大的影响。目前该闸存在以下问题:闸门轨道压板脱落;阀门门体锈蚀,主侧滚轮、轨道、镶面板磨损严重,闸阀门止水漏水;顶平车及底平车运转件磨损严重;闸室系船钩脱落;闸室右侧部分栏杆被船舶碰撞损坏,严重影响船闸的安全运行。为改善船闸技术状况,保证船闸安全运行,2021 年对南通船闸实施停航大修。

二、大修工程设计内容

1. 闸门部分

(1) 闸门门体修理:闸门变形面板及损坏杆件更换,上、下游闸门局部有凹痕,预估材料 2 t。

(2) 闸门缓冲块修理:更换闸门缓冲块橡皮。

(3) 闸门支撑修理:更换尼龙板、螺栓。

(4) 闸门侧止水修理:更换侧止水橡皮、压板、螺栓。

(5) 闸门底止水修理:更换底止水橡皮、压板、螺栓。

(6) 闸门侧导轮及轨道修理:顶、底侧导轮系更换(更换侧导轮、轴、套、轮座);轮座支架修理;更换底侧轨的镶面板。

(7) 顶导向轮修理:更换导向轮、轴、套。

(8) 浮箱保压试验:试验压力为上游 0.08 MPa,下游 0.1 MPa,保压 24 h。

(9) 闸门门体防腐:闸门门体防腐总面积 3 200 m²;闸门门体局部喷砂除锈、底漆采用无溶剂环氧涂料、油漆,预估 2 000 m²;其余部位整体喷砂除污油漆,预估 1 200 m²。底漆采用无溶剂环氧涂料,防腐要求为喷砂除锈后,底漆采用无溶剂环氧涂料两道,每道底漆干膜厚度 150 μm,共 300 μm;面漆采用聚氨酯涂料一道,干膜厚度 80 μm;涂装后总干膜厚度 380 μm。喷砂除污油漆防腐要求为喷砂除污后,采用聚氨酯涂料一道,干膜厚度 80 μm。

(10) 闸门润滑装置修理:多点润滑泵及管路更换 00 号二硫化钼锂基润滑脂 200 kg。

(11) 紧固所有紧固件,锈蚀和损坏的进行更换。

2. 阀门部分

(1) 阀门门体更换:更换 4 扇阀门。

(2) 轨道修理:更换镶面板及螺栓等。

(3) 阀门胸墙上止水改造。

(4) 主滚轮系更换:主滚轮、轴、轴套更换。

(5) 侧滚轮系更换:侧滚轮、轴、轴套、轮座更换。

(6) 阀门止水更换:顶、侧、底止水橡皮、压板、螺栓更换。

(7) 阀门吊杆拆检。

3. 顶、底平车部分

(1) 顶平车修理:车架除锈、油漆防腐,顶滚轮更换(用原有备件,现场拆下的、好的顶滚轮旧件留作备用),齿轮、齿条更换,减速箱更换,轴瓦、尼龙销、三角皮带等更换,推拉装置更换,刹车系统更换,减速箱油更换,吊杆拆检(更换吊杆最下端与闸门连接的轴)。

(2) 顶、底轨道修理:顶底轨道各 64.8 m,整根通长式,中间不得有接头。

(3) 底轨床更换:上下游底轨床更换;增设底轨道顶端防窜动装置。

(4) 底平车修理:底平车修理 2 台,更换底滚轮系(车架及连系梁等不更换);同时更换与闸门连接的固定支座、摆动圆弧、移动挡板(移动挡块与闸门螺栓连接后,焊牢)。

(5) 顶平车、导架随行电缆更换。

4. 土建、助航部分

(1) 上游闸首及导航墙钢护面修理。

(2) 下闸首钢护木修理:损坏部位修理更换 20 m。

(3) 闸室墙面修理:修补及勾缝。

(4) 下游导航墙墙面修理：下游导航墙墙面块石部分风化、脱落，损坏脱落部位修复，外层用高强砂浆粉刷，共 200 m²。

(5) 水尺改造：改造为镂空式水尺 36 m，增设水尺整数标识。

(6) 爬梯防腐：除锈油漆，50 m²。

(7) 闸室墙顶增设系船柱 4 个，原有 20 个系船柱油漆出新。

(8) 界限标志等出新 16 m²。

(9) 机房修缮：部分拆除后重新恢复，全部粉刷。内墙粉刷；外墙粉刷；闸门门库尾部（顶平车顶部）屋顶拆除；顶平车拆装完成后重新恢复；屋面防水处理 560 m²；更换门 55 m²；更换窗 65 m²。具体要求如下：

①窗：铝合金窗，咖啡色 90 系列，中空钢化玻璃窗（6 透明＋12A＋6 透明），内外都为白色，型材品牌要求为凤铝、栋梁、兴发，配有同材质纱窗，增设西米黄大理石窗台板。

②多彩漆外墙：同办公楼，颜色分隔。具体做法：

a. 铲除原墙面饰面层、空鼓部分砂浆粉刷层；

b. 8 mm 厚 1∶2.5 防水水泥砂浆粉面，水刷带出小麻面；

c. 12 mm 厚 1∶3 防水水泥砂浆打底；

d. 刷界面处理剂一道（根据基层材料，刷相应处理剂）；

e. 腻子 2 遍；

f. 专用底漆涂 1 遍；

g. 多彩主色 1 遍；

h. 多彩面漆 2 遍；

i. 罩面漆 1 遍。

③乳胶漆内墙面。具体做法：

a. 刷两遍腻子、两遍白色乳胶漆；

b. 8 mm 厚 1∶0.3∶3 水泥石灰膏砂浆粉面；

c. 12 mm 厚 1∶1∶6 水泥石灰膏砂浆打底；

d. 刷界面处理剂一道；

e. 铲除原空鼓、剥落、发霉墙面；

f. 品牌要求为立邦、多乐士、华润。

④屋面（含女儿墙）防水。具体做法：

a. 铲除原屋面防水层以及空鼓部分屋面找平面；

b. 20 mm 厚 1∶3 水泥砂浆找平层；

c. 4 mm 厚 SBS 防水卷材复合防水层＋2 mm 厚高聚物改性沥青防水涂膜；

d. 10 mm 厚 1∶3 水泥砂浆防护层,40 mm C30 细石混凝土,内配热镀锌钢丝网;

e. 伸缩缝宽 20 mm,与女儿墙之间留缝 30 mm,缝内嵌油膏。

⑤机房顶面,原样恢复。

(10) 电缆沟盖板修理:电缆沟盖板损坏部分更换(钢筋混凝土盖板四边加角钢)共 83 m;盖板企口高度降低,增设热镀锌角钢 224 m。

(11) 增加更换底平车用钢梁(铁扁担)一根。

(12) 闸室及门库清淤:预估为 2 000 m³。

(13) 大修后机房、道路及环境恢复。

5. 闸况检测

(1) 闸况检测:运转件磨损、钢结构锈蚀、土建助航损坏检测。

(2) 加工件验收检测。

(3) 土建位移变形观测。

(4) 为了保证大修期间船闸的安全,对闸室抽水及闸室墙变形进行观测。

①沉降观测点的布置:抽水前,分别在闸室墙每道伸缩缝处布置一个沉降点。

②观测频率:抽水前三次,取其平均值为初始值;抽水结束后一次,降水期间一天四次,抽水结束后三天内一天两次,以后每天测一次。如发现变形异常,则暂停抽水,必要时往闸室内回灌水,确保闸室墙稳定安全。位移控制值:单次位移突变值为 5 mm,累计为 12 mm。沉降控制值:单次沉降突变值为 5 mm,累计为 10 mm。

③墙后降水井水位观测:为保证闸室墙在抽水期间安全稳定,在闸室抽水前先把降水井的水位降至上游最低水位 1.5 m,待修理门下好后闸室开始抽水,墙后降水井的降水基本与闸室水位同步下降,直至墙后降水井的水位降至 −0.5 m。闸室水抽干后墙后降水井的水位保持在 −0.5 m 水位,定人定时观测墙后降水井的水位(每隔六小时观测一次),若水位上升把水抽至 −0.5 m 水位,以保证闸室墙的稳定。

三、船闸特征水位及设计水位组合

船闸特征水位及设计水位组合见表 3.7-11。

表 3.7-11 南通船闸水位组合(单位:m)

水位	特征水位		
	设计洪水位	设计最高通航水位	设计最低通航水位
上游	3.7	3.3	1.4
下游	4.37	4.4	−0.6

注:高程为废黄河基准。

四、阀门施工图设计说明

1. 阀门门体设计

（1）阀门型式及主要设计参数

阀门按双向水头设计采用钢质提升平板门。阀门主要由门体结构和止水系统等组成，根据输水特点及阀门处廊道尺寸，设计的阀门门体外形尺寸为：高 2 745 mm×宽 2 580 mm×厚 240 mm。

（2）门体结构设计及材料选择

阀门门体采用实腹式板梁结构，门体结构材料主要选用 Q355B，以提高强度及耐腐性。

全闸有 4 扇阀门。阀门主梁按等间距布置，每扇阀门均设置 4 道主梁，间距为 840 mm，主梁两端分别与两侧边梁连接，在门体背部设置背拉杆，以增加门体的抗扭刚度。

（3）止水系统设计及材料选择

按双向水头的要求，顶、底止水采用平板橡皮，侧止水采用"P"型橡塑复合水封，以提高耐磨性和降低摩阻力，其物理机械性能见表 3.7-12。顶底止水采用 SF6674 平板橡皮，以提高耐压性，其物理机械性能见表 3.7-13。

所有止水须胶圈黏合，橡胶制品严禁使用再生胶，新胶含量不少于 70%。

表 3.7-12　橡塑复合止水的物理机械性能表

序号	指标名称	指标值
1	肖氏硬度 HS	65±5
2	拉伸强度（MPa）	16～26
3	扯断延伸率（%）	450～500
4	黏着强度（f4 与橡胶间）（kN/m）	6～15
5	聚四氟乙烯层厚度（mm）	贴合层 1.0～1.2，喷涂层 0.5±0.1
6	喷涂层磨损厚度（预压缩 3mm 运行行程 3000m）（mm）	0.11～0.21

表 3.7-13　止水橡胶的技术指标 HG/T 3096—2011

序号	性能	单位	指标
1	硬度，邵尔 A 型	HS	60±5
2	拉伸强度，最小	MPa	18
3	扯断伸长率，最小	%	450
4	压缩永久变形，B 型测样 70℃×22 h，最大	%	40
5	定伸应力 MPa	100%	1.6～2.0

续表

序号	性能	单位	指标
6	定伸应力 MPa	200%	1.8~4.5
7	密度	Mg/m³	1.1~1.3
8	在-40℃到+40℃温度环境工作		不发生冻裂或硬化

2. 门体制作、焊缝分类及检验

阀门门体钢材的型号、规格和质量必须符合设计要求和现行国家产品标准的规定。所有金属结构件在下料前均应按图纸尺寸1∶1放出大样，并留足收缩余量。门体结构的焊缝及检验除图纸除另有说明外均按江苏省交通运输厅航道局《江苏省交通船闸大修工程质量检验标准》(2021版)。

(1)门体结构的焊缝除图纸除另有说明外分类如下：

一类焊缝：

①阀门面板的对接焊缝；

②阀门主梁、边梁的腹板及翼缘的对接焊缝；

③主梁腹板与边梁腹板之间的角焊缝；

④主梁翼缘板与边梁翼缘板之间的对接焊缝。

二类焊缝：

阀门的主梁、边梁、端柱的翼缘板与腹板的组合焊缝及角焊缝。

三类焊缝：

不属于一、二类焊缝的其他焊缝都为三类焊缝(设计有特殊要求者除外)。

(2)焊缝检验

①所有焊缝均应进行外观检查，外观质量应符合《水运工程质量检验标准》(JTS 257—2008)的相关规定。

②焊缝无损探伤长度占各条焊缝的百分比应不少于表3.7-14规定的百分比，如图纸另有规定，则按图纸规定执行。

表3.7-14 止水橡胶的技术指标 HG/T 3096—2011

钢种	板厚(mm)	射线探伤(%) 一类	射线探伤(%) 二类	超声波探伤(%) 一类	超声波探伤(%) 二类
碳素钢	≥38	20	10	100	50
碳素钢	<38	15	10	100	50
低合金钢	≥32	25	10	100	50
低合金钢	<32	20	10	100	50
高强度钢	任意厚度	40	20	100	50

注：局部探伤部位应包括全部丁字缝及每个焊工所焊焊缝的一部分。

③焊缝局部无损探伤如发现有不允许缺陷时,应在其延伸方向或可疑部位作补充检查;如补充检查不合格,则应对该条焊缝进行全部检查。

④射线探伤按《金属熔化焊焊接接头射线照相》(GB 3323—2005)标准评定,检验等级为 AB 级,一类焊缝不低于Ⅱ级合格,二类焊缝不低于Ⅲ级合格。超声波探伤按《焊缝无损检测 超声检测 技术、检测等级和评定》(GB/T 11345—2013)标准评定,检验等级可选作 B 级,一类焊缝BⅠ级为合格,二类焊缝BⅡ级为合格。

⑤对有延迟裂纹倾向的钢材无损探伤应在焊接完成 24 小时以后进行。

(3)所有金属结构件在下料前均应按图纸尺寸 1∶1 放足大样,并应留足收缩余量。

(4)各项金属结构的加工、拼装与焊接,应按事先编好的工艺流程和焊接工艺进行。制作过程中应随时进行检测,严格控制焊接变形和焊缝质量。

(5)阀门应在工厂制作平台上整体制作组装,并经验收合格,做好标记后方可出厂,其制造允许偏差应符合设计与上述规范要求。

(6)止水橡皮螺孔应与相应构件的螺孔配钻,严禁烫孔。

3. 防腐

(1)防腐设计

①防腐项目及防腐方法

阀门防腐的喷涂、涂装涂料、层数、每层厚度应符合图纸或有关国家规定,涂装涂层质量应符合《长江工程质量检验标准》(JTS 257—2008)、《水工金属结构防腐蚀规范》(SL 105—2007)、《色漆和清漆 防护涂料体系对钢结构的防腐蚀保护》(GB/T 30790—2014)和《无溶剂环氧液体涂料的防腐蚀涂装》(GB/T 31361—2015)的有关规定。

阀门防腐的项目与方法见表 3.7-15。

表 3.7-15　阀门防腐

序号	防腐项目	防腐方法
1	闸门门体结构及预埋件的外露表面	无溶剂环氧底漆涂料两道,加聚氨酯面漆一道
2	阀门门体结构及预埋件的外露表面	无溶剂环氧底漆涂料一道,加玻璃鳞片面漆一道
3	运转件(除接触面外的外露面)	除图纸已注明外,无溶剂环氧底漆涂料加聚氨酯面漆各一道
4	预埋件(与混凝土接触面)	苛性钠水泥浆
5	其他图纸未要求的金属外露表面	无溶剂环氧底漆涂料加聚氨酯面漆

②表面预处理

金属结构表面在实施防腐前,应彻底清除铁锈、氧化皮、焊渣、油污、灰尘、水分等。

新建工程金属表面预处理和维修工程中原表面无金属喷涂层的可采用高压水喷射清理或喷射磨料清理,维修工程中原表面有金属喷涂的应采用喷射磨料清理。

喷射磨料除锈的,金属涂装表面防锈应符合《涂覆涂料前钢材表面处理 表面清洁度的目视评定》(GB/T 8923—2011)中规定的 Sa2.5 级。除锈后,表面粗糙度达到 60~100 μm。

高压水喷射除锈的,金属涂装表面清洁度等级应不低于 Wa2 级。

涂装前如发现基体金属表面被污染或返锈,应重新处理达到原要求的表面清洁度等级。

③涂层膜厚及技术要求

闸门门体及预埋件外露表面应全部进行防腐涂装,底漆采用无溶剂环氧涂料两道,每道底漆干膜厚度 150 μm,共 300 μm;面漆采用聚氨酯涂料一道,干膜厚度 80 μm。涂装后总干膜厚度 380 μm。

阀门门体及预埋件外露表面应全部进行防腐涂装,底漆采用无溶剂环氧涂料一道,干膜厚度 200 μm;面漆采用环氧玻璃鳞片涂料一道,干膜厚度 200 μm。涂装后总干膜厚度 400 μm。

运转件的非接触面采用无溶剂环氧底漆加聚氨酯面漆各一道,单道膜厚不小于 50 μm,总膜厚不小于 100 μm。

上述涂装所采用的无溶剂环氧涂料、聚氨酯涂料、玻璃鳞片涂料技术指标应分别满足表 3.7-16、表 3.7-17、表 3.7-18 的要求。构成涂料系统的所有涂料宜由同一涂料制造厂生产,不同厂家的涂料配套使用时,应进行配套试验并证明其性能满足要求,并应提供具有相关资质的第三方单位出具的检测报告。

表 3.7-16　无溶剂环氧涂料技术指标

	测试项目	技术指标
常规性能	不挥发物含量(%)	≥90
	体积固体含量[(23±2)℃,(50±5)%RH,7d](%)	≥90
	干燥时间(表干)(h)	≤4
	干燥时间(实干)(h)	≤24
	耐冲击性(cm)	50
	弯曲试验	≤2
	耐磨性,1 000 r/1 000 g(g)	≤0.1
	拉拔法附着力,MPa	≥12
	黏度(PARTA)(KU)	90~130
	适用期(h)	≥2
环保性	挥发性有机化合物(VOC)含量(g/L)	≤150
	铅(Pb)(mg/kg)	≤1 000
	镉(Cd)(mg/kg)	≤100
	六价铬(Cr^{6+})(mg/kg)	≤1 000
	汞(Hg)(mg/kg)	≤1 000

续表

	测试项目	技术指标
耐久性	耐盐雾性(1 000 h)	无起泡、生锈、开裂、剥落等现象拉拔法附着力二次检测≥5MPa
	耐水性(淡水,海水)(1 000 h)	无起泡、生锈、开裂、剥落等现象拉拔法附着力二次检测≥5MPa
	拉拔法附着力(适用于高压水喷射除锈)	≥8 MPa
	耐水性(1 000 h)(适用于高压水喷射除锈)	无起泡、生锈、开裂、剥落等现象拉拔法附着力二次检测≥5MPa

表 3.7-17　聚氨酯涂料技术指标

	测试项目	指标
常规性能	固体含量(混合后)(%)	≥70%
	细度(A,B组混合后)(um)	≤40
	体积固体份(%)	≥64%
	干燥时间(表干)(h)	≤2
	干燥时间(实干)(h)	≤12
	耐冲击性(cm)	50
	柔韧性(mm)	≤2
	耐磨性,500 r/500 g(g)	≤0.05
	附着力(MPa)	≥5
	5%H_2SO_4(常温,6 d)	漆膜完好无异常
	5%NaOH(常温,6 d)	漆膜完好无异常
环保性	挥发性有机化合物(VOC)含量(g/L)	≤340
	铅(Pb)(mg/kg)	≤1 000
	镉(Cd)(mg/kg)	≤100
	六价铬(Cr^{6+})(mg/kg)	≤1 000
	汞(Hg)(mg/kg)	≤1 000
耐久性	人工加速老化(1 000 h)	涂层轻微失光,无粉化、无变色、无起泡、无脱落

表 3.7-18　玻璃鳞片涂料技术指标

	测试项目	指标
常规性能	体积固体含量(%)	≥90
	干燥时间(表干)(h)	≤4
	干燥时间(实干)(h)	≤24
	耐磨性,1000 r/1000 g(g)	<0.1
	附着力(MPa)	≥10

续表

	测试项目	指标
环保性	挥发性有机化合物(VOC)含量(g/L)	≤100
	铅(Pb)(mg/kg)	≤1 000
	镉(Cd)(mg/kg)	≤100
	六价铬(Cr^{6+})(mg/kg)	≤1 000
	汞(Hg)(mg/kg)	≤1 000
耐久性	耐盐雾性(4 000 h)	不起泡、不脱落、不开裂、不生锈
	耐水性(4 000 h)	不起泡、不脱落、不开裂、不生锈
	耐湿热性(4 000 h)	不起泡、不脱落、不开裂、不生锈
	抗氧离子渗透性(2 d)	$\leq 5.0 \times 10^{-3}$ mg/cm
	耐热温度范围(干温)(30 min)	120 ℃漆膜不起泡、不剥落,允许轻微变色

(2) 涂装施工

①涂装前应对表面预处理的质量进行检验,合格后方能进行涂装。

②表面预处理与涂装之间的间隔时间应尽可能缩短,在潮湿或工业大气等环境条件下,应在2 h内涂装完毕;在晴天或湿度不大的条件下,最长应不超过4 h。

③涂装前,对不涂装或暂不涂装的部位,如楔槽、油孔、轴孔、加工后的配合面和工地焊缝两侧等应进行遮蔽。

④在工地现场施工,应在清洁的环境中进行,避免未干的涂层被灰尘等污染。喷涂前要用砂纸打磨清除待喷涂表面上的油漆粉尘,可能飘落的灰尘,以及其他污染物,如有油污,要用溶剂反复清除干净。

⑤基材表面如有点蚀、坑蚀或形成局部的麻面,应采取补焊填充、打磨等有效措施,处理后预涂油漆。

⑥涂装方法应根据涂料的物料性能、施工条件和被涂结构的形状进行选择,焊缝和边角部位宜采用刷涂方法进行第一道施工,其余部位应选用高压无气喷涂。

⑦在喷涂之前应先试枪,喷枪应与被喷涂构件表面保持垂直,喷涂距离一般在300~500 mm之间。

⑧底漆应完全覆盖钢结构表面整体的全部轮廓,每道涂层应尽可能均匀涂装,不能漏涂。

⑨喷涂时,为保证较均匀的涂层厚度,应保持喷涂时搭接宽度为50%。

⑩涂层系统各层间的涂覆间隔时间应按涂料制造厂的规定执行,如超过其最长间隔时间,则应将前一涂层打毛后再进行涂装,以保证涂层间的结合力。

⑪对于刚喷涂完毕的底漆,在未表干前,要予以适当的防护,以防沾染上灰尘或被其他物质所污染。

⑫在面漆喷涂之前,要进行检验。发现有凸点、多喷、粗糙、针孔、凹陷、漏涂或其他非正常痕迹的地方,按油漆生产厂推荐方法来修补或重新喷涂。

⑬涂装过程中,应进行湿膜外观检查,不应有漏涂、流挂等缺陷,宜用湿膜测厚仪估测湿膜厚度。

⑭吊装、运输及安装过程中应尽量避免对涂层造成损伤,如有损伤应及时进行补涂。

⑮涂装作业宜在通风良好的室内进行,现场涂装施工不得在雨、雪、大雾天气条件下进行,涂装表面不得有水、冰。

⑯如果涂装构件需要现场焊接,这些构件所有需要进行焊接和预热的部分应进行遮盖。在多层涂装体系中,这些部位在焊接后应逐步完成每道涂层的涂覆。

(3) 防腐涂层质量检验与工程验收

防腐涂层质量检验除应符合相关规范、标准的要求外,还应满足以下规定:

①表面清洁度和表面粗糙度的评定,均应在良好的散射日光下或照度相当的人工照明条件下进行。表面粗糙度评定应采用仪器法按以下要求执行:

a. 用表面粗糙度仪检测粗糙度时,在 40 mm 的评定长度范围内测 5 点,取其算术平均值为此评定点的表面粗糙度值;

b. 每 10 m² 表面应不少于 2 个评定点。

②预处理后基材表面可溶性盐检测指标应≤70 mg/m²。

③涂膜固化后应进行外观检验。表面应均匀一致,无流挂、皱纹、鼓泡、针孔、裂纹等缺陷,并应在每个关键阶段和一个完整体系涂装完成后检查干膜厚度。

④涂膜固化后应进行干膜厚度测定。85%以上的局部厚度应达到设计厚度,没有达到设计厚度的部位,其最小局部厚度应不低于设计厚度的85%。采用针孔仪进行全面检查,发现针孔应及时处理。

⑤涂膜固化后应采用拉开法进行附着力检验,附着力指标应分别符合表 3.7-16、3.7-17、3.7-18 的规定。检验设备宜采用拉脱式涂层附着力测试仪,检测方法按仪器说明书的规定进行。

⑥涂层采用柔韧性试验器检测,应无裂纹等现象。

⑦现场涂层检测后,应对受损部位及时修补。

⑧防腐蚀工程验收,应提交下列资料:

a. 材料的出场合格证、质量检验报告(质量保证书)或复验报告;

b. 设计文件和设计变更通知;

c. 表面预处理及涂装施工记录;

d. 现场检测报告和检测记录;

e. 修补或返工记录;

f. 其他技术问题处理情况报告。

4. 安装要求

阀门及运转件的安装除符合《江苏省交通船闸大修工程质量检验标准》中所允许的偏差外,还必须符合下列要求:

(1) 阀门门体上的顶、侧止水角钢须在现场根据各个旧阀门的止水角钢位置尺寸进行安装。墙上的止水不更换。

(2) 阀门背拉架槽钢的肢宽,根据现场各旧阀门背拉架情况进行切割,以防阀门门体背拉架碰墙。

(3) 安装阀门时需拆除阀门支座旁边的部分墙体,以移出旧阀门和移入新阀门,在阀门安装结束后,须将所拆墙体恢复。

(4) 每扇阀门安装完毕后,应做全程启闭试验,检查沿程卡阻情况及门体能否顺利吊出检修平台。

(5) 在整个运行过程中,应无异常响声和抖动现象。

第六节　船闸现行规范

(1)《船闸总体设计规范》JTJ 305—2001

(2)《船闸输水系统设计规范》JTJ 306—2001

(3)《船闸水工建筑物设计规范》JTJ 307—2001

(4)《船闸工程施工规范》JTS 218—2014

(5)《船闸工程质量检验规范》DB 32/T 3634—2019

(6)《船闸维护规程》DB 32/T 3310—2017

(7)《港口与航道工程制图标准》JTS/T 142—1—2019

(8)《内河通航标准》GB 50139—2014

(9)《水运工程施工图文件编制规定》JTS 110—7—2013

(10)《港口与航道水文规范》JTS 145—2015

(11)《水工金属结构防腐蚀规范》SL—105—2007

(12)《水运工程水工建筑物原型观测技术规范》JTS 235—2016

(13)《内河航道工程设计标准》DG/TJ 08—2116—20120

(14)《内河航道维护技术标准》JTJ 287—2005

(15)《水运工程测量规范》JTS 131—2012

(16)《航道工程设计规范》JTS 181—2016

思考题

1. 水工图有哪些特点？
2. 水工图有哪些表达方法？
3. 水工图的尺寸标注有什么特点？
4. 水工图有哪些特殊表达方式？
5. 识读水工图的一般步骤有哪些？
6. 什么是 BIM？
7. 结合船闸讲述 BIM 有哪些功能？
8. BIM 未来的发展趋势是什么？
9. 什么叫原位观测？船闸水工建筑物一般性原型观测项目有哪些？
10. 工程建设分为哪几个阶段？每个阶段对应的工程造价名称是什么？
11. 建筑安装工程费的计算程序是什么？

参考文献

[1] 程昌华,刘晓平,唐寿鑫.航道工程学[M].北京:人民交通出版社,2001.

[2] 中交水运规划设计院.船闸总体设计规范(JTJ 305—2001)[S].北京:人民交通出版社,2001.

[3] 四川省交通厅内河勘察规划设计院.船闸闸阀门设计规范(JTJ 308—2003)[S].北京:人民交通出版社,2003.

[4] 南京水利科学研究院,天津水运工程科学研究所.船闸输水系统设计规范(JTJ 306—2001)[S].北京:人民交通出版社,2002.

[5] 水利部寒区工程技术研究中心,上海勘测设计研究院有限公司.水利水电工程钢闸门设计规范(SL 74—2019)[S].北京:中国水利水电出版社,2020.

[6] 中交水运规划设计院.船闸水工建筑物设计规范(JTJ 307—2001)[S].北京:人民交通出版社,2002.

[7] 中交水运规划设计院有限公司.渠化工程枢纽总体设计规范(JTS 182—1—2009)[S].北京:人民交通出版社,2009.

[8] 周华兴.船闸通过能力计算中有关问题的探讨[J].水运工程,2002(3):35-38,51.

[9] 廖鹏.内河船闸通过能力研究进展[J].水利水运工程学报,2009(3):34-40.

[10] 廖鹏.京杭运河苏北段船闸通过能力研究[D].南京:河海大学,2003.

[11] 刘俊生.淮安三线船闸工程设计与施工[C]//船闸科技 2002—2005 年度优秀论文集,2006:209-212.

[12] 司敬阳.人字闸门底枢结构改进及材料选用[J].水利电力机械,2007,29(2):11-14.

[13] 唐修生,黄国泓,卢安琪,等.某船闸加固防护技术措施研究[J].人民长江,2006,37(2):22-24.

[14] 曲家敏.工程水文学[M].北京:人民交通出版社,1991.

[15] 中交上海三航科学研究院有限公司.水运工程水工建筑物原型观测技术规范(JTS 235—2016)[S].北京:人民交通出版社,2016.

[16] 《水利水电施工图识读入门》编写组.水利水电施工图识读入门[M].北京:中国建材工业出版社,2013.

[17] 丁士昭.工程项目管理[M].北京:高等教育出版社,2017.

[18] 高海鹰.水力学[M].南京:东南大学出版社,2011.

[19] 江苏首交通运输厅.船闸工程质量检验规范(DB 32/T 3634—2019),2019.

[20] 江苏省交通船闸大修工程质量检验标准(交航养〔2016〕84 号)

[21] 刘玲,范智杰.水运工程概预算[M].北京:人民交通出版社,2016.

[22] 王作高.船闸设计[M].北京:水利电力出版社,1992.

[23] 牛志国,王新.船闸水工建筑物设计与工程实践[M].南京:东南大学出版社,2019.

[24] 夏小迪,汤建宏.省水船闸的布置方案与结构设计[J].水运工程,2022(z1):124-129,154.

[25] 王定,彭厚德,陈明慧,等.渠化航道船闸锚地布置[J].水运工程,2019(3):72-76.

[26] 王学锋,吴鹏程,赵渊,等.基于BIM+理论的船闸工程建设新模式[J].水运工程,2015(12):123-127.

[27] 耿希明.三峡船闸钢闸门防腐技术应用[J].水运工程,2015(5):161-164.

[28] 钱宗河,莫兆祥.锌加涂料在水工钢闸门防腐中的应用[J].给水排水,2011,47(3):83-85.

[29] 刘娟.水利工程制图与识图[M].北京:中国水利水电出版社,2018.

[30] 中交第一航务工程勘察设计院有限公司.港口与航道水文规范(JTS 145—2015)[S].北京:人民交通出版社,2015.

第四篇 航道职业道德与法治

第一章　航道职业道德

第一节　职业道德的内涵及规范

一、道德的起源及内涵

马克思主义坚持辩证唯物主义和历史唯物主义的基本观点，认为道德的起源既不是上帝的启示，也不是先天固有的良知和人的自然本性。马克思主义者认为道德是在一定社会生产关系的基础上，在人类生产劳动和相互交往中逐步产生和发展起来的。

马克思主义道德起源观有三大内涵。

第一，道德产生的条件是社会关系的形成和意识的产生。道德的基本问题就是个人与他人、个人与集体、个人与社会、个人与自然界的利益关系问题。道德的使命就是调节以上这些利益关系。所以离开社会，离开人与人之间的利益关系，就无所谓道德不道德的问题。同时，道德的产生又必须以人类意识的产生为前提。如果一个人对于它所生存的社会关系毫无意识，或者愚昧无知，那也不存在道德和不道德的问题了。

第二，道德形成的关键是社会分工的出现和发展。在原始社会初期，原始人没有把个体与整体分开。那个时代，人们生死与共，没有个人利益与共同利益之间的矛盾，因此也就不存在调节人们利益关系的要求。随着生产的发展，内部出现分工，人们也逐渐意识到个人的存在。社会的分工和交换加强了人们之间的联系，也出现了人与人之间、个体与整体之间的矛盾，这样也就产生了调节这些矛盾的自觉要求，于是便逐步形成了维护整体利益的义务观点，进而产生了权利和义务之类的道德意识。这就是最早的道德观念。虽然原始道德是简单朴素的，是与某些传统和习惯风俗融为一体的，而且原始道德还带有幼稚、蒙昧、野蛮等不文明的性质，但是它却给后来发展成独立的意识形态的道德作了功不可没的历史准备。

第三，阶级的出现是道德发展成为独立意识形态的决定性因素。随着生产力的发展，人类社会产生了私有制，人们划分为不同的阶级，进入了阶级社会。于是开始有了阶级道德。阶级道德是人类发展到文明时代的最早标志。从发展的观点看，阶级道德的产生，无疑是人类道德进步的表现，因为它毕竟取代了蒙昧、野蛮的原始道德。

道德是一定社会、一定阶级向人们提出的处理人与人之间、个人与社会、个人与自然之间各种关系的一种特殊的行为规范。

二、职业道德的内涵及特征

职业道德是指从事一定职业劳动的人们，在特定的工作和劳动中以其内心信念和特殊社会手段来维系的，以善恶进行评价的心理意识、行为原则和行为规范的总和，它是人们在从事职业的过程中形成的一种内在的、非强制性的约束机制。

职业道德的特征：

第一，稳定性与继承性。任何一种职业道德都是在某一职业特有的道德传统和道德习惯的基础上发展起来的。

第二，多样性与适用性。各行各业都有自己的职业道德规范，有多少种职业，就有多少种职业道德。

第三，针对性与特殊性。不同的职业有不同道德要求，任何一种职业道德都只是针对本行业起作用，对不属于本职业的人或本职业人员在该职业之外的行为活动往往起不到调节和约束作用。

第四，职业化与成熟化。职业道德主要表现在实际从事一定职业的人们中间，即表现在成人的意识和行为中，是家庭教育、学校教育、社会教育初步形成的道德品质的进一步发展，标志着个体的道德品质已走向成熟阶段。

三、职业道德规范

（一）文明礼貌

文明礼貌是人们改造世界实践活动的成果，是人们个体修养、涵养的外在体现。文明礼貌的基本内容和具体要求：

1. 仪表——端庄。
2. 举止——得体。
3. 语言——规范。
4. 表情——热情。

（二）爱岗敬业

爱岗就是热爱自己的工作岗位，热爱本职工作；敬业就是用一种恭敬严肃的态度对待自己的工作。爱岗敬业的具体要求：

1. 树立职业理想。

2. 强化职业责任。

3. 提高职业技能。

（三）诚实守信

诚实守信是指说实话，办实事，不说谎，不欺诈，守信用，表里如一，言行一致的优良品质。诚实守信的具体要求：

1. 忠诚所属企业——诚实劳动、关心企业发展、遵守合同和签约。

2. 维护企业信誉——树立产品质量意识；重视服务质量，树立服务意识；保守企业秘密。

（四）办事公道

办事公道的含义：指我们在办事情、处理问题时，要站在公平的立场上，对当事双方公平合理、不偏不倚，不论对谁都是按照一个标准办事。办事公道的具体要求：

1. 坚持真理。

2. 公私分明。

3. 公平公正。

4. 光明磊落。

（五）勤劳节俭

1. 勤劳节俭是中华民族的传统美德。

2. 勤劳节俭是人们事业成功的催化剂。

3. 勤劳节俭是企业在市场竞争中常战常胜的秘诀。

4. 勤劳节俭是维持社会可持续发展的法宝。

（六）遵纪守法

遵纪守法是指每个从业人员都要遵守纪律和法律，尤其要遵守职业纪律和与职业活动相关的法律法规。遵纪守法的具体要求：

1. 学法、知法、守法、用法。

2. 遵守企业纪律和规范。

（七）团结互助

团结互助的含义：指在人与人之间的关系中，为了实现共同的利益和目标，相互帮助，相互支持，团结协作，共同发展。团结互助的基本要求：

1. 平等尊重。

2. 顾全大局。

3. 相互学习。

4. 加强协作。

(八) 开拓创新

1. 创新的含义

创新是指人们为了发展的需要,运用已知的信息,突破常规,发展或产生某种新颖、独特的有社会价值或个人价值的新事物、新思想的活动。

2. 创新的本质是"突破"。

3. 创新活动的核心是"新"。

4. 如何开拓创新

(1) 开拓创新要有创造意识和科学思维。

(2) 开拓创新要有坚定的信心和意志。

第二节　航道职工文明礼仪规范

由于航道职工自身职业的特殊性,航道系统的文明礼仪规范也有着自身的要求,江苏航道人经过多年的摸索,总结出了一套适合本系统的文明礼仪规范。

一、仪表礼仪

(一) 仪态标准

1. 外在形象

(1) 上班必须面容整洁、大方、舒适;

(2) 精神集中,眼睛明亮有神,精神饱满不显疲惫;

(3) 保持口腔卫生、牙齿清洁;

(4) 指甲不能过长,保持干净;除肉色颜色外,不能染其他颜色指甲油;

(5) 穿深色皮鞋,保持光亮并和袜子颜色协调;

(6) 男员工应剪短发,发梢不得遮眉及耳廓,后脑勺头发不得长过衬衣衣领;不准蓄胡须,鼻毛不外露;

(7) 女员工发型以端庄为宜,不得染鲜艳色彩头发;不得留奇异发型;女性员工不得化浓妆上岗,容貌美观自然,有青春活力。

2. 表情标准

(1) 脸部表情自然、亲切,不得绷着脸、冷若冰霜;

(2) 不得流露出厌恶的表情;

(3) 态度和蔼、友善,说话清晰、声音柔和;

(4) 面带笑容,热情饱满,接待船员诚恳。

3. 饰物

(1) 上班不许佩戴耳环、手镯、项链、戒指等;

(2) 上班可戴手表、发结发卡等饰物,选择要适当,与面容、发型、服饰协调,美观大方。

(二) 着装标准

1. 上班期间应着正装,不得敞怀、挽袖、挽裤腿。冬装、春秋装不能混穿,换季时要统一换装。男女员工应系黑色皮带、穿深色皮鞋、深色袜子,皮鞋要保持清洁、光亮。

2. 工号牌佩戴在左胸与第二纽扣取齐,左右位置适中,工号牌号码齐全、整洁,不得遮挡,女员工统一佩扎丝巾,同班组女员工丝巾扎法要统一。

(三) 姿态标准

1. 坐姿标准

坐是举止的主要内容之一,生活中无论是伏案学习、参加会议、会客交谈、娱乐休息都离不开坐。坐,作为一种举止,同样有美与丑、优雅与粗俗之分。正确的坐姿要求端正、舒展大方。

正确的坐姿应为:

入座时要轻要稳;坐到座位前,转身后,轻稳地坐下;女子入座时,若是裙装,应用手将裙稍稍拢一下,不要坐下后再站起来整理衣服;嘴唇微闭,下颌微收,面容祥和自然。

姿态标准:

(1) 双肩平正放松,两臂自然弯曲放在腿上,亦可放在椅子或是沙发上,在工作岗位时可放在桌面上,掌心向下;

(2) 坐在椅子上,要立腰,上体自然挺直;

(3) 双膝自然并拢,双腿正放或侧放,双腿并拢或交叠,男士坐时可略分开;

(4) 坐在椅子上,应至少坐满椅子的三分之二,脊背轻靠椅背;

(5) 离座时,要自然稳当,右脚向后收半步,而后站起;

(6) 谈话时或接待船员时可以有所侧重,此时上体与腿同时转向一侧(面向谈话人)。

2. 站姿标准

站立是人们生活交往中的一种最基本的举止。站姿是人体的静态造型,优美而典雅的造型是优雅举止的基础。

正确的站姿应为:

头正,双目平视,嘴唇微闭,下颌微收,面容平和自然;双肩放松,稍向下沉;人体有向上的感觉;躯干挺直,做到挺胸、收腹、立腰;双臂自然下垂。双腿立直。

常用的两种站姿为:

(1) 标准站姿

肃立。身体立直,双手置于身体两侧,双腿自然并拢,脚跟靠紧,脚掌分开呈 V 字形。

(2) 搭手站姿

立直。身体立直,右手搭在左手上,贴在腹部,两腿并拢,脚跟靠紧,脚掌分开呈 V 字形。

在站立服务、室外接待船员期间,一般情况下宜采用标准站姿和搭手站姿。

以上站姿,应严格训练,养成习惯。正确健美的站姿会给人以挺拔笔直、舒展俊美、庄重大方、精力充沛、信心十足、积极向上的印象。

站立时不要过于随便,不要探脖、塌腰、耸肩、双腿弯曲或不停地颤抖,在庄重场合和执勤期间,双手不可以放在衣兜里或插在腰间。这些站姿会给人留下不良印象。

3. 走姿标准

(1) 正确的走姿应为:

① 双目向前平视,微收下颌,面容平和自然。

② 双肩平稳,双臂前后自然摆动,前摆向里折 35 度,后摆向后约 45 度,双肩不要过于僵硬。

③ 上身挺直,头正、挺胸、收腹、立腰,重心稍前倾。

④ 注意步位。两只脚的内侧落地后的线迹应在一条直线上。

⑤ 步幅适当。一般应该是前脚的脚跟与后脚的脚尖相距为一脚长。但因性别和身高不同会有一定差异。步幅与服饰也有关。如:女士穿裙装和穿高跟鞋时步幅应小一些,穿长裤时步幅可大一些。

⑥ 跨步的步子应是全脚掌着地,膝和脚腕不可过于僵直。

⑦ 停步、拐弯、上下楼梯时,应从容不迫,控制自如。

(2) 不正确的走姿为:

走路最忌内八字和外八字;忌弯腰驼背、歪肩晃膀;走路不要大甩手,扭腰摆臀,左顾右盼;不要双腿过于弯曲,走路不成直线;不要步子太大或太碎;不要上下颤动;不要脚蹭地面。

4. 微笑标准

(1) 面部表情和蔼可亲,亲切自然,伴随微笑自然地露出牙齿,嘴角微微上翘;

(2) 眼睛礼貌注视船员双眼和嘴之间,眼神柔和,亲切坦然;

(3) 与船员进行的目光交流要传递出你对船员的尊重,微笑时必须做到:"三笑"(眼笑、嘴笑、心笑)、"三结合"(与眼睛结合、与语言结合、与身体结合)。

二、语言规范

语言规范是文明行业创建的必然要求,也是行业文明的体现,江苏航道系统要求本行业职工文明用语、规范用语。

(一) 文明用语标准

1. 坚持使用普通话,讲话时声音适度、语速适中、吐字清晰;

2. 做到"有声"服务,即来有迎声,询问有答声,离开有送声,解答问题要有依据,不属于本单位业务范围的,应将服务对象引导至相关单位,遇有疑难或重大问题应及时汇报;

3. 做到"四个一样",即受理、咨询一样热情,缴费、查补一样和气,生人、熟人一样尊重,忙时、闲时一样耐心;

4. 广泛使用"请、您好、谢谢、对不起、再见"10字文明用语,严禁使用服务忌语,接电话和使用高频时,应音量适宜,文明礼貌。

(二) 登记人员日常文明用语

1. 您好,请您先如实填写《过闸船舶信息申报表》;

2. 对不起,您提交的申请表不符合填写要求,请按××的样板填写;

3. 请出示您的有效证件;

4. 对不起,您的证件已过有效期,请您先到海事部门办理证件延期业务;

5. 对不起,您的船舶信息未进入江苏省航道信息网,请提供您的《船舶签证簿》《船舶检验证书》《船舶国籍证书》以及您的身份证件,到"船舶复核丈量"窗口办理船舶信息首录业务;

6. 对不起,您的船舶信息和江苏省航道信息网信息不相符,请提供您的《船舶签证簿》《船舶检验证书》《船舶国籍证书》以及您的身份证件,到"船舶复核丈量"窗口办理船舶信息复核业务;

7. 对不起,您的船舶轨迹没有信息(一个月内未进入苏北运河),请提供您的《船舶签证簿》《船舶检验证书》《船舶国籍证书》以及您的身份证件,到"船舶复核丈量"窗口办理船舶信息复核业务;

8. 对不起,您的船舶轨迹不正确,请提供您的《船舶签证簿》《船舶检验证书》《船舶国籍证书》以及您的身份证件,到值班主任办公室处理;

9. 请问,您的船舶是 GPS 船舶吗?

10. 对不起,您的船舶定位信息不正常,请您开启您的 GPS 设备;

11. 对不起,您的船舶定位信息仍然不正常,请您联系您的运营商;

12. 请问,您装载的货种是什么?如果超载请您主动申报以免影响您的过闸时间;

13. 请问,您船舶的起讫港是什么?

14. 请问,您的"一票通"办理需要通过××运河沿线几道船闸?沿途哪些船闸需要办理提放?

15. 对不起,因您的集装箱船舶起讫港不符合××港点对点航线要求,我们可以为您提供"一票通"服务,但无法为您办理免缴业务,如您有疑问可以和您的公司联系;

16. 您的登记已办理,您的登记号为×××,这是您的证件,请拿好;

17. 对不起,让您久等了;

18. 再见。

(三)售票人员日常用语

1. 您好,您的船舶×××应缴纳过闸费×××元;

2. 您是现金缴费,还是刷卡或扫码支付?

3. 对不起,您办理的是"一票通"服务,为了您现金安全,请使用刷卡缴费;

4. 对不起,您银行卡内的余额不足,请您充值后再来办理;

5. 对不起,让您久等了,共收您×××元,找您××元,请您点收;

6. 再见。

(四)船舶丈量复核上网人员日常用语

1. 您好,请提供您的《船舶签证簿》《船舶检验证书》《船舶国籍证书》以及您的身份证件;

2. 对不起,您提交的资料不全,请按要求补齐资料后再来办理;

3. 对不起,您的船舶不符合上网条件,我们只能提供您一次过闸的需求,请带齐您的相关证件于每周一、三、五上午至闸区查超组办理;

4. 请拿好您填写的申请表交由船舶丈量人员;

5. 请将您的丈量信息表给我;

6. 根据您实船丈量信息,您船舶的计费基数为×××吨,如果您没有意见,请您签字认可;

7. 根据您实船丈量信息,您船舶的计费基数为×××吨,比您原有吨位相差××吨,根据省局有关规定请您补齐最近一个航次的过闸费;

8. 这里的业务已办完,请到登记、售票窗口办理船舶过闸业务,再见。

(五)船舶丈量复核人员日常用语

1. 您好,请将您的过闸联系单、《船舶签证簿》、《船舶检验证书》、《船舶国籍证书》以及您的身份证件给我;

2. 请稍等,我们正将您的证件进行复印,请将您的船舶停靠至远调码头;

3. 对不起,您的实船和您提供的相关证件不符,我们无法为您提供船舶丈量的办理;

4. 对不起,由于您船舶未按海事管理机构要求安装灯箱,设置船舶标志标识,请您先到海事部门处理；

5. 请核对一下您船舶实船丈量信息，如果没有异议请您签字；

6. 请将您船舶实船丈量信息表到船舶丈量复核窗口办理；

7. 再见。

（六）疑难问题处理日常用语

1. 您好，请问我能为您提供什么帮助？

2. 请将您的相关手续给我看一下；

3. 对不起，您的有效证件不符合要求，请及时处理好您的证件后再来办理；

4. 对不起，您的船舶轨迹不符，请告知您的船舶以何种方式通过沿线各道船闸，如果不能提供合理理由，请按正常轨迹补齐沿线各船闸的过闸费；

5. 对不起，您的问题不在我的受理范围内，您应到上（下）游海事（船籍港海事）管理机构处理；

6. 对不起，您的GPS船舶下水××船闸未扣费，所以我们无法为您办理一票通过闸流程，请您先联系××船闸办理好扣费流程；

7. 对不起，您的GPS海图定位不在上（下）游待闸区域，请先检查一下您的设备是否在开启状态，如果开启请检查您的SIM是否欠费，如还有问题请联系您的运营商；

8. 对不起，您的船舶船名号（检验号）出现重号情况，我们无法证明您船舶证书的真伪，请您联系船舶船籍港海事管理机构，并向我们提供原件证明；

9. 对不起，您的情况我帮您联系一下，请您稍等；

10. 对不起，经查实，您的船舶符合过闸条件，我为我们工作人员未能认真审核办理向您致歉。

（七）高频回答日常用语

1. 您好，请问您有什么问题？

2. 您好，您的船舶已登记，登记号为××××号；

3. 对不起，请您稍等，我帮您查看一下；

4. 您好，目前××类型船舶已调到××号，请您注意收听高频通知；

5. 对不起，请您稍等，我帮您联系一下；

6. 您好，我已帮您联系，您船舶大约在××时间放到，请您注意收听高频信息；

7. 您好，您的船舶是××档位，请开至×号闸；

8. 对不起，因我们启用零间隔登记，我们根据××船闸过闸确认时间登记，所以您的登记号在××船舶后面；

9. 对不起，因闸口有船舶待闸，我们未接收到总调调度通知，请及时收听高频通知；

10. 对不起，给您带来不便了，目前我所待闸船舶较多，为加快放闸速度，我们启用了危险品定时放行制度,请您注意收听高频调度通知。

(八)执法人员语言规范

1. 执法人员执法用语的基本要求:

(1)执法过程中应当使用文明规范用语、表达准确、通俗简洁;严禁使用生、冷、横、硬的执法忌语。

(2)调查取证时,执法人员不得使用恐吓、威胁、诱导性的语言。

(3)执法人员应以理服人、语言文明,不得出言不逊、讽刺挖苦、讲脏话、骂人。

2. 执法人员应做到礼貌用语:

(1)日常礼貌用语:"您好""请""谢谢""对不起""再见"等。

(2)接待用语:"请进""请坐""请喝水""您贵姓?""您找哪位?""您有什么事?""请慢讲""请多包涵""您走好"等。

(3)接电话用语:"您好!我是××单位""请讲""您有什么事?""请慢慢讲""请再说一遍""我能转达吗?请稍等。"

3. 在执法或公务活动中语言表达要清晰、准确、得体:

(1)亮明身份时:"我们是(××单位)执法人员,正在执行公务,这是我们的证件,证件号码是×××××,请您配合我们的工作。"

(2)做完笔录时:"请您看一下记录,如无误请您签字予以确认。"

(3)回答咨询时:"您所反映的问题需要调查核实,我们在×日内调查了解清楚后再答复您。""您所反映的问题不属于我单位职责范围,此问题请向×××(有关委、办、局等)反映(或申诉),我们可以告诉您×××(单位)的地址和电话。"

(4)执法过程中遇到抵触时:"根据法律规定,你有如实回答询问、并协助调查或者检查的义务,请配合我们的工作。""欢迎您对我们的工作提出批评,我们将努力改进。感谢您的批评,我们愿意接受监督。"

(5)结束执法时:"谢谢您的配合。""感谢您对我们工作的支持。"

4. 权利告知词:

(1)根据法律规定,您有陈述和申辩的权利。

(2)根据法律规定,您有要求听证的权利。

(3)如果您对行政处罚(理)决定不服,有权在法定期限内提出行政复议或行政诉讼。

5. 执法窗口规范用语:

(1)您好,请问您办什么手续?

(2)请您提供有关材料。

(3)您提供的材料齐全有效,符合办证要求,我们马上给您办理,请稍候。

(4)请您将材料留下,我们于×日内审查后通知您。

(5) 请核对您的缴费凭证、证书、证件。请收好,谢谢! 请慢走,再见。

(6) 对不起,您办理的××不属于我们职能范围,请您到××办理。

(7) 对不起,依照规定,您提供的材料不全,还缺少××,请您补齐后再来。

(九) 其他服务用语

1. 因网络不通或其他原因造成业务无法办理,说:"对不起,因网络不通(或其他原因)耽误您的时间了,请原谅! 请您稍等。"

2. 当前来办理登记的船舶有怀疑时,说:"对不起,我们必须核对船舶相关证件才能办理,请稍候。"

3. 当办理船员咨询其他业务而自己无法解答时,说:"很抱歉,您稍等一下,我帮您问一问。"

4. 当办理船员对收费有异议时,说:"对不起,我们是按照上级有关规定执行,请您理解。"

5. 因政策规定或其他原因不能满足办理船员的要求时,先说"对不起",然后再耐心进行解释。

6. 遇到船员对我们的工作提出批评意见时,要面向提意见人虚心听取意见后再作解释,并说:"谢谢您对我们的工作提出宝贵意见,我们会在今后的工作中改进。"

7. 遇到船员对我们的工作表示感谢时,说:"不客气,这是我们应该做的。"

8. 遇到办理船员不按规定排队时,说:"对不起,请您按顺序排队等候。"

(十) 服务忌语

1. 办事群众咨询有关业务、规定时,禁止说:

(1) 不知道,自己不会看啊?

(2) 墙上贴着,你不会看吗?

(3) 没看见规定吗,问什么问?

(4) 不是告诉你了吗,怎么还不明白?

(5) 不关我的事,问别人去!

(6) 不要问我,去找领导去!

(7) 有什么事打电话问总调去。

(8) 我们没有专门的人看高频,忙什么忙!

2. 因网络原因或其他原因无法办理业务时,禁止说:

(1) 没看见网络不通(或其他原因)吗?

(2) 我有什么办法,又不是我造成的。

(3) 我怎么知道什么时候修好。

3. 办事船员未带齐有关手续时，禁止说：

你手续不全，跑来干什么？

4. 办事船员较多，秩序较混乱时，禁止说：

(1) 急什么，一个一个来！挤什么，等一下！

(2) 喊什么，等一下！

(3) 后面排队去！

5. 对待办事船员的批评建议时，禁止说：

(1) 你找我，我找谁呢？

(2) 有意见找领导去，投诉电话在墙上。

(3) 就是这种态度，你能拿我怎么办？

(4) 有本事你告去，上哪儿告我都不怕。

第三节　江苏航道职业道德

职业是随着人类社会分工的出现而逐渐形成的。在现实社会中，人们习惯把每个人在社会中所从事的并作为主要生活来源的工作称之为职业。职业道德中所说的职业，是指人们在社会生活中对社会所承担的一定的职责和从事的专门业务。每一种职业都承担着一定的社会责任，享有一定的社会权力，体现和处理着一定的利益关系。职业道德是人们在职业生活中形成的与职业实践紧密相连的道德、信念、心理、习惯、行为和作风，构成了区别于一般道德的特殊道德样式，成为社会道德在职业生活中的特殊表现。所以，职业道德与职业生活密切相关，是职业生活内在的客观要求。职业道德是社会精神文明发展程度的突出标志，是公民道德体系的重要组成部分。

一、航道职业的特点

航道是在江河、湖泊、海湾等水域内，供船舶等安全航行的通道，常利用天然地形布设，也有用人工开挖成的。航道应有与通航船舶相适应的水深、宽度、净空、曲率半径等。根据等级的不同，对航道主要尺度有相应的规定，有多数航道设有航行标志，引导船舶安全航行。

江苏地处长江三角洲，水网密布、纵横交错，主干航道与支线航道延伸到各个角落，历来为我国水运事业发达的省份，在社会经济发展中具有举足轻重的作用。作为航道职工，既要为之而自豪，更要为之而努力。四通八达的航道，具有点多、线长、分布面广的特点。航道管理主要担负着航道工程的新建、航道日常养护与管理、建设资金的筹措与航道规费的征稽管理等工作，带有得天独厚的优势和鲜明的航道职业特点。

（一）流动分散

由于航道点多、线长，航道职工常需要远离驻地去巡航、查征、测量与施工，且作业点多、人员分散，时间较长，流动性较大。

（二）野外作业

有些航段地处偏僻，交通不便，给航道测量与施工带来困难。野外作业受气候、地理的影响较大，航道职工日晒夜露，晴天一身灰，雨天一身泥，需要付出超出常人的体力与精力。

（三）工作繁忙

随着航道事业的发展，新建工程越来越多，管理任务越来越重，航道职工有的早出晚归，经常加班；有的日夜奋战，吃住在工地，体力和精力都承受巨大的负担和压力；有的长期在船艇上工作，漂泊不定，风吹雨打，夜晚航行，缺乏安全感，给照顾家庭和职工生活带来诸多不便。

纵观航道职业的特点不难看出，航道职工的工作还存在"苦、累、脏、难"的问题。解决这些问题需要各级领导的支持，社会风气的好转，公民素质的提高，工作条件的改善，但这不是一朝一夕就能办到的。因此，我们航道职工还是要加强职业道德的修养，树立正确的苦乐观，破除怕苦畏难情绪，为航道事业的发展多做贡献。

二、航道职业道德规范

职业道德是公民道德建设的重要组成部分，也是公民思想道德在职业行为中的具体体现。人们在普遍遵守公民道德的同时，结合各行业的特点，形成该行业的职业道德，用于指导、规范本行业的道德行为。江苏航道职业道德是在公民道德建设的基础上，结合江苏航道管理的实际，形成具有航道特点、用于规范航道职工职业行为的道德标准。

（一）热爱航道，服务水运

航道是交通设施的重要组成部分，是水运事业发展的基础，是连接港口、船舶与城乡之间的纽带。水运事业在江苏经济发展中占有重要的位置，必将在新一轮经济发展中发挥更大的作用。因此，航道职工要管理好航道，建设好航道，为水运事业服务，为江苏经济腾飞服务。

1. 为长三角地区建成国际航运中心服务

长江三角洲地区包括上海市、浙江省北部、江苏省沿江地区和安徽省共 27 个城市，这是我国对外开放的前沿，是极具国际竞争力的地区之一，是正在打造的世界第六大都市圈。

当前在统筹江苏、浙江和上海现有航运资源十分丰富的基础上,通盘考虑经济结构的调整和河网布局、港口建设、能源综合利用,发挥长三角地区航运综合优势,对实现内河航运跨越式发展具有重大意义。内河航运事业在长三角地区的重要地位,正不断受到党和国家的高度重视,我们要以极大的热情迎接内河航道事业大发展春天的到来,共同为建设国际航运中心作出新贡献。

2. 为江苏实现"两个率先"服务

"率先全面建成小康社会,率先基本实现现代化",这是党中央从贯彻"三个代表"重要思想和科学发展观战略部署的高度对江苏提出的明确要求和殷切希望。江苏内河航道约占全国内河航道总里程的1/5,水路货运量超过江苏社会运输总量的1/4,水运周转量接近全省社会货运周转量的1/2。如此巨大的水运市场,是在航道部门为其服务中形成的,是航道部门履行工作职能、努力奉献社会的丰硕成果,今后我们还要在为江苏实现"两个率先"服务过程中发挥更大的作用。

3. 为江苏沿江开发服务

加快沿江地区的开发是省委、省政府审时度势作出的重大决策。这是江苏面向新世纪、谋求新发展、增创新优势的一项战略举措,对拓展江苏经济社会发展空间,提升发展水平,促进协调发展,率先全面建成小康社会和率先基本实现现代化,具有重要的意义和深远的影响。江苏拥有长江岸线的地区是沿江开发的核心区域,本区域包括苏州、南京、镇江、常州、扬州、泰州、南通7个市区。2020年人口为5 027万人,国内生产总值为80 778亿元,分别占全省的59.3%和78.6%,是江苏经济社会发展较为发达的地区。沿江开发既能促进沪宁沿线高新技术产业的提升,又能带动苏北地区加快发展,是江苏经济社会发展新的增长极。沿江开发的战略定位:一是国际制造业基地,形成长江三角洲地区具有全球影响的资本技术密集型制造业基地之一;二是新型工业化道路的先行区,在全国率先走出一条科技含量高、经济效益好、资源消耗低、环境污染少、人力资源优势得到充分发挥的新型工业化路子;三是长江流域对外开放的重要门户,依托长江"黄金水道"和快捷的交通通信网络,建设面向国际市场的区域性进出口商品集散枢纽;四是缩小江苏南北差距的传导纽带,通过沿江经济带成为承接上海、辐射苏北,缩小江苏南北差距,促进区域经济共同发展的重要纽带。沿江开发总体目标是形成"两带两区两网"开发格局,即:沿江基础产业带、沿江城镇密集带;集约型开发区、可持续发展示范区;发达基础设施网、现代物流网。

长三角地区的经济腾飞,江苏要实现"两个率先"和实施沿江开发战略都与水运事业的发展密不可分,国家依托长江水道将长三角地区建设成为面向国际市场的区域性进出口商品集散枢纽。而江苏省管辖的内河航道与长江紧密相连,形成星罗棋布、密集畅通的航道网,为水运事业的发展提供了可靠的基础。面对大好的发展机遇,江苏航道人要站在时代发展的前列,做江苏经济发展的排头兵,用无限情感热爱航道事业,用拼搏精神确保航道畅通,用文明服务树立航道新形象,把热爱航道的激情化作为水运事业服务的动力,在新一轮经济发展中贡献江苏航道的力量。

(二)科学管理,确保畅通

社会主义职业道德告诉我们,在我们的社会里,人与人之间都是相互服务的关系,航道畅通也是社会、经济发展的组成部分,与亿万人息息相关,体现着服务人民、奉献社会的行业要求。确保航道畅通是航道工作的出发点与归宿,是航道人为交通事业发展奉献的重要标志。我们应该强化航道职业道德,明确自己的职业责任,共同维护航道的畅通,这就是我们认真履行职业道德为社会做贡献的实际行动,"十三五"期间,江苏航道迎来更快发展,航道管理服务各项水平明显提升。

1. 长期规划,构筑形成完善的港航规划体系

围绕服务"一带一路"倡议以及长江经济带、长三角区域一体化发展等国家战略实施,开展港航相关规划编制工作,争取将通州湾长江江苏集装箱新出海口建设纳入国家规划。落实大运河文化带、交通强国、立体综合交通网、世界一流港口、内河航运高质量发展等战略及规划要求,研究制定江苏港航相关规划或实施意见,促进国家战略及规划要求落地实施。制定《江苏省干线航道网规划(2017—2035年)》《江苏省沿江沿海港口布局规划(2015—2030年)》《江苏省内河港口布局规划(2017—2035年)》等省级布局规划,推动各设区市完善修编港口总体规划,形成了完善的港航规划体系,指导港航科学有序发展。在专项规划编制方面,推动编制《江苏省沿江港口锚地总体规划》等方案,编制完成《江苏省综合立体交通网规划(2021—2050年)水运篇》。深入推动长江经济带高质量发展各项决策部署,基本编制完成《江苏省长江码头布局规划》。丰富水运内涵,完成《新时代大运河江苏段现代航运建设发展规划研究》,还印发了《江苏内河航运高质量发展实施方案》。

2. 提档升级,港口深水专业化水平显著提升

公共基础设施建设取得突破,省交通运输厅相关人士介绍,以长江南京以下 12.5 m 深水航道和沿海港口进港航道等公共基础设施建设为引领,突出沿海 10 万吨级、沿江 5 万吨级、内河 1 000 吨级及以上码头等重大项目建设,累计完成建设投资 496 亿元,港口基础设施供给结构不断优化。

同时,码头能力供给结构显著优化。沿海港口结合临港产业和承接沿江钢铁等产业转移的需要,重点推进了连云港盛虹炼化、滨海宝武钢铁、南通中天钢铁等一批 5 万~30 万吨级码头项目建设,共新增通过能力 4 081 万 t,新增万吨级以上泊位 12 个。沿江港口落实长江经济带"共抓大保护、不搞大开发"要求,同步推进资源整合和码头升级改造,共

新增通过能力8 046万t,新增万吨级以上泊位22个。内河港口开展集约化、规模化、公用化码头建设,共新增综合通过能力1.3亿t,新增千吨级泊位64个。

3. 加强养护,干线航道等级再上新高

"十三五"累计完成航道建设投资172.8亿元。至2022年底,省干线航道达标里程2 478 km,省干线航道达标率突破60%。

骨干航道网络更畅,省交通运输厅相关人士介绍,围绕"两纵五横"干线航道网规划,加快航道网络建设,重点推进通江达海航道和集装箱运输通道建设,取得明显进展。新增干线航道达标里程171 km,建成船闸3座,建成21个水上服务区。突出骨干航道网络建设,"两纵"骨干航道中,京杭运河、连申线苏北段基本建成,刘大线、泰东线航道建成达标。"五横"骨干航道中,长江通道基本建成,盐河、丹金溧漕河溧阳段等航道建成达标。突出通江达海建设,通江航道续建完成苏南运河三级航道、杨林塘、锡澄运河,达海航道建成刘大线等航道。突出内河集装箱运输通道建设,重点加快推进盐河、灌河航运等级提升,强化苏北地区至连云港港运输通道。同时,干线航闸养护效率更高,4年累计投入航闸养护费用26.6亿元,累计安排364项航道、船闸养护改善工程项目,工程质量优良率达100%,有效改善了一批重要干线航道和重点船闸技术状况。

4. 提高站位,港航运输服务水平显著提升

"十三五"以来,随着基础设施的逐步完善,水路运输增长迅速,在提升基础运输服务能力的基础上,大力发展集装箱运输,着力强化多式联运服务功能,取得显著成效。

水路货物运输量稳定增长。省交通运输厅统计,2019年全省完成港口货物吞吐量28.3亿t,其中外贸5.2亿t,集装箱1 877万标箱,"十三五"年均增速分别达到5%、7.2%、4%,总体呈现稳步增长趋势。已形成连云港、南京、镇江、苏州、南通、江阴、泰州7个2亿t港口,苏州港位列全国第六。2019年全省内河航道货运量10亿t,"十三五"年均增速约6%,水路运输服务省内长距离大宗物资运输的功能明显,特别是在煤、建材、化工原料等重要生产生活物资的运输方面发挥了至关重要的基础保障作用。

航道服务能力逐步提升。交通船闸开放闸次、过闸货物量、船舶通过量,"十三五"年均增速分别达3.6%、6.1%、1.9%,总体呈现平稳增长态势,平均过闸时间较"十二五"末下降超20%。船舶平均吨位由2015年的814 t增加至862 t,船型标准化稳步推进,船舶大型化成效显著。

集装箱运输成效突出,以连云港、太仓、南京等港口为重点,加快国际集装箱航线开辟,新增6条近远洋航线,共有国际集装箱航线72条。"十三五"期间,全省及连云港、太仓、南京的外贸集装箱吞吐量的年均增速分别为4.8%、1.9%、11%、8.6%。内河集装箱运输快速发展,年均增速达29.7%。

多式联运体系加快建设,江海河联运稳步提升,2019年全省共完成集装箱江河联运

量 29.5 万标箱,海河联运量 13.8 万标箱。铁公水联运稳步发展,2019 年全省完成铁水联运量 39.6 万标箱,年均增速达 11.5%,"江苏新亚欧大陆桥集装箱多式联运示范工程"成为获得命名的首批 12 个国家多式联运示范工程之一。

5. 展望未来,绿色智慧安全发展走在前列

"十三五"以来,江苏港航积极落实长江经济带"共抓大保护、不搞大开发"以及高质量发展要求,推进环境整治与生态保护,建设港航智慧化平台,严守安全发展底线,推动港航绿色、智慧、安全转型发展。

持续推进港航绿色发展,省交通运输厅相关人士表示,绿色港口方面,制定《江苏省港口岸线管理办法》,省市共同推进港口资源整合工作。全省核减长江规划港口岸线 72.6 km,将原规划的港口岸线调整为饮用水源岸线、城市生活和旅游景观岸线,南通港狼山港区、江阴韭菜港等"退港还城"。完成长江江苏段水上过驳、非法码头、"四个一批"等专项整治,118 个沿江非法码头已全部整治到位,共清理出 13.3 km 岸线并全部完成生态修复,复绿面积 284 万 m^2。全省易起尘作业货种港口防风抑尘设施配置率达 83%,原油成品油装船泊位安装油气回收设施覆盖率达 100%,率先建成 5 座长江干线洗舱站,累计建成港口岸电设施 2 177 套,覆盖泊位 2 624 个,船舶靠港使用岸电量比 2017 年翻一番,船舶污染物接收设施覆盖沿江 300 家企业、内河 2 044 家企业。绿色航道方面,圆满完成各项整治任务,建成京杭运河两淮段、无锡城区段等一批绿色生态航段,京杭运河湖西段等 40 处航段荣获"最美运河地标"称号。基本完成船舶污染物接收设施建设任务,全省航道沿线基本具备靠港船舶污染物接收能力;推进岸电设施建设,全省内河船闸、服务区建成 770 套低压岸电系统,京杭运河船闸船舶待闸区实现岸电系统全覆盖。

积极探索港航智慧发展。智能港口方面,以试点示范为抓手,推进智能港口建设,比如,南京港"江海联运一体化全程物流供应链港口智慧物流示范工程"建设通过部省验收。智慧航道方面,加强航运保障及数字航道建设,推出全省统一过闸 APP,目前京杭运河苏北段船员采用"船讯通"登记缴费过闸用户近 3 万个,占比达 85% 以上,并实现全省航道缴费"不见面"、取票"不跑腿"。

坚持港航安全发展,目前,各级港航行政管理部门全面建立港航安全监管的权力清单和责任清单。全省港航安全生产形势总体稳定,航道、港口公用基础设施安全运行,安全生产"零事故"。港口应急处置能力建设持续强化,港口危货从业人员素质不断提升,港口危化品应急处置预案列入省级预案。

"十三五"以来,江苏省聚焦强化港航管理能力,港航体制改革进展顺利,一体化改革全面落实,依法治理能力不断优化,港航管理服务水平持续提升。港口一体化改革深入推进,省交通运输厅相关人士介绍,目前已完成交通运输部江苏南京以下沿江区域港口

一体化改革试点工作任务,全方位整合沿江锚地、岸线、集装箱航线资源。省港口集团组建成立以来,持续推进全省港口一体化发展。依法治理水平明显提升,严格把关岸线、航评等符合性技术审查。

"十三五"时期,江苏港航加快推进交通强省建设、努力实现高质量发展、构建美丽江苏,朝着世界一流、国际标杆的奋斗目标迈进。面向"十四五",省交通运输厅相关负责人表示,将以基本建成"江苏特色、国内标杆、一流标准"的现代化港航强省为目标,聚焦畅网络、强枢纽、提服务、促转型、优治理,实现江苏港航"基础设施高效率、运输服务高品质、港航产城高融合、绿色智慧高标准、行业治理高效能"发展,提高江苏港航发展综合竞争力和影响力,更好地服务国家"一带一路"倡议以及长江经济带、长三角区域一体化等战略实施,服务江苏"交通强省""美丽江苏"建设,力争成为全面开启社会主义现代化建设新征程、推动江苏高质量发展走在前列的"排头兵"。

(三)爱岗敬业,优质服务

爱岗敬业是职业道德的永恒话题,是社会主义职业道德的最重要体现,也是航道工作人员自觉履行职业道德的前提条件。爱岗就是热爱自己的工作岗位,勤奋努力,兢兢业业,干一行、爱一行。"敬业"就是对职业的敬重,一点不能怠慢,其基本内容是忠于职守、精益求精、德艺双馨、恪守职业道德。只有爱岗敬业,才能积极地面对自己的社会责任和社会义务,才能自觉地、不断地完善自我,才能在平凡的工作中体现自己的价值。一是要尽职尽责,忠于职守。尽职尽责,就是要求航道工作人员在工作中刻苦努力,无论遇到什么艰难险阻,无论面临什么坎坷道路,都始终如一地保持旺盛的工作热情,克服一切困难,去完成工作任务。忠于职守,就是忠于人民的事业,以崇高的使命感和责任感,兢兢业业做好本职工作。改革开放以来,我国坚持走中国特色社会主义道路,实现社会主义市场经济,大力调整产业结构,发展新型产业与高科技产业,调整淘汰落后的传统企业,交通行业是优先发展的朝阳产业,我们不仅要珍惜,更要为之而努力。二是要精通业务,勇于创新。精通业务是完成本职工作必备的条件,教师如果光有满腔热情,课讲不清楚,学生听不懂,就会误人子弟;营业员如果算不好账,不仅影响服务效果,而且影响企业的经济效益;医生如果业务不精,不仅不能救死扶伤,而且会危害病人;驾驶员如果技术不娴熟,就不能保证安全行驶,还会给国家和个人的生命财产造成损失。同样,对于航道管理工作人员来说,不精通业务,缺乏创新精神,也不能胜任自己所从事的工作。随着航道事业的发展,我们不仅要满足一般性的业务需要,而且要满足各业务水平层次提升的需要。例如:大型、特大型航道工程的建设,高新技术的应用与管理,航道管理的法律法规的应用,高级管理人才的培养等,都需要十分精通业务才行。因此精通业务是当今时代进步的需要,是江苏航道大发展的需要,也是航道职工适应时代要求、为航道事业作奉献的需要。

优质服务纳入航道职业道德的规范,不仅是社会主义文明创建工作的需要,也是航道职工全心全意为人民服务的体现。首先我们必须明确航道就是为广大水运企业和船户提供畅通无阻的通道,为城乡工农业生产提供运输服务,促进社会生产力的提高和社会经济的发展,因此,我们要把航道畅通作为优质服务的中心任务。如果航道不畅通,不仅影响到水运事业的发展,同时还影响到人民的生活,影响社会的稳定,因此这是一个影响大局的问题。其次,航道隶属于交通运输行业,而交通运输行业又是一个城市和地区的文明窗口,窗口行业的良好服务,体现着政府与行业的形象,体现着对人民群众的关心,传递着党和政府对人民的温暖。窗口也是社会关注的热点,各种社会反应都会集中到窗口来,航道部门的窗口直接接收来自祖国四面八方的船舶,在为他们提供服务的同时,也能听到他们的心声,使他们领略到江苏航道职工的精神风貌、道德情操,我们的优质服务,将深深铭记在他们的心中,传遍祖国的大江南北,带动社会文明的提高。我们航道系统的许多航道管理站、船闸管理所的服务窗口,公开承诺了许多文明服务的具体内容,制定了许多文明服务的规章制度,例如,各工种的文明服务标准、行为规范和文明用语,为过往船舶提供政策咨询、通信医疗、食宿天气、航道示意图等。这些都极大地表现出航道职工为船民服务的诚信与水平,成为城市精神文明建设的闪光点。我们实实在在做好每一件事,在无形中就会温暖着别人,肯定会受到别人的尊敬,产生出促进社会风气好转的力量。小小窗口凝聚着航道职工对航道事业的无限忠诚,传播着航道职工为船民热情服务的深厚情谊,展示着航道职工为社会文明作奉献的精神风貌。

(四) 遵纪守法,廉洁奉公

遵纪守法、廉洁奉公是每一个航道职工必须具备的最起码的职业道德品质,是职业道德的重要内容,是衡量航道职业道德水平的重要尺度。

遵纪守法就是遵守法律、遵守纪律。法律是由国家制订或认可的、体现统治阶级意志、用国家强制力保证实施的行为规范的总和,包括法律、法令、条例、规定、决议、决定、命令等。我国的法律反映了广大劳动人民的利益,是执行党的路线的保证,是维护生产、工作和社会秩序所必需的。纪律是社会各种组织、团体和企事业单位规定其所属人员共同遵守的行为准则,内容包括履行自己的职责、执行命令和决议、遵守制度、保守秘密等。政策是党和国家为实现一定历史时期的任务而规定的具体行动准则。它是党的路线和方针的具体体现,是国家和人民的根本利益所在。强调公民守法,不只是出于对法律的畏惧,更重要的是出于对法律的自觉认同。每个航道职工都要做有道德的公民,要积极地学法、懂法,严格依法办事,并自觉地执行政策,我国才能长治久安,人民才能安居乐业,社会主义建设事业才能有序地进行。

在职业活动中,遵守纪律首要的和基本的要求就是服从组织安排,听从领导指挥。

这样才能达到工作步调的一致和行动的统一。有些同志对领导布置的工作感到不满意的,不符合自己的心愿,就不愿去做,工作起来不得劲,这是一种片面的想法。因为领导布置的工作都是根据工作需要,从全局考虑的,假如个人认为不合理,可及时提出,但行动上必须服从。其次,遵守纪律要自觉。纪律的内容是多方面的,有社会的,有航道系统内部的,它们都是维护社会秩序的安定和工作、生活秩序的正常,任何违反纪律的行为都是绝对错误的,因为违反纪律会给国家和人民带来经济的损失、社会的动乱和生命的威胁。纪律带有强制性,遵守纪律才会有自由。最后,遵守纪律要相互监督。纪律的约束是无处不在、无时不有、无人不遇的,相互监督是大家共同的职责,要破除"怕得罪人"思想,不要采取回避的态度,即使对方暂时不理解,也不要丧失信心,我们抱着对事业负责、对同志负责的精神,一定会得到领导与职工的信任,善意真心的帮助会有心悦诚服的回报。

  遵纪守法的实质,就是从业人员个人服从社会整体和各行各业的集体,个人利益服从社会整体和各行各业的集体利益。不能自觉遵纪守法的人,多数是一些以"我"为中心、以个人利益为中心的人。这些人集体主义观念淡薄,不愿意受法律、政策和纪律的约束。所以,从业人员要提高遵纪守法的自觉性,必须努力学习法纪知识,主动接受法纪教育,加强世界观和人生观的改造,提高职业素质,在职业活动中从遵纪守法的小事做起,从一点一滴做起,才能真正形成遵纪守法的行为习惯。

  树立廉洁奉公的廉政意识。廉洁就是不贪,古人云:"不受曰廉,不污曰洁。"这是古今中外的从政之道,其价值意义不仅仅在于洁身自好,更重要的还在于要"奉公"。奉公就是奉行公事,奉行公事就要以国家、人民的利益作为行为的准则,以全心全意为人民服务为宗旨。只有"奉公""廉洁"才会自觉自愿,"奉公"才是"廉洁"的价值旨归。交通事业的发展,加快了小康社会建设的步伐,但交通基础设施建设资金投入巨大,实际工作中缺乏有效的监管,给腐败分子带来可乘之机。他们无视党和人民的利益,蔑视国家的法律法规,践踏为人民服务的宗旨,贪得无厌地大肆侵吞国家财富,占为己有,挥霍浪费,严重损害了党和政府的形象,败坏了社会风气,造成了恶劣的影响。而且,这种"前腐后继"的势头仍在蔓延,腐败现象给我国的法治社会、文明创建和职业道德提出了挑战。面对严峻的挑战,要坚持廉洁奉公,首先要求航道系统的领导干部不要利用手中的权力谋取额外的利益,也就是要经得起改革开放和执政的考验,经得起金钱、物质、美色的考验,不搞权钱交易、权色交易,不做物欲的奴隶,真正过好"名位关、权力关、金钱关、美色关和人情关"。其次要秉公用权,不以权谋私、化公为私。对广大航道职工来说,也要做廉洁奉公的模范。要规范征收行为,坚决避免以罚代征、抢征减征和"三乱"现象的发生;对待闸、过闸的船民要热情服务,不要吃、拿、卡、要;对待公共财物要爱护,不要占为己有;对待腐败行为,要敢于监督,不要明哲保身。作为江苏航道人一定要树立廉洁光荣、谋私可耻的荣辱观,珍惜党和人民赋予的权力,为党和人民多做好事。要按照江泽民同志提出的"自重、自省、自警、自励"的要求,常修为官之德,常怀律己之心,常除非分之想,常省自身之过,自觉做到慎初、慎微、慎独,始终保持蓬勃朝气、昂扬锐气和浩然正气。

　　作为航道职工要牢固树立为人民服务的思想,树立正确的人生观、价值观,保持清醒的头脑,努力抵制、消除贪得无厌的恶习,自觉做到"不想贪";国民经济快速、健康的发展,航道事业发展的前景无限美好,航道职工的生活水平在逐步提高,航道系统的总体经济收入处于全省平均水平以上,同时还享受着稳定的生活福利与保险,所以我们也"不要贪";国家和人民的财富,是用来进行大规模建设的,是用来提高人民生活水平的,如果我们采取非法的手段占为己有,使国家蒙受损失,将长期受到良心的谴责而惶惶不可终日,甚至会成为人民的罪人,失去常人的欢乐与自由,所以不义之财"不能贪";我们还要认真学习贯彻《中国共产党党内监督条例》和《中国共产党纪律处分条例》,加强党内外的监督,敢于同违法乱纪的行为作斗争,从制度上、源头上防止腐败,对腐败现象始终保持高压态势,产生巨大的震慑力量,目的使他们"不敢贪"。所以我们要做遵纪守法、廉洁奉公的模范,切实维护江苏航道系统"全国交通系统文明行业"的形象。

　　(五) 顾全大局,团结协作

　　顾全大局、团结协作是集体主义道德原则和新型人际关系在职业活动中的具体体现。它是调节从业人员之间、同行之间及各行业之间关系的重要道德规范和行为准则,是社会主义职业道德的基本规范。它不仅能调节好职业内部人与人之间、部门与部门之间的关系,而且还能调节好职业集体之间的关系,使职业活动在团结有序的和谐气氛中进行。

　　顾全大局的大局,就是上级的利益是大局,党、国家和人民的利益是最大的大局。顾全大局就是从国家、社会的利益出发考虑问题,把个人的、局部的利益放在服从整体的地位;充分发挥自己的积极性和创造性,做好本职工作,从而推动社会主义事业向前发展;要服从统一指挥,克服只照顾个人或本单位的个人主义和本位主义思想。之所以倡导顾全大局、互相支持,是为了社会主义事业的整体发展。同时还应看到,各行各业的职工都有各自职业生活目标和相对独立的物质利益,但是,其奋斗的方向和根本利益都是一致的,都是为了社会主义现代化建设事业。

　　团结协作是在追求共同理想目标的基础上,通过弘扬集体主义精神和团队精神,形成各个行业、各个部门、各个单位的凝聚力,最终汇集为全民族、全社会的凝聚力。协作是许多人或单位互相配合来共同完成任务。团结协作要有谦虚大度的气魄,能够宽大为怀,严以律己,能够严格要求和规范自己的行为。谦虚大度、严以律己,是中华民族的一种美德,也是团结互助、共同前进的职业道德规范的基础。它要求每个航道职工在职业活动中,要善于发现别人的长处,虚心向他人学习;善于发现自己的不足,努力克服自己的缺点。只有这样才能团结同志,继续前进。团结协作要有相互尊重的精神,能够尊重他人的人格、劳动成果以及他人对工作的意见。相互尊重是团结协作的基础,从事同一职业的人都是同志和朋友,因此,要尊重别人的人格,尊重别人的感情,尊重别人的利益和名誉。不能讽刺和讥笑别人,不能压制和顶撞别人,更不能蔑视和侮辱别人,甚至损人利己,这是严重违背社会主义职业道德要求的行为。

  稳定是社会发展的基础,也是各个行业发展的重要保障。促进江苏航道快速、健康的发展,首先要保持航道系统的统一与稳定。在省航道局统一领导下,树立顾全大局、团结协作的理念,保持良好的上、下级关系;领导要深入基层,多指导帮助,多调查研究,多体察民情,下级要尊重上级,要奋力拼搏,克服困难,努力完成各处、站、所的任务。其次要加强领导班子的团结。领导班子是单位的领导核心,肩负单位建设与发展的重任,要正确处理党政之间、正职与副职之间的关系,要从大局出发,严格要求自己,接受批评教育,主动承担责任,认真吸取领导班子不团结而严重影响工作的教训,为加强领导班子的建设多作贡献。最后要增强职工的团队意识。顾全大局、团结协作的精神不是一朝一夕就能培养起来的,全体职工都要自觉地增强团结协作意识,自觉接受领导、他人的教育与批评,正确处理同事之间、个人与集体之间的关系,养成互相尊重、互相学习、谦虚谨慎、主动合作的良好习惯,为江苏航道事业发展打下良好的基础。

思考题

1. 如何理解道德与法律法规之间的关系?
2. 有人说只要不违反法律法规,道德对人是没有约束力的,不一定要完全遵守,结合自身工作岗位如何理解这种说法?
3. 从职业道德层面,如何理解爱岗敬业?

第二章 法律法规

第一节 中国特色社会主义法律体系概述

一、法律体系和中国特色社会主义法律体系的概念

法律体系在法学中有时也称为"法的体系",通常是指一个国家全部现行法律规范分类组合为不同的法律部门而形成的有机联系的统一整体。简单地说,法律体系就是部门法体系。部门法,又称法律部门,是根据一定标准、原则所制定的同类规范的总称。法律体系是一个国家全部现行法律构成的整体,是一个由法律部门分类组合而形成的呈体系化的有机整体,法律体系的理想化要求是门类齐全、结构严密、内在协调,是客观法则和主观属性的有机统一,也包括被本国承认的国际法,是现行法构成的体系。它不包括历史上废止的已经不再有效的法律,一般也不包括尚待制定还未生效的法律。法律体系也不同于立法体系,立法体系构成单位是规范性文件。

中国特色社会主义法律体系,是指适应我国社会主义初级阶段的基本国情,与社会主义的根本任务相一致,以宪法为统帅和根本依据,由部门齐全、结构严谨、内部协调、体例科学、调整有效的法律及其配套法规所构成,是保障我们国家沿着中国特色社会主义道路前进的各项法律制度的有机的统一整体。这个体系由法律、行政法规、地方性法规三个层次,宪法及宪法相关法、民商法、行政法、经济法、社会法、刑法、诉讼与非诉讼程序法七个法律部门组成。

二、中国特色社会主义法律体系的层次

(一)宪法是中国特色社会主义法律体系的统帅

宪法是国家的根本法,具有最高的法律效力,在中国特色社会主义法律体系中居

于统帅地位,是国家长治久安、民族团结、经济发展、社会进步的根本保障。在中国,各族人民、一切国家机关和武装力量、各政党和各社会团体、各企业事业组织,都必须以宪法为根本的活动准则,并负有维护宪法尊严、保证宪法实施的职责。一切法律、行政法规、地方性法规的制定都必须以宪法为依据,遵循宪法的基本原则,不得与宪法相抵触。

(二)法律是中国特色社会主义法律体系的主干

《中华人民共和国宪法》规定,全国人大及其常委会行使国家立法权。全国人大及其常委会制定的法律,是中国特色社会主义法律体系的主干,解决的是国家发展中带有根本性、全局性、稳定性和长期性的问题,是国家法制的基础,行政法规、地方性法规不得与法律相抵触。

(三)行政法规是中国特色社会主义法律体系的重要组成部分

国务院根据宪法和法律,制定行政法规,这是国务院履行宪法和法律赋予的职责的重要形式。行政法规可以就执行法律的规定和履行国务院行政管理职权的事项作出规定,同时对应当由全国人大及其常委会制定法律的事项,国务院可以根据全国人大及其常委会的授权决定先制定行政法规。行政法规在中国特色社会主义法律体系中具有重要地位,是将法律规定的相关制度具体化,是对法律的细化和补充。

行政规章是国务院各部委以及各省、自治区、直辖市的人民政府和省、自治区的人民政府所在地的市以及国务院批准的较大市的人民政府根据宪法、法律和行政法规等制定和发布的规范性文件。国务院各部委制定的称为部门行政规章,其余的称为地方行政规章。行政法规调整的对象一般是行政管理领域带有普遍性、全局性、原则性以及意义重大的问题。行政规章的调整对象则限定在行政管理领域中某些特殊的、局部的、具体的问题。行政法规的制定主体是我国的中央政府,而行政规章的制定主体或是中央政府的组成部分,或是地方政府,因而,行政法规的效力高于行政规章。行政法规对于一般行政相对人来说,是具有法律意义上的约束力的规范,要依靠国家权力的强制力保证其实施,但行政规章不是严格意义上的法律,只属于"准法"的范畴,只是法律的下位规范性文件,与法律及具有法律性质的地方性法规和行政法规有一系列重要的区别。

(四)地方性法规是中国特色社会主义法律体系的又一重要组成部分

根据宪法和法律,省、自治区、直辖市和较大的市的人大及其常委会可以制定地方性法规。这是人民依法参与国家事务管理、促进地方经济社会发展的重要途径和形式。省、自治区、直辖市的人大及其常委会根据本行政区域的具体情况和实际需要,在不同宪法、法律、行政法规相抵触的前提下,可以制定地方性法规。较大的市的人大及其常委会根据本市的具体情况和实际需要,在不同宪法、法律、行政法规和本省、自治区的地方性法规相抵触的前提下,可以制定地方性法规,报省、自治区的人大常委会批准后施行。民族自治地方的人民代表大会有权依照当地民族的政治、经济和文化特点,制定自治条例和单行条例。

三、中国特色社会主义法律体系的内容

(一) 宪法及宪法相关法

宪法及宪法相关法是中国特色社会主义法律体系的主导法律部门,是我国社会制度、国家制度、公民的基本权利和义务以及国家机关的组织与活动的原则等方面法律规范的总和。

宪法是整个法律体系的基础,主要表现形式是中华人民共和国宪法。宪法相关法主要为:中华人民共和国国旗法、中华人民共和国国徽法、中华人民共和国国籍法、中华人民共和国戒严法、中华人民共和国立法法、中华人民共和国国家安全法、中华人民共和国缔结条约程序法、中华人民共和国专属经济区和大陆架法、中华人民共和国集会游行示威法、中华人民共和国领海及毗连区法、中华人民共和国民族区域自治法、中华人民共和国外交特权与豁免条例、中华人民共和国领事特权与豁免条例等。

(二) 民法商法

民法是调整作为平等主体的公民之间、法人之间、公民与法人之间的财产关系和人身关系的法律规范的总和。商法是调整作为平等主体之间的商事关系或商事行为的法律规范的总和。我国采用的是民商法合一的立法模式。2020年5月28日,第十三届全国人民代表大会第三次会议表决通过了《中华人民共和国民法典》,这部法律自2021年1月1日起施行。原施行的《婚姻法》《继承法》《民法通则》《收养法》《担保法》《合同法》《物权法》《侵权责任法》《民法总则》同时废止。《中华人民共和国民法典》共7编、1260条,各编依次为总则、物权、合同、人格权、婚姻家庭、继承、侵权责任以及附则。通篇贯穿以人民为中心的发展思想,着眼满足人民对美好生活的需要,对公民的人身权、财产权、人格权等作出明确翔实的规定,并规定侵权责任,明确权利受到削弱、减损、侵害时的请求权和救济权等,体现了对人民权利的充分保障,被誉为"新时代人民权利的宣言书",是我国民法发展的最新成果。

商法是民法中的一个特殊部分,是在民法基本原则的基础上,适应现代商事活动需要发展起来的,商法调整的是自然人、法人之间的商事关系,主要包括:公司法、合伙企业法、个人独资企业法、企业破产法、保险法、票据法、证券法等。

(三) 行政法

行政法包括有关行政主体、行政行为、行政程序、行政监察与监督以及国家公务员制度等方面的法律规范。行政部门法涉及的范围很广,包括外交外事、民政、司法、公安、人

事、公务员制度、纪检、监察、档案、民族事务、宗教、侨务、教育、科技、文化、新闻出版、广播电影电视、体育、医药卫生、人口与计划生育、城乡建设、环境保护、海关、旅游、气象、地震与地质灾害、测绘等行政管理方面的法律。

（四）经济法

经济法是调整国家从社会整体利益出发，对经济活动实行干预、管理或调控所产生的社会经济关系的法律规范的总和。经济法大体包括两个部分，一是创造平等竞争环境、维护市场秩序方面的法律，主要有关反垄断、反不正当竞争、反倾销和反补贴等方面的法律；二是国家宏观调控和经济管理方面的法律，主要包括经济体制改革与对外开放、计划、投资、财政、税收、金融、基本建设、标准化、计量、质量管理、统计、资源与资源利用、能源与能源工业、交通运输、邮政电讯、农牧业、工业、商贸物资仓储、工商管理、物价管理、市场中介机构、对外经济合作与三资企业、对外贸易等方面的法律。

（五）社会法

社会法是调整有关劳动关系、社会保障和社会福利关系的法律规范的总合，是保障劳动者、失业者、丧失劳动能力的人和其他需要扶助的人的权益的法律，主要包括劳动法、劳动合同法、工会法、未成年人保护法、老年人权益保障法、妇女权益保障法、残疾人保障法、矿山安全法、红十字会法、公益事业捐赠法等。

（六）刑法

刑法是规定犯罪、刑事责任和刑事处罚的法律，是掌握政权的统治阶级为了维护本阶级的利益，以国家的名义根据自己的意志，规定哪些行为是犯罪并给予何种刑事处罚的法律规范的总称。刑法所调整的是因犯罪而产生的社会关系，所采取的调整方法是最严厉的一种法律制裁方法，即刑事处罚。刑法执行着保护社会和保护人民的功能，承担惩治各类刑事犯罪，维护社会正常秩序，保护国家利益、集体利益以及公民各项合法权利的重要任务。

（七）诉讼与非诉讼程序法

诉讼与非诉讼程序法是调整因诉讼活动和非诉讼活动而产生的社会关系的法律规范的总和，它包括民事诉讼、刑事诉讼、行政诉讼和仲裁等方面的法律。这方面的法律不仅是实体法的实现形式和内部生命力的表现，而且是人民权利实现的最重要保障，其目的在于保证实体法的公正实施。

中国特色社会主义法律体系是一个统一的体系，各法律部门之间、各个法律部门内部之间、不同层次的法律规范之间相互协调，相互配套。

第二节 刑法概述

一、刑法总则概述

（一）刑法的概念

刑法是规定犯罪、刑事责任和刑罚的法律。具体说，刑法是掌握政权的阶级即统治阶级，为了维护本阶级政治上的统治和经济上的利益，根据自己的意志，以国家名义制定、颁布的规定犯罪、刑事责任和刑罚的法律。

（二）刑法的任务

《中华人民共和国刑法》（以下简称《刑法》）第二条明确阐明了刑法任务的具体内容，归纳起来，主要有以下四个方面：

1. 保卫国家安全，保卫人民民主专政的政权和社会主义制度

这是我国刑法的首要任务。人民民主专政的政权和社会主义制度，是在中国共产党领导下，经过无数革命先烈和仁人志士长期浴血奋战和艰苦卓绝的斗争而取得的胜利成果，是我国人民根本利益的集中体现，是我国建设社会主义并在将来逐步向共产主义过渡的基本保证。我国刑法在分则第一章规定了危害国家安全罪，对各种危害国家安全的犯罪行为规定了较为严厉的法定刑。

2. 保护社会主义经济基础

这是我国刑法的主要任务之一，这个任务集中表现在两个方面：一是保护公共财产和公民私人所有的合法财产；二是保护正常的社会主义经济秩序。

3. 保护公民的人身权利、民主权利和其他权利

我国刑法坚决保护公民所享有的人权。公民的人身权利、民主权利和其他权利。人身权利是指与人身有关的各项权利，如生命权、健康权、名誉权、人身自由权等。只有人身权利不受侵犯，才能行使民主权利和其他权利。民主权利是指公民依法参加国家管理和社会政治生活的权利，如选举权与被选举权等。

4. 维护社会秩序、经济秩序

社会秩序、经济秩序，是同社会主义建设的顺利进行密切相关的，也是与每个公民的切身利益密切相关的。没有这些正常的秩序，社会主义现代化建设就无法正常进行，国家的治理活动也无法正常实施，公民的一切权利也就失去必要的保障。因此，刑法分则规定了"危害公共安全罪""妨害社会管理秩序罪""渎职罪"等各类犯罪，就是为了维护社会秩序和经济秩序，以保障社会主义现代化建设事业的顺利进行。

从以上四个方面可以看出，刑法的根本任务，概括起来就是通过用刑罚惩罚犯罪的特殊手段，为社会主义建设扫除障碍，保障社会主义建设事业的顺利进行。刑法的全部规定，刑事立法和刑事司法的全部活动，都是为实现这个总的任务而进行的。

（三）刑法的基本原则

刑法的基本原则是指刑法所特有的、贯穿于全部刑法规范、对刑事立法和刑事司法均具有指导和制约意义的根本性准则。

罪刑法定原则、刑法面前人人平等原则和罪责刑相适应原则是我国刑法明文规定的三大基本原则。

1. 罪刑法定原则

"法无明文规定不为罪，法无明文规定不处罚"是对罪刑法定含义的高度概括。现代罪刑法定原则的基本含义和通常表述仍是：行为之定罪处刑，以行为时法律有明文规定者为限。

2. 刑法面前人人平等

在刑事司法实务中贯彻刑法面前人人平等原则，必须着重注意以下两个问题。第一，做到刑事司法公正。刑事司法公正，是刑法面前人人平等原则的必然要求。我国司法机关在进行刑事司法活动过程中必须做到这一点。刑事司法公正主要包括定罪公正、量刑公正和行刑公正。第二，反对特权。坚持刑法面前人人平等原则，在刑事司法活动中就必须反对形形色色的特权思想，做到只要是犯罪，就要平等地适用刑法，追究犯罪人刑事责任，予以惩处，不允许任何人有超越法律的特权。

3. 罪责刑相适应原则

罪责刑相适应的基本含义是：犯多大的罪，就应承担多大的刑事责任，法院亦应判处其相应轻重的刑罚，做到重罪重罚，轻罪轻罚，罚当其罪，罪刑相称；罪轻罪重，应当考虑行为人的犯罪行为本身和其他各种影响刑事责任大小的因素。

（四）犯罪的构成

我国刑法理论通说认为，犯罪构成是刑法规定的，决定某一行为的社会危害性及其程度，而为该行为成立犯罪所必须具备的一系列客观要件和主观要件的有机整体。任何犯罪的成立，都必须具备以下四个方面的要件：

1. 犯罪客体

犯罪客体，指我国刑法所保护而为犯罪行为所侵犯或威胁的社会关系。犯罪客体是任何犯罪成立必不可少的要件。犯罪之所以具有社会危害性，首先是由犯罪客体决定的。不危害任何客体的行为，就不可能被刑法规定为犯罪。

2. 犯罪客观方面

犯罪客观方面，首先指人所实施的一定的危害社会的行为，它是任何犯罪成立不可或缺的要件。除行为外,对绝大多数犯罪来说,危害社会的结果也是构成既遂犯罪或成立犯罪不可缺少的要件。至于行为的方法、行为的时间、行为的地点,虽然也属犯罪客观方面的要件,但这些要件不是一切犯罪都必须具有,而只是对某些犯罪的构成才是必要的。

3. 犯罪主体

犯罪主体,指具有刑事责任能力并实施危害社会行为的人。犯罪主体也是不可缺少的要件。

4. 犯罪主观方面

犯罪主观方面,首先指行为人主观上有罪过(故意或过失)。罪过是任何犯罪成立必不可少的要件。此外,对于某些犯罪的构成来说,还要求必须具有特定的犯罪目的。

(五) 刑罚

在我国刑罚体系中,有主刑,也有附加刑。刑种的排列基本按照由轻到重的顺序,相互衔接,不仅结构合理,而且宽严相济、区别对待,有利于人民法院根据不同犯罪的具体情况,择轻重程度适当的刑罚。

1. 主刑(自由刑)

自由刑是剥夺或限制犯罪人一定的人身自由权的刑罚方法。在我国刑罚体系中,自由刑是一种经常使用的重要刑罚方法。管制为限制自由的刑罚,拘役、有期徒刑、无期徒刑为剥夺自由的刑罚。

(1) 管制

管制是限制人身自由刑,它是由人民法院判决,对犯罪分子不予关押,但限制其一定自由,由公安机关执行的刑罚方法。

管制刑的特点是:第一,管制是由人民法院判决,由公安机关执行的一种刑罚方法,其他任何机关、团体、单位、个人均无权决定和执行;第二,管制是对犯罪分子不予关押,但限制其一定的人身自由的刑罚,犯罪分子仍然可以在原工作单位或原居住地工作和生活,并不与社会隔离;第三,被判管制的犯罪分子虽有人身自由,但其工作和其他活动受到限制,一些权利受到剥夺,并要受到公安机关的管束和群众的监督。

根据《刑法》第三十九条的规定,被判处管制的犯罪分子,在执行期间,必须遵守以下规定:

① 遵守法律、行政法规,服从监督;

② 未经执行机关批准,不得行使言论、出版、集会、结社、游行、示威自由的权利;

③ 按照执行机关规定报告自己的活动情况;

④ 遵守执行机关关于会客的规定;

⑤ 离开所居住的市、县或者迁居,应当报经执行机关批准。

根据《刑法》规定,管制的期限为三个月以上二年以下。管制的刑期从判决执行之日起计算;判决执行以前先行羁押的,羁押一日折抵刑期二日。另外,《刑法》还明确规定,被判处管制的犯罪分子,在劳动中应当同工同酬。

(2) 拘役

拘役的期限,为一个月以上六个月以下。根据《刑法》规定,拘役的刑期从判决执行之日起计算,判决执行以前先行羁押的,羁押一日折抵刑期一日。被判处拘役的犯罪分子,由公安机关就近执行。在执行期间,犯罪分子每月可以回家一天至两天,参加劳动的,可以酌量发给报酬。所谓酌量发给报酬,这一点既不像被判管制的犯罪分子那样实行同工同酬,也不像核被有期徒刑的犯罪分子那样,不给任何报酬,而是根据犯罪分子服刑期间的表现、生产技能、经济收入等酌情确定。同时,犯罪分子在服刑期间还享有探亲的待遇,每月可以回家一天至两天。拘役的待遇,体现了我国刑罚的人道主义精神,避免受刑人与家庭、社会完全隔绝,有利于犯罪分子的教育和改造,使他们能够早日回归社会。

(3) 有期徒刑

有期徒刑,是指在一定期限内剥夺犯罪分子的人身自由的刑罚方法。有期徒刑的期限为六个月以上十五年以下,数罪并罚,有期徒刑总和刑期不满三十五年的,最高不能超过二十年,总和刑期在三十五年以上的,最高不能超过二十五年。

根据《刑法》有关规定,有期徒刑的刑期,从判决执行之日起计算;判决执行以前先行羁押的,羁押一日折抵刑期一日。被判处有期徒刑的犯罪分子,在监狱或者其他执行场所执行;凡有劳动能力的,都应当参加劳动,接受教育和改造。

(4) 无期徒刑

无期徒刑,是剥夺犯罪分子终身自由的刑罚方法。在我国刑法中,无期徒刑是仅次于死刑的一种严厉的刑罚,它介于死刑和有期徒刑之间,适用于那些不必判处死刑,但判处有期徒刑又嫌轻的犯罪分子。无期徒刑的存在也在一定的意义上减少了死刑的适用,我国刑法中,凡是规定了死刑的条款几乎同时也都规定了无期徒刑。对于那些罪行严重但尚未达到"极其严重"的,依法判处无期徒刑就是适当的。

无期徒刑作为一种重刑,主要适用于罪行严重的犯罪。被判处无期徒刑的犯罪分子,在监狱或其他执行场所执行。凡有劳动能力的,都应参加劳动,接受教育和改造。

无期徒刑虽是终身剥夺犯罪分子人身自由的刑罚,但只要犯罪分子认罪伏法,接受教育和改造,确有悔改或立功表现,在刑罚执行一定期限之后,有获得减刑、假释的机会。真正被执行无期徒刑的犯罪分子只是极少数,无期徒刑对犯罪分子而言并不意味刑期真的是遥遥无期,犯罪分子接受教育改造的道路并未被堵死。我们对犯罪分子适用刑罚,并不单纯地为了惩罚,还要通过教育改造,让其成为对社会有用的、守法的公民,以体现我国刑罚的目的。被判处无期徒刑的犯罪分子,可以减刑,但实际执行的刑期不得低于十三年。

(5) 死刑

死刑是剥夺犯罪分子生命的刑罚,只适用于罪行极其严重的犯罪分子,包括死刑立即执行和死刑缓期二年执行,死刑除依法由最高人民法院判决的以外,都应当报请最高人民法院核准,死缓由高级人民法院核准。

"判处死刑缓期执行的,在死刑缓期执行期间,如果没有故意犯罪,二年期满以后,减为无期徒刑;如果确有重大立功表现,二年期满以后,减为二十五年有期徒刑;如果故意犯罪,情节恶劣的,根据最高人民法院核准后执行死刑。"

"对被判处死刑缓期执行的累犯以及因故意杀人、强奸、抢劫、绑架、放火、爆炸、投放危险物质或者有组织的暴力性犯罪被判处死刑缓期执行的犯罪分子,人民法院根据犯罪情节等情况可以同时决定对其限制减刑。"

2. 附加刑

(1) 罚金

罚金是指强制犯罪人向国家缴纳一定数额金钱的刑罚方法。罚金作为一种财产刑,是以剥夺犯罪人金钱为内容的,这是罚金与其他刑罚方法显著区别之所在。

(2) 没收财产

没收财产是将犯罪分子个人所有财产的一部或者全部强制无偿地收归国有的刑罚方法。没收财产也是一种财产刑,但它不同于罚金,是适用于罪行严重的犯罪分子的刑罚。

(3) 剥夺政治权利

剥夺政治权利是指剥夺犯罪分子参加国家管理和政治活动权利的刑罚方法。剥夺的权利具体包括:选举权和被选举权;言论、出版、集会、结社、游行、示威自由的权利;担任国家机关职务的权利;担任国有公司、企业、事业单位和人民团体领导职务的权利。

(4) 驱逐出境

驱逐出境,是指将犯罪分子从我国境内驱逐到我国境外的一种刑罚方法。

二、刑法分则——部分职务犯罪介绍

(一) 贪污罪

贪污罪是指国家工作人员和受国家机关、国有公司、企业、事业单位、人民团体委托管理、经营国有财产的人员,利用职务上的便利,侵吞、窃取、骗取或者以其他手段非法占有国有财产的行为。

根据《刑法》关于贪污罪的规定,本罪的关键有三点:

(1) 主体方面，必须为国家工作人员或受国家机关、国有公司、企业、事业单位、人民团体委托管理、经营国有财产的人员。

(2) 客观方面同时具备"利用职务上的便利"与"侵吞、窃取、骗取或者以其他手段"非法占有公共财物，数额较大。

(3) 主观上必须以"非法占有"为目的，而非暂时地使用。

贪污罪的处罚：

(1) 贪污数额较大或者有其他较重情节的，处三年以下有期徒刑或者拘役，并处罚金。

(2) 贪污数额巨大或者有其他严重情节的，处三年以上十年以下有期徒刑，并处罚金或者没收财产。

(3) 贪污数额特别巨大或者有其他特别严重情节的，处十年以上有期徒刑或者无期徒刑，并处罚金或者没收财产；数额特别巨大，并使国家和人民利益遭受特别重大损失的，处无期徒刑或者死刑，并处没收财产。

对多次贪污未经处理的，按照累计贪污数额处罚。

(二) 挪用公款罪

根据《刑法》第三百八十四条的规定：国家工作人员利用职务上的便利，挪用公款归个人使用，进行非法活动的，或者挪用公款数额较大、进行营利活动的，或者挪用公款数额较大、超过三个月未还的，是挪用公款罪，处五年以下有期徒刑或者拘役；情节严重的，处五年以上有期徒刑。挪用公款数额巨大不退还的，处十年以上有期徒刑或者无期徒刑。

挪用用于救灾、抢险、防汛、优抚、扶贫、移民、救济款物归个人使用的，从重处罚。

认定本罪，需要注意以下问题：

1. 挪用公款的犯罪主体

本罪的主体是特殊主体，即国家工作人员，这里所说的国家工作人员与前述贪污罪中国家工作人员的内涵、外延基本相同。同样具有特定性和公务（职务）性。构成挪用公款罪的国家工作人员包括：在国家机关中从事公务的国家工作人员。在国有公司、企事业单位和人民团体中从事公务的人员；受国有单位委派到非国有单位中从事公务的人员；其他依照法律从事公务的人员。

另外需要注意的是，在挪用人与使用人相分离的情况下，非国家工作人员也能成为挪用公款罪的主体。根据《最高人民法院关于审理挪用公款案件具体应用法律若干问题的解释》第八条的规定，国家工作人员挪用公款归他人使用，使用人（非国家工作人员）与挪用人（国家工作人员）共谋，指使或者参与策划取得挪用款的，以挪用公款罪的共犯定罪处罚。

2. 挪用公款的客观表现

本罪的客观方面表现为行为人实施了利用职务上的便利,挪用公款归个人使用,进行非法活动,或者挪用数额较大的公款进行营利活动,或者挪用数额较大的公款超过三个月未还的行为。其中包含三个要件:

(1) 行为人实施了挪用公款的行为。行为人未经合法批准而擅自将公款移作他用。

(2) 行为人利用了职务之便。挪用公款的行为是利用其主管、管理、经手公款的职务上的便利实施的。

(3) 行为人挪用的公款是归个人使用的。所谓归个人使用,既包括由挪用者本人使用,也包括由挪用者交给、借给他人使用。

根据本条之规定,挪用公款归个人使用具体可包括以下三种情况:

(1) 挪用公款归个人使用进行非法活动。这里所说的非法活动是指挪用公款供个人或他人进行走私、赌博等违法犯罪活动。

(2) 挪用公款归个人进行营利活动,并且数额较大的。

这是指挪用数额较大的公款作为挪用人或者他人进行营利活动的资本,如挪用人本人或者他人将挪用的公款用于生产、经营、买房出租,作为个人参与企业经营活动的入股资金,存入银行或者借给他人而个人取利等,如果行为人挪用公款后,为私利以个人名义将挪用的公款借给企业事业单位、机关、团体使用的,不管这些单位是否将其挪用的公款用于营利活动,都应视为挪用公款归个人使用进行营利活动,而不能认为属于挪归公用,这里的数额较大以挪用公款一万元至三万元为起点,以挪用公款十五万至二十万元为数额巨大的数额起点。

对于这种挪用公款数额较大的公款归个人进行营利活动的,法律既没有要求挪用公款要达到多长时间,也不要求行为人营利的目的要真正达到。但如果行为人在案发前已部分或者全部归还本息的,可以分别情节,从轻处罚,情节轻微的,可以免除处罚。

(3) 挪用公款归个人用于上述非法活动、营利活动以外的用途,并且数额较大,超过三个月未还的。

如挪用公款用于建造私房、购置家具和其他生活用品、办理婚丧、支付医疗费或者偿还家庭、个人债务等。这种情况既要求挪用公款要达到一定数额。也要求挪用公款要达到一定时间。这里的数额较大也是以一万元至三万元为起点,以十五万元至二十万元为数额巨大的数额起点。未还是指案发前(被司法机关、主管部门或者有关单位发现前)未还。如果挪用公款数额较大,超过三个月,在案发前已全部归还本金的,可以从轻处罚或减轻处罚。给国家、集体造成的利益损失应予追缴。挪用公款数额巨大,超过三个月,但在案发前已全部归还本息的,从轻处罚。

在实践中,也有这样的情形,行为人多次挪用公款,用后次挪用的公款归还前次挪用的公款,而每次挪用的间隔时间都不超过三个月,对此,应从第一次挪用公款的时间算起。连续累计至挪用行为终止。在追究行为人的刑事责任时,挪用公款的数额按最后未归还的金额认定。挪用公款给他人使用,不知道使用人用公款进行营利活动或者用于非法活动,数额较大、超过三个月未还的,构成挪用公款罪,明知使用人用于营利活动或者非法活动的,应当认定为挪用人挪用公款进行营利活动或者非法活动。

(三) 受贿罪

受贿罪是指国家工作人员利用职务上的便利,索取他人财物的,或者非法收受他人财物,为他人谋取利益的行为,是国家工作人员利用职务便利实施的最严重和最多发的犯罪之一。

《刑法》第一百六十三条规定,非国家工作人员受贿罪是指,公司、企业或者其他单位的工作人员利用职务上的便利,索取他人财物或者非法收受他人财物,为他人谋取利益,数额较大的,处五年以下有期徒刑或者拘役;数额巨大的,处五年以上有期徒刑,可以并处没收财产。

公司、企业或者其他单位的工作人员在经济往来中,利用职务上的便利,违反国家规定,收受各种名义的回扣、手续费,归个人所有的,依照前款的规定处罚。

国有公司、企业或者其他国有单位中从事公务的人员和国有公司、企业或者其他国有单位委派到非国有公司、企业以及其他单位从事公务的人员有前两款行为的,依照本法第三百八十五条、第三百八十六条的规定定罪处罚。

第一百八十四条规定,非国家工作人员受贿罪是指,银行或者其他金融机构的工作人员在金融业务活动中索取他人财物或者非法收受他人财物,为他人谋取利益的,或者违反国家规定,收受各种名义的回扣、手续费,归个人所有的,依照本法第一百六十三条的规定定罪处罚。

国有金融机构工作人员和国有金融机构委派到非国有金融机构从事公务的人员有前款行为的,依照本法第三百八十五条、第三百八十六条的规定定罪处罚。

第三百八十五条规定,国家工作人员利用职务上的便利,索取他人财物的,或者非法收受他人财物,为他人谋取利益的,是受贿罪。

国家工作人员在经济往来中,违反国家规定,收受各种名义的回扣、手续费,归个人所有的,以受贿论处。

第三百八十七条规定,单位受贿罪是指,国家机关、国有公司、企业、事业单位、人民团体,索取、非法收受他人财物,为他人谋取利益,情节严重的,对单位判处罚金,并对其直接负责的主管人员和其他直接责任人员,处五年以下有期徒刑或者拘役。

前款所列单位,在经济往来中,在账外暗中收受各种名义的回扣、手续费的,以受贿论,依照前款的规定处罚。

第三百八十八条规定,国家工作人员利用本人职权或者地位形成的便利条件,通过其他国家工作人员职务上的行为,为请托人谋取不正当利益,索取请托人财物或者收受请托人财物的,以受贿论处。

第三百八十八条之一规定,利用影响力受贿罪是指,国家工作人员的近亲属或者其他与该国家工作人员关系密切的人,通过该国家工作人员职务上的行为,或者利用该国家工作人员职权或者地位形成的便利条件,通过其他国家工作人员职务上的行为,为请托人谋取不正当利益,索取请托人财物或者收受请托人财物,数额较大或者有其他较重情节的,处三年以下有期徒刑或者拘役,并处罚金;数额巨大或者有其他严重情节的,处三年以上七年以下有期徒刑,并处罚金;数额特别巨大或者有其他特别严重情节的,处七年以上有期徒刑,并处罚金或者没收财产。

离职的国家工作人员或者其近亲属以及其他与其关系密切的人,利用该离职的国家工作人员原职权或者地位形成的便利条件实施前款行为的,依照前款的规定定罪处罚。

根据《刑法》以及相关司法解释,受贿行为方式大致有以下情形:

(1) 收受型受贿

国家工作人员利用职务上的便利,非法收受他人财物,为他人谋取利益的行为。

(2) 索取型受贿

国家工作人员利用职务上的便利,索取他人财物,为他人谋取利益的行为。

(3) 经济型受贿

国家工作人员在经济往来中,违反国家规定,收受各种名义的回扣、手续费,归个人所有的行为。

(4) 斡旋型受贿

国家工作人员,利用本人职权或者地位形成的便利条件,通过其他国家工作人员职务上的行为,为请托人谋取不正当利益,索取请托人或者收受请托人财物的行为。

(5) 交易型受贿

国家工作人员利用职务上的便利为请托人谋取利益,以交易的形式收受请托人财物的行为。

(6) 干股分红型受贿

国家工作人员利用职务上的便利为请托人谋取利益,收受请托人提供的干股的行为。

(7) 合作投资型受贿

国家工作人员利用职务上的便利为请托人谋取利益,以开办公司等合作投资名义收受请托人财物的行为。

(8) 委托理财型受贿

国家工作人员利用职务上的便利为请托人谋取利益,以委托请托人投资证券、期货、基金或者其他委托理财的名义,未实际出资而获取"收益",或者虽然实际出资,但获取"收益"明显高于出资应得收益的行为。

(9) 赌博型受贿

国家工作人员利用职务上的便利为请托人谋取利益,通过赌博方式收受请托人财物的行为。

(10) "挂名"领薪型受贿

国家工作人员利用职务上的便利为请托人谋取利益,要求或者接受请托人以给特定关系人安排工作为名,使特定关系人不实际工作却获取所谓薪酬的行为。

(11) 特定关系人收受型受贿

国家工作人员利用职务上的便利为请托人谋取利益,授意请托人以交易、合作投资、委托理财、赌博、挂名领薪等形式,将有关财物给予特定关系人的行为。

(12) 离职后收受型受贿

国家工作人员利用职务上的便利为请托人谋取利益之前或者之后,约定在其离职后收受请托人财物,并在离职后收受的行为。

(四) 滥用职权罪、玩忽职守罪

《刑法》第三百九十七条:"国家机关工作人员滥用职权或者玩忽职守,致使公共财产、国家和人民利益遭受重大损失的,处三年以下有期徒刑或者拘役;情节特别严重的,处三年以上七年以下有期徒刑。"

1. 滥用职权罪

滥用职权罪的行为包括两种形式:违反法律规定的权限行使职权的;违反法律的程序行使职权的。

滥用职权罪的结果是致使公共财产、国家和人民利益遭受重大损失,指造成死亡1人以或者重伤2人以上,或者轻伤5人以上;造成直接经济损失20万元以上;造成有关公司、企业等单位停产、严重亏损、破产的;严重损害国家声誉或者造成恶劣社会影响的;其他致使公共财产、国家和人民利益遭受重大损失的情形。

滥用职权罪主观方面为故意,但故意的内容仅仅是滥用职权的行为,不包括结果。

2. 玩忽职守罪

玩忽职守罪包括两种情形:不履行职责,表现为不作为;不认真履行职责,表现为错误地履行职责。

玩忽职守罪的结果是致使公共财产、国家和人民利益遭受重大损失。

玩忽职守罪的主观方面是过失,是因为疏忽或轻率,致使公共财产、国家和人民的利益遭受重大损失。

玩忽职守罪、滥用职权罪中公共财产重大损失是指渎职行为已经造成的重大经济损失,在司法实践中,有以下情形之一的,虽然公共财产作为债权存在,但已无法实现债权的,可以认定为行为人的渎职行为造成了经济损失:债务人已经法定程序宣告破产;债务人潜逃,去向不明;行为人责任,致使超过了诉讼时效;有证据证明债权无法实现的其他情况。

第三节　行政法概述

行政法是调整国家行政活动中发生的各种社会关系的法律规范的总称。

2004年国务院颁布的《全面推进依法行政实施纲要》较为详尽地提出了行政活动的基本原则,包括合法行政、合理行政、程序正当、高效便民、诚实守信、权责统一六项。本节重点介绍行政法中常见的几种制度。

一、行政法的基本原则

行政法的基本原则贯穿于各种行政活动的始终,是其必须遵循的共同准则。2004年国务院颁布的《全面推进依法行政实施纲要》较为详尽地提出了行政活动的基本原则,包括合法行政、合理行政、程序正当、高效便民、诚实守信、权责统一六项。

(一)合法行政的原则

合法行政是首要原则,其他原则都可以被理解为这一原则的扩展与延伸,其含义包括:

1. 法律保留,指的是所有行政活动都只能在法律授权的范围内进行。

2. 法律优先,指的是所有行政活动都不得违背现有法律的规定。

(二)合理行政原则

行政行为应当具有理性基础,禁止行政主体的武断专横和随意。最低限度的理性,是行政行为应当具有一个有正常理智的普通人所能达到的合理与适当,并且能够符合科学公理和社会公德。

(三)程序正当原则

程序正当原则主要要求做到行政公开、公众参与、合理回避。

(四)高效便民原则

高效便民原则主要要求做到讲究行政效率、便利当事人。

（五）诚实守信原则

诚实守信原则主要要求做到行政信息真实、信赖利益保护。

（六）权责统一原则

权责统一原则主要要求做到遵从行政效能原则、遵从责任行政原则。

二、行政许可

行政许可是指行政主体根据行政相对方的申请，经依法审查，通过颁发许可证、执照等形式，赋予或确认行政相对方从事某种活动的法律资格或法律权利的一种具体行政行为。

（一）行政许可的种类

1. 一般许可

《中华人民共和国行政许可法》（以下简称《行政许可法》）第十二条第（一）项规定："直接涉及国家安全、公共安全、经济宏观调控、生态环境保护以及直接关系人身健康、生命财产安全等特定活动，需要按照法定条件予以批准的事项。"一般许可在行政许可中占有较大比例，行政机关的职责是审查申请人在实施特定行为时是否可能危害公共利益或他人利益，以避免因行为人能力上的缺陷和瑕疵带来的危害，一般没有数量限制，只要申请人符合条件均能获得许可。驾驶执照、排污许可是典型的一般许可。

2. 特许

《行政许可法》第十二条第（二）项规定："有限自然资源开发利用、公共资源配置以及直接关系公共利益的特定行业的市场准入等，需要赋予特定权利的事项。"特许是行政机关代表国家向被许可人让渡某种资源权利的许可方式，这些资源权利在享有和使用上必然是排他的，因此特许一定有数量上的限制。为了保证公平，特许一般采用招标、拍卖等竞争性方式来实施。采矿许可，国有土地使用许可，航线使用许可，无线电频率使用许可，市政公用事业如水、电、公交、移动通信等经营权的许可，都是典型的特许。

3. 认可

《行政许可法》第十二条第（三）项规定："提供公众服务并且直接关系公共利益的职业、行业，需要确定具备特殊信誉、特殊条件或者特殊技能等资格、资质的事项。"行政机关对申请人认可的结果，是确认了申请人的从业权，一般来说不应当有数量限制，但不排除在一定时期、一定条件下实行阶段性的数量控制。法律职业资格许可、医师执业许可、建筑企业等级资质等，都是典型的认可。

4. 核准

《行政许可法》第十二条第（四）项规定："直接关系公共安全、人身健康、生命财产安全的重要设备、设施、产品、物品，需要按照技术标准、技术规范，通过检验、检测、检疫等方式进行审定的事项。"在核准事项中,行政机关所核实的是特定的设施、设备、产品、物品是否达到一定的技术标准,只要这些物品达到了有关标准,就应准予许可,不应有数量上的限制。各种药品批文、各种产品合格证,都是典型的核准。

5. 登记

《行政许可法》第十二条第(五)项规定:"企业或者其他组织的设立等,需要确定主体资格的事项。"由于企业和各种组织的设立,均有法律、法规设定了各种条件,而对于申请人具备了获得主体资格的条件,行政机关就必须给予登记,因此登记也没有数量限制。工商营业执照、社团设立登记,都是典型的登记许可。

(二)行政许可实施的一般程序

一般程序,就是实施行政许可的一般过程,也是任何行政许可的实施都必经的过程。此外的其他特殊程序,要么是一般程序的延伸,要么是一般程序的变化。一个行政许可事项的实施,必须经历申请、受理、审查、决定四个环节。

1. 申请

(1) 行政机关的权利和义务

① 提供文本义务,当事人申请行政许可需要采用格式文本的,行政机关应当向其提供,格式文本中不得包含与当事人申请的行政许可事项没有直接关系的内容。

② 公示信息任务,行政机关应当将法律、法规、规章规定的有关行政许可的事项、依据、条件、数量、程序、期限,当事人需要提交的全部材料的目录,以及申请书的范本等,在办公场所公示。

③ 解释说明义务,申请人要求行政机关对公示内容予以说明、解释的,行政机关应当说明、解释,提供准确,可靠地信息。

④ 推行电子政务的义务,新发证机关应当推行电子政务,在其网站上公布行政许可事项,方便申请人采取数据电文等方式提出申请,并应与其他行政机关共享行政许可的有关信息,提高办事效率。

(2) 申请人的权利和义务

① 委托代理人申请,但该许可事项依法应当由当事人亲自到场的除外。

② 通过信函、电报、电传、传真、电子数据交换、电子邮件等方式提出申请。

申请人的义务主要表现为对申请材料真实性负责的义务,申请人应当如实向行政机关提交有关资料、反映真实情况,并对其申请材料实质内容的真实性负责。

2. 受理

行政机关对申请人推出的申请,根据不同情况处理方式如下。

(1) 受理。当事人的申请符合下列条件的,予以受理:①申请事项确实需要获得行政许可;②申请事项属于本机关职权范围;③申请材料齐全并符合法定形式。

(2) 补正后受理。当事人的申请出现下列情况的,行政机关应在其补充或更正有关材料后受理:①申请材料存在错误,但当场可以更正的应当允许申请人当场更正之后受理其申请;②申请材料存在缺失或错误,当场无法补充或更正的,应当当场或在五日之内一次告知申请人需要补正的全部内容,当事人依法补正有关材料的应予受理。对于第二种情况,行政机关逾期不将补正的内容告知申请人,视为自收到申请材料之日起已经受理。

(3) 不受理。当事人申请属于下列情况的,行政机关对其申请不予受理:①申请事项依法不需要取得行政许可的;②申请事项依法不属于本机关职权范围的;③申请人的申请材料存在缺失和错误,在行政机关告知其补充更正后仍未依法补充或更改的。

(4) 无论行政机关最后是否受理申请,都应当出具加盖本机关专业印章和注明日期的书面凭证。

3. 审查

在审查程序中法律规定的行政机关的主要义务包括:

(1) 核实义务。如果行政机关需要对申请材料的实质内容进行核实的,应指派两名以上工作人员进行核查。注意这一规定仅仅用于规范对申请材料实质性内容进行核实的情况,如果只做形式审查,如核实其是否齐全,是否正确,则核查人员并无人数要求。

(2) 报送义务。主要针对的是需要跨级审查的许可事项,应当由下级行政机关先予以审查,并在法定的期限内将初步审查意见和全部申请材料直接报送上级行政机关。上级行政机关不得要求申请人重复提交申请材料,如此规定,一是为了减轻当事人重复提交材料的负担,二是督促行政机关尽快做出许可决定,避免因上下级机关之间重复审查造成拖延。

(3) 告知义务。行政机关对行政许可申请进行审查时,发现行政许可事项直接关系他人重大利益的,应当将其告知该利害关系人。申请人和利害关系人有权进行陈述和申辩,行政机关应当听取其意见,这一规定的目的在于避免因利害关系人在许可程序中"缺席"而遭受利益损害。

4. 决定

行政许可的决定包括准予许可和不准予许可两种情况。《行政许可法》主要从行政许可决定程序的三个方面作出了规范,包括:

一是当场决定程序。申请人提交的申请材料齐全、符合法定形式,行政机关能够当场作出决定的,应当场作出书面的行政许可决定。

二是上级机关决定程序。依法应当先经下级行政机关审查后报上级行政机关决定的行政许可,下级行政机关应当在法定期限内将初步审查意见和全部申请材料直接报送上级行政机关。

三是限期作出决定程序。行政机关对行政许可申请进行审查后,除当场作出行政许可决定的外,应当在法定期限内按照规定程序作出行政许可决定。

许可法还对许可决定的期限作出了明确规定,除可以当场作出行政许可决定的外,行政机关应当自受理行政许可申请之日起二十日内作出行政许可决定。二十日内不能作出决定的,经本行政机关负责人批准,可以延长十日,并应当将延长期限的理由告知申请人。但是,法律、法规另有规定的,依照其规定。

(三)行政许可的特殊程序

1. 变更与延续程序

行政机关对当事人变更或延续申请的处理,都经过类似于一般程序的申请、受理、审查与决定过程,并无特殊之处。《行政许可法》唯一强调的只是期限问题,且针对的只是延续程序。规定被许可人如需延续行政许可有效期的,应当在该期有效期届满三十日前向原决定机关提出申请,如法律、法规、规章另有规定的,依照其规定。行政机关应当在该行政许可有效期届满前作出是否准予延续的决定;逾期未作决定的,视为准予延续。

2. 听证程序

行政听证制度,是行政程序法上的一项重要制度,指的是行政机关在做出一项严重影响当事人权利义务的决定之前,听取当事人对有关事实与法律问题进行陈述、申辩、质证,从而保证其行政决定更加合法、合理、公正的制度。《行政许可法》对听证的规定,着眼于以下几点。

(1)听证的启动。听证包括主动启动与被动启动,主动启动的主体是行政机关,对于法律、法规、规章规定应当听证的事项,或行政机关认为涉及公共利益而需要听证的重大行政许可事项,都应当向社会公告并举行听证。被动启动的主体是许可事项申请人或利害关系人,行政许可直接涉及申请人与他人之间重大利益关系的,行政机关在作出行政许可决定前,应当告知申请人、利害关系人享有要求听证的权利。

(2)听证的期限。第一,申请期限,要求申请人、利害关系人,应当在被告知听证权利之日起五日内提出听证申请;第二,组织期限,要求行政机关应当在二十日内组织听证;第三,告知期限,要求行政机关应当于举行听证的七日前将举行听证的时间、地点通知申请人、利害关系人,必要时予以公告。

(3)听证主持人的回避。听证前已经参与审查该许可事项的行政机关工作人员不能担任听证主持人。

(4)听证笔录的效力。行政机关应当对听证过程制作笔录,听证笔录在交听证参加人确认无误后由其签字或者盖章。

(四) 行政许可的监督检查

对行政许可的监督检查包括：第一，对被许可人的监督检查，指的是在被许可人获得许可之后，对其实施被许可行为情况进行监督检查，目的是发现被许可人有无违反相关法律义务。第二，对许可本身的监督检查，目的在于发现许可决定的作出本身有无违法情节。第三，对被许可行为实施条件的监督检查，目的在于发现是否因为客观条件和法律条件的变化，而使被许可行为无法实施，从而使许可本身丧失了存续的必要。从监督检查的结果来看，可以分成对被许可人责令改正、撤销许可、注销许可三种情形。

1. 责令改正

就是责令被许可人改正其实施被许可行为时的一些违法事实。被许可人的这些违法事实，主要表现在违反了行政许可的附加义务。

行政许可可以分为单纯的行政许可和附义务的行政许可。对于单纯的行政许可，当事人获得许可只意味着他获得了某项行为自由或享有了某种公共资源权利，对此只承担遵守一般法律的义务即可，没有因获得许可而增加了什么特别义务，法律也不需要设计专门的监督检查程序来落实这种义务。附义务的行政许可则有所不同，被许可人在获得这种许可的同时，承担了某种附加的特别义务，这种义务是未获许可之人不需要承担的。对于被许可人到底是否履行了这种附加义务，就有加以专门监督检查的必要，主要通过责令改正的方式来实现，其情况有三种：

(1) 对资源利用特许的责令改正

获得资源利用特许的被许可人，如果没有依法履行开发利用资源的义务，或未依法履行利用公共资源的义务，行政机关就应当责令其限期改正；而被许可人在规定期限内不改正，行政机关应当对此依法处理。

(2) 对市场准入特许的责令改正

市场准入特许，主要指的是市政公用事业的特许经营，因特许而获准经营特定行业的被许可人，对其营业负有多项特殊义务。包括服务质量上的要求（应当为用户提供安全、方便、稳定的服务）、服务价格上的要求（只能收取合理的服务费用，价格不能过于高昂）、服务范围上的要求（必须普遍提供服务，即使向部分地区或部分对象提供服务无法获得较高利润，甚至无法获得利润，也需提供服务）、服务时间上的要求（必须提供持续的服务，不得擅自停业歇业）。如果被许可人不履行这些义务，行政机关应当责令其限期改正，或依法采取有效措施督促其履行义务。

(3) 对重要核准事项的责令改正

经行政机关检验、检测、检疫而获准使用的设施、设备直接关系到公共安全、人身健康或生命财产安全等重要问题,行政机关应当督促设计、建造、安装和使用单位建立相当的自检制度。如以上设备、设施存在安全隐患,行政机关必须责令其停止建造、安装和使用,并责令有关单位立即改正。注意由于这些事项关系到公共安全、人身健康等重要因素,对其监督检查的结果表现为责令被许可人立即改正,这与上述两种的监督检查结果表现为责令被许可人限期改正不同。

2. 撤销许可

撤销准予行政许可的决定,是具体行政行为撤销的一种表现,其法律后果是使原有的许可决定自其作出之日起完全丧失效力。撤销行政许可的原因,在于该许可作出的过程存在某些违法行为,而这些违法行为的实施者既有可能是被许可人,也有可能是行政机关的工作人员。

因行政机关工作人员的违法行为而撤销许可的情况包括:滥用职权、玩忽职守;超越法定职权;违反法定程序;对不具备申请资格或者不符合法定条件的申请人准予行政许可;法律规定的其他情形。因被许可人的违法行为而撤销许可的情况相对简单,指的是被许可人以欺骗、贿赂等不正当手段取得行政许可的情形。注意以下四点:

(1) 许可撤销的主体

原则上,撤销行政许可的主体既可以是作出许可决定的行政机关自己,也可以是其上级机关。对于因行政机关超越自身职权作出的行政许可决定,被越权的机关(即本来有权实施这项许可的机关)也可以将其撤销。

(2) 许可撤销后的处理

如果因行政机关工作人员的违法行为,而导致许可决定被撤销并造成被许可人合法权益损害的,行政机关应当依法给予赔偿。如果因被许可人自己的违法行为,即因欺骗、贿赂而获得许可,导致许可决定被撤销并造成其损失的,国家对于这一损失不予赔偿。

(3) 许可不撤销的例外

行政许可决定的作出虽有违法事由,但撤销许可可能对公共利益造成重大损害的,不予撤销。

(4) 申请人以欺骗、贿赂方式申请许可的法律责任

申请人隐瞒有关情况或提供虚假材料申请许可的,行政机关不予受理或不予许可,并给予警告;行政许可事项直接关系公共安全、人身健康、生命财产安全事项的,申请人在一年内不得再次申请该许可;构成犯罪的,依法追究刑事责任。

3. 注销许可

注销许可,即把一项曾经存在的许可在形式上完全消灭的手续。注销许可的原因包括:因时间原因而消灭,指的是行政许可的有效期届满之后,被许可人没有申请延续或申

请延续但未被准许的;因被许可人原因而消灭,具体又有两种情形,一种是对公民的资格许可,被许可人死亡或丧失行为能力的,另一种是对法人和其他组织的许可,被许可人的主体资格依法终止的;因违法等原因而消灭,指的是行政许可依法被行政机关撤销、撤回,或者行政许可证件依法被吊销的;因不可抗力而消灭,指的是因不可抗力导致行政许可事项客观上无法实施的,如某项采矿许可,被许可人获得行政许可之后该矿山因地震严重破坏而致无法开采,行政机关应将该行政许可注销。

4. 撤回许可

掌握许可的撤销、注销,还需要与许可的撤回相区别。行政许可的撤回,指的是行政许可所依据的法律、法规、规章修改或废止,或者准予行政许可所依据的客观情况发生重大变化时,为了公共利益的需要,行政机关废止已经生效的行政许可。撤回许可,给当事人造成财产损失的,行政机关应当依法给予补偿。注意三点:

(1) 补偿程序

当事人因行政机关撤回许可而主张补偿的,应当先向行政机关提出申请,行政机关在法定期限或合理期限内不予答复,或当事人对行政机关作出的补偿决定不服的,可以依法提起行政诉讼。

(2) 补偿标准

包括:法定标准,法律、法规、规章或规范性文件对变更或撤回行政许可的补偿标准已有规定的,从其规定;实际损失标准,上述文件对补偿标准未作规定的,一般在实际损失范围内确定补偿数额;实际投入标准,被变更的许可事项属于特许的,一般按照当事人实际投入的损失确定补偿数额。

(3) 对补偿的调解

行政许可补偿案件可以适用调解,参照行政补偿案件调解的有关规定办理。

三、行政处罚

行政处罚,指的是行政主体对实施了违法行为,但尚未构成犯罪的公民、法人或其他组织,通过剥夺或限制其一定权利的方法加以惩戒的行为。在我国的行政处罚制度中,《中华人民共和国行政处罚法》(以下简称《行政处罚法》)居于一般法的核心地位,与其他单行的法律、法规、规章,如《中华人民共和国治安管理处罚法》等,以及散见于其他法律、法规、规章中的单行性规范,共同构成完整的行政处罚制度体系。本节主要阐述行政处罚的一般制度和治安处罚。

(一) 行政处罚的种类

行政处罚的目的是剥夺或限制当事人的一定权利,而行政处罚种类划分的依据就是当事人被剥夺或限制的权利在类型上的不同。据此,行政处罚可以被划分为自由罚、行为罚、财产罚与声誉罚。

1. 自由罚

又称人身罚,是以限制被处罚人的人身自由为内容的行政处罚,是行政处罚中最严厉、对当事人权利损失最大的一种,主要形式为行政拘留。

2. 行为罚

又称资格罚、能力罚,指的是以限制或剥夺被处罚人从事特定行为的能力和资格为内容的行政处罚。具体表现为责令停产停业、暂扣或吊销许可证和执照等形式,如责令企业停业整顿、吊销驾驶证、暂扣营业执照等。行为罚事关被处罚人自由权利的得失,也是一种较为严厉的处罚,对其设定与实施的要求也比较严格。

3. 财产罚

指以剥夺被处罚人一定数量的财产为内容的行政处罚,具体表现为罚款、没收财产,其中罚款是最常见的、应用最广泛的行政处罚形式,没收财产则包括没收违法所得与没收非法财物。

4. 声誉罚

指以降低被处罚人的社会评价为内容的行政处罚。《行政处罚法》上所规定的声誉罚包括警告和通报批评。

(二)行政处罚的实施程序

行政处罚的实施程序,分为一般程序、简易程序与听证程序。一般程序是正常程序下适用的行政处罚程序,简易程序是一般程序的简便化,听证程序是一般程序的复杂化。我们先以一般程序为中心来介绍。

1. 一般程序

行政处罚的一般程序适用于正常情况下的处罚案件,如果一个行政处罚案件既不符合简易程序,也不符合听证程序的适用条件,就必定适用一般程序。一般程序包括三个主要环节:

(1) 调查检查环节

调查检查是查明当事人违法事实的过程,对此,法律规定了行政机关与当事人各自的权力(权利)和义务,需要注意:

① 执法人数。行政机关在调查或检查时,执法人员不得少于两人,并应当向当事人或有关人员出示证件。

② 正当程序。行政处罚的调查检查必须符合正当程序的要求,一方面行政机关应当告知当事人其作出处罚决定的事实、理由及依据,并告知当事人依法享有的权利;另一方面行政机关必须充分听取当事人的陈述与申辩意见,对当事人提出的事实、理由和证据进行复核,且不得因当事人的申辩而加重其处罚。

《行政处罚法》特别规定,行政机关及其执法人员在作出行政处罚决定之前,不依法向当事人告知处罚的事实、理由和依据,或者拒绝听取当事人陈述、申辩的,其行政处罚决定不能成立。注意对这一行为,如按具体行政行为效力的一般理论,只应认定为无效,但法律再次将其特别规定为不成立。因此,我们只能将其作为行为不成立的情况来对待,即认定该行政行为在法律上并未实际发生或存在。《行政处罚法》还有一处类似规定,要求行政机关及其执法人员当场收缴罚款的,必须向当事人出具省级财政部门统一制发的罚款收据,不出具该收据的当事人有权拒绝缴纳罚款,这一规定同样是程序正当原则的体现。

③ 保存证据。行政机关在收集证据时,如遇证据可能灭失或者以后难以取得的情况,经行政机关负责人批准,可以先行登记保存并应当在七日内及时作出处理决定。在此期间,当事人或有关人员不得销毁或转移证据。

(2) 决定环节

决定环节,是行政机关根据已经查明的违法事实,适用法律作出处罚决定的过程。处罚决定应当由行政机关的负责人作出,对于复杂、重大的处罚案件,还需要由行政机关的负责人集体讨论作出决定。行政处罚决定包括三种可能:

① 决定予以处罚,适用于当事人违法事实成立,且构成一定危害后果的情况;

② 决定不予处罚,适用于当事人违法事实不能成立,或违法事实虽然成立但情节轻微并未实际造成危害后果的情况;

③ 移送司法机关,适用于违法事实成立且已经构成犯罪的情况。

(3) 送达环节

行政机关决定给予行政处罚的,应当制作加盖本机关印章的处罚决定书,并向当事人送达。行政处罚决定书应当在宣告后当场交付当事人;当事人不在场的,应当在七日内依照民事诉讼法的有关规定送达。

2. 简易程序

简易程序是一般程序的简便化,只适用于某些事实确凿、依据明确、程度较轻的处罚事项,原则上只适用于对公民处以二百元以下罚款或警告,对法人或其他组织处以三千元以下罚款或警告的处罚。当然,另有其他法律规定了特殊的适用条件,按照特别法优先的原理,应当适用其特殊规定。如《中华人民共和国道路交通安全法》规定,对于二百元以下的交通罚款便可适用简易程序。尽管简易程序省略了一般程序中的若干环节,但它并不是残缺的,仍然包含了一套完整的实施过程,也包括调查检查、决定、送达三个基本环节,只不过这些环节与一般程序比起来简略了许多。简易程序的特殊之处表现在:

(1) 一人执法。行政机关适用简易程序作出处罚时法律对于执法人员没有人数上的要求,既可以是多人执法,也可以是一人执法。

（2）当场决定。适用简易程序的行政处罚,其调查检查阶段与决定阶段在实践上是连续的,在主体上也是统一的。执法人员在当场查明事实之后,无须报送行政机关的负责人,而是自己当场作出行政处罚决定。

（3）当场送达。适用简易程序的行政处罚,执法人员应当场填写好预定格式、编有号码并有自己签名盖章的行政处罚决定书。行政处罚决定书应当当场交付当事人,但事后执法人员需将该行政处罚决定报所属行政机关备案。

3. 听证程序

听证程序是一般程序的相对复杂化,主要适用于当事人损害程度较重的处罚。行政机关作出责令停产停业、吊销许可证或执照、较大数额罚款等行政处罚决定之前,应当告知当事人有要求举行听证的权利。重点把握如下几点。

（1）听证程序的启动,行政处罚听证的启动方式与行政许可听证的启动不同,只有依当事人的申请被动启动,不存在行政机关依职权主动决定听证的情形。

（2）听证中的期限:①申请期限,申请人、利害关系人,应当在被告知听证权利之日起五日内提出听证申请;②告知期限,行政机关应当于举行听证的七日前将举行听证的时间、地点通知申请人。

（3）听证主持人的回避:行政处罚听证主持人的公务回避与行政许可听证类似,能够引起行政机关工作人员回避的原因是相同的,一是实体原因,二是程序原因。基于实体原因的回避,指的是如果行政处罚的当事人认为主持人与该处罚案件有直接利害关系的,有权申请回避。基于程序原因的回避,指的是在听证前已经参与处罚案件调查的工作人员不能担任听证主持人,因为参与处罚案件调查的工作人员已经了解了该案的初步事实,并很可能已对此形成了某些固定看法,为了避免因其观念上的"先入为主"而造成行政处罚决定的不公,不能由其担任听证主持人。

（4）其他问题:①听证公开,除涉及国家秘密、商业机密或个人隐私外,听证应当公开举行;②听证免费,即当事人不承担行政机关组织听证的费用,该费用由行政机关承担;③委托参加听证,即当事人既可以亲自参加听证,也可以委托一至二人代理。

（三）行政处罚的执行

行政处罚的执行包括两部分内容,一是行政处罚的履行,二是行政处罚的强制执行。综合起来讲,这一部分指的是行政处罚决定所确定的权利义务如何实现的问题,包括当事人自觉将其实现以及国家强制实现。

1. 行政处罚的履行

各种类型的行政处罚具有不同的自然属性,其权利义务内容的实现方式明显不同。行政拘留涉及对公民人身自由的限制,只能由公安机关和法律规定的其他相关实施与执行,因此《行政处罚法》对其执行未作规定,由《治安管理处罚法》加以规范;责令停产停业、暂扣或吊销许可证和执照的处罚,由行政机关直接执行即可,不存在当事人的履行问题。存在当事人履行问题的主要是财产罚,尤其是罚款。《行政处罚法》所规定的行政处罚的履行,就是围绕罚款的收缴展开的。罚款的收缴,包括两个方面:

(1) 职权分离的原则

职权分离指的是在罚款的收缴过程中,罚款的决定者、收缴者、所有者三者的分离,这是罚款收缴的基本原则。其中,所有者与其他二者的分离是绝对的,而决定者与收缴者的分离则是相对的,在特殊的情况下可能出现决定者自己收缴的例外。

① 决定者。罚款的决定者是作出行政处罚决定的行政主体。

② 收缴者。罚款的收缴者是银行,除了当场收缴的特殊情况外,作出行政处罚决定的行政机关及其执法人员不得自行收缴罚款,而应由当事人在收到行政处罚决定书之日起十五日内到指定银行缴纳罚款。

③ 所有者。罚款的所有者是国家,银行应当将收受的罚款直接上缴国库。实际上不但是罚款,所有因行政处罚所收取的财物都归国家所有。罚款、没收的违法所得与非法财物或其拍卖后的价款,都必须上缴国库,任何行政机关或个人不得以任何形式截留、私分或变相私分。财政部门不得以任何形式向作出行政处罚决定的行政机关返还罚款,返还没收的违法所得与非法财物,或返还它们拍卖所得的价款。

(2) 当场收缴的情形

当场收缴是职权分离原则的例外,在当场收缴的情况下,行政处罚的决定者与收缴者是重合的。由于当场收缴制度是法律处于客观情况的需要而对职权分离原则的变通,因此收到了严格限制,仅适用于以下两种情况:

① 适用简易程序的当场收缴。行政机关及其执法人员如果适用简易程序作出处罚决定的,对以下两种情况可以当场收缴罚款:第一,一百元以下的罚款;第二,不当场收缴事后难以执行的,这种做法一般适用于当事人事后难以被找到的情况,典型的例子是自行车违章或行人违章,交警可以当场收缴罚款。

② 在特殊地区罚款的当场收缴。行政机关及其执法人员在边远、水上、交通不便地区作出罚款决定,且当事人向指定银行缴纳罚款确有困难的,经当事人提出,行政机关及执法人员可以当场收缴罚款。这一规定主要是出于便利当事人的考虑,因为此时如果一定要坚持职权分离原则的话,将大大加重当事人的负担。注意两点,一是法律对这种情况下的行政处罚程序没有特别要求,不限于适用简易程序;二是必须以当事人的自愿要求为前提。

还要注意,对于执法人员当场收缴的罚款,应当自收缴罚款之日起二日内交至行政机关。在水上当场收缴的罚款,应当自抵岸之日起二日内交至行政机关,该行政机关应当在二日内将罚款缴付指定的银行。

(四) 行政处罚的强制执行

在当事人逾期不履行行政处罚决定的情况下,作出行政处罚决定的行政机关通过强制手段实现处罚决定所确定的权利义务。《行政处罚法》中所规定的强制措施,主要也是针对罚款而言的,包括:

1. 执行罚。执行罚是一种间接的强制执行措施,是通过对不履行义务的当事人按日加处一定强制金或者加处其他义务,以迫使其尽快履行义务的强制措施。《行政处罚法》上所规定的执行罚为每日加处罚款数额的百分之三。

2. 直接强制。行政机关直接通过强制力实现行政处罚决定所设定的权利义务,主要表现为将查封、扣押的财物拍卖,或将冻结的存款、汇款划拨用于抵缴罚款。能够采用直接强制方式的,必须是依法具有直接强制执行权的行政机关,目前主要包括县级以上政府,以及公安、国安、税务、海关、工商等机关。

3. 申请非诉执行。申请法院强制执行行政处罚决定,由法院采用直接强制方法实现有关权利义务,这主要适用于依法不具备直接强制执行权的普通行政机关。

四、行政复议

(一) 行政复议的概念

行政复议指公民、法人或其他组织认为行政机关的具体行政行为侵犯其合法权益而依法向上一级行政机关或者法律、法规规定的其他机关提出申诉,由受理机关对具体行政行为进行审查、认定、评价并作出决定的一种行政法律制度。

(二) 行政复议的范围

根据《中华人民共和国行政复议法》的规定,可对下列具体行政行为提出复议:

1. 对行政机关作出的警告、罚款、没收违法所得、没收非法财物、责令停产停业、暂扣或者吊销许可证、暂扣或者吊销执照、行政拘留等行政处罚决定不服的;

2. 对行政机关作出的限制人身自由或者查封、扣押、冻结财产等行政强制措施决定不服的;

3. 对行政机关作出的有关许可证、执照、资质证、资格证等证书变更、中止、撤销的决定不服的;

4. 对行政机关作出的关于确认土地、矿藏、水流、森林、山岭、草原、荒地、滩涂、海域等自然资源的所有权或者使用权的决定不服的;

5. 认为行政机关侵犯合法的经营自主权的;

6. 认为行政机关变更或者废止农业承包合同,侵犯其合法权益的;

7. 认为行政机关违法集资、征收财物、摊派费用或者违法要求履行其他义务的;

8. 认为符合法定条件,申请行政机关颁发许可证、执照、资质证、资格证等证书,或者申请行政机关审批、登记有关事项,行政机关没有依法办理的;

9. 申请行政机关履行保护人身权利、财产权利、受教育权利的法定职责,行政机关没有依法履行的;

10. 申请行政机关依法发放抚恤金、社会保险金或者最低生活保障费,行政机关没有依法发放的;

11. 认为行政机关的其他具体行政行为侵犯其合法权益的。

(三)行政复议的方式

行政复议原则上实行书面方式,就是行政复议机关根据书面材料查清案件事实并作出行政复议决定的方式。当事人以书面形式提出自己的申请意见,以书面形式提交和运用证据。

若申请人提出或者行政复议机关负责法制工作的机构认为有必要时,依职权决定,可选择书面方式以外的其他适用方式进行审理。

五、行政诉讼

(一)行政诉讼的概念

行政诉讼指公民、法人或者其他组织认为行政机关的具体行政行为侵犯其合法权益而以该机关为被告依法起诉,由人民法院依法审理并作出裁判的司法活动。

(二)行政诉讼受案范围

1. 不服行政处罚的案件;

2. 不服行政强制措施和行政强制执行的案件;

3. 侵犯法律规定的经营自主权的案件;

4. 不服行政许可的案件;

5、不履行法定职责的案件——行政不作为;

6、不服行政给付的案件;

7、违法要求履行义务的案件;

8、侵犯人身权、财产权的案件;

9、法律、法规规定可以起诉的其他行政案件。

六、国家赔偿

(一)国家赔偿的概念

国家机关和国家机关工作人员行使职权侵犯公民、法人或者其他组织的合法权益并造成损害,由国家承担责任对受害者所给予的赔偿。国家赔偿的范围,包括行政赔偿和司法赔偿。

(二) 国家赔偿的构成要件

1. 致害行为的主体必须是国家机关及其工作人员,以及行政赔偿下的法定授权或行政委托的组织,国家机关包括行政赔偿下的行政机关,以及司法赔偿下的侦察机关、检察机关、审判机关和监狱;

2. 致害行为必须是行使职权的行为;

3. 致害行为必须具有违法性;

4. 必须有合法权益受到侵犯并造成损害的事实;

5. 致害行为与损害结果之间必须具有因果关系。

第四节　航道行政管理法律体系

一、航道行政管理法律体系概述

我国的航道行政管理法律体系,是以宪法关于保护自然资源的规定为基础,由法律、行政法规、地方性法规、部门规章、地方政府规章,以及其他航道行政规范性文件和通航技术标准等所组成的完整体系。这个体系可以分为三部分:第一部分是航道法律、行政法规、航道地方性法规和规章、其他航道行政规范性文件;第二部分是通航技术标准;第三部分是其他相关法律、法规、规章。

航道法律体系的第一部分主要由以下法律、行政法规、地方性法规和规章组成。法律主要是《中华人民共和国水法》《中华人民共和国航道法》;行政法规主要有《中华人民共和国航标条例》、《中华人民共和国内河交通安全管理条例》;地方性法规主要有《江苏省内河交通管理条例》《广东省航道管理条例》《上海市内河航道管理条例》等;全国性的规章主要有《中华人民共和国航道管理条例实施细则》《内河航标管理办法》《交通运输行政执法程序规定》《通航建筑物运行管理办法》等,地方政府规章主要有《浙江省航道管理办法》等。第二部分主要有《内河通航标准》(GB 50139—2014)、《内河航标技术规范》(JTS/T 181—1—2020)等一系列航道标准、规范。第三部分主要有《中华人民共和国刑法》《中华人民共和国治安管理处罚法》《中华人民共和国民法典》等相关法律法规。

二、航道法律规范和其他规范性文件

（一）宪法中关于航道的原则规定

宪法是我国的根本大法，宪法中关于自然资源开发利用与保护的法律规定，是航道法律体系的基础。它将水流资源规定为国家所有，为保护和开发利用航道提供了宪法保障，为制定航道法律、法规和规章提供了立法依据。

《宪法》第九条规定："矿藏、水流、森林、山岭、草原、荒地、滩涂等自然资源，都属于国家所有，即全民所有；由法律规定属于集体所有的森林和山岭、草原、荒地、滩涂除外。国家保障自然资源的合理利用……禁止任何组织或个人用任何手段侵占或者破坏自然资源。"

第十二条规定："社会主义的公共财产神圣不可侵犯。国家保护社会主义的公共财产。禁止任何组织和个人用任何手段侵占或者破坏国家的和集体的财产。"

第五十一条规定："中华人民共和国公民在行使自由和权利的时候，不得损害国家的、社会的、集体的利益和其他公民的合法的自由和权利。"

这些规定，把包括水流在内的自然资源宣布为国家所有即全民所有，强调全民所有的公共财产是神圣不可侵犯的，指出"国家保障自然资源的合理利用"，从而使航道行政管理的产生成为可能，是开展航道行政管理、保障水运资源合理利用的最为根本的法律依据。

（二）航道法律

1.《中华人民共和国水法》

《中华人民共和国水法》是我国的第一部关于水的法律，对合理开发利用和保护水资源、防治水害，充分发挥水资源的多种功能，适应国民经济全面发展和人民生活需要，具有深远的意义，也是航道管理重要的法律依据。1988年1月21日第六届全国人民代表大会常务委员会第二十四次会议通过，先后于2002年8月29日第九届全国人民代表大会常务委员会第二十九次会议修订，根据2009年8月27日第十一届全国人民代表大会常务委员会第十次会议通过的《全国人民代表大会常务委员会关于修改部分法律的决定》第一次修正，根据2016年7月2日第十二届全国人民代表大会常务委员会第二十一次会议通过的《全国人民代表大会常务委员会关于修改〈中华人民共和国节约能源法〉等六部法律的决定》第二次修正并施行。

（1）合理利用水资源的原则

第四条规定："开发、利用、节约、保护水资源和防治水害，应当全面规划、统筹兼顾、标本兼治、综合利用、讲求效益，发挥水资源的多种功能，协调好生活、生产经营和生态环境用水。"

第十三条规定:"国务院有关部门按照职责分工,负责水资源开发、利用、节约和保护的有关工作。县级以上地方人民政府有关部门按照职责分工,负责本行政区域内水资源开发、利用、节约和保护的有关工作。"

航道管理部门作为水运资源的开发、利用、保护的责任部门,是其他"有关部门"之一。

(2) 综合利用水资源规划方面

第十四条第二款规定:"开发、利用、节约、保护水资源和防治水害,应当按照流域、区域统一制定规划。规划分为流域规划和区域规划。流域规划包括流域综合规划和流域专业规划;区域规划包括区域综合规划和区域专业规划。"

第十四条第三款规定:"前款所称综合规划,是指根据经济社会发展需要和水资源开发利用现状编制的开发、利用、节约、保护水资源和防治水害的总体部署。前款所称专业规划,是指防洪、治涝、灌溉、航运、供水、水力发电、竹木流放、渔业、水资源保护、水土保持、防沙治沙、节约用水等规划。"

第十六条规定:"制定规划,必须进行水资源综合科学考察和调查评价。水资源综合科学考察和调查评价,由县级以上人民政府水行政主管部门会同同级有关部门组织进行。"

(3) 资源开发利用方面

第二十一条规定:"开发、利用水资源,应当首先满足城乡居民生活用水,并兼顾农业、工业、生态环境用水以及航运等需要。"

第二十五条规定:"农村集体经济组织修建水库应当经县级以上地方人民政府水行政主管部门批准。"

第二十六条规定:"国家鼓励开发、利用水能资源。在水能丰富的河流,应当有计划地进行多目标梯级开发。建设水力发电站,应当保护生态环境,兼顾防洪、供水、灌溉、航运、竹木流放和渔业等方面的需要。"

第二十七条规定:"国家鼓励开发、利用水运资源。在水生生物洄游通道、通航或者竹木流放的河流上修建永久性拦河闸坝,建设单位应当同时修建过鱼、过船、过木设施,或者经国务院授权的部门批准采取其他补救措施,并妥善安排施工和蓄水期间的水生生物保护、航运和竹木流放,所需费用由建设单位承担。在不通航的河流或者人工水道上修建闸坝后可以通航的,闸坝建设单位应当同时修建过船设施或者预留过船设施位置。"

(4) 水资源、水域和水工程的保护方面

第三十八条规定:"在河道管理范围内建设桥梁、码头和其他拦河、跨河、临河建筑物、构筑物,铺设跨河管道、电缆,应当符合国家规定的防洪标准和其他有关的技术要求,工程建设方案应当依照防洪法的有关规定报经有关水行政主管部门审查同意。"

2.《中华人民共和国航道法》

《中华人民共和国航道法》由中华人民共和国第十二届全国人民代表大会常务委员会第十二次会议于2014年12月28日通过，根据2016年7月2日第十二届全国人民代表大会常务委员会第二十一次会议《关于修改〈中华人民共和国节约能源法〉第六部法律的决定》修正。共包含总则、航道规划、航道建设、航道养护、航道保护、法律责任、附则七章内容。

航道法目标为规范和加强航道的规划、建设、养护、保护，保障航道畅通和通航安全，促进水路运输发展，针对对象为中华人民共和国领域内的江河、湖泊等内陆水域中可以供船舶通航的通道，以及内海、领海中经建设、养护可以供船舶通航的通道。航道包括通航建筑物、航道整治建筑物和航标等航道设施。体现水资源的综合利用，在规划、建设、养护、保护航道过程中，要求根据经济社会发展和国防建设的需要，遵循综合利用和保护水资源、保护生态环境的原则，服从综合交通运输体系建设和防洪总体安排，统筹兼顾供水、灌溉、发电、渔业等需求，发挥水资源的综合效益。

其中第三十五条规定："禁止下列危害航道通航安全的行为：

（1）在航道内设置渔具或者水产养殖设施的；

（2）在航道和航道保护范围内倾倒砂石、泥土、垃圾以及其他废弃物的；

（3）在通航建筑物及其引航道和船舶调度区内从事货物装卸、水上加油、船舶维修、捕鱼等，影响通航建筑物正常运行的；

（4）危害航道设施安全的；

（5）其他危害航道通航安全的行为。"

第三十九条规定："建设单位未依法报送航道通航条件影响评价材料而开工建设的，由有审核权的交通运输主管部门或者航道管理机构责令停止建设，限期补办手续，处三万元以下的罚款；逾期不补办手续继续建设的，由有审核权的交通运输主管部门或者航道管理机构责令恢复原状，处二十万元以上五十万元以下的罚款。

报送的航道通航条件影响评价材料未通过审核，建设单位开工建设的，由有审核权的交通运输主管部门或者航道管理机构责令停止建设、恢复原状，处二十万元以上五十万元以下的罚款。

违反航道通航条件影响评价的规定建成的项目导致航道通航条件严重下降的，由前两款规定的交通运输主管部门或者航道管理机构责令限期采取补救措施或者拆除；逾期未采取补救措施或者拆除的，由交通运输主管部门或者航道管理机构代为采取补救措施或者依法组织拆除，所需费用由建设单位承担。"

第四十二条规定："违反本法规定，有下列行为之一的，由负责航道管理的部门责令改正，对单位处五万元以下罚款，对个人处二千元以下罚款；造成损失的，依法承担赔偿责任：

(1) 在航道内设置渔具或者水产养殖设施的；

(2) 在航道和航道保护范围内倾倒砂石、泥土、垃圾以及其他废弃物的；

(3) 在通航建筑物及其引航道和船舶调度区内从事货物装卸、水上加油、船舶维修、捕鱼等，影响通航建筑物正常运行的；

(4) 危害航道设施安全的；

(5) 其他危害航道通航安全的行为。"

航道法的实施，明确了建设、管理各方的责任，违法的后果，保障了航道服务社会发展的功能。

3. 其他法中关于航道管理的规定

由于航道管理涉及范围广，专门航道立法仍然不能把涉及航道的社会关系全部加以调整，在其他法中，也包含不少关于航道保护的法律规定。

《中华人民共和国刑法》第一百一十七条规定："破坏轨道、桥梁、隧道、公路、机场、航道、灯塔、标志或者进行其他破坏活动，足以使火车、汽车、电车、船只、航空器发生倾覆、毁坏危险，尚未造成严重后果的，处三年以上十年以下有期徒刑。"第一百一十九条规定："破坏交通工具、交通设施、电力设备、燃气设备、易燃易爆设备，造成严重后果的，处十年以上有期徒刑、无期徒刑或者死刑。"根据这两条规定，故意破坏航道和航标等航道设施，已经或足以使船只发生倾覆、毁坏危险，危及公共安全的，构成破坏交通设施罪；可被处三年以上有期徒刑、无期徒刑，甚至死刑。

另外，《中华人民共和国海上交通安全法》《中华人民共和国渔业法》《中华人民共和国土地管理法》以及其他法中或多或少也包含了航道保护方面的法律规范。

(三) 航道法规和规章

1. 航道行政法规

(1)《中华人民共和国航道管理条例》

国务院国发〔1987〕78号文发布了《中华人民共和国航道管理条例》，2008年国务院发布《关于修改〈中华人民共和国航道管理条例〉的决定》，自2009年1月1日起施行。《中华人民共和国航道管理条例》包括总则、航道的规划和建设、航道的保护、航道养护经费、罚则和附则，共6章32条。其主要内容如下。

① 基本原则。为加强航道管理，改善通航条件，保证航道畅通和航行安全，充分发挥水上交通在国民经济和国防建设中的作用，特制定本条例。

② 适用范围。《中华人民共和国航道管理条例》第二条规定了其适用范围为，中华人民共和国沿海和内河的航道、航道设施以及与通航有关的设施。

③ 航道管理体制。《中华人民共和国航道管理条例》规定："中华人民共和国交通运

输部主管全国航道事业。……国家航道及其航道设施按海区和内河水系,由交通运输部或者交通运输部授权的省、自治区、直辖市交通主管部门管理。……专用航道及其航道设施由专用部门管理。"

④ 航道规划和建设。《中华人民共和国航道管理条例》明确规定了航道规划的法律地位,规定了编制航道规划的原则、分工和审批权限;航道规划建设与水利、电力等规划建设应协调与配合。

⑤ 航道保护。第十三条规定:"航道和航道设施受国家保护,任何单位和个人均不得侵占或者破坏。交通运输部门应当加强对航道的养护,保证航道畅通。"第十七条规定:"对通航河流上碍航的闸坝、桥梁和其他建筑物以及由建筑物所造成的航道淤积,由地方人民政府按照'谁造成碍航谁恢复通航'的原则,责成有关部门改建碍航建筑物或者限期补建过船、过木、过鱼建筑物,清除淤积,恢复通航。"

⑥ 罚则。第二十九条规定:"违反本条例的规定,应当受治安管理处罚的,由公安机关处理;构成犯罪的,由司法机关依法追究刑事责任。"其他涉及航道法律责任的,在《中华人民共和国航道法》中已经有明确的处罚标准。

(2)《中华人民共和国内河交通安全管理条例》

2002年8月1日起施行的《中华人民共和国内河交通安全管理条例》也包含了部分航道管理保护的内容。这部分内容主要集中在第六章通航保障部分。

① 航道管理部门对航道通航保障方面的职责。第四十条规定:"内河通航水域的航道、航标和其他标志的规划、建设、设置、维护,应当符合国家规定的通航安全要求。"第四十一条规定:"内河航道发生变迁,水深、宽度发生变化,或者航标发生位移、损坏、灭失,影响通航安全的,航道、航标主管部门必须及时采取措施,使航道、航标保持正常状态。"

② 沉没物处置。第四十二条规定:"内河通航水域内可能影响航行安全的沉没物、漂流物、搁浅物,其所有人和经营人,必须按照国家有关规定设置标志,向海事管理机构报告,并在海事管理机构限定的时间内打捞清除;没有所有人或者经营人的,由海事管理机构打捞清除或者采取其他相应措施,保障通航安全。"

这条规定明确了沉没物的处置主体为海事管理机构。处置方法:一是由海事管理机构责令沉没物所有人或经营人限期清除;二是由海事管理机构打捞清除或采取其他措施。

(3)《中华人民共和国航标条例》

航标是重要的航道设施,对于船舶的安全、经济航行具有重要作用。为了加强对航标的管理和保护,保证航标处于良好的使用状态,保障船舶航行安全,国务院1995年以国务院令第187号颁布了《中华人民共和国航标条例》。《中华人民共和国航标条例》共二十五条,对航标管理机关和管理模式,航标管理和保护的原则,航标维护的方法,危害航标或影响航标效能等违法行为的查处等进行了规定。

① 航标管理机关、管理模式。该条例规定:"国务院交通行政主管部门负责管理和保护除军用航标和渔业航标以外的航标。国务院交通行政主管部门设立的流域航道管理机构、海区港务监督机构和县级以上地方人民政府交通行政主管部门,负责管理和保护本辖区内军用航标和渔业航标以外的航标。交通行政主管部门和国务院交通行政主管部门设立的流域航道管理机构、海区港务监督机构统称为航标管理机关。军队的航标管理机构、渔政渔港监督管理机构,在军用航标、渔业航标的管理和保护方面分别行使航标管理机关的职权。"

② 航标管理、保护的原则。第四条规定:"航标的管理和保护,实行统一管理、分级负责和专业保护与群众保护相结合的原则。"

③ 航标维护方法。该条例第六条至第十四条对航标设置、航标日常维护、航标异常的处理等作了规定,指出:航标(除专用航标外)由航标管理机关统一设置,航标管理机关设置、撤除航标或移动航标位置以及改变航标的其他状况时,应当及时通报有关部门。专业单位可以自行设置自用的专用航标,专用航标的设置、撤除、位置移动和其他状况改变,应当经航标管理机关同意。任何单位和个人不得在航标附近设置影响航标的设施或构筑物;确需搬迁、拆除航标的,应当经航标管理机关同意并采取替补措施;发现航标异常,应当及时向航标管理机关报告。

④ 违法行为的查处

为切实保护航标,该条例第十五条、第十七条分别列出了五种危害航标的行为和七种影响航标效能的行为,禁止任何单位和个人进行所列行为,危害航标或影响航标工作效能。具体内容将在航标保护部分进行详细介绍,此处不加详述。

2. 地方性法规

(1)《江苏省内河交通管理条例》

该条例于1995年8月11日江苏省第八届人民代表大会常务委员会第十六次会议通过,根据2003年6月24日江苏省第十届人民代表大会常务委员会第三次会议《关于修改〈江苏省内河交通管理条例〉的决定》第一次修正,根据2004年4月16日江苏省第十届人民代表大会常务委员会第九次会议《关于修改〈江苏省内河交通管理条例〉的决定》第二次修正,根据2011年7月16日江苏省第十一届人民代表大会常务委员会第二十三次会议《关于修改〈江苏省内河交通管理条例〉的决定》第三次修正,根据2012年1月12日江苏省第十一届人民代表大会常务委员会第二十六次会议《关于修改〈江苏省内河交通管理条例〉的决定》第四次修正,根据2017年6月3日江苏省第十二届人民代表大会常务委员会第三十次会议《关于修改〈江苏省固体废物污染环境防治条例〉等二十六件地方性法规的决定》第五次修正。

该案例分别从总则，航道建设、养护和管理，交通安全管理，运输管理，法律责任，附则六个方面对江苏省管辖的内河管理原则、禁止行为和法律责任等进行了详细规定。

(2)《江苏省水路交通运输条例》

该条例于2019年3月29日江苏省第十三届人民代表大会常务委员会第八次会议通过，为了合理开发利用和保护水运资源，维护水路交通运输秩序，保障水路交通运输安全，促进水路交通运输事业发展，根据《中华人民共和国航道法》《中华人民共和国港口法》《中华人民共和国内河交通安全管理条例》和国务院《国内水路运输管理条例》等法律、行政法规，结合本省实际制定。共分为总则，规划、建设与养护，航道、港口保护，运输经营，交通安全管理，促进发展与服务保障，监督管理，法律责任，附则九章内容。1995年8月11日江苏省第八届人民代表大会常务委员会第十六次会议通过的《江苏省内河交通管理条例》，2006年11月30日江苏省第十届人民代表大会常务委员会第二十七次会议通过的《江苏省航道管理条例》和2008年1月19日江苏省第十届人民代表大会常务委员会第三十五次会议通过的《江苏省港口条例》同时废止。

3. 规章

(1) 部门规章

①《中华人民共和国航道管理条例实施细则》。交通运输部于1991年8月29日发布了《中华人民共和国航道管理条例实施细则》，在《中华人民共和国航道管理条例》的基础上，对航道保护作出更加明确、具体的规定，主要体现在：一是明确了航道管理机构的地位。第二条规定："中华人民共和国交通运输部（以下简称交通运输部）主管全国航道事业。各级交通运输主管部门设置的航道管理机构是对航道及航道设施实行统一管理的主管部门。"这一规定，是航道管理机构接受各级交通运输主管部门委托行使航道行政执法和处罚权的法律依据。二是进一步明确了国家航道、地方航道、专用航道及其划分，见第三条、第四条、第五条的规定。三是对各级交通运输主管部门管理航道的主要职责作出了规定，见第九条。四是对各级航道管理机构的设置及其主要职责作出规定，见第十条。五是对航道技术等级评定及审批程序作出规定，见第十四条。此外，还对航道管理机构在航道管理、保护、养护、航养费征收和使用等方面的职责作出了较为具体的规定。但是，随着《行政处罚法》《行政复议法》《行政诉讼法》等法律的施行，此细则的第四十一条与四十二条已自动废止，处罚程序与救济途径由相关法律调整。

②《内河航标管理办法》。交通运输部根据《航标条例》等有关法规的规定，制定了《内河航标管理办法》，自1996年8月1日起实施，其适用范围是江河、湖泊、水库、运河等内河通航水域的航标管理。国境河流的航标管理，按照我国与有关国家签订的协议执行。主要内容有：进一步明确了航标管理机构和基层班组管理职责；规定了基本的航标配布原则以及航标配布图的编制和审批办法；提出了航标维护管理的检查考核手段和安

全生产等方面的办法；细化了对专设航标的配布与维护管理规定。

此外，交通运输部还发布了《通航建筑物运行管理办法》《交通运输行政执法程序规定》等规章，此处不再详述。

（2）地方政府规章

《江苏省船舶过闸费征收和使用办法》等。

（四）其他航道行政规范性文件

所谓航道行政规范性文件，是指交通运输主管部门根据航道法律、法规和规章的授权或自身的法定职权，为实施法律、执行政策，结合实际而制定和发布的除法律、法规、规章以外的具有普遍约束力的决定、命令及行政措施。交通运输部发布的《全国航道管理与养护发展纲要》《公路水路交通运输主要技术政策》，交通运输部关于修改《航道通航条件影响评价审核管理办法》的决定，都属于重要的航道行政规范性文件。

思考题

1. 如何理解宪法与其他各类法律法规之间的逻辑关系？
2. 如何将自己的工作岗位职责与中华人民共和国民法典相关内容结合起来？
3. 行政处罚与航道职工日常工作有哪些相关性？

附录

附录 1：江苏省干线航道网布局规划方案表

通道名称	航道名称	航段及起讫点	规划技术等级	里程(km)	备注
两纵					
一、京杭运河通道	1. 京杭运河			687	
	苏北运河	湖西航道—苏北运河—中运河(二级坝—六圩)	二级	475	*
	苏南运河	谏壁—鸭子坝(苏浙界)	三级	212	*
	2. 徐洪河—金宝航线	房亭河—徐洪河—洪泽湖航线—金宝航线(房亭河口—南运西闸口门)	三级	244	
	3. 成子河	成子河—洪泽湖北线(京杭运河—顾勒河口)	三级	33	
	4. 芒稻河	江都邵伯—三江营	三级	37	
	5. 丹金溧漕河	丹阳七里桥—溧阳芜申线口	三级	64	*
	6. 德胜河	魏村江口—连江桥	三级	21	
	7. 锡澄运河	山北大桥北—新夏港船闸	三级	39	*
	8. 锡溧漕河	宜城—洛社	三级	49	*
	9. 乍嘉苏线	平望—王江泾(苏浙界)	三级	15	*
二、连申线通道	1. 连申线苏北段	盐河—灌河—通榆河—通扬运河—如泰运河—焦港河	三级	372	*
	2. 连申线苏南段	申张线—金鸡河—苏申内港线(张家港船闸—三江口)	三级	149	*
	3. 盐宝线	宝应运河口—盐城龙岗盐邵线口	三级	74	
	4. 盐邵线	邵伯运河口—通榆河口	三级	132	
	5. 刘大线	刘庄船闸—大丰港内港池	三级	56	
	6. 兴东线	兴化轮船站—通榆河口	三级	46	
	7. 泰东线	泰东河—引江河(东台通榆河口—引江河河口)	三级	88	
	8. 锡十一圩线	白荡圩—申张线	三级	36	
	9. 杨林塘	申张线巴城—杨林口	三级	42	*
五横					
一、徐宿连通道	1. 京杭运河	万寨作业区—陆运河船闸	二级	161	*
	2. 宿连航道	陆运河—路北河—军屯河—沭新河—古泊河	三级	124	
	3. 徐圩港区疏港航道(善后河)	善后河—南复堆河—复堆河	三级	43	
二、淮河出海通道	1. 淮河出海通道	洪泽湖南线—灌溉总集(红山头—京杭运河)	三级	106	*
		淮河入海水道—通榆河—灌河	二级	168	*
	2. 盐河	杨庄船闸—武障河闸	三级	91	*
	3. 张福河	京杭运河口—复线2#标	三级	35	
	4. 滨海港区疏港航道(中山河)	通榆河—滨海港区内河港池	三级	62	
	5. 射阳港区疏港航道(黄沙港)	通榆河—射阳港区内河港池	三级	50	

续表

通道名称	航道名称	航段及起讫点	规划技术等级	里程(km)	备注
三、通扬线通道	1. 通扬线	高东线—建口线—通扬运河—通吕运河	三级	289	*
	2. 通州湾港区疏港航道	通栟线—通同线—九贯河—如泰运河(通扬线—如泰运河安东闸)	三级	68	
	3. 洋口港区疏港航道(九贯河)	通州湾港区疏港航道—海堤河	三级	16	
	4. 吕四港区东灶港疏港航道	通扬线通吕运河—东灶套闸	三级	6	
	5. 新江海河	通吕运河—新江海河闸	三级	27	
四、长江通道	1. 长江江苏段	苏皖界—苏沪界	一级	365	*
	2. 滁河驷马山干渠	切岭山(苏皖界)—建设村(苏皖界)	三级	9	
五、芜申线通道	1. 芜申线	芜太运河—太湖航线—太浦河	三级	251	*
	2. 秦淮河	入江口—杨家湾闸	三级	97	
	3. 苏申内港线	瓜泾口—三江口(苏沪界)	三级	56	*
	4. 苏申外港线	宝带桥—周庄(苏沪界)	三级	29	*
	5. 长湖申线	南浔(苏浙界)—平望京杭运河口	三级	23	*
	6. 水阳江	西陡门—甘家拐(苏皖界)	三级	5	
合计(剔除重复里程)				4010	

注:总里程 4 010 km 已剔除重复里程;标注 * 的为《全国内河航道与港口布局规划》中确定的长三角高等级航道。

附录 2:江苏省干线航道网规划调整示意图

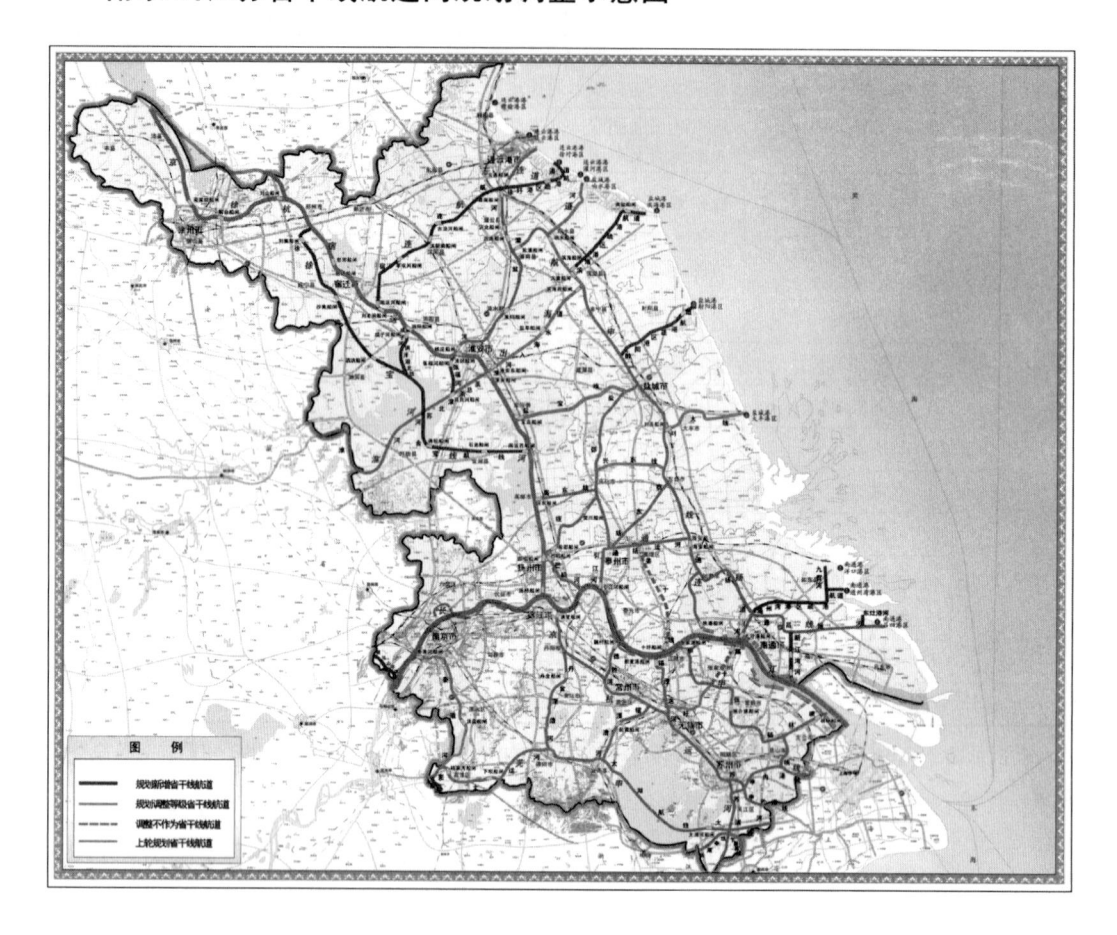

附录3:江苏省干线航道网规划布局示意图